U0635441

中国文字研究

教育部人文社会科学重点研究基地
华东师范大学中国文字研究与应用中心
华东师范大学语言文字工作委员会 主办

臧克和 主编

第四十辑

华东师范大学出版社
·上海·

THE STUDY OF CHINESE CHARACTERS

Vol.40

Chief Editor

Zang Kehe

Organized by

Center for the Study and Application of
Chinese Characters at East China Normal University
(Key Research Institute in University Authorized by
the Ministry of Education of
People's Republic of China)
East China Normal University Language Work Committee

EAST CHINA NORMAL UNIVERSITY PRESS
· SHANGHAI ·

目　录

古文字研究

简牍碑刻文字研究

传统语言文字研究

汉字规范与应用研究

汉字识别、汉字认知研究

少数民族文字研究

Contents

[古文字研究]

甲骨文旧释“蜀”字平议兼论“旬”字构形*

张　卉　吴毅强

【摘　要】 通过梳理商周甲骨文、金文，认为孙诒让最早所释殷墟甲骨文中的“蜀”字存在问题，于省吾、陈梦家、林沄等改释为“旬(旬)”较为合理。“旬”的早期形体应作“”，后省变成“”形，应是某种动物的象形字，至于取象于何种动物，则遽难论定。从甲骨文实际用例来看，“”多表示方国名(子组除外)，“”表示时间词，可用异体分工来解释这种现象。

【关键词】 蜀；旬；旬

【作者简介】 张卉，女，成都师范学院文学与新闻学院副教授，博士，研究方向为古文字、出土文献。吴毅强，四川大学历史文化学院、四川大学古文字与先秦史研究中心副研究员，博士生导师，博士，研究方向为古文字、先秦史。(四川 成都　611130；四川 成都　610064)

一　旧释“蜀”字平议

殷墟甲骨文有如下两类字形：

1. (《合集》07981 师组)　(《合集》33141 师历间)　(《合集》21982 子组)

(《合集》06861 宾组)　(《合集》06866 宾组)　(《合集》33083 历组)

(《合集》21730 子组)　(《合集》21910 子组)　(《合集》21910 子组)

2. (《合集》33175 历组)　(《合集》20171 历组)　(《屯南》0866 历组)

从字形来看，第二种字形就是在第一种字形的基础上加注“口”旁；从辞例来看，这两种字形为同一个字无疑。《甲骨文字典》“蜀”字下，即列了这两种字形。① 裘锡圭、林沄皆已指出二字为同一地名。② 但这个字究竟为何字，学界有不同观点，先说第一种字形。

第一种观点，释“蜀”。

孙诒让首先释“罒(蜀)”，指出“此省虫，于字例得通”。③ 其后王襄、叶玉森、商承祚、屈万里、孙海波、李孝定、高明、徐中舒、岛邦男、姚孝遂、朱歧祥、何琳仪、林志强等皆释“蜀”。④ 释“蜀”的学者，多数

---

* 基金项目：本文为国家社科基金重大项目“新修甲骨文字典”(编号 20&ZD306)、成都师范学院引进人才专项项目“战国竹书郑国史料研究”(编号 YJRC2020—08)和成都师范学院高级别科研项目培育专项“战国竹书所见商周史料整理与研究”(编号 CS23XMPY0102)阶段性成果。

① 徐中舒主编：《甲骨文字典》，四川辞书出版社，1989 年，第 1424 页。

② 裘锡圭：《论“历组卜辞”的时代》，《古文字研究》第六辑，中华书局，1981 年，第 279—298 页；收入氏著：《裘锡圭学术文集 · 甲骨文卷》，复旦大学出版社，2012 年，第 92—139 页。林沄：《释眗》，《古文字研究》第二十四辑，中华书局，2002 年，第 57—60 页；收入氏著：《林沄文集 · 文字卷》，上海古籍出版社，2019 年，第 180—184 页。

③ 孙诒让：《释文字第九》，《契文举例　名原》(《孙诒让全集》本)，中华书局，2016 年，第 123 页。案：孙氏引的辞例是“庚申卜贝帝□”，并云：“二百十七之四，‘庚申’云云，或自为一事，似不相属。”查该片甲骨是《合集》14163 号，确实应是两条辞。

④ 诸家观点，参见于省吾主编：《甲骨文字诂林》，中华书局，1996 年，第 611—613 页；高明观点，参见高明编：《古文字类编》，中华书局，1980 年，第 211 页。案：该书增订本已改释为“眗”，参见高明、涂白奎编著：《古文字类编(增订本)》，上海古籍出版社，(转下页)

认为是方国名,《甲骨文字典》举的辞例是:“贞:蜀不其受年?”(《合集》09775)

构形上,一般认为该字上象头(或目)、下象身,皆解释为象形字,如徐中舒指出:“孙诒让释蜀,可从。为全体象形。”①

李孝定指出:“陈氏释旬非是。字不从勹,且此从目乃象头形,非眼目字,与旬义无涉。又作眴,乃形声字,与此象形者有别也。”②陈氏指陈梦家,其观点详见下文。

姚孝遂指出:“‘罚’上象头,下象其身,小篆增‘虫’作‘蜀’,是变独体象形为形声。再进而加虫作蠋,复赘已甚。”③

何琳仪指出:“甲骨文作(明二三三〇),象爬虫目、身之形。借体(目)象形。金文作(班簋),虫身上端加一饰笔似人形,左下加虫旁表示虫类。战国文字承袭金文,或省虫身作、,与《汗简》下二·七二作吻合。”④

林志强指出:“象形字。象爬虫目、身之形。西周后增加‘虫’旁表示其类别,‘目’形逐渐讹为‘四’形,象虫身一笔的上端或有饰笔,或无饰笔。有饰笔者发展成为现代汉字。”⑤

我们认为,甲骨文的“”字,从字形上看,是一独体象形字。至于所象为何种动物,因笔画过于简单,只突出眼睛和身体,所象之形不够具体,无法肯定是哪种动物。至于“”字能否演化为“蜀”,以及如何演化为“蜀”,其实还缺乏中间环节。

不过,从周原甲骨及两周金文“蜀”字的构形来看,“”应非“蜀”字。如西周金文中确定的“蜀”字作“”(班簋《集成》4341,《金文编》第874页摹本作“”),“目”下面明显从人形,而非“虫”的身体。再者,从文字形体的发展演变轨迹来看,“”下这一弯笔也无法演变成“人”形。故甲骨文“”是“蜀”的可能性很小。小篆的蜀字作“”,而石鼓文作“”(《车工》,摹本作),对比可知,小篆的字形略有讹变,以致造成“虫”旁之外的部分与甲骨文“”大致相同的假象。这可能是大部分学者将“”释为“蜀”的直接原因。

第二种观点,释“旬”“罚(旬)”“眴”。

1. 于省吾1944年发表《释𤓰》一文,从甲骨文𤓰字作、、等形出发,指出:“𤓰字右从作,即旬字,其作者,变体也。”⑥(林沄《释眴》一文引述于先生观点时,将“”摹作“”)林沄已指出,实际上于先生已认为“”字不是蜀,而是旬字的变体。⑦

2. 陈梦家隶作“罚”,释为“旬(旬)”,说云:“我们以为此字从目、从勹,勹即旬字,金文筍伯盨和伯筍父鼎(盨、甗)的筍字从竹、从目、从勹,其音符即卜辞的罚字。卜辞先公高祖中的㫬,或从勹,或从罚,可证勹、罚是一。《说文》‘旬目摇也’,义与瞚同;《说文》‘螾,侧行虫也’,今之蚯蚓,勹象其形,加目为罚。卜辞之罚是后世的筍国,史籍作荀。”并指出荀、郇应有所别,卜辞之罚或应是荀。⑧ 从这段文字可知陈梦家首先将“”改释为“罚(旬)”,认为即“旬”,为文献记载的“荀”国。

李学勤亦释“旬”。1958年,李学勤在《帝乙时代的非王卜辞》一文中已释“旬”。因为子卜辞该字

(接上页)2008年,第736页;徐中舒观点,参见徐中舒主编:《甲骨文字典》,第1424—1425页;朱歧祥观点,参见朱歧祥:《周原甲骨研究》,台湾学生书局,1997年,第27—28、37页;何琳仪观点,参见何琳仪:《战国古文字典——战国文字声系》,中华书局,1998年,第376页;林志强观点,参见李学勤主编:《字源》,天津古籍出版社,2012年,第1159页。

① 徐中舒主编:《甲骨文字典》,第1424—1425页。

② 李孝定:《甲骨文字集释》,台北“中研院”历史语言研究所,1965年,第3911—3912页。

③ 姚孝遂说,参见于省吾主编:《甲骨文字诂林》,第613页。

④ 何琳仪:《战国古文字典——战国文字声系》,第376页。

⑤ 林志强说,参见李学勤主编:《字源》,第1159页。

⑥ 于省吾:《释𤓰》,《双剑誃殷契骈枝三编》(《于省吾著作集》本),中华书局,2009年,第308页;又收入氏著:《甲骨文字释林》,中华书局,1979年,第42页。

⑦ 林沄:《释眴》,第57—60页。

⑧ 陈梦家:《殷虚卜辞综述》,中华书局,1956年,第295—296页。

常出现在卜旬辞中，李先生指出子卜辞以“罚”为“旬”，“旬字作卷曲的 ”。① 这类卜旬辞，常常是每旬末占卜下一旬之事，辞例常作：“癸卯卜贞，至罚(旬)亡祸?”基于这种辞例，李先生认为“ ”即旬字。

此外，饶宗颐、裘锡圭、陈汉平、林沄、孙亚冰、林欢等皆释“旬”。

饶宗颐从陈梦家释“旬”，但读为“郇”，指出即见于《说文》《左传・僖公二十四年》《水经・涑水注》等文献的“郇”国，引《括地志》“郇城在(今山西)猗氏县西南四里”为说。② 此外，饶先生将“敦缶于旬”的“缶”读为“匋”，认为“缶”可能即陶唐氏之陶，说云：“卜辞缶与基方相迩，当在晋南，与‘罚’之为‘郇’，地正相近。”③

裘锡圭亦释“旬”，据卜辞“敦缶于旬”(宾组)，或作“敦缶于响”(裘先生称“历、师间组”)，认为“响”和“旬”显然指同一地点。④

陈汉平指出：“旧多释甲骨文 字为蜀，甚误。 字从目从旬省，即《说文》旬、眴字，而非蜀字。陕西周原甲骨蜀字作 、 ，字不从旬作，可以为证。”⑤

孙亚冰、林欢举了《合集》06862、《怀特》1640 等“敦缶于郇”的辞例，认为郇地在今山西临猗县西南的郇城。⑥

林沄亦释“旬”，云：

> 我们把这个字(案：即)和卜辞旬字的写法作对照，便可以看出此字目形下面引出的弧线确实和旬字的弧线是一样的。
>
> 应该说 是以 为声符的同音字，所以作声符可以互代……所以李学勤在《帝乙时代的非王卜辞》(《考古学报》1958 年第 1 期)一文中已经直接把它释为旬字，实际上是假借旬字作旬字用。这也强有力地证明 字的确是以 为声符的。
>
> 勹(旬)字是一个抽象表意字，是用一条回旋的曲线表示旋转之义……所以，甲骨文旬字的声符兼起表意作用，像写作 、 等形的旬字也可以说是含有表音成分的表意字。⑦

3. 刘钊《新甲骨文编》，刘钊、冯克坚《甲骨文常用字字典》释为“眴”，但无说。⑧

第二种字形，姚孝遂隶作“罚”，刘钊隶作“訇”。⑨ 林沄指出：

> (此字)均见于历组卜辞，都用作地名，裘锡圭上引文中已指出这个地名相当于宾组卜辞的旬。例如：
>
> 庚寅贞：敦缶于 ，杀右旅。在□□月。　　《怀》1640，历组
>
> 丁卯卜殻贞：王敦缶于旬，二月。　　《后》赏 8.7=《合》6963，宾组
>
> 从结构上看，(此字)应该是从口、旬声的字，很可能相当于后世的询，但还没有发现支持这种解释的辞例。⑩

姚孝遂指出，“罚”即“罚”字的繁体，卜辞人名、地名多增“口”成为专用字。⑪ 我们认为，从辞例上

---

① 李学勤：《帝乙时代的非王卜辞》，《考古学报》1958 年第 1 期；收入氏著：《李学勤早期文集》，河北教育出版社，2007 年，第 119、128、130 页。

② 饶宗颐：《殷代贞卜人物通考》，香港大学出版社，1959 年，第 189 页。

③ 饶宗颐：《殷代贞卜人物通考》，第 190 页。

④ 裘锡圭：《论“历组卜辞”的时代》，第 279—298 页。

⑤ 陈汉平：《古文字释丛》，《出土文献研究》，文物出版社，1985 年，第 227—228 页；参见于省吾主编：《甲骨文字诂林》，第 612 页。

⑥ 孙亚冰、林欢：《商代地理与方国》，中国社会科学出版社，2010 年，第 339 页。

⑦ 林沄：《释眴》，第 57—60 页；参见何景成编撰：《甲骨文字诂林补编》，中华书局，2017 年，第 176—177 页。

⑧ 刘钊主编：《新甲骨文编(增订本)》，福建人民出版社，2014 年，第 221—222 页；刘钊、冯克坚主编：《甲骨文常用字字典》，中华书局，2019 年，第 213 页。

⑨ 姚孝遂说，参见于省吾主编：《甲骨文字诂林》，第 613 页；刘钊主编：《新甲骨文编(增订本)》，第 65—66 页。

⑩ 林沄：《释眴》，第 57—60 页；参见何景成编撰：《甲骨文字诂林补编》，第 177 页。

⑪ 姚孝遂说，参见于省吾主编：《甲骨文字诂林》，第 613 页。

看，、确为一字异体。值得注意的是，甲骨文有字(《美》619宾组)，林沄指出该字无疑就是匀字的初文，刘钊亦隶作匀。[①] 沈建华、曹锦炎隶作"罚"，看成""的异体。[②]

综上，上述第二种观点释"旬""罗(旬)""眗"，主要有两个证据。第一个证据，就是通过殷人高祖字所从有(旬)、两种异体，遂认为即旬。第二个证据，该字()经常出现在卜旬辞中，从辞例推勘就是"旬"字。

关于第一个证据，于省吾、陈梦家指出的卜辞先公高祖中的字，在甲骨文中作(《合集》32028宾组)、(《合集》32833历组)、(《合集》28230无名组)。[③] 对比可知，显然、是一字异体，从(旬)的见于宾组、无名组等，从的见于历组。同一字有不同的形体，属于甲骨文的类组差异。于先生认为是旬的变体，似无问题。《合集》32833字原拓作，李宗焜亦摹作。[④] 林沄将该字右旁的""摹作""[⑤]，显然是把""当成是""字。比较可知，与字形仍有细微差异，的上部似非目形，可能是缺刻一小笔，也可能是因为拓本不清的缘故。因这种字形过少，尚有待进一步验证。不过总体来看，""右边所从应是""。

要注意的是，林沄将""看作从目从勹(旬)省。我们认为这个字是独体字，下面的一弯笔是虫的身体之形，不能看作是从勹(旬)省。我们赞同于先生的说法，""和""应该是异体关系，很可能""是从""省变而来。

第二个证据，卜旬辞中的""字，从目前的材料来看，皆出现在子卜辞。用法上，皆是作为"旬"来用，尚未见有作为地名、国名的。作这种字形的旬()，看起来与甲骨文常见的旬字作形，确实差异明显，不过这种现象可用甲骨文的类组差异来解释。

上引林沄文章认为"字的确是以为声符"，我们认为这种看法可能存在问题。很明显，""本身是一个独体字，不能将局部形体作为其声符。合理的分析应该是，这个独体字当直接读"旬"。此外，已知""在子卜辞中用为"旬"，既然、是一字异体，那么将释为"旬"就是顺理成章的事了。

从西周金文来看，""和"(旬)"确实存在关联。北京保利艺术博物馆收藏的荣仲方鼎(《新收》1567，西周早期)，铭文有"易(赐)白金钧"一句，其中"钧"写作，该字《新收》隶作"昜"[⑥]，《新金文编》隶作"旬"，认为即《说文》的"旬"字，读为"钧"。[⑦] 周代金文中，作为重量单位的"钧"，除一般写作"钧"外，还有用"匀"表示{钧}，常见字形作(匍盉，《近出》943、西周中期，"赤金一钧")、(曶簋，《近出二》432，西周中期，"用赤金一钧")、(伯戋父簋，《首阳》第107页，西周中期，"俘金五十钧")、(多友鼎，《集成》2835，西周晚期，"鐈鋚百钧")。"匀"中间的两点就是"金"的初文，如董莲池指出："匀，钧之初文，从初文金。"[⑧]这些例子有力地说明了""和""的关系。

综上，上引西周早期荣仲方鼎的""就是""的异体，那么，商代甲骨文的""和"(旬)"自然可以看作是异体关系。从甲骨文实际用例来看，""多表示方国名(子组除外)，见于师、宾、历组，字形多见于早期卜辞；""表示时间词，见于甲骨文各组。这种同一个字但字形不同、用法不同的现象，可用异体分工来解释。故我们认为，""当是""的省形，这也进一步提示我们思考"旬"的造字本义。

① 林沄：《释眗》，第57—60页；刘钊主编：《新甲骨文编(增订本)》，第534页。

② 沈建华、曹锦炎编著：《甲骨文字形表(增订版)》，上海辞书出版社，2017年，第45页。

③ 刘钊主编：《新甲骨文编(增订本)》，第294页。

④ 李宗焜编著：《甲骨文字编》，中华书局，2012年，第423页。

⑤ 林沄：《释眗》，第57—60页。

⑥ 钟柏生等编：《新收殷周青铜器铭文暨器影汇编》(简称《新收》)，艺文印书馆，2006年，第1074页。

⑦ 董莲池编著：《新金文编》，作家出版社，2011年，第411页。

⑧ 董莲池编著：《新金文编》，第1327页。

二　“旬”字构形分析

甲骨文作形的旬字，目前见于师组、宾组、历组、出组、何组、黄组[①]，年代跨度较大，其造字本意，说法较多，大致有以下五种观点。

1. 动物

刘鹗疑“”象“虺”形[②]；孙诒让认为是“它”之象形，引《说文》“它，虫也，从虫而长，象冤曲垂尾形”，认为“”与“冤曲垂尾形尤切”。[③]

唐兰认为：，“象龙蛇之类，而非龙非蛇。字又变作，更变而为，则为云字，云之本字也。似古人以此为能兴云，则当是龙类也”。[④]

于省吾认为：“九字象虫形之上曲其尾，旬字象虫形之内蟠其尾。文虽有别，义可互证。”[⑤]

2. 勹

王国维首先指出乃“旬”之初文，但认为旬与勹（包）同字，说云：“《说文》训裹之勹，实即此字。后世不识，乃读若包。殊不知勹乃旬之初字。”并认为“军”字从勹（包）、从车，亦会意兼形声也。[⑥]

朱芳圃认为旬字“象人身回旋之形，故引申有旋转围绕之义”。并指出：“匋军诸字皆从此作，是其证矣。殷人以日自甲至癸为一勹，盖假为旬……十日为旬，周而复始，与人身之回旋相同，故借用之。”[⑦]

3. 回环之形

董作宾认为：“旬，亘字，皆象周匝循环之形，故以十干一周为一旬。”[⑧]

徐中舒主编的《甲骨文字典》认为：“旬……从，上加一指事符号，象回环之形，乃（亘）之省变，或省作，同。故以表示由甲至癸十日周匝循环而为旬。”[⑨]

4. 云

姚孝遂认为甲骨文的“旬”字来源于“云”字，指出：“‘’之形体乃由‘’字演化而来。借助某些基本形体稍加变化以孳生新的文字形体，此为古代文字演化途径主要手段之一。”周宝宏从之。[⑩] 上引唐兰文章亦有此意。

5. 其他

商承祚认为：“十日为一旬，故从丨（十），其初体疑当作，由十至十也。后写为 ，遂无义可说。”[⑪]

综上可知，王国维、朱芳圃将旬、勹（包）混为一谈。《说文解字》：“旬，徧也，十日为旬，从勹日。”《说文》将“旬”归在“勹”部，是错误的，二字形音义皆不同，只是隶变后变成了同形字。唐兰已指出“”不从“勹（包）”，实“匀”之古文，“旬当从日匀声。许君仅误并勹为一耳”。[⑫] 其后，李孝定、姚孝遂均

---

① 参见刘钊主编：《新甲骨文编（增订本）》，第534—536页。

② 刘鹗：《铁云藏龟·序》4叶下，转引自于省吾主编：《甲骨文字诂林》，第1149页。

③ 孙诒让：《释人第五》，《契文举例　名原》（《孙诒让全集》本），第65页。

④ 唐兰：《天壤阁甲骨文存并考释》，《唐兰全集》（六），上海古籍出版社，2015年，第338—340页。案：唐兰认为甲骨文的（旬）和、是同一字。我们认为二者非同字，后者当为“亂”。

⑤ 于省吾：《释一至九之纪数字》，《双剑誃殷契骈枝三编》（《于省吾著作集》本），第304页。

⑥ 王国维：《释旬》，《观堂集林》，中华书局，1959年，第285—286页。

⑦ 朱芳圃：《殷周文字释丛》，中华书局，1962年，第107页。

⑧ 董作宾：《卜辞中所见之殷历》，《安阳发掘报告》第三期，中央研究院历史语言研究所，1931年，第493页。

⑨ 徐中舒主编：《甲骨文字典》，第1016—1017页。

⑩ 姚孝遂说，参见于省吾主编：《甲骨文字诂林》，第1153页；周宝宏说，参见李学勤主编：《字源》，第802页。

⑪ 商承祚：《殷契佚存附考释》7叶下，转引自于省吾主编：《甲骨文字诂林》，第1150页。

⑫ 唐兰：《天壤阁甲骨文存并考释》，《唐兰全集》（六），第338页。

赞同唐说。①

上述诸家观点，认为“旬”字有象虺蛇、龙类、虫、人身、回还之形、云等不同说法。我们认为“旬”的早期形态应作“□”，确应是某种动物的象形字，上边的“目”形省略后，演变成“□”形。至于取象于何种动物，则遽难论定，皆因这种形体过于简单，后人则很难正确认识。

结论

通过梳理商周甲骨文、金文，认为孙诒让最早所释殷墟甲骨文的“蜀”字存在问题，于省吾、陈梦家、林沄等改释为“旬(旬)”则较为合理。“旬”的早期形体应作“□”，确应是某种动物的象形字，这种形体的“目”形简省后演变成“□”形。至于取象于何种动物，则遽难论定。从甲骨文实际用例来看，“□”多表示方国名(子组除外)，“□”表示时间词，可用异体分工来解释这种情况。

Review on the Old Interpretation of the Word “Shu (蜀)” in Oracle Bone Inscriptions and Demonstrate the Configuration of the Word “Xun (旬)”

Zhang Hui　Wu Yiqiang

(School of Literature and Journalism, Chengdu Normal University, Chengdu 611130;
School of History and Culture, Ancient Chinese Characters and Pre-Qin History
Research Center, Sichuan University, Chengdu 610064)

Abstract: By sorting out the oracle bone inscriptions and bronze inscriptions in Shang and Zhou dynasties, it was thought that there was a problem with the word “shu (蜀)” in the Yin Xu Oracle bone inscriptions originally interpreted by Sun Yirang, and it was reasonable to change it to “xun [旬(旬)]” by Yu Xingwu, Chen Mengjia and Lin Yun. The early form of the “xun (旬)” should be “□”, and later omitted into the shape “□”, which should be a pictographic character of some animal, as to which animal to take the image of, it is difficult to decide. From the actual use case of oracle, “□” mostly represents the name of the country (except for Zi groups), “□” represents the time word, which can be explained by heterotopic division of labor.

Key words: “shu (蜀)”; “xun (旬)”; “xun (旬)”

① 参见于省吾主编：《甲骨文字诂林》，第 1152—1153 页。

甲骨文“阜”字字源补说[*]

韩文博　郭恭伟

【摘　要】辨章学术，考镜源流。源流不清，建立在此基础之上的一切研究均有大厦倾覆之危。因此，澄清“阜”之字源或取象问题就显得格外重要。甲骨文中“阜”字常见，诸家对其字源多有讨论，然而至今尚无定谳。综合甲骨卜辞之文例、甲金文从阜之字的含义、考古学以及民俗学的材料来看，“阜”字字源应当不是传统观点中的“土山”或山形，而应当是先民穴居或干栏式时代用以攀登、升降、出入之独木梯。施之于整木则为独木梯，施之于窖穴则为脚窝，施之于台基之建筑则为台阶，名虽异而实则一焉。因之，“阜”之字源为独木梯一说更为可取。

【关键词】甲骨文；“阜”；阜部；字源；脚窝；独木梯

【作者简介】韩文博，四川大学古文字与先秦史研究中心副研究员，硕士生导师，研究方向为古文字学、商周青铜器、先秦史。郭恭伟，四川大学历史文化学院硕士研究生。（四川 成都　610060）

甲骨文中习见（《合集》20253 自组）、（《合集》10405 宾组）、（《合集》20600 无名组）等字形。早期学者对该字形有不同的释读意见。其中，商承祚先生认为当是古“师”字，而不同字形的笔画增减乃是古人任意为之①；叶玉森、李孝定二先生则是据《说文》，认为该字乃是山形，引申作阪级之义②③；徐中舒先生则结合古器物，认为其字形应当是古人居于穴中时，用以上下的脚窝与独木梯④；姚孝遂先生在《诂林》按语中同意叶氏、李氏的观点，认为应当是山之竖画⑤。现学者多释该字为“阜”，可从之。

关于“阜”字，传世字书多认为是比山较小的高地。如《尔雅・释地》：“大陆曰阜。大阜曰陵。”《释名・释山》中亦有“土山曰阜”的说法。汉代许慎在其《说文解字》中亦认为“𠂤”（即“阜”）是“山无石者”。

近来，关于“阜”字的字源问题，学界有新的认识与讨论。喻遂生、雷缙碚将甲骨文所见“阜”字划分成两类字形，提出一类与山崖有关，另一类则象阶梯之形⑥；莫伯峰对喻遂生、雷缙碚的观点提出疑问，认为“阜”的字形差异实际上是刻手书写习惯导致的⑦；翁铮铮则认为土山是“阜”的本义，其他含义均为引申⑧。有关“阜”字字形演变的过程，我们认为莫说可从，即其字源应该是统一的。裘锡圭先生则是结合商代之建筑，提出可将该字形释作“𠂤”，指出应当在古代可作人工堆筑的堂基之代称。⑨ 从“阜”的字源来看，我们认为徐中舒先生所持脚窝与独木梯的意见可从。以下将从四个方面，对“阜”的字源问题进行补说。

---

* 基金项目：本文为国家社科基金重大项目“新修甲骨文字典”（编号 20&ZD306）阶段性成果。

① 参见于省吾主编：《甲骨文字诂林》，中华书局，1996 年，第 1257 页。

② 参见于省吾主编：《甲骨文字诂林》，第 1257 页。

③ 参见于省吾主编：《甲骨文字诂林》，第 1257 页。

④ 徐中舒：《怎样考释古文字》，《徐中舒历史论文选辑》，中华书局，1998 年，第 1436—1437 页。

⑤ 参见于省吾主编：《甲骨文字诂林》，第 1257 页。

⑥ 雷缙碚、喻遂生：《甲金文“阜”字及字符“阜”的两个来源》，《中国语文》2015 年第 3 期；雷缙碚：《再谈甲骨文“阜”字及字符“阜”的四种形体》，《中国语文》2017 年第 5 期。

⑦ 莫伯峰：《从字体类型看甲骨文“阜”字及字符“阜”的四种形体》，《中国语文》2016 年第 5 期。

⑧ 翁铮铮：《甲骨文“阜”字及字符“阜”本义探索》，《常州工学院学报（社科版）》2018 年第 5 期。

⑨ 裘锡圭：《释殷墟卜辞中与建筑有关的两个词——“门塾”与“𠂤”》，《裘锡圭学术文集・甲骨文卷》，复旦大学出版社，2016 年，第 302 页。

一　甲骨文所见“阜”之字源及本义

殷墟卜辞中，综合来看，“阜”字的用法大致有二，其一是作为人名使用，其二则是作为地名[①]，或有学者认为“阜”在甲骨文辞例中作建筑物名称使用[②]。作人名使用者，往往难以揣测其本义，故作地名或建筑名使用者应当是本文讨论的重点。其作地名或建筑名的辞例中，所指代的事物不一，摘录如下：

(1) 王占曰：途若。兹鬼�在庭阜。　　——《合集》7153 正

(2a) 贞：隹阜山令？

(2b) 贞：允隹阜山令？　　——《合集》7859 正

(3a) 贞：隹阜山令？

(3b) 贞：允隹阜山令？　　——《合集》7860

(4) 癸酉卜㱿贞：旬亡囚？王二曰：匄。王占曰：艅，㞢求(咎)㞢梦。五日丁丑王宾中丁，乇陮在庭阜。十月。　　——《合集》10405、10406

(5) 戊辰卜王曰贞：其告其陟？在[illegible]阜卜。　　——《合集》24356

(6) 于阜西畣王弗[每]？　　——《合集》30284

以上卜辞中，“阜”字作地名使用者，如辞例(2)(3)中，与“山”连用，应表示一个较大范围的地名，且与占卜“洹囚”的辞例可以系联[③]，应当与洹水是否有灾祸相关。辞例(1)(4)(5)(6)中的“阜”字，则应该指代的是建筑名称，接下来将重点对这几条卜辞进行分析。

辞例(1)(4)中都提到了“庭阜”，且均为“陮在庭阜”。其中“陮”之字形作[illegible]，郭沫若先生认为该字为“仄”的异体，于省吾先生认为卜辞中“陮”均为动词，与“陟”同义[④]，皆不确。郭婷婷主张改释作“阯”，认为与其前一字均表示地基阜基之义，二者连用是为巩固其含义[⑤]，与裘锡圭先生观点较为近似[⑥]；李学勤先生认为辞例记载了武丁前往祭祀先王在庭院里发生跌倒的事[⑦]；彭邦炯先生则认为“陮”指的是人沿着阜而下之形[⑧]；陈子君综合多家意见及“陮”字的其他辞例，赞同李学勤先生提出的“跌倒”一说[⑨]。以字形及辞例绳之，我们认为李学勤先生解释为“跌倒”更加可取。

既然辞例都是在庭院中跌倒，那么“庭”字之后“阜”字具体指向就值得关注。如果按照传统字书以及释作“较小的山”的释读意见的话，那么该辞例就当解释为“从庭院中的小山上跌落下来”，这样的解释显然不符合商代建筑形式以及常识。另外韩江苏女士在考证卜辞中“阜辟”即后世之“象魏”时，提出此处的“庭阜”即为“阜辟”的别称，乃是商代的门阙[⑩]，这一点实际上还需要进一步论证。上引诸家中，惟将“阜”解释为“堂基、阜基”的观点已然接近情实。

然而，此处的“庭阜”应当指的是庭中的台阶，“阜”的含义即为阶梯。由此来看，“阜”在晚商时期已经有了台阶与阶梯的含义，其字源不应当来自许慎所言的“土山”。至于“阜”字台阶、阶梯之含义如何联系到脚窝、独木梯等问题，我们将在后文中进行说明。

---

① 郭婷婷：《甲骨文金文阜部字研究》，硕士学位论文，西南大学，2015 年，第 15 页。

② 韩江苏：《甲骨文“阜辟”乃后世“象魏”考》，《殷都学刊》2016 年第 2 期。

③ 彭裕商主编：《殷墟甲骨文分类与系联整理研究》，四川辞书出版社，2023 年，第 413 页。

④ 参见于省吾主编：《甲骨文字诂林》，第 1257 页。

⑤ 郭婷婷：《甲骨文金文阜部字研究》，第 38 页。

⑥ 裘锡圭：《释殷墟卜辞中与建筑有关的两个词——“门塾”与“自”》，第 302 页。

⑦ 李学勤：《〈尧典〉与甲骨卜辞的叹词“俞”》，《湖南大学学报(社会科学版)》2008 年第 3 期。

⑧ 彭邦炯：《从花东卜辞的行款说到[illegible]、[illegible]及[illegible]、[illegible]、[illegible]字的释读》，《甲骨文与殷商史》新一辑，线装书局，2009 年。

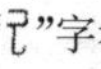

⑨ 陈子君：《〈甲骨文合集〉10405 正之“[illegible]”字考释》，《汉字汉语研究》2022 年第 4 期。

⑩ 韩江苏：《甲骨文“阜辟”乃后世“象魏”考》，《殷都学刊》2016 年第 2 期。

二　甲金文从“阜”之字所见“阜”之字源及本义

甲金文中的“阜”字不仅单独出现，更多还作为偏旁部首，因此有许多从“阜”之字。有学者统计，甲骨文中从“阜”之字有33个，金文中则有37个。① 这些从“阜”之字中，有些指代人名、地名、方国名，无法从其辞例讨论“阜”的本义；一部分则仅以“阜”为部首，字义则与其他构件相关。因此，根据学界已有成果，我们主要讨论甲金文中从“阜”且字义与“阜”相关联的字，从而追溯“阜”的本义与字源问题。

（一）甲骨文中相关字

甲骨文中，从“阜”且其字义与“阜”相关的字，有陟、降、坠、阩、隮五个，以下是部分卜辞。

（7a）辛未[卜]，癸酉王陟山易日？

（7b）壬申卜，王陟山癸酉易日？　　——《东京大学》1157②

（8）戊戌卜宾贞：兹邑亡降囚？/贞：兹邑其㞢降囚？　　——《契合》319③

（9a）癸巳卜殻贞：旬亡囚？王占曰：乃兹亦㞢祟，若再。甲午王往逐兕，小臣由车马硪甹王车，子央亦坠。

（9b）癸酉卜殻贞：旬亡囚？王二曰：匄。王占曰：艅，㞢求（咎）㞢梦。五日丁丑王宾中丁，乎阩在庭阜。十月。　　——《合集》10405

（10）辛亥卜贞：其衣，翌日其延隮于室？　　——《合集》30373

辞例(7)中，对癸酉日王攀登山时天气是否有变进行了占卜。其中，“陟”字字形作“”，从“阜”，右侧象两脚趾向上之形，裘锡圭先生认为该字表示人向高处登陟之形④，徐中舒先生主编的《甲骨文字典》中则指出该字“象双足循，最早被王国维先生隶定为‘尊’”⑤，张玉金先生综合各家说法，再次确认了甲骨文中“尊”“隮”为一字异体⑥；徐中舒先生在《甲骨文字典》中提出该字应该有奉献登进之意，在甲骨文中应为动词，可用作祭名⑦。综合文意来看，“隮”应当包含向上奉献给神明之义。

综合以上五字，甲骨文从“阜”之字中，作动词时应当均包含着向上或向下，即涉及高度位移与变化的过程。以“陟”“降”为例，邓章应指出二字有着高度发生变化的共同义素，同时也有着方向上的区分。⑧ 高度变化之含义应当来源于这些字的共同点，即“阜”字；方向上的区分应当来源于二字的不同点，即右侧脚趾形的朝上或朝下。因此，“阜”的引申义之中，也包含了高度的变化。早期汉字的创造过程应该相对较为简单，且其所象之形应该为先民生活中常见之物。随着时间的推移，早期汉字逐渐在其本义之上诞生出引申义，这些较早诞生的引申义应当较为简洁明了，逻辑也相对较为简单。穴居墙壁上的脚窝和之后用以进出窖穴或攀爬高处的独木梯，应该被广泛使用于先民的日常生活中。以脚窝与独木梯的形态，先民创造“阜”字，后根据脚窝、独木梯，乃至于之后地面建筑中的台阶用以上下的特性，“阜”字被附加高度变化的引申义，成为偏旁部首，产生了更多有向上或向下含义的阜部字。若按照许慎《说文解字》以及后世学者认为“阜”取象于“山崖”的说法则过于抽象，似不如脚窝及独木

---

① 郭婷婷：《甲骨文金文阜部字研究》，第12、59页。

② 即〔日〕松丸道雄辑：《东京大学东洋文化研究所藏甲骨文字》，东京大学出版会，1983年。后同。

③ 即林宏明：《契合集》，万卷楼图书股份有限公司，2013年。

④ 裘锡圭：《文字学概要》，商务印书馆，2013年，第129页。

⑤ 王国维：《戬寿堂殷虚文字考释》，《云间朱孔阳藏戬寿堂殷虚文字旧拓》，线装书局，2019年，第446页。

⑥ 张玉金：《甲骨金文“尊”字补释》，《古汉语研究》2007年第4期。

⑦ 徐中舒主编：《甲骨文字典》，第1606页。

⑧ 邓章应：《甲骨文“降”和“陟”语义语法探讨》，《内江师范学院学报》2002年第3期。

梯形象、具体。

(二)金文中相关字

金文之中，阜部字数量有所增加，与甲骨文中用法情况大致相同，大部分为地名、人名，少部分有动词词义，可作为讨论“阜”字本义的材料。金文中，从“阜”且含义与“阜”相关的动词有尊、降、陟、隊、陷、隮、隥、陨等，下面将展开讨论。

金文中的阜部字虽然较甲骨文中数量有所增加，但是同时见于甲骨、金文中的阜部字数量相对较少①，且同见于二者的阜部字含义、用法也有一定变化。如“降”字，甲骨文中多用其引申义，表达神明降福或降下灾祸，抑或表示投降之义。② 而到了金文之中，“降”字出现了含义上的变化，如晋侯穌钟铭文“王降自车，立南向”，就是使用了卜辞中未见的“降”本义，即仅代表“向下”之义。这种情况可能是由于甲金文文本性质不同导致的。而正是因为金文文本相对更接近周王朝的政治生活，记载也相对更为全面，才会出现了一批接近本义，且未在甲骨文中出现的阜部字，如班簋铭文中“隥”类似于甲金文中的“尊”，有向上奉献之义；中山王厝鼎铭文中的“恐陨社稷之光”之“陨”字，有从高处落下之义，等等。金文中的这些阜部字同样在作动词时，有高度变化之过程，这也是与其部首“阜”息息相关的。

三　出土文物及现存实物角度所见“阜”之字源

许慎在《说文解字》中将当时汉字造字规律总结为“六书”，后世学者亦有将象形、指事、会意统一为象形，如唐兰、刘又辛等先生。③ 象形是汉字发展史上极为重要的造字方法，本文所讨论的“阜”字，《说文》也认为该字为象形字。前辈学者在讨论“阜”字字源问题时，也基本认为是脚窝上升之形，可从。④辞例(8)中，“降”字字形为“”，从“阜”，右侧象两脚趾向下之形，与“陟”相对。所贞问者乃神灵会不会降下灾祸，此时“降”之含义已由“向下走”的本义延伸至自上而下的降下之义。辞例(9)中，从“阜”之字有“坠”“陛”，其字形分别为“”“”，前者从“阜”、从倒人形，即人跌落，后者右侧构件则为侧立人形下突出脚趾之形。二者均有跌、摔之义，综合辞例来看，前者是子央从车上摔落，后者则是王在庭阜跌落。两者略有差别，可能体现在跌摔的方式上，亦有可能体现在跌摔的形态上。辞例(10)中，从“阜”之字为“隮”，字形为，其右侧象双手捧起酒器之态。该字都是将其溯源至山、阶梯、独木梯、脚窝等现实生活中存在的物体上。因此，商周时期乃至于更早时代的器物将是研究“阜”字字源的重要材料。

2015年，考古工作者在浙江良渚钟家港古河道遗址中发掘出土了一根木质遗物。在之后的2016年到2018年对钟家港古河道遗址的发掘过程中，考古工作者又陆续发现了许多巨大木构件。后者考古简报有所提及，并确定这些木构件中的h14与h15为中国新石器时代发现的体量最大的木构件。⑤ 前者则与后者在形态、长度等多方面有着较大的差别，应该不是与后者这样的巨大木构件有着同一用处。

2023年夏季，上海博物馆“实证中国——崧泽·良渚文明考古特展”中展出了2015年钟家港古河道遗址出土的木构件(图一)。在特展的讲解牌中，展方与考古工作者一致认为这是一件独木梯(图二)。笔者在参观本次展览后，根据所拍摄照片粗略绘制了该独木梯的线图(图三)以供参考。

① 郭婷婷：《甲骨文金文阜部字研究》，第105页。

② 王进锋：《从“降”字字义演变看先秦投降礼仪》，《云南社会科学》2008年第2期。

③ 刘又辛：《关于汉字发展史的几个问题(上)》，《语文建设》1988年第11期。

④ 徐中舒主编：《甲骨文字典》，四川辞书出版社，2006年，第1509页。

⑤ 王永磊等：《杭州市余杭区良渚古城钟家港中段发掘简报》，《考古》2021年第6期。

图一

图二

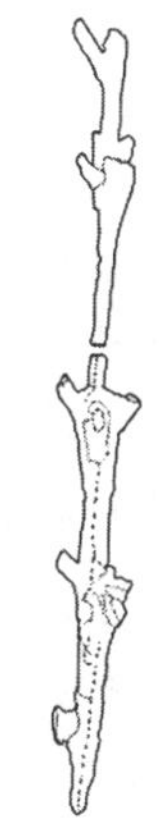

图三

粗略估计，该独木梯高度在三到四米左右，横截面基本呈方形，上下粗细不一，基本呈现上细下粗的特征。该良渚文化独木梯的构形基本为树干上伸出长度大致相当的枝杈以供攀登使用。由于年代久远，其中部有断裂的痕迹。亦有可能为两段拼接而成，后连接处的构件丢失。我们不难发现，这根独木梯应当是良渚先民用较为高大的树木整治而成，其枝杈处还保留了较为明显的树木特征。

从该独木梯的侧面来看，其形态与甲骨文中“阜”字字形极其相似，皆为一主干向外延伸出若干枝杈。“阜”字字形，有“枝杈”相连之态，亦有“枝杈”略微分开之形；有“枝杈”平行于地面之形，亦有向上扬起之形。纵观甲骨文中的“阜”字，基本没有“枝杈”向下的字形，这同样也可能是因为在“阜”字造字时，造字者以独木梯为蓝本，独木梯的枝杈是供使用者放置脚以进行向上或向下攀爬的，绝无可能向下垂落，因此“阜”的枝杈也是如此。综之，钟家港古河道遗址出土的良渚文化独木梯，很可能就是“阜”字字源之所从来。

徐中舒先生在二重证据法的基础上提出了三重证据法，即运用“边裔的少数民族，包括民族史、民族学、民俗学、人类学史料”研究先秦史。① 在研究“阜”字的字源问题时，我们同样可以参考少数民族聚集区所保留的一系列具有原始特征的器物。在我国西南、西北等地区，少数民族的房屋依旧保留着相当多的独木梯以供上下楼使用。这些独木梯与前文所提到的良渚文化独木梯略有不同，虽然都是由树木整治而成，西南地区的独木梯没有保留较为原始的枝杈，而是在一整根树干上挖出类似于脚窝的孔洞（如图四）。因此从侧面来看，西南地区的独木梯的形态则是主干上伸出呈三角形的“枝杈”，且这些“枝杈”基本是连续而不间断的。这种形态与甲骨文中“阜”字的字形更为接近。

图四②

综上，从考古出土良渚文化独木梯以及现存西南、西北少数民族所使用的独木梯的形态来看，其与甲骨文“阜”字的字形十分吻合。因此，“阜”字的字源至少可以追溯到先民所使用的、用以进出窖穴或上下高楼的独木梯。

① 龙宗智：《法学与史学印证方法比较研究》，《四川大学学报（哲学社会科学版）》2020 年第 1 期。

② 图片采自《四川阿坝州茂县：王泰昌官寨》，云上枣阳网 2021 年 4 月 8 日（https://zaoyang.cjyun.org/p/46017.html）。

四　殷墟及其他商代遗址与“阜”之字源

河南安阳殷墟的发掘工作自20世纪初开始，经历了较为漫长的过程。其中尽管没有发现类似于良渚文化独木梯的木构件，但经过考古工作者对于殷墟宫殿区、王陵区的发掘与清理，已经基本理清了商代宫殿及其他类型建筑的大致样貌。同时，在小屯宫殿宗庙区等一些地点的窖穴之中，考古工作者也发现了脚窝的痕迹。这对我们进一步探究“阜”的字源有着极为重要的参考价值。

2001—2002年，考古工作者对河南安阳洹北商城一号宫殿建筑基址进行了发掘，使得学界对于中晚商时期商王室建筑规模与制度有了一定的认识。简报指出，洹北商城一号宫殿建筑基址的主殿部分与门道以西的廊庑部分存在着较为明显的高度差异，且廊庑南部正中亦发现了台阶的痕迹。① 无独有偶，一号宫殿基址的西配殿朝向庭院的方向也发现了3个“长约3、宽2—2.3米”的台阶(参见图五)。

杜金鹏先生结合甲骨卜辞，指出洹北商城一号宫殿建筑基址中出现的台阶，应当就是甲骨文中的“阜”。② 洹北商城一号宫殿基址的年代属于中商时期，也就是说，在中商时期商代的地面建筑中就已经开始使用台阶了。再向前追溯，通过考古学者的复原，发现洛阳偃师商城遗址的宫殿区同样也广泛使用了台阶。③ 杜金鹏先生也认为，从建筑形制上来看，洹北商城宫殿区一号建筑完全承袭了偃师商城，并且将之传续到了殷墟乙组宫殿基址。④ 汉字的形成与演变是一个长时间的过程，因此“阜”字的产生应当比台阶广泛运用乃至产生的时间要更早一些。并且，从殷墟考古发掘情况来看，至迟在殷墟一期时，商人还在窖穴的墙壁上挖出脚窝，可能是用来进行攀爬(参见图六)。⑤

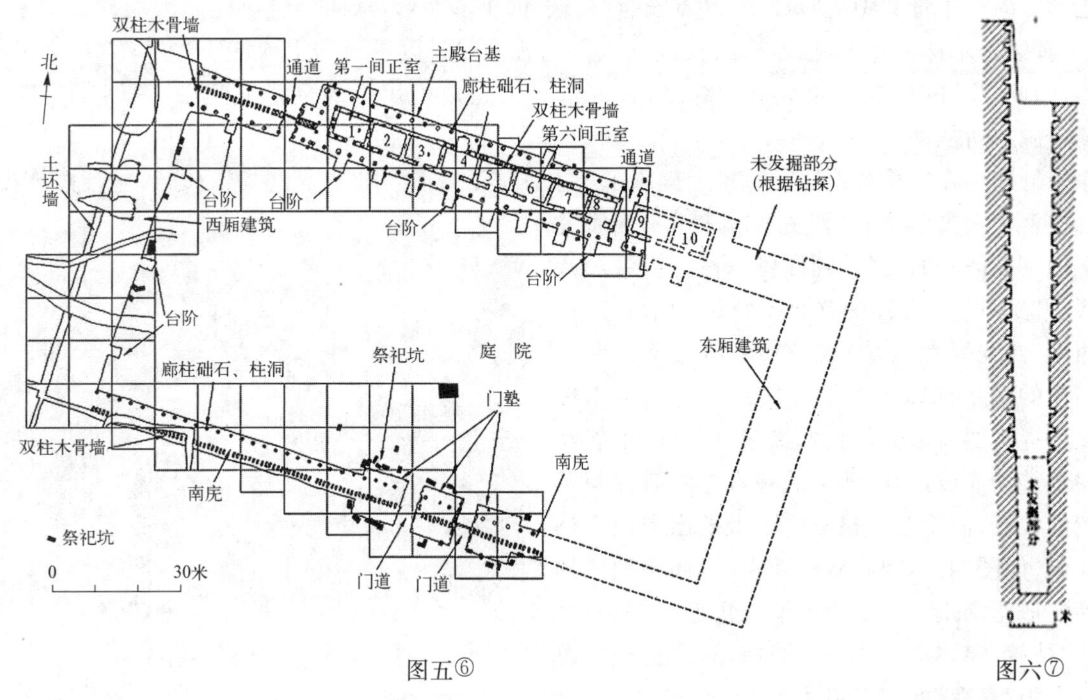

图五⑥

图六⑦

① 中国社会科学院考古研究所安阳工作队：《洹北商城宫殿区一号基址发掘简报》，《考古》2003年第5期。

② 杜金鹏：《洹北商城一号宫殿基址初步研究》，《文物》2004年第5期。

③ 谷飞：《偃师商城宫城第三号宫殿建筑基址的复原研究》，《中原文物》2018年第3期。

④ 杜金鹏：《洹北商城一号宫殿基址初步研究》，《文物》2004年第5期。

⑤ 苗霞：《殷墟“石子窖”和“石子墓”性质探析》，《考古》2020年第3期。

⑥ 唐际根、荆志淳、何毓灵：《洹北商城宫殿区一、二号夯土基址建筑复原研究》，《考古》2010年第1期。

⑦ 中国社会科学院考古研究所安阳工作队：《2004—2005年殷墟小屯宫殿宗庙区的勘探和发掘》，《考古学报》2009年第2期。

结语

《说文》序云：“远取诸物，近取诸身。”汉字的产生与发展离不开先民对生产生活中事物的细致观察。正如本文所讨论“阜”字的字源问题一样，最早可以追溯到脚窝或者独木梯。最早的穴居时代，先民依靠独木梯或脚窝进出窖穴；之后，地面建筑逐渐出现，脚窝和独木梯在一定程度上可能会被弃用，但根据其创造出来的文字则会被保留下来；夏商时期，拥有深厚地基以及高台基的建筑逐渐出现，台阶、阶梯正式替代脚窝与独木梯，深入民众的日常生活之中。

由于建筑形式的发展变化，“阜”之取象源于史前独木梯或脚窝的认识逐渐隐没不显，以至于殷墟甲骨文中“阜”字的出现，使得我们对其本义不甚明了。今从四个方面对此前徐中舒先生提出的“阜”之字源源于独木梯的观点加以补证，以便于更准确地理解相关文献。从甲骨文中“阜”所在有关辞例来看，将其解释为“小山”或“土山”均不符合商代的建筑形式和基本常识；从甲金文中从“阜”的相关字来看，高度上的迁移或变化是其共同特征，与独木梯作为攀爬、出入、升降等工具的性质完全相符。另外，从出土文物、民俗史料、商代的建筑形式等可知，独木梯、脚窝、台阶已经深入民众日常生活。相比抽象的“山崖”说，“阜”之字源为独木梯的说法更加具体形象，且有大量的出土文物、遗址等为佐证。

从现有材料及文字记载来看，独木梯产生和使用最早，此后施之于窖穴则为脚窝，施之于地上台基建筑则为台阶，名异而实同。因有独木梯的灵感，故而仿摹其形，在穴居或窖穴壁上挖脚窝供出入时踩踏。推测在早先的深穴居或半穴居和干栏式建筑中升降出入的工具均应该是独木梯，而人工挖刨的独木梯来源于对整木的简单改造，良渚独木梯即属于此类。从独木梯到脚窝，再到台阶，其思想来源是一致的，之所以有此分别，仅仅是所使用的时代和方式不同而已。但不论如何，均无法掩盖“阜”之字源为“独木梯”的历史真相。此亦即“辨章学术，考镜源流”之所谓。

Supplementary Etymological Notes on the Oracle Bone Inscriptions “Fu (阜)”

Han Wenbo　Guo Gongwei

(Ancient Chinese Characters and Pre-Qin History Research Center, School of History and Culture, Sichuan University, Chengdu 610060)

Abstract: Clarifying the etymology or iconography of the character “fu (阜)” is particularly important as it is the foundation for many academic studies. If the source and origin of this foundation are unclear, all research based on it is at risk of collapsing. Therefore, the etymology or iconography of the character “fu (阜)” is particularly important. The character “fu (阜)” is commonly seen in the inscriptions of the bone and tortoise shell, and many scholars have discussed its etymology, but there is still no final conclusion. Based on the examples of the inscriptions of the bone and tortoise shell, the meanings of the characters from “fu (阜)” in the inscriptions of the bone and tortoise shell, archaeological and folkloric materials, the etymology of the character “fu (阜)” should not be the traditional view of “earth mound” or mountain shape, but should be the primitive people’s ladder for climbing, descending, and entering and exiting during the era of cave dwelling or bamboo fence. When used on a whole log, it was a log ladder; when used in a pit, it was a footprint; when used in the construction of a base, it was a step. Although the names are different, the reality is the same. Therefore, the etymology of the character “fu (阜)” as a log ladder is more plausible.

Key words: oracle bone inscriptions; “fu (阜)”; fu radical; etymology; footprint; log ladde

《甲骨文合集》释文校订十则*

庞　苗

【摘　要】甲骨卜辞蕴涵着丰富的商代语言文字信息和社会历史信息，准确的释文对相关研究具有基础性和前置性。文章利用清晰的照片、拓本并结合相关卜辞对《甲骨文合集》释文进行了十则校订。

【关键词】《甲骨文合集》；释文；校订

【作者简介】庞苗，女，华东师范大学中国文字研究与应用中心博士研究生，研究方向为古文字学。（上海200062）

《甲骨文合集》①（以下简称《合集》）是甲骨研究的一部集大成著录书，《合集》自出版后给甲骨学的研究带来了极大的便利，《合集》所著录甲骨片数量巨大，其中不乏一些拓片模糊不清，因此影响了释文的准确性。我们在研读甲骨时，根据同一甲骨片的不同著录，查找清晰照片、拓本，同时结合卜辞文例和相关卜辞，发现部分卜辞的释文有可商榷之处。我们对存在误释、漏释情况的卜辞进行校订，校订内容涉及了瞽人逃亡、妇好患齲齿、“雀入二百五十”同批贡纳龟甲等。文中参考各家释文进行校订，包括《甲骨文合集释文》②（简称《合集释文》）、《殷墟甲骨文摹释全编》③（简称《摹释全编》）、《殷墟甲骨刻辞摹释总集》④（简称《摹释总集》）、《甲骨文校释总集》⑤（简称《校释总集》）、香港中文大学刘殿爵中国古籍研究中心“汉达文库”⑥（简称“汉达文库”）以及甲骨文最新著录资料成果《甲骨文摹本大系》⑦（简称《大系》），为避免繁复，文中只列举最新成果《大系》释文进行对照，每则在按语部分对校订内容进行解释说明。

一　《合集》02618 正

《大系》释文：〼女{母}庚钔{禦}帚{婦}好齒。⑧

校订释文：貞：于母庚禦婦好齲。⑨

按：《摹释总集》释文为“〼母庚御帚好囚”，《合集释文》《校释总集》《摹释全编》与“汉达文库”及《大系》释文相同。从拓片看，[illegible]确实是牙齿形状，该版又见于《乙编》5274⑩，查看史语所网站照

* 本文为教育部哲学社会科学重大课题攻关项目“基于数据库技术的殷商甲骨事类刻辞排谱、整理与研究”（编号 22JZD036）阶段性成果。

① 郭沫若主编，胡厚宣总编辑：《甲骨文合集》，中华书局，1978—1983 年。

② 胡厚宣主编：《甲骨文合集释文》，中国社会科学出版社，1999 年。

③ 陈年福：《殷墟甲骨文摹释全编》，线装书局，2010 年。

④ 姚孝遂主编：《殷墟甲骨刻辞摹释总集》，中华书局，1988 年。

⑤ 沈建华、曹锦炎编著：《甲骨文校释总集》，上海辞书出版社，2006 年。

⑥ 香港中文大学刘殿爵中国古籍研究中心“汉达文库”（https://www.chant.org/search/Major）。

⑦ 黄天树主编：《甲骨文摹本大系》（简称《大系》），北京大学出版社，2022 年。

⑧ 《大系》09692。

⑨ 诸家释文原文皆为繁体，校订释文也使用繁体与其保持一致，校订采宽式释文。□表示该处有一个无法补出的残缺字，〼表示残缺内容字数不详，[]内为拟补的字。甲(乙)表示字形为“甲”，释读为“乙”。

⑩ 董作宾：《殷虚文字乙编》（简称《乙编》），台北“中研院”历史语言研究所，1994 年重印本。

片①，我们能看到该字更加清晰的面貌，仔细观察照片后我们发现诸家误释为“齿”的字作“[image]”形，象虫在齿中，当释为“龋”。“龋”的常见字形为[image]、[image]②，从拓片上不易发现“龋”的此类写法[image]，本版中[image]是甲骨文“龋”字的一种新见异体，查阅《甲骨文字编》《新甲骨文编(增订本)》和《甲骨文字新编》等字编，发现诸家字编未收录此字形。③ 杨熠先生对此版有缀合，缀合后可补上“贞于”二字。④ 此版卜辞大意是妇好患了龋齿，商王贞问要不要向母庚举行禦祭以攘除妇好的齿疾。

《合集》02618 正局部

《乙编》5274＋局部

二　《合集》03456

《大系》释文：☐男☐克☐一月。⑤

校订释文：☐男☐胄☐一月。

按：“男”字清晰可辨，诸家均准确释出，“男”字右边一字诸家释文不一，《合集释文》摹写为“[image]”，《校释总集》《摹释全编》和“汉达文库”释为“由”，《大系》释为“克”，《摹释总集》未释。《合集》03456 彩照见于河南博物院⑥，通过核查彩照，我们发现诸家均误释，该字作“[image]”形，从[image](冃)[image](由)声，当释为“胄”。检索中国古文字智能检索网络数据库⑦以及查阅《甲骨文字编》⑧、《新甲骨文编(增订本)》⑨、《甲骨文字新编》⑩等字编，我们发现殷墟甲骨卜辞中与“胄”相关的辞例少见，目前仅收录两例，分别见于《合集》04078、《合集》36492。《合集》03456 是新发现的与“胄”相关的卜辞。

---

① 台北“中研院”历史语言研究所“考古资料数位典藏资料库”(https://ndweb.iis.sinica.edu.tw/ihparchaeo/index.jsp)。以下简称史语所网站。

② 摹本参看李宗焜编著：《甲骨文字编》，中华书局，2012 年，第 256 页。

③ 李宗焜编著《甲骨文字编》第 255 页将《合集》02618 正中“龋”误摹为“[image]”，收录于“齿”字下。《甲骨文字编》《新甲骨文编(增订本)》均只收录有[image]《合集》13662、[image]《合集》13663 正甲两版于“龋”字头下，《甲骨文字新编》还收录了《合补》03990 中“[image]”于“龋”字头下。读者可参看李宗焜编著：《甲骨文字编》，第 256 页；刘钊主编：《新甲骨文编(增订本)》，福建人民出版社，2014 年，第 120 页；陈年福：《甲骨文字新编》，线装书局，2017 年，第 18 页。

④ 该版完整缀合为《合集》02618 正(《乙编》6425)＋《合集》08913 正(《乙编》5274)＋《乙编》5517＋《乙补》3425＋《乙补》5441＋碎甲＋《乙补》2561＋《乙编》8371，杨熠：《甲骨缀合第 155—170 则》，史语所网站 2022 年 5 月 10 日(https://www.xianqin.org/blog/archives/16620.html)。

⑤ 《大系》28352。

⑥ 河南博物院(https://www.chnmus.net/ch/index.html)。

⑦ 华东师范大学中国文字研究与应用中心“中国古文字智能检索网络数据库”(https://wjwx.ecnu.edu.cn/guwenzi)。

⑧ 李宗焜编著：《甲骨文字编》，第 246 页。

⑨ 刘钊主编：《新甲骨文编(增订本)》，第 462 页。

⑩ 陈年福：《甲骨文字新编》，第 72 页。

《合集》03456

河南博物院 026 彩照[1]

三　《合集》00965 反

《大系》释文：雀入二[百]⊠。[2]

校订释文：雀入二百五十。

按：《合集释文》《摹释总集》《校释总集》和“汉达文库”释文均为“□入二”，《摹释全编》释为“□入⊠”，《大系》细致观察到“二”字下有“百”字残笔。《合集》00965 正由《乙编》5794 和《乙编》6546 两版拼合而来，《乙编》5794 未录反面拓本，甲桥刻辞残缺，因此诸家释文漏释。查看史语所网站实物彩照可知，《乙编》5794 反面存有刻辞“ ”，即“五十”合文，可据此完善记事刻辞信息，校补后的甲桥刻辞当是“雀入二百五十”。“雀入二百五十”是雀族一次贡纳二百五十版龟甲的记录。以记事刻辞为线索，此前已经搜寻出 26 版同批贡纳龟甲[3]，《合集》00965 反释文的完善可为此同批贡纳龟甲再新添一版，那么目前所见“雀入二百五十”同批贡纳的龟甲当是 27 版。

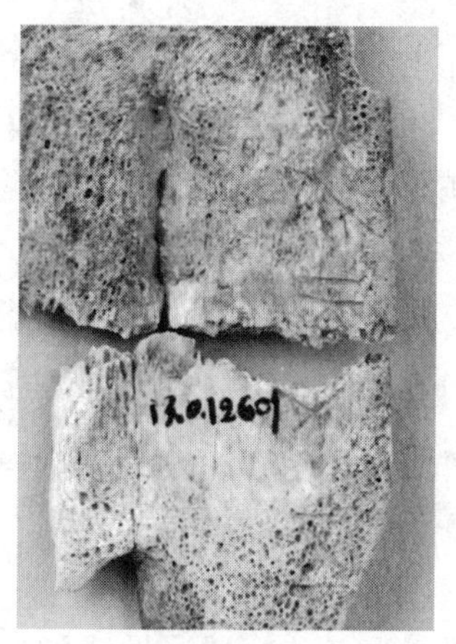

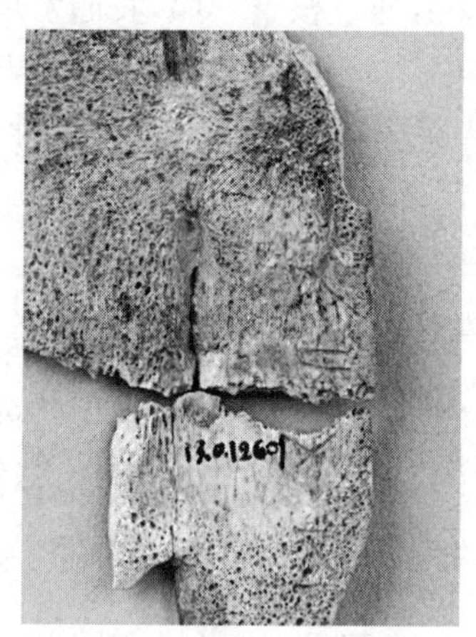

《乙编》6547 反面彩照局部

① 河南博物院甲骨彩照背面有红色数字，据红色数字为编号。

② 《大系》08552。

③ 庞苗、李发：《谈谈甲骨文中同批贡纳龟甲的使用情况——以“雀入二百五十”为主要研究封象》，《甲骨文与因殷商史》新十一辑，上海古籍出版社，2021 年，第 416—417 页。

四　《合集》00840

《大系》释文：[乎{呼}]取奉{逸}人。①

校订释文：[呼]取逸瞽。

按：《合集释文》为"[乎]取歨□人"，《校释总集》《摹释全编》与"汉达文库"及《大系》释文均将最后一字释为"人"。《摹释总集》释文为"呼取往见"。《校释总集》《摹释全编》隶定为"歨"以及《摹释总集》释为"往"的字作""形，""当从王子杨先生意见改释为"逸"。②《摹释总集》虽注意到所谓的"人"字上有一"目"，但是未观察出该字全貌。《合集》00840又见于《殷契拾掇》二编第469片③(以下简称《掇二》)，从《掇二》拓本看，诸家误释为"人"的字作""形，该字形上部从"目"并将象目框下部的线条去掉，表示眼睛有残疾、目不能见，下部人手拄拐杖，当释为"瞽"，瞽即为统治阶级服务的盲人乐师。④ 结合《合集》00840同版释文"乎取"，辞意当理解为：发生了瞽人逃逸之事，商王贞问要不要派遣去捉拿。

《合集》00840　　《掇二》469

五　《合集》18704

《大系》释文：甲戌卜。翼{翌}乙[亥]𦥑衣不伏。⑤

校订释文：甲戌卜：翌乙[亥]☐學衣(卒)不[遘雨]。允不。

按：《校释总集》《摹释全编》与《大系》释文相同，"汉达文库"释文为："甲戌卜：翌乙亥※，卒，不伏。"《合集释文》为："甲戌卜，翌乙[亥]衍衣不伏。"《摹释总集》为"甲戌卜翌乙☐行衣不☐。"诸家对此条卜辞释法不一且辞意难解。《合集释文》隶定为"衍"以及"汉达文库"未显示的"※"当是"学"字，

① 《大系》08472。

② 王子杨：《甲骨文字形类组差异现象研究》，中西书局，2013年，第241—253页。

③ 郭若愚编集：《殷契拾掇》，上海古籍出版社，2005年。

④ 从裘锡圭先生意见，释为"瞽"。参看裘锡圭：《关于殷墟卜辞的"瞽"》，《裘锡圭学术文集·甲骨文卷》，复旦大学出版社，2012年，第510—515页。裘锡圭先生在文章中也识出《合集》00840中的"瞽"字，只是释文中漏释一"取"字，辞意残缺，因此无法判断《合集》00840是否与瞽人逃亡有关。补全释文后再结合同版释文，可证裘锡圭先生的猜想正确，该辞确是瞽人逃亡的记录。

⑤ 《大系》05843。

"学"字的此类刻法还见于合集 20100 。《合集》18704 即《京人》0624[①]，诸家将""误释为"伏"，细审《京人》0624 可以发现，其实""并非一字，当是"允不"二字，只是受刻写空间限制，两字间隔较窄。"衣"当从裘锡圭先生意见，读为终卒之"卒"。[②] 卜辞中常见为学占卜是否会遇雨，如"乙亥卜，爭貞：子其学疒不遘雨。(《甲骨拼合五集》1193)""丙子卜，贞：多子其延学疒不遘大雨。(《合集》03250)"，《合集》18704 应与此相类，可在"不"后拟补出"遘雨"。如此一来，辞意甚明，该辞是甲戌日占卜，贞问第二日乙亥日学结束后会不会遇上下雨，验辞记录了第二日果然没有遇上下雨。

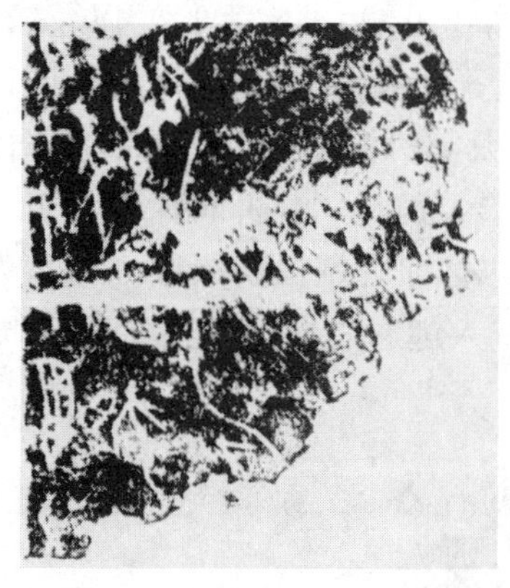

《合集》18704 局部

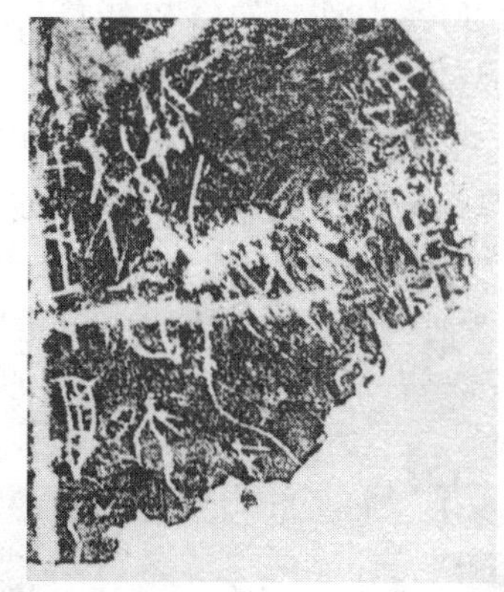

《京人》0624 局部拓本、照片

六 《合集》15855

《大系》释文：庚戌卜。鼎{貞}。翼{翌}辛亥用鬯尊歲。[③]

校订释文：庚戌卜，貞：翌辛亥用奚尊歲。

按：《摹释总集》"用"后之字未释，其余四家释文与《大系》释文相同。从《合集》15855 拓本来看，"用"后之字模糊不清，难以辨识，诸家据字形轮廓推测是"鬯"字，祭祀用"鬯"是常有之事，看似释文合理。经研读吉林省博物院公布的彩照[④]，我们发现此版卜辞并非是用"鬯"祭祀，而是用"奚"作为人牲祭祀。经过校订后，我们还发现《合集》15855 与《合集》15826"庚戌卜，宾贞：翌辛亥用奚歲"当为同文卜辞。

《合集》15855

吉博彩照

《合集》15826 局部

① 〔日〕贝塚茂树：《京都大学人文科学研究所藏甲骨文字》(简称《京人》)，日本京都大学人文科学研究所，1959 年。

② 裘锡圭：《释殷墟卜辞中的"卒"和"𧘲"》，《裘锡圭学术文集·甲骨文卷》，第 362—376 页。

③ 《大系》31037。

④ 吉林省博物院(https://jlmuseum.net)。以下简称吉博。吉博甲骨未见编号，将彩照下载至本地时可获得图片原始文件名。为方便读者查询，标出图片原始文件名，本版彩照文件名为 22010221800002100532235 - A - 0001。

七　《合集》28844

《大系》释文：□亡{無}𢦏{災}，𠬪{擒}。①

校订释文：□北無災，擒虎。

按：《校释总集》《合集释文》与“汉达文库”及《大系》释文相同，《摹释总集》释为“□无灾，擒虎”，《摹释全编》释为“□北无灾，擒虎”，诸家释文差异在于本版卜骨的首字和尾字。细审吉博彩照发现“无”字上还刻有一字“”，象两人相背，当释为“北”。《合集》28844 拓本漫漶，“擒”字下难以辨识。核查彩照可知，“擒”下一字作“”形，虎口大张，卷尾上扬，当释“虎”无疑，《摹释全编》释文准确。无名类卜辞中，虎身可简化为一道线如《合集》28301 ，本版无名类卜骨中“虎”即此类刻法。

《合集》28844

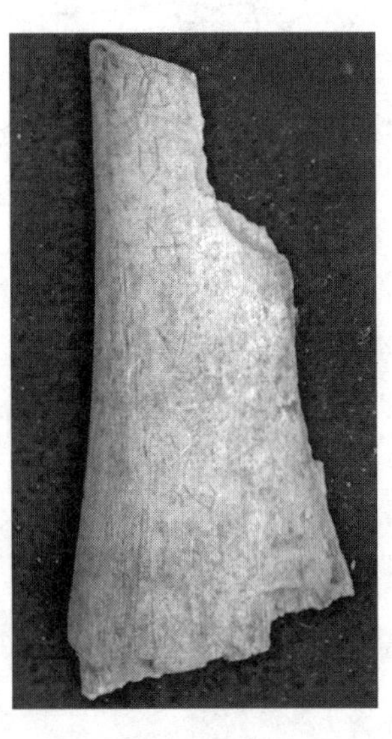

吉博彩照②

擒虎

八　《合集》09021 正

《大系》释文：

(1) 鼎{貞}。𠬪{畢}□以□㞢□。

(2) □若。

(3) □取□。③

校订释文：

(1) 貞：畢以㞢取。

(2) □若。

按：“汉达文库”释为两条卜辞(1)“贞：毕以，㞢取”；(2)“若”。其余五家均将此版释为三条卜辞。《合集》09021 即《北珍》0944④，据《北珍》0944 照片可知，“取”字上面有界划线，将其与“若”隔开，“若”

① 《大系》58300。

② 本版吉博彩照文件名为 220102218000021053207 - A - 0001。

③ 《大系》26914。

④ 〔韩〕李钟淑、葛英会：《北京大学珍藏甲骨文字》(简称《北珍》)，上海古籍出版社，2008 年。

当单独一辞。诸家释文时忽略了《合集》09021所处的特殊位置，由此造成误释。《合集》09021处于龟甲的左后甲位置，“取”所在的位置是甲桥，“取”字以下是龟甲的原边，因此“取”字上下都不大可能有刻字的空间，“㞢”处于龟甲胯凹位置①，“㞢”字下也无空间刻字，《大系》误将胯凹处的骨纹视作界划线。实际上，“取”应属于右侧卜辞，“取”与右侧卜辞连起来读也非常通顺，即“贞：毕以㞢取”。卜辞中常用“某以㞢取”来贞问某人是否会致送征取的物品，如“□巳卜，㱿贞：妥以㞢取。（《合集》09075）”“贞：⿰女凡以㞢取。（《合集》03481）”。“汉达文库”在“㞢取”前断句，这样的断句是不合理的。卜辞中“某以㞢取”的否定式一般为“某弗其以㞢取”，如“贞：妥弗其以㞢取。（《合集》09075）”“贞：彗罘䇂弗其以㞢取。（《合集》08235）”，可见这类卜辞中，“以”作动词用，“㞢取”作“以”的宾语，“以㞢取”一起构成动宾结构，中间断开反而使得辞意不连贯。

《合集》09021正

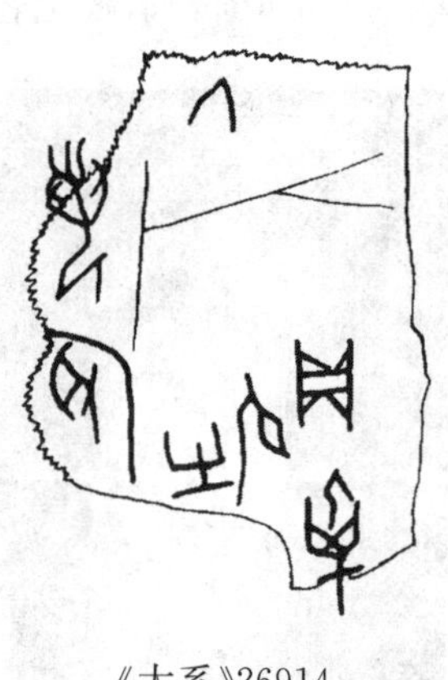

《大系》26914

《北珍》0944正

九 《合集》04751

《大系》释文：

（1）□子卜。⧄匕{妣}⧄。

（2）⧄[glyph]⧄竹⧄。②

校订释文：

（1）□子卜，⧄申⧄。

（2）⧄[glyph]⧄竹⧄。

按：《摹释总集》释文为“卜⧄乙竹”，《合集释文》《校释总集》和“汉达文库”释为“□□卜⧄[[glyph]]⧄以竹⧄”，诸家释文均不准确。《合集》04751又见于《中历藏》1080正③，据《中历藏》清晰照片，我们可以发现，“卜”上一字当是干支日“子”。拓片所呈现的，《大系》释为“匕”，其余诸家释为“以”，但是宾组卜辞中“以”基本都写作繁体字形“[glyph]”，鲜少用简体字形“[glyph]”④，查看照片可知，以往误释为“以”或者“匕”的字，其实应是“申”。

① “腋凹”是乌龟前肢伸出缩入之处，相当于人体的夹肢窝；而“胯凹”是后肢伸出缩入之处。参看黄天树：《龟腹甲的“腋凹”“胯凹”与甲骨缀合》，《甲骨文与殷商史》新六辑，上海古籍出版社，2016年，第148—150页。

② 《大系》03261。

③ 宋镇豪、赵鹏、马季凡编著：《中国社会科学院历史研究所藏甲骨集》，上海古籍出版社，2011年。以下简称《中历藏》。

④ 裘锡圭先生曾指出：某些种类的卜辞里，如在师组卜辞里，“[glyph]”“㠯”二字都使用。在另一些种类的卜辞里，则是使用二者之一。如宾组、出组卜辞只用“[glyph]”，历组卜辞和所谓三、四期卜辞（李学勤先生称为无名组卜辞）只用“㠯”。这种只使用“[glyph]”或“㠯”的卜辞，占了已发现的卜辞的绝大部分。参看裘锡圭：《甲骨文字考释（续）》，《裘锡圭学术文集·甲骨文卷》，第180—181页。

《合集》04751

《中历藏》1080

十　《合集》20712

《大系》释文：□□卜。王鼎{貞}：自{師}匕〼及〼不〼允〼。①

校订释文：□□卜，王貞：師匕〼及〼不丁〼允由(堪)[朕]事。

按：六家释文均漏释"允"后之辞。研读彩照可知，"允"下有一"由"字，"允"字右边有一"事"字。"由"从陈剑先生考释意见，读"由"为"堪"，训为"任"，商王贞问"堪王事"系关心某人"能不能"行王事或完成王事。② 卜辞中常用"堪王事""堪朕事""堪我事"来贞问某人是否能完成王事，董作宾先生早已指出："王贞就是王亲临贞，这有一个特征，就是卜辞说话都是王的口气，该用王字之处就改为'余'字、'朕'字。"③《合集》20712"王贞"表明是商王亲自进行贞问，用王的口气当说"堪朕事"，据此可推测本辞"由(堪)"和"事"之间所残之字当是"朕"。

《合集》20712

吉博彩照④

① 《大系》01709。
② 陈剑：《释由》，《出土文献与古文字研究》第三辑，复旦大学出版社，2010年，第1—89页。
③ 董作宾：《甲骨文断代研究例》，《董作宾先生全集甲编》，艺文印书馆，1977年，第390页。
④ 本版吉博彩照文件名为2201022180000210053239－A－0001。

Ten Caces of Proofreading of *The Collection of Oracle Bone Inscriptions*

Pang Miao

(Center for the Study and Application of Chinese Characters, East China Normal University, Shanghai 200062)

Abstract: Oracle bone inscriptions reflect rich linguistic and social historical information of the Shang Dynasty, and the accuracy of the interpretations is of great significance to the study of oracle bones. In this article, we have checked the clear photographs, and compared the related divinatory inscriptions to correct 10 inaccurate parts of the interpretation of *The Collection of Oracle Bone Inscriptions*.

Key words: *The Collection of Oracle Bone Inscrip*tions; proofreading; interpretation

金文字词补释二则*

李金晏

【摘　要】应侯盨中的自名修饰语并非“盨”字，而应是“糂”字之异体，可分析为从宀、从食、从糂。曾子𣪘鼎中旧释“舄”之字，应改释为“臧”，在铭辞中作修饰语，“臧彝”与铭文常见的“宝彝”“尊彝”相类。

【关键词】应侯盨；糂；曾子𣪘鼎；臧；自名修饰语

【作者简介】李金晏，女，吉林大学考古学院博士研究生，研究方向为出土文献与古文字。（吉林 长春 130012）

一　金文“糂”字补说

河南平顶山新华区北滍村应国墓地出土了一件应侯盨，该器著录于《新收殷周青铜器铭文暨器影汇编》第1458号，后又收入《商周青铜器铭文暨图像集成》（下简称《铭图》）。其铭文作：

应侯作宝簋。

该盨器盖同铭，器形为盨，却自名称“簋”。田率先生曾对盨与簋的关系做过讨论，认为青铜盨与青铜簋存在自名互借的现象，并于脚注处指出“逹盨”自名“旅盨”，但其器形当属簋类。① 以上意见可说明“簋”与“盨”存在密切联系。

“簋”前一字原篆作、、诸形（为行文方便，下文以“△”代称）。何景成先生曾将此字释为“馨”②，《铭图》采用此意见。近来，禤健聪先生对△字做了讨论，并将其释为“盨”字。其依据主要有二：一是金文中有“盨”自名为“盨簋”的用例；二是传世京叔盨中的“盨”字作形，其中的，禤文认为与是一形之变。③

禤文发表后，又有学者相继做了讨论。查飞能先生对前人研究做了较好的总结，同时他也认同释为“盨”，认为此字从食、从象形中盛米之形。④ 邬可晶先生认同禤说，并指出△不应和“糂”牵合。⑤ 但邬先生仅以禤文所举的依据为证，并未给出其他的考释依据。我们认为禤说大概有如下可疑之处：

1. 除了传世的京叔盨外，陕西省历史博物馆还藏有一件京叔盨，其“盨”字作（器盖）、（器内）形。对比摹本和高清彩照，字中的“米”形摹写与上举两形并不相似，再考虑到“页（须）”旁向左延伸的笔画，我们怀疑所摹的笔画可能并不存在，而中的“又”形也可能是“页”下部“止”形的误摹。

---

* 本文为国家社科基金重点项目“商周金文语词汇释及其数据库建设”（23AYY002）、教育部哲学社会科学研究重大课题攻关项目“周代文字的发展传播与文化意义研究”（23JZD034）阶段性成果。本文蒙匿名审稿专家提出宝贵修改意见，笔者谨致谢忱。

① 田率：《历史文物与中国古代文明探研》，花木兰文化事业有限公司，2019年，第39页。

② 何景成：《金文考释三则》，第五届中国文字发展论坛论文，河南安阳，2015年，第78—79页。正式发表为：《应侯盨“馨簋”解说》，《古文字研究》第三十一辑，中华书局，2016年，第230—237页。

③ 禤健聪：《应侯盨自名之字证说》，《古文字研究》第三十二辑，中华书局，2018年，第244—245页。

④ 查飞能：《商周青铜器自名疏证研究》，博士学位论文，西南大学，2019年，第89—90页。

⑤ 邬可晶：《释“奥”》，首届出土文献语言文字研究国际学术研讨会论文，台北彰化，2022年，第222页。又见氏著：《释“奥”》，《中国文字》二〇二三年冬季号（总第十期），万卷楼图书出版有限公司，2023年，第76—77页。

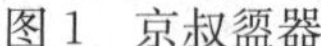
图1　京叔盨器

图2　京叔盨盖

2. 形中的点画与“米”的写法有些差距。金文中独体的“米”字虽然不多，但以“米”字为构件的字却是不少。独体的“米”字有（《铭图》13660）、（《铭图》13117）、（《铭图》11496）、（《铭图》09711）诸形，可以看到“米”字的点画在排列上是较为规整的。与“米”形相关的字，如“旛”“粉”“粗”“䊵”“鬻”“鬻”“鬻”“鬻”“敝”“嗇”“登”“糕”“糊”“糗”“糱”等等，其“米”形的点画也多作规整的两行排列状（、、），与形不类。因此，我们对此摹写存有怀疑。另外，甲骨文中有“𠪚”字，其原篆作、、（花东 391）、（，明后 2599）。[①] 若以中的点画为米形，则“𠪚”字的释读就需要重新考虑了。以此推之，则甚至与金文中释为“糕”的字更加相近，但事实应非如此。总之，我们认为不能以的“”形去对应△字的、形。

3. 金文中确定的从米之“盨”字，皆写作单“米”之形，如：（《铭图》05617）、（《铭图》05618）、（《铭图》05619）、（《铭图》05630）、（《铭图》05532）、（《铭图》05644）等，而未有之形。

4. 禤文以铭文中常见“盨”“簋”连言，且此器形制为盨，而将△确定为“盨”字，这可能并非完全无碍。前面我们提到，田率先生指出“内史盨（铭三 0525）”器形为“盨”，而自名为“簋”的现象。[②] 除此之外，“作旅盨（《铭图》05501）”“谏盨（《铭图》05513）”“伯鲜盨（《铭图》05528—05531）”“鲁司徒伯吴盨（《铭图》05594）”“华季嗌盨（《铭图》05596）”“伯敢鼻𤸫盨（《铭图》05613—05614）”“滕侯苏盨（《铭图》05620—05621）”“乘父士杉盨（《铭图》05629）”“㾓盨（《铭图》05671—05672）”“由盨（《铭图》05673）”等，皆是器形为“盨”，而自名为“簋”之例。由此可见，“盨”“簋”并非一定要连称才能表示“盨”，部分情况单用“簋”亦可表示“盨”。

综合来看，我们认为以传世京叔盨的字作为△字的考释依据，是不完全可靠的。

金文中有一类写作如下诸形的字：

A. 　B. 、、　C. 、、　D.

E. 　F. 　G.

经裘锡圭先生、周忠兵先生、许世和先生的分析，以上诸字应释为“糕”。[③] 周文指出：

① 裘锡圭：《释“𠪚”》，《裘锡圭学术文集·甲骨文卷》，复旦大学出版社，2012 年，第 552—565 页。

② 另外还有“由盉（《铭图》14798）”，器形为“盉”，而自名为“簋”。

③ 裘锡圭：《史墙盘铭解释》，《文物》1978 年第 3 期，第 27 页。后收入：《裘锡圭学术文集·金文及其他古文字卷》，复旦大学出版社，2012 年，第 11 页；周忠兵：《释春秋金文中的“糕”》，《战国文字研究的回顾与展望》，中西书局，2017 年，第 53—57 页；许世和：《战国有铭兵器的整理与研究》，博士学位论文，吉林大学，2023 年，第 498—499 页。

西周金文中的“糕”其初文应作𤽄，以米在带盖的器皿中会意，其构形与西周金文“羹”以菜在鬲类容器中会意类似。其在加注声符“侵”后出现不同程度的简省体，如：[illegible]、[illegible]、[illegible]等，还存在纯粹的形声字䊨，其字形演变符合文字的演变规律。

◯(按：即)的基本声符盦亦象米在带盖的器皿中，与西周金文中的“糕”字初文完全相同，故亦可释为“糕”。如此，则◯应是一个从糕得声的字，我们认为，它是糕的一种繁体。

根据以上分析，“糕”字的核心构件应是“米”及包覆状的器皿形，“㝷/帚”形乃是附加的声符，其余的皿、金等部件当属表示器皿含义的广义的义符。

回头来看应侯盨中的△字，其中的、与亦当理解为米在器中，且“米”与“㝷/帚”可能有共享笔画、糅合构件之意。于淼先生曾对古文字中的糅合现象做过专门的讨论，于文指出：

> “糅合”现象或称“捏合、杂糅、揉和”，是文字构形演变中的一种特殊现象，是将两个字的构件糅合在一个字形中。有的“糅合”是基于通假现象产生，通过变更构件而实现的……还有一种“异体糅合”是“将两个或几个异体字的不同部件糅和在一个构形单位之中，从而构成一个新的异体字”。这往往是通过增加构件实现的。①

本文所讨论的△可能属于异体糅合这一情况。不过，从字形来看，、与亦有可能是变形会意的结果。② 分析过去认定的“糕”字，“米”形或在器中(、、)，或在器盖之下(、)，或在器皿之上(、、)，少数情况省去器皿之形()。△字中的、与本是“米”加“㝷/帚”的组合，但为了体现“米”在器中之意，便将“㝷/帚”中“彐”的部分做了变形。

通过以上所论，我们认为、与当是“糕”字之异体，△中的“食”部件可能是补充表义，以示其性质与食器相关，而字中的“宀”形可能是附加构件，并不参与意义构成。

综合以上，我们认为△字应释为“糕”字，在辞中用为器名前的修饰语，表示“以米和羹”之意，乃器物用途之说明。此用例亦可与“”(王孙叔圣甗，《铭图》03362)所在之辞例互证合观。

关于金文中“糕”字的用例，我们还想做一点补充说明。在铭文中，“糕”字主要见于以下辞例：

1. 史糕作宝尊彝。(史糕簋，《铭图》04345，西周中期)
2. 宪圣成王，左右绶糕刚鲧，用肇彻周邦。(史墙盘，《铭图》14541，西周中期前段)
3. 唯十又二年三月既生霸丁亥，王在糕宫，王乎吴师召大。(大簋，《铭图》05344，西周晚期)
4. 唯十又五年三月既霸丁亥，王在糕宫。大以氒友守，王飨醴。(大鼎，《铭图》02466，西周晚期)
5. 糕妘作宝鼎，其万年子子孙永宝用言。(糕妘鼎，《铭图》02056，西周晚期)
6. 成伯孙父作糕嬴尊鬲，子子孙孙永宝用。(成伯孙父鬲，《铭图》02933，西周晚期)
7. 唯六月壬申，王孙叔圣择曰吉金，作铸糕甗，以征以行，以饎稻粱，以飤父兄，其眉寿无疆，子孙永宝用享。(王孙叔圣甗，《铭图》03362，春秋时期)
8. 余锡汝厘都糕劇，其县三百。(叔夷钟，《铭图》15553，春秋晚期)
9. 四年，(御)(庶)子、播(糕)，蔿其所为。(四年戈，《铭图》17185，战国晚期)

以上诸例中，辞7与本文所论应侯盨的辞例类似，“糕”位于器名之前，表示器物用途。辞8中的“糕劇”，李家浩先生认为是都城名，周忠兵先生认为其为地名，但具体指何还有待研究。谢明文先生

① 于淼：《汉隶“糅合”现象补说——兼谈糅合现象发生的条件》，《古文字研究》第三十二辑，中华书局，2018年，第579页。

② 古文字中有“变形音化”的现象，学者多有讨论。除了形声化的文字现象外，古文字中亦当存在变形表意的情况，或可称为“变形会意”。近来，王鹏远先生曾对此做过讨论，读者可以参看。王鹏远：《古文字“变形意化”现象初探》，《汉字汉语研究》2022年第4期，第50—59,69页。

认为“劀”可分析为从刀从“嫠”省声，乃“嫠”字异体。① 辞 2 中的“绥糂刚鲧”较难理解，裘先生开始怀疑当读为“受任刚谨”，后认为其义待考。② 在此之后，又有不少学者做过讨论，但此辞中“糂”的含义仍未得到很好解决。③ 辞 1 中“糂”为史官之名。辞 9 中的“糂”为工官名。辞 5、辞 6 中“糂”为氏族名，联系辞 1 的“史糂”及器物的时代线索，我们怀疑此“糂”可能系以官为氏。需要注意的是，辞 5 称“糂妘”，辞 6 称“糂嬴”。从辞例来看，辞 5 为女性作器，更有可能是成婚之后在夫国所作之器，此“妘”有可能是其夫国之姓；辞 6 在格式上应属媵器，此“嬴”更有可能是其父姓。

基于以上，再来看辞 3、4 中的“王在糂[illegible]宫”。金文中多见“王在 X 宫”的表达，梳理铭文大致有以下诸种：④

序号	宫　名	辞　例	器　名	出　处
1	西宫	王在西宫	㲹鼎	《铭图》02427
2	周般宫	王在周般宫	七年趞曹鼎	《铭图》02433
3	莽京溼宫	王在莽京溼宫	伯姜鼎	《铭图》02445
4	龢宫	王在龢宫	大夫始鼎	《铭图》02450
5	糂㞡宫	王在糂㞡宫	大鼎	《铭图》02465
6	周师录宫	王在周师录宫	师辰鼎	《铭图》02481
7	太师宫	王在宗周，王格太师宫	善鼎	《铭图》02487
8	周驹宫	王在周驹宫	九年卫鼎	《铭图》02496
9	大宫	王在大宫	不寿簋	《铭图》05008
10	华宫	王在华宫	何簋	《铭图》05227
11	师司马宫	王在师司马宫太室	㲋簋盖	《铭图》05278
12	周师量宫	王在周师量宫	大师虘簋乙	《铭图》05281
13	屖宫	王在屖宫	害簋	《铭图》05296
14	周师司马宫	王在周师司马宫	师瘨簋盖	《铭图》05338
15	师汓父宫	王在周，在师汓父宫	牧簋	《铭图》05403
16	司土淲宫	王在成周司土淲宫	十三年瘐壶甲	《铭图》12436
17	周师光守宫	王在周师光守宫	守宫盘	《铭图》14529

① 李家浩：《先秦文字中的“县”》，《文史》第二十八辑，中华书局，1987 年，第 51 页；周忠兵：《释春秋金文中的“糂”》，《战国文字研究的回顾与展望》，第 57 页；谢明文：《金文丛考（四）》，《古文字研究》第三十二辑，中华书局，2018 年，第 241 页。后收入氏著：《商周文字论集续编》，上海古籍出版社，2022 年，第 191—192 页。

② 裘锡圭：《史墙盘铭解释》，《文物》1978 年第 3 期，第 27 页。后收入氏著：《裘锡圭学术文集·金文及其他古文字卷》，复旦大学出版社，2012 年，第 11 页。

③ 姜欣然：《史墙盘铭文集释（2002—2022）》，硕士学位论文，青岛大学，2023 年，第 38—40 页。

④ 对于重复出现的相同宫室名称，我们但举其一，以示其例。

续 表

序号	宫 名	辞 例	器 名	出 处
18	莽上宫	王在莽上宫	僩匜	《铭图》15004
19	周康徲宫	王在周康徲宫	成钟	《铭图》15264
20	周康剌宫	王在周康剌宫	克钟	《铭图》15292

从以上辞例可知，除“西宫”等特定宫名之外，“X宫”一般为具体某人的宫，如：周般宫、穌宫、周师录宫、太师宫、周驹宫、大宫、华宫、师司马宫、周师量宫、周师司马宫、师汓父宫、司土淲宫、周师光守宫、周康徲宫、周康剌宫。抑或是某地的宫，如：莽京溼宫、莽上宫。以此为据，辞3、辞4中的“糂居”亦当为人名或地名，但从“糂”较常用作人名和氏名来看，“糂居”为人称的可能性更大。

二 金文“臧”字补说

上海博物馆藏有一件曾国青铜鼎，称“曾子倝鼎”。《铭图》的释文如下：

曾子倝择其吉金，用铸鴋彝，惠于剌曲，温恭下（舒）犀（迟），臧敌集[功]，百民是奠，孔哓□□，事于四国，用考（孝）用言（享），民俱卑（俾）卿（飨）。

图3 曾子倝鼎拓本

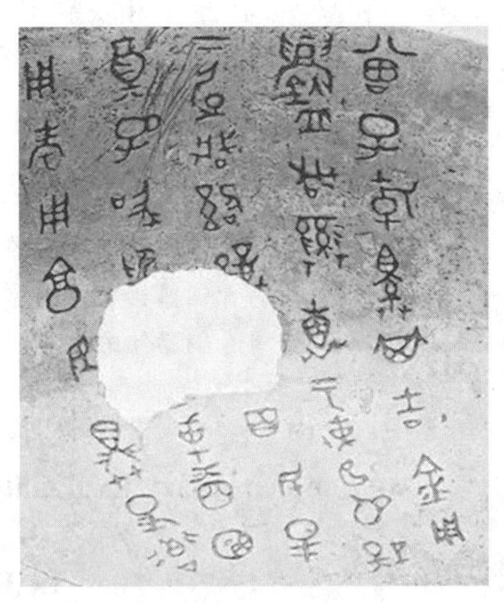

图4 曾子倝鼎照片

对该铭的隶释，一些学者有不同的意见。例如：董珊先生将“”二字释为“温龚（恭）”①；朱凤瀚先生则将“”隶作“𠧟犀（迟）”②；蒋文先生将“”隶作“𠧟犀（迟）下保”、将“𢿌（敌）”隶作“敌（御）”③，等等。

① 董珊：《秦子姬簋盖初探》，《故宫博物院院刊》2005年第6期，第29页脚注1。

② 朱凤瀚：《关于以色列耶路撒冷国家博物馆所藏楚大师编镈》，楚简楚文化与先秦历史文化国际学术研讨会论文，湖北武汉，2013年，第48页脚注3。

③ 蒋文：《先秦秦汉出土文献与〈诗经〉文本的校勘和解读》，中西书局，2019年，第130页。

除以上字词外，该器铭文还有一处难解，即铭文中的"舄"字。关于此字，引用者多从《铭图》意见。唯蒋文先生采取保守态度，将其字形图片截取出来而未作隶释。查验照片，此字原篆作[图]（下文以"△"代称），我们试作摹本[图]。对比金文中已有"舄"字之写法，可知二者差异较大。"舄"字一般写作[图]（大盂鼎）、[图]（麦方尊）、[图]（十三年瘭壶）、[图]（蔡簋）等形，象"雒"之形，与△字不类。

谢明文先生曾将△字与曶壶盖（《铭图》12446）的"舄"字加以联系，而将其释作"舄"，读为"作"，认为"铸作"可以连用，皆用为动词。[1] 查验曶壶盖拓本及照片，"舄"字作[图]、[图][2]形，我们试作摹本[图]。"舄"字构形中，"[图]"（爪形）是特征笔画，反观△字，其中并无爪形。尽管从拓本字形（[图]）来看，右下部似有爪形，但核对照片（[图]）可知，[图]中间的点画和左下角的出枝笔画并不存在。因此，我们认为△并非"舄"字。

查飞能先生根据信阳长台关1号楚墓遣策的"一舄釿"辞例亦将△释为"舄"，而读为"鲊"，指盛装膳食之用。[3] 信阳楚简的"舄"字写法与△并无太大关系，不能从字形上将二者加以认同。另外，将"舄"读为"鲊"也还不能完全落实。因此我们认为，仅凭辞例还不能将△释为"舄"。

关于△字，黄锡全先生曾怀疑是"臧"字，认为其字下部从口，其上与第三行的"臧"小别，臧训善、好之意。[4] 今验之以照片，黄说应不误。△字与同铭中"臧敌"之"臧"（[图]）字相近，将△字水平翻转后可得[图]形，对比二字可知"臧"是将"爿""戈""口"分开书写，而△则是将三者连体书写[5]，且"爿"与"戈"的位置左右互换。

综合以上，我们认为所谓的"舄"字，应改释为"臧"字，铭辞连读为"用铸臧彝"。关于"臧"的含义，黄先生认为是善、好之意。陶曲勇先生曾举滥公宜脂鼎（《铭续》0191）中的"余（择）其朓（臧）金"，认为"臧金"义同善金，并将"臧金"与"吉金"相联系，认为"臧"与"吉"属于同一语义场。[6] 这个意见是很好的，曾子軌鼎中的"臧彝"应与铭文常见的"宝彝""尊彝"相近，并不表示具体的器物用途，而是对器物的一种美称。

【引书简称说明】

《铭图》——吴镇烽：《商周青铜器铭文暨图像集成》，上海古籍出版社，2012年。

《铭续》——吴镇烽：《商周青铜器铭文暨图像集成续编》，上海古籍出版社，2016年。

《铭三》——吴镇烽：《商周青铜器铭文暨图像集成三编》，上海古籍出版社，2020年。

Two Supplementary Explanations of the Bronze Inscriptions

Li Jinyan

(School of Archaeology, Jilin University, Changchun 130012)

Abstract: The self-name modifier inscription in Yinghou-Xu（应侯盨）is not the character "xu（盨）", but rather a variant of the character "shen（糂）". The inscription can be analyzed as three parts with "mian（宀）", "shi（食）" and "shen（糂）". The old interpretation of the word "xi（舄）"

① 谢明文：《金文丛考（四）》，第239页。后收入氏著：《商周文字论集续编》，第188—189页。

② 照片截取自"台北故宫博物院"网站（https://tpgugong.com/#/antiqueDetail?id=CODD2HZD6MBUS4BYRC2WN1EFCA）。

③ 查飞能：《商周青铜器自名疏证研究》，第330页。

④ 黄锡全：《湖北出土商周文字辑证（增补本）》，武汉大学出版社，2019年，第1114页。

⑤ 臧孙钟（《集成》00093—00101，春秋晚期）铭的"臧"字，既有分体书写的[图]、[图]等形，又有连体书写的[图]、[图]、[图]等形。

⑥ 陶曲勇：《读金文札记三则》，第七届文献语言学国际学术论坛论文集，河南郑州，2022年，第127—128页。

in Zengzigan-Ding（曾子𣪘鼎）should be changed to "zang（臧）" and used as a modifier in the inscription. "Zang Yi（臧彝）" is similar to the common inscriptions of "Baoyi（宝彝）" and "Zunyi（尊彝）".

Key words: Yinghou-Xu（应侯盨）; shen（椹）; Zengzigan-Ding（曾子𣪘鼎）; zang（臧）; the modifiers as self-indicated name

四年新城令矛“长(张)”氏考*

许世和

【摘　要】 本文归纳、总结韩国特殊“长”形,并新考释韩国四年新城令矛县令姓氏“长(张)”。

【关键词】 长;张;四年新城令矛

【作者简介】 许世和,江苏师范大学语言科学与艺术学院讲师,吉林大学古籍研究所博士,研究方向为出土文献与古文字研究。(江苏 徐州　221000)

《铭图》17676 著录一件私人收藏韩国四年新城令矛,矛身呈窄叶形,前锋尖锐,叶中起脊,骹筒前细后粗,骹部刻有三行铭文,铭文、图版如下:①

三(四)年,新城令 A ,司寇辛 ,右库工币(师)韩□,冶……。

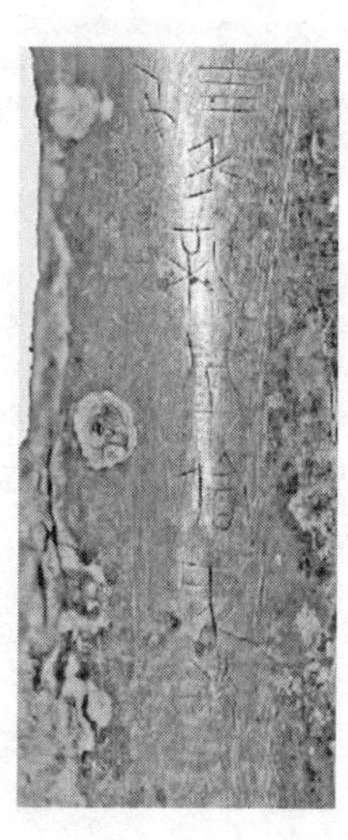

此矛年代、地理学界已有很好的研究意见,学界根据低纪年和“令+司寇”监造,认为是韩王安四年兵器②,地名“新城”旧认为是今河南伊川县西南新城,学者后来认为更可能是今河南密县新城。③ 新城令名“A ”,A 字,过去都释为“马”④,本文认为此说有误,下面开始讨论。

四年新城令矛 A 字照片、摹本字形作:

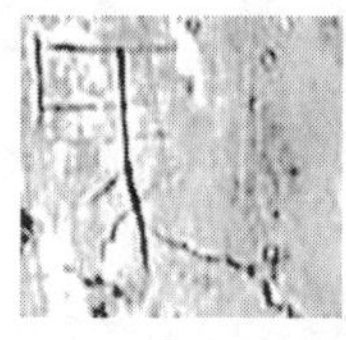

* 基金项目:本文为国家社科基金青年项目“出土简帛所见早期儒家《诗》学文献整理与研究”(项目编号 23CZS006)阶段性成果。

① 摹本乃田新洲所摹,非常感谢,由于第三行铭文不甚清楚,暂未摹出。

② 张建宇:《三晋纪年兵器的整理与相关问题研究》,硕士学位论文,吉林大学,2018 年,第 119 页;许世和:《战国有铭兵器的整理与研究》,博士学位论文,吉林大学,2023 年,第 108 页。

③ 张建宇:《〈史记〉战国史料新证》,博士学位论文,吉林大学,2021 年,第 48 页;张建宇:《新城、郑与战国晚期韩国疆域》,《历史地理研究》2023 年第 2 期,第 147 页;湛秀芳:《三晋文字地名考证三则》,《文博》2022 年第 3 期。

④ 《铭图》17676。张建宇:《三晋纪年兵器的整理与相关问题研究》,“附录”第 119 页。

以往释为“马”应是将A字“人”形下方的左右各看作一笔，使得下部整体近似“马”身形。按朱德熙、裘锡圭先生最早指出战国文字“马”异形的情况：①

齐：、，楚：、，燕：、，三晋：、

新城令矛A字只是和齐、楚“马”形略似，而与晋系文字写法不合，故旧释“马”应误。其实，仔细观察A字形下部、，“人”形下方的左右位置蜿蜒曲折，和平直的笔画截然不同，应是器物的裂痕而非文字笔画。四年新城令矛铭文刻于骹部，而矛骹部本身就有裂痕(见文末附图)。排除两道裂痕，字形作：、，显然不是“马”字，本文认为是韩国“长”字。

“长(张)”氏是战国时列国常见姓氏，三晋地区尤其多见。三晋“长(张)”氏私玺过去无法进一步分国，施谢捷先生最早根据韩国五年郑令矛等“长”形，将《港中大续一》89“长臣”、《赫连泉续存》“长□”、《书道全集》“长□”、《中国玺印集萃》72“长堪”等同形“长(张)”字私玺定为韩国之物，其他字形的晋系“长(张)”氏私玺国别则笼统地标为“三晋”。② 或受施文影响，汤志彪先生《三晋文字编》《晋系玺印汇编》也将此类“长”形之印归为韩国之物③，刘刚、聂菲先生也认为形是韩国特有“长”形。④ 吴良宝先生继而指出《货系》1535—1537“长安”之“长”也属韩国写法，方足小布应属韩国。⑤ 按此类“长”形的突出特点是上半部分作“田”字少一竖笔，字形集中出现在韩国器铭中，而战国赵、魏器物未有一例，可见施谢捷先生韩国“长”形说可从，此字形具有分国特征(字形总结见文末附表)。不过，或因施先生未撰文明确提出此说，研究战国文字和战国玺印的相关论著，多未注意到三晋韩国“长”字的此类区域性写法。⑥

(《港中大续一》89)

(《赫连泉续存》)

(《书道全集》)

(《中国玺印集萃》72)

对比上列韩国“长”形，四年新城令矛A字()就是韩国“长”字，作姓氏读为“张”。此外，笔者偶见两方战国晋系私玺，图版如下：

(《鉴印菁华》43⑦)

(“盛世成馨”公众号⑧)

① 北文：《秦始皇“书同文字”的历史作用》，《文物》1973年第11期，第2—3页。更多字形参徐在国等：《战国文字字形表》，上海古籍出版社，2017年，第1355—1356页。

② 施谢捷：《古玺汇考》，博士学位论文，安徽大学，2006年，第246—289页。

③ 汤志彪：《三晋文字编》，作家出版社，2013年，第1401—1403页；汤志彪：《晋系玺印汇编》，学苑出版社，2020年，“晋系玺印文字编”第395页。

④ 刘刚：《晋系文字的范围及其内部差异研究》，博士学位论文，复旦大学，2013年，第196页；聂菲：《晋系玺印文字部件异写情况整理与研究》，硕士学位论文，复旦大学，2020年，第116、317页。

⑤ 吴良宝：《读铭札记三则》，《古文字研究》第三十四辑，中华书局，2022年，第183页。此外，吴文还提出战国赵、魏“长”字特殊写法。

⑥ 战国文字分域著作如周波：《战国时代各系文字间的用字差异现象研究》，线装书局，2012年，第一章；周波：《战国铭文分域研究》，上海古籍出版社，2019年，“综论篇”；战国玺印著作如庄新兴编著：《战国玺印分域编》，上海书店出版社，2001年，第259—282页；陈光田：《战国玺印分域研究》，岳麓书社，2008年，第213—220页；刘建峰：《战国玺印文字构形分域研究》，博士学位论文，山东大学，2012年，第143—145页；付臬：《〈古玺汇编〉字释总综览》，硕士学位论文，复旦大学，2016年，第145—167页。

⑦ 许雄志：《鉴印山房藏古玺印菁华》，河南美术出版社，2006年，第22页。

⑧ 笔锋：《战国(三晋)百家姓——长(张)姓集粹》，“盛世成馨”微信公众号，2017年11月13日。

前一印《鉴印菁华》释作“□袀”，后一印公布者释出姓氏“长(张)”。按结合上文所论来看，两印“长”字皆为韩国写法，是韩国“长(张)”氏私印。最近新公布六年高都令戈，工师姓氏字形作（ ），公布者释“侯”①，按此字也是韩国“长(张)”氏。

综上，本文对战国韩国“长”字特殊写法加以总结，并考释四年新城令矛“长(张)”字。战国文字异形已是学界共识，但晋系文字尤其是晋系玺印的进一步分国研究尚不够充分，学者过去多结合传世文献，用历史地理和人物考证的方法，解决了少量晋系官玺的分国问题，而绝大部分私玺的分国工作远未完成。② 结合韩国“长”字案例来看，由于学界在晋系铜器(含兵器)分国、断代研究方面有长足的积累，晋系铜器(含兵器)文字是进行晋系文字字形类型学研究、文字分国研究的绝佳材料。

韩国特殊“长”形表

字形					
出处	五年郑令戈 《铭图》17334	四年郑令戈 《铭图》17333	五年郑令矛 《铭图》17691	二十年郑令戈 《铭图》17340	□阳令戈 《铭三》1520
字形					
出处	二年梁令矛 《铭图》17703	六年冢子戈 《铭图》17350	十年□阳令戟 《铭图》17353	六年高都令戈 《中原文物》 2023-4③	四年新城令矛 《铭图》17676
字形					
出处	《港中大续一》89	《赫连泉续存》	《书道全集》	《中国玺印集萃》	《鹤卢印存》
字形					
出处	《匋玺》249	《鉴印菁华》43	“盛世成馨”公众号		
字形					
出处	《货系》1535—1537	《聚珍》249.2	《缘聚》76	《先秦》114.1	

① 崔松林：《三门峡市博物馆藏战国“高都令戈”考》，《中原文物》2023年第4期，第103页。

② 张小东主编，张加副主编：《戎壹轩藏三晋古玺》，西泠印社出版社，2017年，董珊“序二”，第3页。

③ 崔松林：《三门峡市博物馆藏战国“高都令戈”考》，《中原文物》2023年第4期。

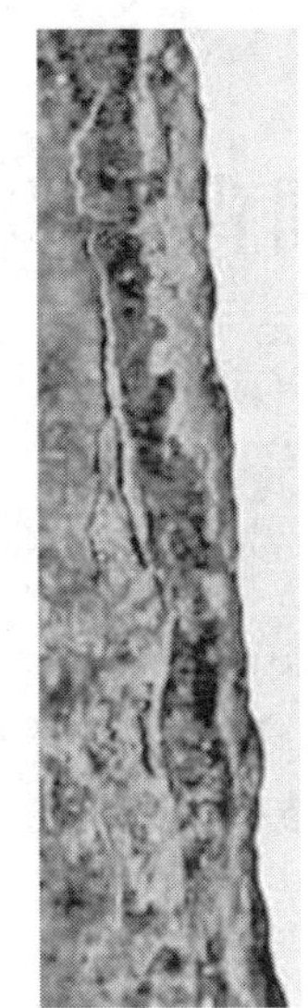

四年新城令矛　骹部裂痕

【引书简称表】

《货系》——《中国历代货币大系·先秦货币》

《聚珍》——《燕下都东周货币聚珍》

《铭图》——《商周青铜器铭文暨图像集成》

《铭三》——《商周青铜器铭文暨图像集成三编》

《先秦》——《先秦货币汇览·方足布卷》

《缘聚》——《缘聚三晋——山西私人收藏历代货币珍品集》

The Explanation of "Zhang (长)" Surname on Sinian Xinchengling Spear (四年新城令矛)

Xu Shihe

(School of Linguistic Sciences And Arts, Jiangsu Normal University, Xuzhou 221000)

Abstract: This article summarizes and concludes special "zhang (长)" character form of Han State, and newly explain "zhang (长)" surname on Sinian Xinchengling Spear of Han State.

Key words: "zhang (长)"; "zhang (张)"; Sinian Xinchengling Spear (四年新城令矛)

《商周青铜器铭文暨图像集成三编》释文补正

夏小清

【摘　要】本文在已有研究的基础上，对《商周青铜器铭文暨图像集成三编》中误释和缺释的八则释文进行了订正和补充，以期能够更好地发挥该书的作用。

【关键词】《商周青铜器铭文暨图像集成三编》；铭文；释文补正

【作者简介】夏小清，女，中山大学中文系博士研究生，研究方向为古文字。（广东 广州　510275）

2020年出版的《商周青铜器铭文暨图像集成三编》（下文简称《铭三》），共收录了1 772器，为学界的研究提供了便利。笔者在学习过程中对部分器的释文有一些不成熟的看法，故不揣浅陋，以就教于方家。为避免引起不必要的字形误会，下文在引用铭文原文及器名时采用繁体字形。

一　铭文误释者

0112 号亞𫲢父丁鼎，释文“𫲢”铭文照片作[字形]，左边之“幺”上下明显有结扎，而商代金文中“幺”字作[字形]（《集成》8719）、[字形]（《近出》411），上下并无结扎。“𫲢”字左部当为“糸”字，商代晚期金文中“糸”字作[字形]（《集成》2136）、[字形]（《集成》8105），与该字相合。因此，“𫲢”当隶定为“纨”。

0480 号𫹱慶父簋，释文“中（仲）㚢”之“㚢”盖铭拓片作[字形]，照片作[字形]，器铭照片作[字形]。器铭[字形]字右部实为“丑”字，其突出的爪形清晰可见，器铭该字应为从女丑声的字，可隶定为“妞”。黄组卜辞中亦见作地名可隶定为“妞”之字：[字形]（《合集》37485），[字形]与[字形]二者一为人名、一为地名，虽然族名、地名、人名常相互联系①，但前者时代为西周晚期，后者为商代，时间跨度较大，恐非指代同一词。盖铭[字形]字右部所谓“欠”形首笔为口形上一笔连接手臂，第二笔为口形下一笔连接人身，与金文中一般的“欠”字口形与人形分开刻写不同，比如“次”字所从之“欠”[字形]（《集成》5405），却与“又”字的某些首笔末尾弯曲的特殊形体相似，比如《集成》271号齐侯鎛之“事”字“[字形]”所从“又”，故盖铭[字形]当从女从又，不从欠。如此，盖铭该字原也当与器铭同为“妞”字，只不过右部“丑”形省为“又”，这种现象并不特殊，《集成》4261天亡簋“丁丑”之“丑”作[字形]，也是省为“又”。《说文解字》卷十二女部有“𡛋”字：“人姓也，从女丑声”，《玉篇》卷三女部“妞”与“𡛋”同，因此𫹱慶父簋中的“妞”字也当读作“𡛋”。

0763 号子父丁爵，著录器型和铭文照片，属于西周早期，铭文照片作：

《铭三》释文为“子父丁”。网友浮流认为铭文：“‘子’之字原篆作‘[字形]’，右下还有一笔。类似字形又见

① 谢明文：《商代金文研究》，中西书局，2022年，第610页。

于《铭图》07392，谢明文认为这种字形似可看作“保”之省。谢说可从。”[1]但细审照片，发现“子”下并非只有一笔，而有左右并排的两笔，类似“八”字形。《铭图》08310 号收录一件商代晚期的子八父丁爵，“子”字之下也有两笔，《铭图》径释为“子八”，谢明文先生则据原形作“)(”，“)(，旧一般释作‘八’”，“‘子)(’，人名”[2]，故该字还应据形摹写为是，《铭三》该器的释文也当为“子)(父丁”。《铭图》08310 号著录了子)(父丁爵的器型照片和铭文拓片，并无铭文照片，于【收藏者】一栏说明“原藏陈介祺、于省吾”。谢明文先生在其最早版本的博士论文中论述《铭图》08310 号器时，也未著录该器的铭文照片，【收藏】一栏亦指出“原藏陈介祺、于省吾”，但在其 2022 年出版的博士论文中(以下简称“谢文”)，不仅新增了该器的器型和铭文照片，还在【收藏】一栏增加“2018 年出现在西泠印社春季拍卖会”[3]，通过对比可知谢文新增的照片来源于拍卖会图录。《铭三》0763 号子)(父丁爵【收藏者】一栏为“某收藏家”。谢文新增的铭文照片与《铭三》0763 号的不论是铜锈还是字形等细节之处全能对应，当是同一器的照片，只不过谢文的照片拍摄范围稍窄一些，鋬只拍了一半。如此，《铭三》的照片应是拍卖行之器被人收藏后，从收藏者那里获得的。只是谢明文、吴镇烽先生对出现在拍卖行那一器的认识出现了差异，谢先生认为拍卖行出现的就是此前《集成》《铭图》著录过的，因此将拍卖行图录中该器的照片补在了原论文上，而吴先生则认为是新出的，所以另在《铭三》中著录，并指明此前未著录。拍卖行图录中该器和《铭图》08310 号器的拓片如下：

二者除了清晰度不同外，字形细节可以一一对应，比如“子”字左手都有残，右手尖比手臂细小；“父”字所从“又”形最下一横笔都往左上微勾；“丁”字左边不为弧笔而是一向左下的斜笔，二者通过处理可以完全重合。崎川隆先生指出：“至少就东周之前(即商、西周时期)的材料而言，除了真伪有问题的材料外基本没有彼此完全可以重合的铭文。从这一现象我们可以肯定，在东周之前的铭文制作过程中，即使需要铸造多件同铭器，也不采用‘字模’等机械的复制方法，而每一篇铭文却是以‘临摹’这种手工方法一个个单独、独立复写过来的。”[4]由此可见，在拍卖行出现后被人收藏之器其实就是早前《集成》《铭图》已经著录过的子)(父丁爵，《铭三》0763 号应是重复著录，而《铭三》的重复著录，很可能是由于错释其铭文为“子父丁”导致的。

0795 号黽角，释文只“黽”一字，该字照片作，《铭三》所作摹本为。摹本上部有两手形，下部有两腿形，与照片差距较大，释“黽”于形不合。细察照片，该字形与容庚先生所说青铜器常见纹饰之蝉纹的形象相合[5]，《金文通鉴》释文改作“蝉”，正确。《铭三》0796 号萬角，释文之“萬”铭文照片作，其形体与 0795 号相同，也为蝉形，释“萬”不确。

0962 号商代晚期皀交母尊，铭文拓片作，《铭三》释文为“皀交母”，“交”字浮流改释为“矢”[6]，可

① 浮流：《〈商周青铜器铭文暨图像集成三编〉释文校订(上)》，复旦大学出土文献与古文字研究中心网站 2022 年 10 月 13 日(http://www.fdgwz.org.cn/Web/Show/10956)。

② 谢明文：《商代金文的整理与研究》，博士学位论文，复旦大学，2012 年，第 453—454 页。

③ 谢明文：《商代金文研究》，第 363—364 页。

④ 崎川隆：《商周青铜器铭文铸造中的机械复制技术——从淅川和尚岭二号墓出土编钟编镈铭文谈起》，《中国国家博物馆馆刊》2023 年第 1 期。

⑤ 容庚：《商周彝器通考》，中华书局，2012 年，第 116 页。

⑥ 浮流：《〈商周青铜器铭文暨图像集成三编〉释文校订(上)》，复旦大学出土文献与古文字研究中心网站 2022 年 10 月 13 日。

从。将"邑"字截取出来作，翻转之后作。商代文字中"邑"字作（《合集》201正）、（《集成》5565－2）、（《近出》1069）等形①，尾部只有一根短尾，前后脚相距较远，而字尾部却有三笔，前后脚距离较近，很明显不是"邑"字，而是"鳥"字，《铭三》应是将字形左右看反了。表示头部的圆圈后一短横是连接"鳥"与中间"矢"字的笔画，并不能看成是的嘴部，"母"与"矢"之间也有一连接的短笔。去掉短横后为形。"鳥"字甲骨文作（《合集》20912）、（《合集》20354）、（《合集》11500），金文作（《集成》1121）、（《集成》7569）、（《铭图》00139），下部为三爪形，与形体相合。因此0962号释文当作"鳥矢母"，"鳥"作族名还见于《集成》4889、4902鳥祖甲卣、鳥父甲卣等器。

二　释文阙疑可补者

0469号伯□父簋，《铭三》释文作"白（伯）□父乍（作）……用……用……𣄰（祈）萬年子＝（子子）孫＝（孫孫）永寶用"。第四列"用"后之字照片为""，与"匃"字作（《集成》6511）、（《集成》4317）结构相合，或为"匃"字。"匃"后一字根据残存的笔画痕迹以及金文祝嘏辞的一般格式，可补为"用"字，此处释文当为"用匃用𣄰（祈）萬年子＝（子子）孫＝（孫孫）永寶用"。《集成》141号師臾鐘有"用祈屯魯永令，用匃眉壽無疆"，"用匃用祈"或为该类句式的减省，"用X用X"的格式还见"用匽用喜，用樂嘉賓"（《集成》142）。

0488号播侯簋，铭文全篇反书，释文"侯"后《铭三》用"□□"表示有二字不识，但从行款布局来看，实际只有一字。该字拓片作，照片作，下从"日"，结合上部残存笔画，整字或为"昔"②，金文中其他"昔"字作（《集成》2836）、（《集成》4340A），可作对比。"昔"后之字拓片作，照片作，《铭三》释为"臾"，该字形上部突出，虽然磨损严重，但椭圆外框还较为清晰，下部从"大"，"大"的两手叉腰，与旧所谓"臾"字作（《合集》1107）、（《集成》1352）③不同，字形似与（《合集》28236）右部、（《集成》4286）下部所从以及《上博四・采风曲目》简2字相合，郭永秉先生释为"要"④，可从，则也可能为"要"字。作器者之名或为"昔要"。另外《铭三》此器铭文"簋"字之后有四短横，当为"亖"字，器名后跟作器数的还见于《集成》4453号叔専父盨"盨亖（四），鼎七"，故该处释文可补为"乍（作）寶𣪕（簋）亖（四）"。但值得注意的是，0488此器铭文杂乱无章，与同期其他铜器明显不同，真伪可疑。

1061号王后鈁，属于战国晚期，释文"垚（堯）医（侯）"后一字《铭三》释文用□表示不识。该字铭文拓片作，下部明显从心，与货币及玺印文字中的、、、、、、、形体相合，应为一字。、、、字《中国历代货币大系・先秦货币》第2334—2339号释为"益"⑤，但该字形与常见"益"字不同；吴良宝先生《先秦货币文字编》收在附录533号，未释⑥；、、、四字《玺汇》14、52、693、3919号均释为"恭"；何琳仪先生将上举货币、玺印文字联系在一起，一并释为"怳"读为"廣"⑦，何先生的释读有传世文献佐证，可从，《战表》第1480页即将这类字形收在"怳"字头下。如此，则1061号王后鈁字也当释作"怳"。

① 单育辰先生认为这些字形当释为"兔"，单育辰：《说"兔"》，《甲骨文所见动物研究》，上海古籍出版社，2020年，第47—62页。

② 初稿误将同铭"簋"字所从"攴"视作"阜"，与"昔"并释为"階"，蒙匿名审稿专家指正改释为"昔"。

③ 陈剑先生将此字形改释为"曳"，陈剑：《甲骨金文用为"游"之字补说》，《出土文献与古文字研究》第八辑，上海古籍出版社，2019年，第1—46页。

④ 郭永秉：《谈古文字中的"要"和从"要"之字》，《古文字与古文献论集》，上海古籍出版社，2011年，第189—199页。

⑤ 汪庆正主编：《中国历代货币大系・先秦货币》，上海人民出版社，1988年，第561页。

⑥ 吴良宝编著：《先秦货币文字编》，福建人民出版社，2006年，第324页。

⑦ 何琳仪：《战国古文字典——战国文字声系》，中华书局，1998年，第622页。

附记：本文初稿完成后，蒙杨泽生师、涂白奎师及张飞兄审阅指正，匿名审稿专家也提出了宝贵的修改意见，谨致谢忱！

【引书简称对照】

《合集》　郭沫若主编.甲骨文合集[M].北京：中华书局，1978—1982.

《集成》　中国社会科学院考古研究所编.殷周金文集成[M].北京：中华书局，2007.

《近出》　刘雨，卢岩.近出殷周金文集录[M].北京：中华书局，2002.

《铭图》　吴镇烽编著.商周青铜器铭文暨图像集成[M].上海：上海古籍出版社，2012.

《上博四》　马承源主编.上海博物馆藏战国楚竹书(四)[M].上海：中西书局，2005.

《玺汇》　罗福颐主编.古玺汇编[M].北京：文物出版社，1981.

《战表》　徐在国，程燕，张振谦编著.战国文字字形表[M].上海：上海古籍出版社，2017.

Supplementary Interpretations about the *Compendium of Inscriptions and Images of Bronzes from the Shang and Zhou Dynasties* (*Part* Ⅲ)

Xia Xiaoqing

(Department of Chinese Language and Literature, Sun Yat-sen University, Guangzhou 510275)

Abstract: On the basis of existing research, this thesis corrects and supplements eight characters and words which in the *Compendium of Inscriptions and Images of Bronzes from the Shang and Zhou Dynasties* (*Part* Ⅲ), with the hope of helping this book to play a better role.

Key words: *Compendium of Inscriptions and Images of Bronzes from the Shang and Zhou Dynasties* (*Part* Ⅲ); interpretations; supplementary interpretations

新见三晋兵器选介*

孟　娇

【摘　要】本文披露了四件新见的三晋兵器，分别为韩兵“七年荥阳令戈”“六年莆子右库令戈”、魏兵“四年酸枣令戈”“二十五年㬎令戈”，并就其铭文释读、地名地望、国别年代等问题进行了初步研究。

【关键词】三晋兵器；荥阳；蒲子；酸枣；㬎

【作者简介】孟娇，女，复旦大学历史地理研究中心博士研究生，研究方向为先秦秦汉历史地理、出土文献。（上海　200433）

一　七年荥阳令戈

曾见私家收藏的一件有铭三晋铜戈（图一），从戈的形制上看，援略上扬，内亦微上翘；中长胡，阑侧三穿，下阑无齿突；内三面开刃，上有一穿。内部则刻有15字铭文（其中“工帀”作合文形式）：

七年，荥阳命韩夜、左库工帀＝钟□、冶□

铭文中“荥阳”是战国时期韩国的重要城邑，故城在今河南荥阳县东北十二里。该地名还见于《陶汇》6·107、108“荥阳亩匋”以及《铭图》12419“縈阳上官皿”、《王氏集古印谱》“縈昜氏马”韩国官印等。值得注意的是，新见“七年荥阳令戈”的“荥”字亦是从“水”的，与上引陶文的写法一致，而与皿铭、印文从“纟”有别。这说明地名的用字在同一国之内也有所不同。另，《史记》《汉书》中的“荥阳”地名，清代以来的学者根据汉代封泥、汉唐碑刻资料认为应是“荧阳”之误。吴振武先生认为“从这些古书的成书年代看，书中的‘荥阳’之‘荥’，写作‘荧’是完全可能的”，但从“时代更早的战国古印资料来看，‘荥阳’之‘荥’，原本就作‘荥’，则是毋容怀疑的”①，其说可从。

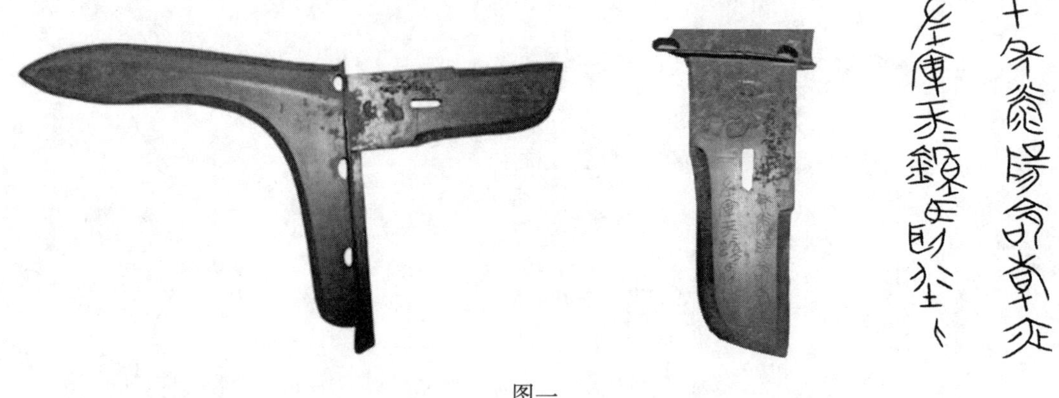

图一

《史记·韩世家》记载，桓惠王二十四年（前249），“秦拔我成皋、荥阳”，是此戈的铸造年代必早于公元前249年。铭辞格式为“令、工师、冶”三级监造制度，而非“令、司寇、工师、冶”的四级监造制度。

＊ 基金项目：本文为古文字与中华文明传承发展工程平台规划项目“战国文字所见地理资料整理与研究”（编号G1926）阶段性成果。

① 吴振武：《释三方收藏在日本的中国古代官印》，《中国文字》新二十四期，艺文印书馆，1999年，第86页。

目前所见司寇监造的最早韩兵为桓惠王“六年高都令戈”(公元前 267 年)①，故此戈的铸造年代可进一步缩小至公元前 267 年之前。又，从秦及三晋铜戈形制来看，穿在加厚的阑上之戈的年代大部分在战国中期，在同类型的纪年铜戈中时代相对较早②。韩昭侯“二十四年申阴令戈”(《铭图》17233)穿在阑上，而韩宣惠王时期的“七年卢氏令戈”(《铭图》17205)、“八年新城大令戈”(《铭图》17206)、“十一年令少曲戈”(《铭图》17201)、“十一年皋落戈”(《铭图》17303)等，皆穿在阑侧。此戈穿亦在阑侧，故推测其铭文“七年”为韩宣惠王、襄王或韩釐王七年。

二　六年莆子右库令戈

盛世收藏网站曾公布一件有铭铜戈，内三面开刃，上有一方穿，内部正面刻有 2 行 16 字，其中合文 4 字(图二)：

六年，莆子右库命□□、工帀＝邯丹＝□、冶龠(内刻)

“莆子”也见于“莆子”方足小布(《货系》1539)、“三年莆子戈”(《铭图》17130)等。

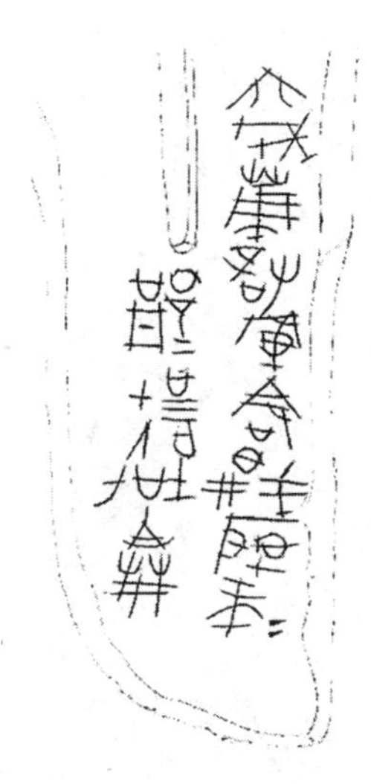

图二

此件兵器的辞铭顺序较为特别。战国晚期三晋兵器刻铭中，地方所铸兵器一般实行“令、(左库/右库)工师、冶”的三级监造制度。这件戈“右库”被刻在了“令□□”之前，按照铸造制度应调整为：“六年莆子命□□、右库工帀＝邯丹＝□、冶龠”。类似行款又见于“莆子左库散令戈”，从“襄”字写法以及铭辞格式来看，其为韩兵，且铸造年代不会晚于战国中期。③ 以往这些刻款顺序有异的铭文都出现在韩国兵器上。如韩兵宜阳四器，吴振武先生最早指出“四年令韩申宜阳戈”(《铭图》17167)，“宜阳”二字应刻在“令”之前④，随后又有三件宜阳兵器(《铭图》17213—17215)相继公布⑤，吴说成为学界共识⑥。

① 崔松林：《三门峡市博物馆藏战国“高都令戈”考》，《中原文物》2023 年第 4 期。以往认为韩国最早“司寇”监造的兵器是“八年阳城令戈”(公元前 265 年，《铭图》17346)，见吴良宝：《谈韩兵监造者“司寇”的出现时间》，《古文字研究》第二十八辑，中华书局，2010 年，第 348—349 页；苏辉：《秦三晋纪年兵器研究》，上海古籍出版社，2013 年，第 144 页。

② 陈平：《试论战国型秦兵的年代及有关问题》，《中国考古学研究论集——纪念夏鼐先生考古五十周年》，三秦出版社，1987 年，第 310—335 页；苏辉：《秦三晋纪年兵器研究》，第 18、152 页。

③ 吴良宝：《莆子戈与郚戈考》，《中国文字学报》第五辑，商务印书馆，2014 年，第 138—140 页。

④ 吴振武：《东周兵器铭文考释五篇》，《容庚百年诞辰纪念文集》，广东人民出版社，1998 年，第 553—554 页。

⑤ 蔡运章：《论新发现的一件宜阳铜戈》，《文物》2000 年第 10 期；黄锡全：《新见宜阳铜戈考论》，《考古与文物》2002 年第 2 期。

⑥ 秦晓华：《东周晋系兵器铭辞格式及相关制度研究》，《华南师范大学学报(社会科学版)》2015 年第 2 期。

又有“十一年令少曲慎戈”(《铭图》17201)、“七年令韩队雍氏戟”,皆为韩兵。① 从这点看,新见六年蒲子戈的国别亦应为韩国。

铭文中的莆子,即《汉书・地理志》河东郡下的“蒲子”,《史记》或作“蒲阳”,如《魏世家》襄王七年“秦降我蒲阳”、《六国年表》秦惠文王十年“公子桑围蒲阳”,位于今山西隰县。以往多认为,山西隰县一带的曾属过魏、秦二国。② 后有学者根据上述“莆子左库散令戈”认为蒲子曾一度从属于韩国③,新见“六年莆子右库令戈”印证了这种观点。此地区曾属于韩、魏、秦三国的交界地带,从韩国兵器“司寇”出现的时间上限(公元前267年)来看,蒲子应不晚于此年曾属于韩国。④

三　四年酸枣令戈

曾见私家收藏的一件有铭铜戈(图三),戈援略上扬,内亦微上翘;中长胡,阑侧三穿,下阑有齿突;内三面开刃,上有一穿。内部戈内上刻有铭文2行13字(其中“工帀”作合文形式),文曰:

四年,酸枣命至、左库工帀=丹、冶立

地名“酸枣”又见于《铭图》16449“酸枣戈”⑤、《钱典》150方足小布“酉(酸)枣”⑥。可资注意的是,六国文字中的“枣”多用为早晚之“早”,“棗”则多用为“造”。《铭图》16449酸枣戈之“枣”写作“棗”,新见酸枣戈之“枣”写作“枣”,另有魏兵“十四年煮枣啬夫戈”之“枣”亦写作“枣”,这反映了地名用字的自身特点。⑦

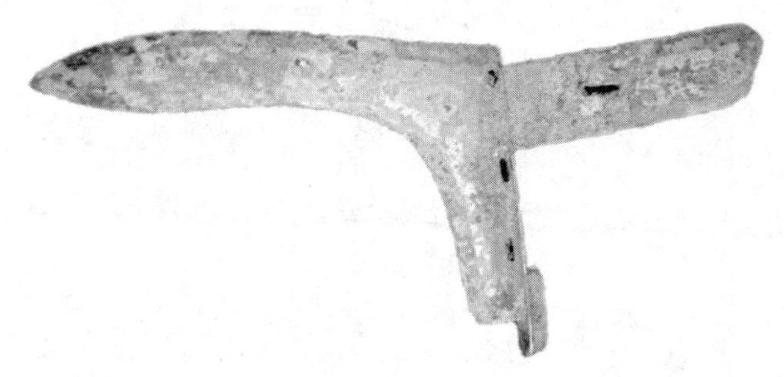

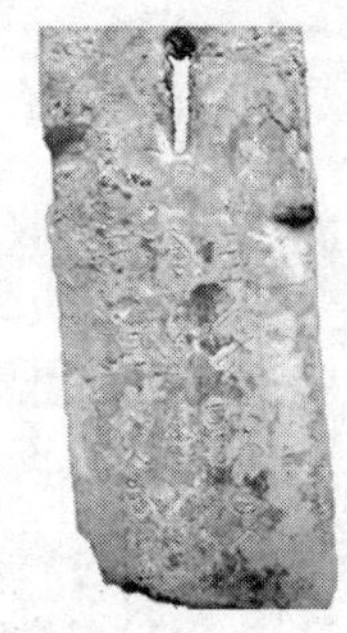

图三

酸枣位于今河南省延津县西南,屡见于《左传》《战国策》等传世典籍,春秋时属郑,战国时属魏,后归秦。由地名酸枣、三级铭辞格式可知此戈的国别为魏国。由于纪年数字较低,戈铭“四年”属于哪个

① 苏辉:《秦三晋纪年兵器研究》,第139—143页;苏辉:《韩兵宜阳四器和十一年令少曲慎戈的特殊辞例新研——兼论〈竹书纪年〉一条史料的释读》,《出土文献与中国古代文明——李学勤先生八十寿诞纪念论文集》,中西书局,2016年,第116—120页;李家浩:《七年令韩队雍氏戟铭文补释》,《中国文字研究》第二十八辑,上海书店出版社,2018年,第11—13页。

② 如关于蒲阳(子)的国属,《中国历史地图集》认为公元前350年属魏;《中国史稿地图集》认为公元前291年属魏;《中国行政区划通史》认为公元前350年属魏,前280年属秦;《战国诸侯国疆域图考绘》认为公元前333年属魏。上述观点见谭其骧主编:《中国历史地图集》(第一册),地图出版社,1982年,第22—23、35—36页;郭沫若主编:《中国史稿地图集》,中国地图出版社,1996年,第21—22页;李晓杰著:《中国行政区划通史・先秦卷(修订版)》,复旦大学出版社,2017年,第559、563页;朱本军:《战国诸侯形势疆域图考绘》,北京大学出版社,2019年,第673页。

③ 吴良宝:《莆子戈与郚戈考》,第138—140页。

④ 苏辉先生通过对宜阳四器的研究,指出“库”的设置是随着形势、时间而增加变化的。但库名是否能够断代需要具体问题具体分析,有的城邑则可能从来只有一个库,故不需标出库名,也就无法作为判定年代的理由(见苏辉:《韩兵宜阳四器和十一年令少曲慎戈的特殊辞例新研——兼论〈竹书纪年〉一条史料的释读》)。新见“六年莆子右库戈”标出了库名,但由于目前所见三件莆子戈皆标出了库名,且一件纪年数字残去,另二件为低纪年兵器,故目前尚无法判断“莆子戈”铸造年代的上限。

⑤ 吴振武:《东周兵器铭文考释五篇》,第553—554页。

⑥ 吴良宝编纂:《先秦货币文字编》,福建人民出版社,2006年,第233页。

⑦ 吴良宝:《湘出二戈考》,《中国文字》二〇二二年冬季号(总第八期),万卷楼图书股份有限公司,2022年,第63—70页。

王世仍待考证。

四　二十五年隰令戈

曾见一件有铭铜戈，内不开刃，上有一方穿。内部铸有 2 行 12 字，其中“二十”“工币”作合文形式（图四）：

二十＝五年，隰命丽、工币＝皃、冶吁

地名“隰”即隰城，位于河南省武涉县西南十五里。战国魏国有“隰城”方足小布①（《货系》1487、1489等），币文如图五所示。

图四

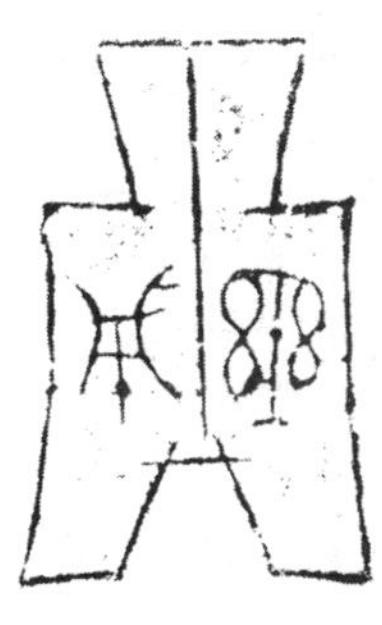

图五

隰城战国时期位于韩、魏两国交接之处，与州地接近。州在战国早期属韩，不过从魏惠王“二十四年州令戈”（《铭续》1232）的形制和铭文以印戳打印铸成来看，州地不晚于公元前 346 年已入魏。② 那么，距州较近的隰城可能也在相近的时间属魏。又，《史记·秦本纪》昭襄王“四十一年（前 266）夏，攻魏，取邢丘、怀”，州、隰城两地都在今河南邢丘、怀附近，故二地入秦大概也在这一时间。③ 综合来看，此戈铸造年代应为魏惠王二十五年（前 345）。

附记：本文在写作过程中得到了吴良宝教授、施谢捷教授以及匿名审稿专家指正，谨致谢忱！

【引书简称对照】

《陶汇》——《古陶文汇编》

《铭图》——《商周青铜器铭文暨图像集成》

《铭续》——《商周青铜器铭文暨图像集成续编》

《钱典》——《古钱大辞典》

《货系》——《中国历代货币大系》

① 倪模：《古今钱略》，上海古籍出版社，1992 年；吴良宝：《中国东周时期金属货币研究》，社会科学文献出版社，2005 年，第 182 页。

② 周波：《战国魏器铭文研究二篇》，《古文字研究》第二十九辑，中华书局，2012 年，第 451—452 页；吴良宝：《兵器铭文札记两则》，《中国文字学报》第八辑，商务印书馆，2017 年，第 55—61 页。

③ 吴良宝：《谈三晋方足小布的铸造年代》，《陕西历史博物馆馆刊》第十四辑，三秦出版社，2007 年，第 52—57 页。

Introduction to the Weapons of the San Jin During the Warring States Period

Meng Jiao

(Institute of Chinese Historical Geography, Fudan University, Shanghai 200433)

Abstract: This article discloses four newly discovered weapons of the San Jin, namely the Han weapons——“Yingyang Ling Ge of the Seventh Year”(七年荥阳令戈) and “Puzi Youku Ling Ge of the Sixth Year”(六年莆子右库令戈), the Wei weapons——“Suanzao Ling Ge of the Fourth Year”(四年酸枣令戈) and “Xi Ling Ge of the Twenty-fifth Year”(二十五年隰令戈), and conducts preliminary research on their inscriptions, geographical names, country and era and so on.

Key words: Weapons of the San Jin; Yingyang (荥阳); Puzi (莆子); Suanzao (酸枣); Xi (隰)

战国古玺文字考释(四则)*

纪　帅

【摘　要】本文新释读了三晋古玺中的“害(曷)疑”“歌(何)昜(伤)”合文和燕玺中的“疑”字以及齐玺中的“辩”“繇(柚)”二字。

【关键词】战国古玺;古文字;考释;曷疑;何伤

【作者简介】纪帅,吉林大学考古学院“鼎新学者”博士后,吉林大学考古学院博士,研究方向为古文字学。(吉林 长春　130012)

一　三晋“害(曷)疑”合文

下三晋“侯害疑”私玺:

	侯害疑 《大朴堂古玺藏珍》

该玺著录于宁树恒先生所辑《大朴堂古玺藏珍》(2022年,原钤二册),原书释文作“医(侯)□”,人名字阙释。按,据右下的合文符号“=”,“”应拆解作“”“”两部分,释为“害疑”二字。

“”单独成字,就笔者目之所及,在古玺中应是首见。三晋古玺中常见的人名字有“”(《玺汇》2150),即以之为偏旁,亦作“”(《玺汇》2140),省略中竖笔。“”字《玺汇》和《古玺文编》皆释“痻”。吴师振武先生认为“言”或“音”古本一字,与此字所从不同,此字应暂入附录。① 何琳仪先生《战国古文字典》释“痦”。② 李家浩先生据《古文四声韵》引古《孝经》“害”字作“”(四·孝4·12)和天星观卜筮祭祷简中“”形认为该字也可能是“瘔”③,《三晋文字编》和《战国文字字形表》从之④。施谢捷先生《古玺汇考》则释“痞”,付臬《〈古玺汇编〉字释综览》从之。⑤ 按,以上应以李家浩先生释“瘔”的意见为是。吴师振武先生已辨明此字所从与“言”“音”之不同。又三晋文字中可确定的“合”字多作“”(《集成》1800)、“”(《集成》2693),即便去掉繁加的“口”或“甘”旁,“∧”形下作横笔,与玺文“”“”亦不同。该字虽已数见,但在三晋玺文中仅作为单字人名出现,没有辞例,故以往的释读意见始终未能统一。上引玺文“害疑”二字合文正可作为将“”释作“瘔”的关键证据(详下文)。三晋文字中独立成字的“害”字还见于魏国二年王垣令戈冶工名(《珍吴》第167页),字作“”,据“”字又作“”知与“”应

* 基金项目:本文为国家“十一五”重大科技攻关项目“两汉、吴、魏、晋简牍文字的搜集与整理”(项目编号:0610-1041BJNF2328/07)阶段性成果。

① 吴振武:《〈古玺文编〉校订》,人民美术出版社,2011年,第105页。

② 何琳仪:《战国古文字典——战国文字声系》,中华书局,1998年,第1549页。

③ 湖北省文物考古研究所、北京大学中文系编:《九店楚简》,中华书局,2000年,第91—92页。

④ 汤志彪编著:《三晋文字编》,作家出版社,2013年,第1185页;徐在国、程燕、张振谦编著:《战国文字字形表》,上海古籍出版社,2017年,第1099页。

⑤ 付臬:《〈古玺汇编〉字释综览》,硕士学位论文,复旦大学,2016年,第185页。

为同字。《三晋文字编》(第753页)、《战国文字字形表》(第694页)皆误释作“合”,今可据该玺修正。

“”即“疑”字。商代甲骨文“疑”字作“”(《合》23669[出]),或繁加“彳”旁作“”(12532[宾])。西周金文作“”(《集成》6480)、“”(《集成》6490),省去所持之杖形,变义符“彳”为“辵”,并加注“牛”声。[①] 战国齐文字作“”(《陶录》2·131·2)或“”(《陶录》2·169·1),楚文字作“”(郭店《成之》21)、“”(上博一《缁》2)等。齐、楚文字在“疑”字初文的基础上繁加了义符“心”,或变“矣”声为“矣”声。玺文“”同金文以“辵”为义符,所从“疑”之初文“”则同楚文字中“”,大形上端笔画未穿透人之口部。

燕玺中亦有“疑”字,见于下揭玺印:

	长生迭(疑) 《玺汇》5592

玺文“”旧亦未能确释。何琳仪先生释作“逐”,施谢捷先生释作“遅”。按,燕文字中确定的“逐”字作“”(《玺汇》0850),“遅”字作“”(《玺汇》5652),所从“豕”“尾”旁与玺文“”皆不类。我们认为“”亦应为“矣”旁所变,只不过所从“大”形的双臂略有错位,同样的例子可参燕玺中作“”(《玺汇》1650)的“矣”字。[②] 故玺文“”亦应分析作从“辶”“矣”声,即古“疑”字。上文我们所释三晋玺印人名“害(曷)疑”之“疑”亦作“”,与此正同。此外,齐、楚二系玺印中亦皆有以“疑”(分别见于《玺汇》3560、3643)字为人名者。

玺文“害疑”应读作“曷疑”。“害”与“曷”上古音俱在匣母月部,典籍中常可通用。[③] “曷疑”即何疑也。“何疑”是古代常见词语。见于《左传》昭公元年:“子图郑国,利则行之,又何疑焉?”昭公七年:“‘元亨’,又何疑焉?”《战国策》“奉阳君告朱讙与赵足”章:“在必然之物以成所欲,王何疑焉?”《管子·中匡》:“且善之伐不善也,自古至今,未有改之。君何疑焉?”《孔子家语·曲礼子夏问》:“始死则矣羔裘玄冠者,易之而已,汝何疑焉”等。汉印中人名有“非疑”(《虚汉》2574),“不疑”(《印典四》2390、《虚汉》0867),取义与玺文“害疑”正同。

该玺不仅能为《三晋文字编》补充两个新的单字字头或一个合文字头,因双字人名的辞例限制,更能证明李家浩先生旧将“”释“瘖”是正确的,而且可纠正二年王垣令戈铭中冶工名“害”字的释读,具有重要的文字学价值。

二　三晋“歌(何)昜(伤)”合文

无终薛氏烂铜斋藏印中有如下一揭三晋姓名私玺:

	皮歌(何)昜(伤) 无终薛氏藏印

① 于省吾:《释“灵”和“亚灵”》,《社会科学战线》1983年第1期。

② 吴振武:《战国玺印中的“虞”和“衡麓”》,《江汉考古》1991年第3期。

③ 参高亨纂著,董治安整理:《古字通假会典》,齐鲁书社,1989年,第615页。

该玺姓氏字应是“皮”字的变体。我们要重点讨论的是人名字“”。研究者或以“”为单字，因此不能准确释读玺文。按，“”其实应为合文，只不过省略了合文符号“＝”。三晋玺文中省略合文符号的合文又如下文引到的“奚昜(伤)”“胡昜”(伤)等。“”应拆解作“昜”和“”二字。“”即“歌”字，在古玺文字中系首次出现。玺文变左右结构为上下结构。三晋官玺中同从“可”声的“骑”字作“”(《玺汇》0048)，与之同例。《说文》未收“歌”字。《广雅》及后世字书多以“歌”为表笑声或大笑之“呵”字异体。《广雅·释诂二》一谓：“歌，息也。”隋州孔家坡汉墓出土竹简《日书》数见此字，则用为歌舞之“歌”。

我们认为玺文“歌昜”应读作“何伤”。“何伤”即何妨之义，是先秦两汉典籍中常见的词语。如《左传》文公十八年：“人夺女妻而不怒，一抶女，庸何伤？”《论语·子张》：“人虽欲自绝，其何伤于日月乎？”《韩非子·难一》：“后虽无复，何伤哉？”《汉书·循吏传》：“许丞廉吏，虽老，尚能拜起送迎，正颇重听，何伤？”秦汉人亦常见以“何伤”为名者。如《秦汉印章封泥文字编》收录的秦印有“何伤”(《珍秦》301)，汉印有“启何伤”(《印典三》1668)、“胡何伤印”(《秦汉印典》590)。① 在古代，与“何伤”词义相近的还有“奚伤”和“胡伤”，古玺及秦汉印亦常见以之为人名者。三晋古玺人名“奚伤”合文作“”(《玺汇》3255)、“”(《鉴印》19)；“胡伤”合文作“”(《玺汇》2464)、“”(《玺汇》0561)。据施谢捷先生研究，玺文“昜”正应读作“伤”。② 从“”“”及以上诸字所占印面空间来看，“”“”应是省略合文符号的合文。故玺文“”也应该看作合文为宜。如此，玺文“歌”应读作与之同从“可”声的“何”字。

三　齐玺中的“辩”字

《古玺汇编》3714号是如下一揭齐私玺：

	练辩信玺 《玺汇》3714

玺文人名字旧未识。何琳仪先生释作“雠”。按，“”字上端所从显然与“隹”不同而与“亏”相近，只不过“亏”字刀形中间繁加了短横饰笔。清华简第十三辑《大夫食礼》篇“飤”字数见，皆作“”，于“人”旁中间加短“丿”饰笔，以起到填充作用，与“亏”之加短横近似。又西周早期何尊“”(《集成》6014)字所从“亏”旁与玺文“亏”去掉饰笔正相近。从双“亏”之字在秦汉文字中则多讹变作“辡”。“辡”，《说文》谓“辠人相与讼也”，盖即辩正之“辩”字初文。辩论之“辩”，传抄古文多作“”(汗6·80“辩”字)或“”。辨别之“辨”，传抄古文亦或作“”(四3·18李)，楚简则多写作“”(清华玖《治政之道》5)。③ “”与“”之区别仅在于左中右结构变成了上下结构。秦文字中“辩”字如“”(《陕西》826)、“”(云梦《为吏》15)，亦皆作上下结构而不作左中右结构。《说文》：“辩，治也。从言在辡之间。”王筠《句读》谓：“辩即辡之累增字。”按，《句读》说可从。辩正亦是言语行为，故在“辡”字基础上累加义符“言”。“治”当是其引申义。

① 赵平安、李婧、石小力编撰：《秦汉印章封泥文字编》，中西书局，2000年，第696页。

② 施谢捷：《释“十九年邦司寇铍”铭的“奚昜”合文》，《文教资料》1996年第2期。

③ 参石小力：《江陵九店东周墓所出楚玺新考》，香港大学中文学院、北京大学出土文献与古代文明研究所编：《中国出土文献与古代文明国际学术研讨会会议论文集》，2024年5月25—26日，第187—193页。

四　齐玺中的“櫾(柚)”字

《倚石山房藏战国古玺》著录如下一揭姓氏私玺：

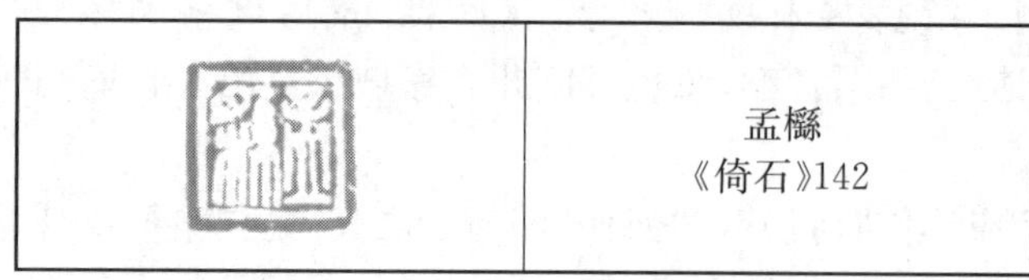

该玺的姓氏字“□”原书释作“县”。按，齐玺印封泥中确定的“县”字作“□”(《有邻馆》6)、“□”(《汇考》第46页)，从“首”在“木”下，与玺文显然不同。我们认为“□”当为“櫾”字。上博简《容成氏》、燕玺与齐陶文分别有写作“□”(简38)、“□”(《玺汇》1053)、“□”(《陶录》3.41.4)的“櫾”字，盖即省略鼬鼠尾巴(即“糸”形)部分。玺文与之相比则是不减省的形体。《说文》：“櫾，昆崘河隅之长木也。”不过该玺为齐玺。齐国在最东，与昆崘河隅之地相隔甚远。玺文“櫾”字所指显然与此无关。又《集韵·宥部》谓：“柚，《说文》：‘条也，似橙而酢。’或作櫾。”众所周知，古“由”声字多从“䌛”声，盖“櫾”本即柚子之“柚”字异体。《列子·汤问》记载：“吴楚之国有大木焉，其名为櫾，碧树而冬生，实丹而味酸，食其皮汁，已愤厥之疾，齐州珍之，渡淮而北而化为枳焉。”知古书亦有用“櫾”为“柚”例，且柚子在当时已传入齐国，故释玺文“□”为“柚”字异体当无误。

Interpretation of the Ancient Seals of the Warring States Period (4 Articles)

Ji Shuai

(School of Archaeology, Jilin University, Changchun 130012)

Abstract: This paper interprets the “Hai/He Yi” [害(曷)疑] and “He Shang” [欨(何)昜(伤)] in the ancient seal of Three Jin of the Warring States Period, the “yi (疑)” in the seal of Yan, and the “bian (辩)” and “you [櫾(柚)]” in the seal of Qi.

Key words: ancient seal of Warring States; ancient Chinese characters; analyze and interpret; “Hai/He Yi” [害(曷)疑]; “He Shang” [欨(何)昜(伤)]

《故宫博物院藏清代帝后玺印谱》释读辨误

高 研

【摘 要】《故宫博物院藏清代帝后玺印谱》是当前研究清代帝后玺印最为全面详实的材料，但在印文释读方面仍存在一些瑕疵。在印文隶定方面，将"怡情"误读为"谦斋"，将"执中含和"中的"执"误读为"致"，将"领取春温和且平"中的"取"误读为"且"，将"云容水态堪娱"中的"云容"误读为"花香"，将"成性存存"中的"成"误读为"诚"，将"游六艺圃"中的"六"误读为"心"，将"与时偕行"中的"偕"误读为"俱"；在释读顺序方面，将"如水如镜"误读为"如如水镜"。

【关键词】《故宫博物院藏清代帝后玺印谱》；印文释读；辨误

【作者简介】高研，女，清华大学人文学院博士研究生，研究方向为汉语史。（北京 100084）

郭福祥主编、故宫博物院编纂的《故宫博物院藏清代帝后玺印谱》（为使行文简洁，下文依据卷名简称为《国宝卷》《康熙卷》《雍正卷》等），2005 年 10 月由故宫出版社出版。全书共十三册。第一册名为"总目录"，介绍了所收录的清代帝后玺印的基本情况。第二册名为"国宝卷"，收录了乾隆帝钦定的"二十五宝"。第三册至最后一册依次收录了康熙玺印 120 方，雍正玺印 178 方，乾隆玺印 982 方，嘉庆玺印 1993 方，道光玺印 337 方，咸丰玺印 27 方，慈禧玺印 156 方，宣统玺印 51 方。因乾隆、嘉庆玺印数量众多，故将乾隆玺印分作三卷，嘉庆玺印分作两卷。

第一册的"前言"中提到，除雍正帝以外，《故宫博物院藏清代帝后玺印谱》所依据的印谱底本均为清代各位帝后的《宝薮》。所谓《宝薮》，即皇帝御用玺印的印谱，是将皇帝御用玺印收集钤盖，装订成册，以流传后世。虽然雍正帝的《宝薮》尚未发现，但是其绝大部分玺印保存完好，所以此书《雍正卷》部分为原玺钤拓印刷，最大程度保证了印谱的可信度。同时，"前言"也说到，《故宫博物院藏清代帝后玺印谱》是"迄今为止有关清代帝后玺印资料规模最大、最全面的一次披露"。

该书文字编排体例统一，玺印文字居于楷书释文的上面或左边。该书为研究、鉴赏清代帝后玺印提供了一定的材料支撑，但是在玺印文字释读方面仍出现了一些疏漏。现根据问题出现的先后顺序，依次进行举证与订误。

一 "谦斋"当为"怡情"

在第四册《雍正卷》第 59 页中，印文"怡情"误读为"谦斋"（图 1）。斋堂印"谦斋"集中出现在《雍正卷》，共出现 5 次。这 5 处"谦斋"印的印文相同，但字形却与第 59 页所谓的"谦斋"印相差较大。以第 44 页"谦斋"印（图 2）为例，前后对照即可直观看出第 59 页印文与"谦斋"二字形体相去甚远，当为"怡情"。

图 1

图 2

图 3

“怡”，本作“台”。《说文·口部》：“台，说也。从口㠯声。”①段玉裁《说文注》：“台说者，今之怡悦字。”②“台”，春秋金文字形作（《集成》150），《说文》小篆与之大致相同。该印中的“台”为古文奇字，是常见篆文字形的变体。这种变体偶见于金文中，例如（《集成》11381）。后世文献也收录了类似的字形，例如《广金石韵府》收录的字形作（商钟）③，与该印（图1）第一字的字形相同。“情”，该印未用本字，而是用了通假字“静”的古文奇字。《古文奇字》：“，从不，青声。‘不’即‘跗’字，华萼之足，含华未吐，有安静意。”④“情”，《订正六书通》收录的字形为（《阴符经》）、（《存乂切韵》）⑤，与《古文奇字》“静”字形相同，且与该印（图1）第二字的字形相同。同时，参照第三册《康熙卷》第30页“幾暇怡情（图3）”印中的“怡情”二字，可旁证该印为“怡情”。由此可知，该印的印文并非“谦斋”，当为“怡情”。

该书共收录10方“怡情”或包含“怡情”二字的印章，除了此处所证的《雍正卷》“怡情”印1方之外，还有《康熙卷》“幾暇怡情”“怡情”各1方，《乾隆卷》“怡情书史”“幾暇怡情”“即今尊养敢怡情”各1方，《嘉庆卷》“幾暇怡情”“怡情书史”各1方，《道光卷》“幾暇怡情”1方，《慈禧卷》“怡情悦性”1方。可见“怡情”这一审美客体在清代帝后之间拥有较高的认可度。同时，从雍正帝选编《悦心集》的行为，以及他在自序中写下的“朕生平澹泊为怀，恬静自好，乐天知命，随境养和。前居藩邸时，虽身处繁华，而寤寐之中，自觉清远闲旷，超然尘俗之外。然不好放逸身心……因随意采录若干则，置诸几案间，以备观览”⑥等内容，都可以看出雍正帝对于怡情悦性、淡泊恬静的认同与践行。

二 “致”当为“执”

在第五册《乾隆卷（卷一）》第19页中，印文“执中含和”中的“执”误读为“致”（图4）。首先，第三册《康熙卷》第9页收录了“致中和”印，其中“致”字的字形为。“致”，《说文》小篆字形为，《订正六书通》收录的古文奇字作（籀文）、（天台经幢）⑦，与该印第一字的字形相差较大，可见此处为“致”的可能性不高，当为“执”。

“执”，西周金文作（《集成》2835），战国金文作（《集成》10478）。古文奇字在金文的基础上字形略有变化，《千文六书统要》收录的古文奇字作⑧，与该印第一字的字形基本相同。由此可知，该印的印文当为“执中含和”，第一字当为“执”字而非“致”。除了该印，全书还收录了其他两方“执中含和”印，分别是《嘉庆卷（卷一）》第28页的“执中含和”圆印（图5）和第50页的“执中含和”方印（图6）。尤其是“执中含和”方印（图6）与该印的印文完全相同，可知此处“致中含和”的“致”字释读错误，应为“执”。

图4

图5

图6

① 许慎撰，徐铉校定：《说文解字（大字本）》，中华书局，2013年，第106页。
② 许慎撰，段玉裁注：《说文解字注》，上海古籍出版社，1988年，第58页。
③ 林尚葵：《广金石韵府》，清康熙刻朱墨套印本。
④ 朱谋㙔：《古文奇字》，明万历间刻本。
⑤ 闵齐伋辑，毕弘述篆订：《订正六书通》，上海古籍出版社，2013年，第134页。
⑥ 爱新觉罗·胤禛：《悦心集》，中国华侨出版社，2010年，第5页。
⑦ 闵齐伋辑，毕弘述篆订：《订正六书通》，第247页。
⑧ 胡正言：《千文六书统要》，清康熙十竹斋开化纸刊本。

"执中含和"见于《淮南子·泰族训》。《淮南子》以道家思想为主,糅杂了先秦儒、法、阴阳等家的思想。"《泰族训》确实是《淮南子》二十篇中儒家思想表现得最集中、最突出者。"①"执中含和"是一个并列短语,"执中"可以理解为秉持中正之心,"含和"可以理解为饱含祥和仁爱之气。"执中含和"蕴含了儒家中庸、仁爱的思想。清代统治者十分推崇儒家学说,并把儒家学说作为治国理政的主导思想。乾隆将"执中含和"用作印文,一定程度上体现了他以儒家思想治国的理念。

三　"且"当为"取"

在第五册《乾隆卷(卷一)》第 23 页中,印文"领且春温和且平"(图 7)中的"取"误读为"且"。"取"与"且"同时出现在该印中,二者字形差异较大。通过比较,可以直接判断该诗文印的第二字并非"且"字。同时,该册第 53 页收录了与之相同的诗文印(图 8),其中第二字被释为"取",也可与之进行互证。

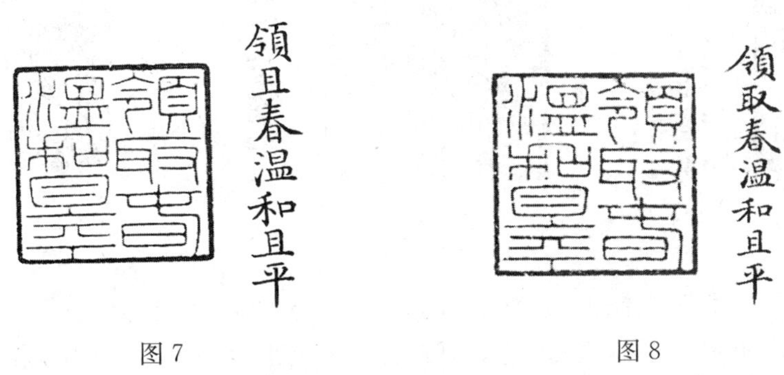

图 7　　图 8

诗句"领取春温和且平"出自乾隆御制诗《听唐侃弹琴》的尾联,与上句合为"愧予未解南薰愠,领取春温和且平"。② 该句诗化用了苏轼《听贤师琴》中的"大弦春温和且平"③,反映了乾隆听琴的感受。

四　"如如水镜"当为"如水如镜"

在第五册《乾隆卷(卷一)》第 26 页中,印文"如水如镜"误读为"如如水镜"(图 9)。此处为印文释读顺序错误而导致的隶定错误。一般情况下,印章的释读顺序为从左往右,从上至下。此外,该印中出现了重文符号**二**,该符号复指"如"字。因而,该印印文应为"如水如镜"。

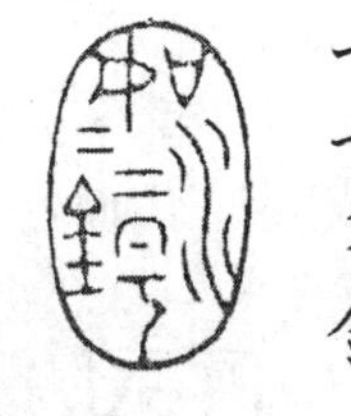

图 9

"如水如镜"出自唐代张蕴古的《大宝箴》。张氏认为,为官应该做到"《诗》云:'不识不知。'《书》曰:'无偏无党。'一彼此于胸臆,捐好恶于心想。众弃而后加刑,众悦而后命赏。弱其强而治其乱,伸其屈而直其枉。故云:如衡如石,不定物以数,物之悬者,轻重自见;如水如镜,不示物以形,物之鉴者,妍蚩自露。勿浑浑而浊,勿皎皎而清;勿汶汶而暗,勿察察而明"④。根据上下文语境,可知"如水如镜"旨在告诫官员要摒弃好恶,客观公正,明辨是非,执法严明。乾隆帝以此为印,或警醒自身,或告诫下属,可见其对于"如水如镜"背后所蕴含的为官从政理念的认同与推崇。

① 王效峰:《〈淮南子〉儒家思想地位再衡估——以〈泰族训〉为中心》,《鲁东大学学报(哲学社会科学版)》2019 年第 6 期。

② 高宗御制,蒋溥等编:《御制诗集·初集》,台湾商务印书馆股份有限公司,1986 年,第 257 页。

③ 苏轼著,冯应榴辑注,黄仁轲、朱怀春校点:《苏轼诗集合注》,上海古籍出版社,2001 年,第 559 页。

④ 吴兢著,裴汝诚等译注:《贞观政要译注》,上海古籍出版社,2016 年,第 411 页。

五 “花香”当为“云容”

在第五册《乾隆卷(卷一)》第71页中,印文“云容水态堪娱”中的“云容”误读为“花香”(图10)。该印字体为古文奇字。《订正六书通》收录云(雲)在《禹阳印志》中的字形为①,与该印第一字相同。“花”,《说文》小篆字形为,与相似,这或是将“云”误作“花”的原因。“容”,《订正六书通》收录《脩能印书》中的字形为②,与该印第二字相同,而与“香”字的古文奇字如《订正六书通》中的(籀文)、(籀文)、(《汉简》)、(名印)③等有较大差异。又参照第八册《嘉庆卷(卷一)》第44页(图11)和第十册《道光卷》第45页(图12)中的“云容水态堪娱”诗文印,也可补正此处“花香”二字当为“云容”。

图10

图11

图12

“云容水态堪娱”④为乾隆御制诗《真珠船》的第二句,该诗句化用了杜牧《齐安郡晚秋》颔联上句“云容水态还堪赏”⑤。此外,“云容水态”是承德避暑山庄里康熙三十六景中的第二十八景,因此该印的印文可以理解为“云容水态”这一景致可供赏玩娱乐。可以说,该诗文印从侧面体现了乾隆帝的闲情雅趣。

六 “诚”当为“成”

在第八册《嘉庆卷(卷一)》第58页中,印文“成性存存”中的“成”误读为“诚”(图13)。该印字形为古文奇字。“成”,《订正六书通》字形为(钟鼎文)⑥,与该印第一字基本一致。又参照第五册《乾隆卷(卷一)》第38页(图14)和第十册《道光卷》第74页(图15)中的“成性存存”词句印,也可订正“诚”字为“成”字。因而,该印印文应释为“成性存存”。

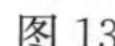

图13

图14

图15

① 闵齐伋辑,毕弘述篆订:《订正六书通》,第61页。
② 闵齐伋辑,毕弘述篆订:《订正六书通》,第9页。
③ 闵齐伋辑,毕弘述篆订:《订正六书通》,第119页。
④ 高宗御制,蒋溥等编:《御制诗集·二集》,台湾商务印书馆股份有限公司,1986年,第13页。
⑤ 杜牧著,陈允吉校点:《樊川文集》,上海古籍出版社,2009年,第46页。
⑥ 闵齐伋辑,毕弘述篆订:《订正六书通》,第135页。

“成性存存”出自《易经》。《易・系辞传上》:“子曰:易其至矣乎?夫易,圣人所以崇德而广业也。知崇礼卑,崇效天,卑法地。天地设位,而易行乎其中矣。成性存存,道义之门。”孔颖达疏:“此明易道既在天地之中,能成其万物之性,使物生不失其性,存其万物之存,使物得其存成也。性,谓禀其始也。存,谓保其终也。道,谓开通也。义,谓得其宜也。既能成性存存,则物之开通,物之得宜,从此易而来,故云‘道义之门’,谓易与道义为门户也。”①朱熹《周易本义》:“‘天地设位’而变化行,犹知礼存性而道义出也。‘成性’,本成之性也。‘存存’,谓存而又存,不已之意也。”②由此,把该印中的“成”释读为“诚”欠妥。之所以将“成”释读为“诚”,或是因为释读者受到了“性”字的影响,把“成性”理解为“真诚之性”。

七　“心”当为“六”

在第八册《嘉庆卷(卷一)》第 78 页中,印文“游六艺圃”中的“六”误读为“心”(图 16)。《说文》小篆“六”为，“心”为。该印第二字与《说文》小篆“六”字形相同,因而应当释读为“六”字而非“心”字。又参照第五册《乾隆卷(卷一)》第 48 页(图 17)和第十册《道光卷》第 52 页(图 18)中的“游六艺圃”词句印,也可订正“心”字当为“六”字。因此,该印印文应释为“游六艺圃”。

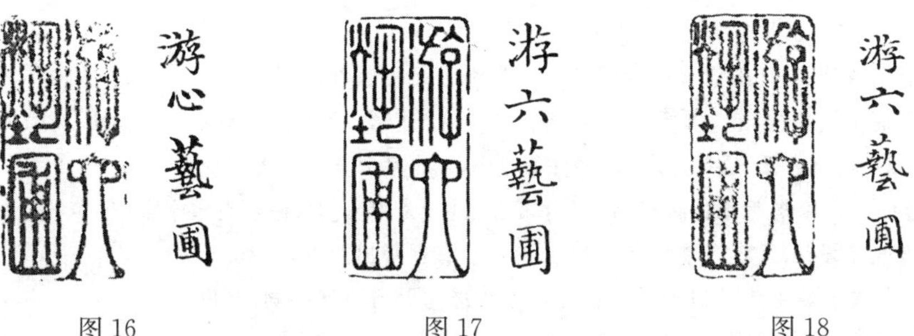

图 16　　图 17　　图 18

“游六艺圃”出自南宋谢维新编撰的《古今合璧事类备要》,是司马相如《上林赋》诗句“游于六艺之囿”的异文“游于六艺之圃”③的省略,蕴含着“优游于六艺汇集之处”的深意。可以说该印从侧面体现了清代帝王为学、修身、治天下的从容态度。

八　“俱”当为“偕”

在第九册《嘉庆卷(卷二)》第 183 页中,印文“与时偕行”中的“偕”误读为“俱”(图 19)。《说文》“俱”从人具声,小篆字形为；“偕”从人皆声,小篆字形为,二者字形差异比较明显。通过对比,可以看出该印中的第三字与“偕”的小篆字形相同,因此,该印印文应释为“与时偕行”。

图 19

“与时偕行”出自《易经》。《易・损》:“损益盈虚,与时偕行。”④其义为“变通趋时”。嘉庆帝制作该印的目的当是告诫自己不要拘于成规,要因时制宜,做出正确的判断与选择。

① 王弼注,孔颖达疏:《周易正义》,《十三经注疏》,北京大学出版社,2000 年,第 321—322 页。
② 朱熹撰,廖名春校点:《周易本义》,中华书局,2009 年,第 230—231 页。
③ 谢维新:《古今合璧事类备要》,台湾商务印书馆股份有限公司,1986 年,第 553 页。
④ 王弼注,孔颖达疏:《周易正义》,《十三经注疏》,第 202 页。

结语

总而言之，就目前所见《故宫博物院藏清代帝后玺印谱》存在的八处印文释读疏漏而言，其中七处是印文隶定方面的问题，一处则是印文释读顺序方面的问题。在解决上述问题时，我们不仅参考了各类字书，而且采用了本校法，即对比该书所收录的相同印文的字形，力求做到证据充分，校正准确无误。在印文释读正误的同时，我们适当地补充了这八方玺印背后所呈现的文化内涵，借此帮助读者进一步理解印文，消弭误解。

【参考文献】

[1] 爱新觉罗·胤禛.悦心集[M].北京：中国华侨出版社，2010.

[2] 杜牧著，陈允吉校点.樊川文集[M].上海：上海古籍出版社，2009.

[3] 高宗御制，蒋溥等编.御制诗集·初集[M].台北：台湾商务印书馆股份有限公司，1986.

[4] 高宗御制，蒋溥等编.御制诗集·二集[M].台北：台湾商务印书馆股份有限公司，1986.

[5] 胡正言.千文六书统要[M].清康熙十竹斋开化纸刊本.

[6] 林尚葵.广金石韵府[M].清康熙刻朱墨套印本.

[7] 闵齐伋辑，毕弘述篆订.订正六书通[M].上海：上海古籍出版社，2013.

[8] 苏轼著，冯应榴辑注，黄仁轲、朱怀春校点.苏轼诗集合注[M].上海：上海古籍出版社，2001.

[9] 王弼注，孔颖达疏.周易正义[M]//十三经注疏.北京：北京大学出版社，2000.

[10] 王效峰.《淮南子》儒家思想地位再衡估——以《泰族训》为中心[J].鲁东大学学报(哲学社会科学版)，2019(6).

[11] 吴兢著，裴汝诚等译注.贞观政要译注[M].上海：上海古籍出版社，2016.

[12] 谢维新.古今合璧事类备要[M].台北：台湾商务印书馆股份有限公司，1986.

[13] 许慎撰，徐铉校定.说文解字(大字本)[M].北京：中华书局，2013.

[14] 许慎撰，段玉裁注.说文解字注[M].上海：上海古籍出版社，1988.

[15] 朱谋㙔.古文奇字[M].明万历间刻本.

[16] 朱熹撰，廖名春校点.周易本义[M].北京：中华书局，2009.

Correcting the Mistakes in the Interpretation in *the Collection of the Seals of the Emperor and Empress of the Qing Dynasty in the Palace Museum*

Gao Yan

(School of Humanities, Tsinghua University, Beijing 100084)

Abstract: *The Collection of the Seals of the Emperor and Empress of the Qing Dynasty in the Palace Museum* (《故宫博物院藏清代帝后玺印谱》) is the most comprehensive and detailed book available at present for studying imperial seals of the Qing Dynasty. However, there are some minor mistakes in its interpretations. In terms of the inscriptions, the book misreads "Yi Qing (怡情)" as "Qian Zhai (谦斋)", misreads "Zhi (执)" as "Zhi (致)" in "Zhi Zhong Han He (执中含和)", misreads "Qu (取)" as "Qie (且)" in "Ling Qu Chun Wen He Qie Ping (领取春温和且平)", misreads "Yun Rong (云容)" as "Hua Xiang (花香)" in "Yun Rong Shui Tai Kan Yu (云容水态堪娱)", misreads "Cheng (成)" as "Cheng (诚)" in "Cheng Xing Cun Cun (成性存存)", misreads

“Liu（六）” as “Xin（心）” in “You Liu Yi Pu（游六艺圃）”, and misreads “Xie（偕）” as “Ju（俱）” in “Yu Shi Xie Xing（与时偕行）”. In terms of the order, the book incorrectly arranges “Ru Shui Ru Jing（如水如镜）” as “Ru Ru Shui Jing（如如水镜）”.

Key words: *The Collection of the Seals of the Emperor and Empress of the Qing Dynasty in the Palace Museum*（《故宫博物院藏清代帝后玺印谱》）; the interpretation of the seals; correction

陈梦家1939—1940年间的三篇古文字学、史学佚文辑考*

高　锐

【摘　要】《陈梦家学术论文集》2016年由中华书局出版，共收录陈氏单篇论文46篇，搜罗较全。但依然有一些散落于报刊之中，未被收录。近日新发现陈梦家1939—1940年在昆明西南联大期间撰写的三篇古文字学、史学文章，其中《官书与民间书》《论史籀不是人名》两篇文章通过详实的古文字材料修订了王国维的古文字学观点，《镜子的起源》一文则提出了"鉴来"与"阳燧"的铜镜起源说，是学术界较早探究铜镜起源的研究文献。这三篇佚文凸显了陈梦家浓厚的古文字学、考古学研究兴趣与注重实证考据的研究方法，对于陈梦家学术思想和相关史学研究具有重要参考价值。

【关键词】陈梦家；佚文；《官书与民间书》；《论史籀不是人名》；《镜子的起源》

【作者简介】高锐，女，延安大学学术期刊中心副编审，硕士，研究方向为中国现当代文学。（陕西　延安　716000）

陈梦家（1911—1966），中国现代著名诗人、古文字学家、考古学家，不仅在现代文学史上具有重要地位，而且在甲骨文、铜器铭文等古文字研究领域也成就斐然，其学术著作除了《六国纪年》《殷虚卜辞综述》《西周铜器断代》《汉简缀述》等外，2016年中华书局又出版了《陈梦家学术论文集》，辑录陈梦家已刊和未刊学术论文46篇，为陈梦家学术思想研究提供了颇为全面的文本依据。据编者称，这46篇论文为陈梦家"历年撰写的单篇论文，除已包含于《殷虚卜辞综述》《西周铜器断代》《汉简缀述》《尚书通论》《六国纪年》等专著者外，业已全部汇集于此"。① 但事实上，陈梦家一生创作颇丰，依然有部分学术论文散落于报刊中，有待搜集整理。近期，笔者在昆明《益世报》、重庆《中央日报》《益世报》分别发现《官书与民间书》《论史籀不是人名》《镜子的起源》三篇史学论文，均为抗战期间陈梦家在昆明西南联大任教时所作。这三篇史学论文为《陈梦家学术论文集》及陈梦家著作集系列丛书所遗漏，2018年中国社会科学出版社出版的《陈梦家评传》，2021年中华书局出版的《陈梦家先生编年事辑》等相关研究资料都未曾提及，当属陈梦家佚文无疑。这三篇学术论文，陈梦家在吸纳借鉴前人研究成果的基础上，通过严密详实的考据，提出了有别于前人的古文字学观点，是陈梦家学术思想的有机组成部分，不仅对于把握陈梦家学术思想、呈现其学术论文创作全貌具有重要意义，而且对于战国古文字及相关史学研究亦具有重要文献参考价值。现按发表时间先后加以辑释，以期能为陈梦家研究提供文本参照。

一　《官书与民间书》

《官书与民间书》一文刊载于昆明《益世报》1939年2月21日第4版的"史学"栏目，署名陈梦家。《益世报》1915年10月在天津创刊，1937年7月31日天津沦陷后，《益世报》一度停刊。1939年1月，

---

* 基金项目：本文为国家社科基金项目"延安时期作家回忆录文本整理与研究"（20XZW018）、2023年度陕西省出版科学基金项目"延安时期期刊编辑身份认同研究"（23BSC06）阶段性成果。

① 陈梦家：《陈梦家学术论文集》，中华书局，2016年，第765页。

天津《益世报》迁往昆明出版，这一时期，陈梦家任教于昆明西南联大文学院，教授《国文读本》《文字学概要》《卜辞研究》《铜器铭文研究》等课程，并致力于甲骨文与古籍文献的辑录研究。目前所见相关研究资料显示，陈梦家在昆明西南联大任教期间撰写了《西周初期的师保》《说侏儒》《梦家室字话》《周公旦父子考》《〈长沙古物见闻〉序》《商王名号考》《五行之起源》《读〈天壤阁甲骨文存〉》等一系列考论性学术论文，其中大多都已收入《陈梦家学术论文集》，部分未收录文章，相关研究者也有提及，但《官书与民间书》一文则长期埋没，不为学界所知。《官书与民间书》是陈梦家于1939年2月15日在昆明牛角坡所写的一篇考据性质的古文字学研究论文，文章通过详实的考据，修订了王国维按照地域划分战国文字系统的古文字学观点，指出战国文字系统的根本差异在于官书与民间书，对于中国古文字研究意义重大。现将全文辑录如下：

官书与民间书

战国时通用的文字，照王静安的说法，分为东土西土两大系统，东土的六国用古文，西土的秦用籀文。但是试取秦国的金文，来与六国的金文比较他们的同点比异点更多。反之，同是六国的遗器，如六国的匋文货币文和六国的金文差异却很大。因此我们不能满意于王氏的说法。

文字的差异有许多原因，简单的说有四：（一）因时代的不同（二）因地域的不同（三）因书契工具，与材料的不同（四）因书写者阶级的不同。关于前者，固世所通晓，不必详说。现在先述书契的工具，与材料如何影响文字。古文字的写法大约有四类：一类是契法，就是用铁笔契刻于甲骨金石玉匋之上；一类是书法，就是用毛笔书写于竹木缣帛纸之上；一类是铸法，就是先将文字契刻于范母上，然后铸之于铜器；一类是印法，就是先将文字契刻写于范或印，然后印在匋或泥上。铸法印法皆是间接的契法，他们的作用很像如今的铅字印刷法。甲骨性质脆弱，一经契刻，不能重修，所以他的字体不同于金文石文。金文多半是铸，所以和石文近。秦公簋和陈猷釜的正文都是铸的，他们的边款是刻的，所以正文和边款字体不同。

文字因时因地因书契方法而各异其体，已如上述。最后还有一种原和使字体差异的，就是官书因民间书的不同了。秦以前若宗周和列国的铜器铭文，若秦国的碑碣刻辞，这些都是官书。在前叫做大篆（即籀文），在后叫做小篆，大小篆是一脉相承。不但大小篆一脉相承，他并上承于宗周列国的金文，而两周金文上承商金文和甲骨文。他们的关系是：①

商甲骨文——商文——周金文——籀文——小篆

这些全属官书，而与土东②西土无涉。春秋时史官，都由周王室派遣，所以列国官书自然相同，列国所铸宗庙重器，其铭文字体也都相同了。

所谓民间书者并非与官书完全对立的。民间书是民间所通行的文字，它没有官书那样凝固与一致，是较为省易而多流动性的。看惯金文石文和小篆一类官书的文字，去认民间书的陶文和货币文，自然觉得民间书更难读了。

六国时的民间书，可以从陶文货币文和说文的古文得其大概，这三种字体（并一部份③的印玺文）都是一家眷属，因为他们既是同时又是同地（齐鲁为多）又同为民间书。但是写在竹简上的民间书，我们今日已无由得见，只有说文中的古文和三体石经中的古文保存一些。在战国晚期，诗书百家语都是写在竹帛上的民间书。自孔子以私人设学，教授诗书，诗书一定在民间流传起来了。

我们由秦世遗物来看，秦国是个尚法的国家，他的文字就只许通用官书。所谓小篆并非李斯

① 原文此处无标点，"："为笔者所加。

② 此处应为排版错误，"土东"应为"东土"。

③ "一部份"现通常作"一部分"。

等所创造，乃是经李斯等所审定的秦国历代所用的官书。故李斯等的仓颉三篇，乃是审定后官版的字书，人民一律以此为据。秦文既是官书，所以说文序说始皇同一字字①"罢其不与秦文合者"，是罢去秦文以外的民间书，诗书百家语是用民间书写的，所以烧灭之；凡是要学的，"以吏为师"，就是只许官学不许私学。这个同一文字的严厉法律，虽为后世所诟病，使战国活泼的思想至此告终。然幸有始皇的同一文字，使二千年以来，同一的文字乃为中国统一的象征。同一文字的严厉法律，到汉代还是因仍不更，艺文志说尉律"吏民上书，字或不正，辄劾"。

始皇的同一文字，实兼具同一思想之作用。因民间书一禁止，而诗书百家语也禁绝了。这些民间的书本子和字体，经秦的禁绝，至少有几十年不能通用。汉代秦，在种种制度是因仍不改的，所以到后来大家要寻访秦所烧灭的经书，因为经书是用六国民间书写的，而这种字体被禁多年，士子只识官书(汉代官书为小篆与②，隶是篆的改变)，目这种死了的字体叫做古文，目这些用死了的字体所写的经书为古文经。所以汉世的今古文之争，所争者是流传的官板本子与先秦的民间板本子，亦即官书与民间书。今古文不但是版子有官版民版之不同，并且因为板子之不同时代之不同而各异其内容。

"古文"既是战国时的民间书，所以无分东土西土。汉时传尚书的固然壁中书和伏生皆在东土。而杜林于西州得漆书古文尚书一卷，西州是秦地，是漆文尚书乃秦地民间所藏的旧书。汉书河间献王"从民得善书"，"皆古文先秦旧书周官尚书礼礼③记孟子老子之属"，是尚书不止壁中本伏生本西州本，犹有河间本。据艺文志说易学"民间有费高二家之说，刘向以中古文易校施孟梁丘经(皆官学)，或脱去无咎悔亡，唯费氏经与古文同"。则古文易与民间易同而不同于官书。又北平侯张仓献春秋在④氏传一定也是先秦的民间书，所由也属于古文。

以上所述，汉世所谓"古文"，指先秦战国时东西土民间所通用的文字，因为是民间书，所以合于陶文货币文，而不合于官书的以籀和小篆。这种文字，曾经禁绝不用了多少年，汉朝人认不得他，又因为是先秦旧书上的文字，所以叫做古文，意思是故文，如同"故书"的"故"一样。但是"古文"这一名称，有时泛指"古代的文字"，乃是一个相对的名词。所以同是"古文"，或以之指"战国时的民间书"，或以之指"古代的文字"。

说文序上提到"古文"共有十次，而其意义不同。(一) 以古文为"古代的文字"，如说"大篆十五篇，与古文或异"，谓大篆与周宣王以前之古文或异；如说"初有隶书，以趋简约，而古文由此绝矣"，谓用隶书后，隶书以前的古文都绝了；如说"及亡新居摄……颇改定古文，书有六书"，谓王莽改定在他以前的文字；如说"郡国亦往往于山川得鼎彝，其铭即前代之古文，皆自相似"，谓鼎彝铭文皆汉以前的古文。(二) 以古文指"战国时的民间书"，如说"至孔子书六经，左丘明述春秋传，皆以古文"，如说亡新六书，"一曰古文，孔子壁中书也，二曰齐字，即古文而异者也"，则壁中书皆是用古文写的。又说"皆不合孔氏古文，谬于史籀"，"今叙篆文，合以古籀"，以古文，与史籀并举，明是书体。又说"其称易，孟氏，书，孔氏，诗毛氏，礼，周官，春秋，左氏，论语孝经皆古文"，这些书皆是古文写的，古文兼有学派义。这些古文经，除了孟氏易为官学外，其余都采用民间的本子。

这个这个⑤分法，与王静安的不同，王氏说：说文序十次提到古文，"皆指汉时所存先秦文字言之"。王氏说"大篆十五篇与古文或异"的古文"似指仓颉以来迄五帝三王之世改易殊体制文字"但因为古无拓墨法，许慎必定看不到真正的商周古文，所以此所谓"古文"是先秦文体。我们

① 此处疑为排版错误，"字字"应为"文字"。
② 此处疑为报纸排版漏字，据后文可知，"小篆与"应为"小篆与隶"。
③ 此处疑为报纸排版错误，应删除一个"礼"字。
④ 此处应为排版错误，"在"应为"左"。
⑤ 此处应为排版错误，应删除一个"这个"。

觉得，许君可以提到某一种古代的文字，只据传闻，而不必目验，因为许君明明说“五帝三王之世，改易殊体，封于泰山者七十二代，靡有同焉”，也是据传闻而不凭目验。因此许君亦可据传闻而说大篆十五篇与周宣王以前的文字不同了。

根据我们的说法，战国时期的文字，官书与民间书是两种不同的字体，而无分东西的，所以秦之烧灭诗书并非因诗书是东土的，而是因诗书用民间书写的。王氏说“六艺之书，行于齐鲁，爰及赵魏，而罕流于秦”，是要维持东土用古文之说的。然在秦土还发现烧余的漆文尚书，而我们由秦的猎碣刻辞和始皇刻石来看，秦国文字无不受诗书的影响。

这样看来，春秋战国东土西土的官书文字都是大同小异的，而官书和民间书是有差异的。官书与民间书不但战国时有此分别，而战国至今，无论何代皆有官书与民间书的分别，在此不能细说了。

二十八年二月十五日，牛角坡。

《官书与民间书》一文中，陈梦家针对清末民初学者王静安的观点进行辨析。王静安即清末民初清华大学国学导师王国维，其早年致力于诗词、美学理论研究，晚年转向甲骨文和古代史方面的研究。在《史籀篇疏证序》一文中，王国维将战国通用文字分为东土、西土两大系统，认为：“《史籀篇》文字、秦之文字，即周秦间西土之文字也。至许书所出古文，即孔子壁中书，其体与籀文、篆文颇不相近。六国遗器亦然。壁中古文者，周秦间东土之文字也。”[①]可见，在王国维看来，战国时期古文与籀文、篆文差异的根本原因在于地域，东土的六国用古文，西土的秦国用籀文。陈梦家则通过秦国金文与六国金文的比较，指出战国时期不同地域的金文大同小异，而六国遗器中的货币文和六国金文的差异却很大，并通过对战国文字差异原因的详尽考论，对王国维战国文字“分为东土西土两大系统”的观点提出质疑。

陈梦家认为，战国文字并无东西之分，而有官书与民间书之别，汉世所谓“古文”，并非如王国维所说为“周秦间东土之文字”，而是指先秦战国时东西土民间所通用的文字，“官书与民间书是两种不同的字体”，战国时期文字差异与东土、西土无关，秦所焚之书，并非因其是东土的，而是因其是用民间书写的，这种官书与民间书的差异，从战国起至今始终存在。这也是陈梦家关于古文字研究中始终坚持的一种观点，在后来的《中国铜器概要》中，论及铜器铭文文字时，陈梦家亦认为：“民书至秦之并天下，而告结束。始皇同一文字，罢不与秦文合者，是独尊官书也。秦时高级官书用大篆小篆，低级官书用隶书，隶书者小篆之草率简省者也。”[②]

可以说，陈梦家《官书与民间书》一文，通过大量古籍文献的梳理，借助严密的考据，在详细考论辨析中国古文字发展演变历史轨迹的基础上，对古文字发展中官书与民间书的差异进行系统论述，指出战国文字差异并无东西之分，实为官书与民间书之别，不仅补充了王国维关于战国文字有东土、西土之分的说法，而且拓展了中国古文字发展研究的新思路，对于中国古文字发展史的研究具有重要学术参考价值。但因陈梦家《官书与民间书》一文长期埋没，不为学界所知，导致后世学者在探究战国古文字的字形差异时，基本上都延续了王国维的“东土、西土”说，如古文字学家李学勤的《战国题铭概述》，在王国维关于战国文字“东土西土”划分的基础上，进一步细化出齐、燕、三晋、楚、秦五个地域。何琳仪也认为：“战国文字原分五系，五系是平行的。”[③]“春秋后期，东方诸国的文字发生了急剧的变化，形成所谓‘六国文字’。秦国久据宗周旧地，文化深受其影响，因此秦文字远不如六国文字那么奇谲难识。”[④]

---

① 王国维：《王国维文存》，江苏人民出版社，2014年，第293页。

② 陈梦家：《陈梦家学术论文集》，中华书局，2016年，第765页。

③ 秦金根：《何琳仪教授谈战国文字与书法》，《书法世界》2003年第6期，第24页。

④ 何琳仪：《秦文字辨析举例》，《人文杂志》1987年第2期，第82页。

张传旭也“根据王国维战国文字东土、西土两分法，秦文字为西土的代表，楚文字为东土的代表，二者在战国时期不同地域文字中，特征最为明显，差别最大，通过比较二者的异同来考察‘书同文’政策的实施”。[①] 可见，学界对于战国时期文字的研究基本上都将差异均归因于地域，因地域而成不同文字系统，但陈梦家《官书与民间书》一文则认为，战国文字的差异源自官书与民间书的区别，而非地域差异，这种关于战国古文字的学术见解，对于中国古文字研究颇具启示。因此，陈梦家《官书与民间书》一文不仅是解读陈梦家学术思想的重要文本，而且是中国古文字研究史上一个不可或缺的史学文献，值得学界关注。

二 《论史籀不是人名》

《论史籀不是人名》一文刊发于重庆《中央日报》1939 年 10 月 13 日第 4 版的“史学”栏目，署名陈梦家，亦是陈梦家在昆明西南联大任教期间所作。该文与《官书与民间书》一文相同，也是针对王国维古史研究的相关观点，在详细辨析考论的基础上，进一步修订了王国维“史籀”为周宣王太史的说法源自西汉刘向父子，后为东汉班固、许慎所沿用的史学观点，对于古文字史研究较具学术参考价值。全文如下：

论史籀不是人名

常常因为读错一句书，使古代史实发生很大的差误。自汉以来，一直以大篆十五篇的作者是史籀这个人，到王国维才有“史籀为人名的疑问”。但是他说“自班志著录以史籀为周宣王太史，许书从之，二千年来世无异论”。其实在班志和说文叙中，并没有以史籀为人名。

班固在史籀篇十五篇下自注道“周宣王时大史作大篆十五篇”，并没有说出人名。许慎的说文叙本于班志，说“及宣王大史籀箸大篆十五篇”，籀箸就是作，乃是动词。说文叙说李斯等的仓颉三篇“皆取史籀大篆”，此籀字亦是动词；班固却说道三篇“文字多取诸史籀篇”，所以史籀大篆大史所籀箸的大篆十五篇，亦即是史籀篇。

说文叙上这两个籀字，义同箸作，籀和抽字紬字本是一字的分化，观师古注汉书司马迁传说紬是缀集。但另外在说文叙上有一句说：“尉律：学僮十七已上，姓[②]试，讽籀书九千字乃得为吏。”这个籀字如说文所说，义为读书，音亦同读书之读。籀本义是为箸，后来引申为读书。

照文法讲，“宣王大史籀箸大篆”这一句话，宣王大史是主词，籀箸是动词，大篆是宾词。若是要以史籀为人名，必须改为“大史史籀”，果然应劭注汉书江式请撰字书表张怀瑾书断封氏闻见记和汗简引说文都作“大吏[③]史籀”，因为非如此加一史字，史籀在这一句内难以释作人名的，我们根据班志和分所传的宋本说文，证明这个史字是后加的。

说文在说解中三引史篇，要是许慎认史籀篇为史籀所作，他不能省去这个籀字。但是因为史籀篇是大史所著作的，大史用以教授那些欲为史的学童的，所以简称为史篇。这是许慎不以史籀为人名的一个旁证。

《论史籀不是人名》一文文末虽未标注具体写作时间，但从其论述内容可以看出，该文应该写于《官书与民间书》一文前后。因为二者都针对王国维《史籀篇疏证序》一文的观点进行思考与辨析。《论史籀不是人名》一文针对王国维《史籀篇疏证序》中班固、许慎以“史籀”为人名的观点进行辨析。王国维在其《史籀篇疏证序》一文中认为：“‘史籀’为周宣王太史的说法源自西汉刘向父子，而班、许从

① 张传旭：《书同文研究》，山东画报出版社，2017 年，第 6 页。

② 通行本《说文解字·叙》中，此句为“始试，讽籀书九千字乃得为吏”，故此处疑为排版错误，“姓”应为“始”。

③ 此处应为排版错误，“吏”应为“史”。

之。二千年来，世无异论。”①显然，王国维对之前史学中史籀为人名的史学观点表示怀疑，认为这种观点源自西汉刘向父子，后为东汉班固、许慎所沿用，从而使后世误认为史籀为人名，大篆十五篇为史籀所作。陈梦家《论史籀不是人名》一文，继承了王国维《史籀篇疏证序》中史籀非人名的观点，他明确表示，史籀不是人名，但他否认了王国维关于史籀为人名因东汉班固《汉书・艺文志》、许慎的《说文解字・叙》沿用了西汉刘向父子的说法。陈梦家通过对班固《汉书・艺文志》、许慎《说文解字・叙》相关注解文法的分析指出，班固的《汉书・艺文志》、许慎的《说文解字・叙》中，“籀”是动词，是著作的意思，而非人名，史籀为大篆十五篇作者的说法与班固、许慎无关，而是东汉应劭的《汉书注》，北魏江式的《古今文字表》，唐代张怀瑾的《书断》，封演的《封氏闻见记》，北宋郭忠恕的《汗简》等注解时误解为“太史史籀”所致。这也是陈梦家对于铜器铭文等古文字研究中的一贯观点。在后来撰写的《中国铜器概要》中，陈梦家重申了这种观点，认为：“所谓籀文者，史籒篇之文字也。汉书艺文志班固曰‘周宣王太史作大篆十五篇’，当本之七略，而许慎说文叙因之，曰‘及宣王太史，籀箸大篆十五篇’，是‘籀箸’即‘作’，动词也，谓宣王太史编箸大篆焉十五篇，史记自叙索隐引小颜云‘油谓缀集之也’，籀、油古通。汉以后误读说文叙，不以‘及宣王太史’断句，而续下读之，故以太史籀为太史名籀者，不知果许慎以‘籀’为人名，则其说解中三引‘史篇’当作‘籀篇’矣。”②显然，《论史籀不是人名》一文虽然简短，但论据充分，考论翔实，不仅凸显出陈梦家注重实证考据的学术研究方法，而且可以窥探到陈梦家后来古文字研究学术见解的思想渊源，因此可以说，《论史籀不是人名》亦是探究陈梦家学术思想不可或缺的文献。

三　《镜子的起源》

《镜子的起源》一文即刊载于重庆《益世报》1940年5月16日第4版“史学”栏目，署名为陈梦家。1939年1月《益世报》迁往昆明出版，一年后，便又由昆明迁到重庆，但重庆《益世报》“史学”栏目的投稿通讯地址却为“昆明才盛巷二号史学社”③，这表明，陈梦家《镜子的起源》一文是通过昆明才盛巷二号的史学社投稿，刊发于重庆《益世报》。该文借助大量的古典文字学、史学文献，结合当时考古的发现，通过考据的方法，对中国使用玻璃镜子之前的两种“鉴容”方法进行了详实的考证，在追溯镜子起源的过程中，梳理了人类“鉴容”器物的发展演变，提出了“鉴来”与“阳燧”两种铜镜起源说，是一篇十分重要的史学文献资料，全文如下：

镜子的起源

现在我们所用的玻璃镜子以前，有两种鉴容的器具。最早的是盛水于盆中，俯盆而鉴容，尚书的酒诰说“古人有言曰：人无于水监，当于民监”，酒诰是周初的文书，引古人的谚语如此，则以水鉴容是在周初以前了。大约最古的时候，即于河流池沼鉴容，但是流水混沌不清，所以才储水于盆盘而鉴之，荀子解蔽篇说：“故人心譬如盘水，正错而勿动，则湛浊在下而清明在上，则足以见须眉而察理矣。微风过之，湛浊动乎下，清明乱乎上，则不可以得大形之正也。”庄子德充符篇说“人莫鉴于流水而鉴于止水，唯止能止众止”。可知储水于盆盘而鉴，因是止水，易于照容。

监鉴鑑三个字，于古为一字。金文的“监”字象人俯就于皿形，皿就是盆盘，所以这个字正象人俯就盘盆鉴容之形。监鉴鑑或者用作动词，就是照见的照；或者用做名词，就是镜鑑的鑑。传世的铜器自名为监的，共有二件，一是清代出土的攻吴王监，一是近年出土的智君子监，都是如盆而大，已经不单用作监容，同时是浴器了。监是铜制的盆盘所以字或作鑑或作鉴。

① 王国维：《王国维文存》，第291—292页。

② 陈梦家：《陈梦家学术论文集》，第373—374页。

③ 陈梦家：《镜子的起源》，《益世报》1940年5月16日，第4版。

我们也可以说，最初鉴容的盆同时就是洗面濯发的盆。

这个鉴容法到底是不大清楚的，所以到了战国的后半期就有了铜镜鉴容之法。当其时，冶铸之法已知道金与锡的比例，金锡各半之齐，①据考工记说是“鉴燧之齐”，因为铜锡相半故光亮可见。鉴燧之燧就是取火的阳燧，我们于今先看一看阳燧的制造与形状，然后就容易明白铜镜的来源了。

春秋之际，取火乃用木燧，论语阳货篇宰我说“钻燧改火，期可已矣”。到了晚周，乃有取火于日之法，礼记内则左佩阳燧，右佩木燧，是二制并行。淮南子天文篇“阳燧见日则燃而为火”，高诱注云“阳燧，金也，取金杯无缘者，熟摩令热，日中时以当日下，以艾承之，则燃得火也”。一切燧音义引淮南子许慎注云“燧，五石之铜精，圆以仰日，则得火”。古今注“阳燧以铜为之，形如镜，向日则火生，以艾承之，则得火也”。内则“小锅金燧”释文云“金燧，火镜也”。太平御览卷七一七引魏名臣高堂隆奏曰“阳符一名阳燧，取火于日，阴符一名阴燧，取水于月，并入铜作镜，名曰水火之镜”。案阳燧如镜如符，所以叫阳符，又曰夫遂，周礼司烜氏“掌以夫遂，取明火于日”，郑玄注云“夫遂，阳燧也”，夫即符。旧唐书卷二三李敬贞论封禅须明水实樽云“今司宰有阳燧，形如圆镜，以取明火”。商承祚长沙古物闻见记载近所出汉代的铜阳燧云“中凸起如圆，饼与沿平而凹，径约八公分强，无纽，小穿鼻一，斜据内沿”。

由以上所述，则阳燧是以铜为之，形圆如镜而凹，他的形状作用与今日玻璃的回光洼镜相同，以之置于日下，可以聚光焚艾。同时，阳燧是金锡相半，故光可鉴物，也因其是凹镜，所以因焦点之内外而照景成正倒。梦溪笔谈卷三曰“阳燧面洼，以一指迫而照之则正，渐远则无所见，过此遂倒”。墨子经说下“中之内鉴者，②近中则所鉴大，景亦大，远中则所鉴小，③景亦小，而必正。……中之外，鉴者近中则所鉴大，景亦大，远中则所鉴小，景亦小，而必易”。中及焦点，正易即正倒，唐钺有文论之。

阳燧可以照景，然因他是凹的，所以在焦点以内照出的景是正的，否则是反的。做经说下大约是晚周的人，已经知道这种光学现象了。猜想上去，当时必有人把凹面的阳燧改作为平面的，用他来鉴容，因为他可以照景，所以镜者景也。

我们现在在寿县洛阳长沙等地所得战国晚期的铜镜不少，但没有比此更早的。从战国一直到清，铜镜传世的不可数计。

管子轻重己篇“天子迎春带玉监，迎秋带锡监”，可知战国晚期与秦汉镜有铜锡铸的，亦有玉摩的，洛阳所出有玉镜。因为镜是带监而做的，所以镜亦名曰鉴。

关于中国铜镜的起源，20世纪50年代起，陆续有学者进行探究。譬如梁上椿的《古镜研究总论》、岳慎礼的《青铜镜探源》等，这些研究成果通常被视为铜镜研究史上较早的代表性成果。事实上，陈梦家对于镜子起源这一问题的探究早于梁上椿、郭沫若、岳慎礼等人，但因陈梦家《镜子的起源》一文不为学界所知，故后世学者们在论及镜子起源时，并无提及。如，何堂坤在《铜镜起源初探》一文中归纳了铜镜起源的三种主要观点，一是“‘鉴来’说，即认为我国古镜是由一种叫做‘鉴’的器皿演变来的”。这种观点以梁上椿、郭沫若等为代表。二是“‘阳燧来’说，即认为镜是由阳燧演变来的，主要以岳慎礼先生为代表”。三是“‘铜泡来’说，即认为我国古镜之起源有可能与铜泡有关系，主要以高去寻先生为代表”。④ 其中并未提及陈梦家，但从文章所引文献来看，梁上椿的《古镜研究总论》一文刊发于1952年，岳慎礼的《青铜镜探源》一文刊发于1958年，仅从刊文时间来看，陈梦家对于铜镜起源的探究要早

① 此处的“，”为笔者所加，据前后句意，此处应加“，”为宜。
② 此处的“，”为笔者所加，据前后句意，此处应加“，”为宜。
③ 此处的“，”为笔者所加，据前后句意，此处应加“，”为宜。
④ 何堂坤：《铜镜起源初探》，《考古》1988年第2期，第173页。

于梁上椿、岳慎礼等人。

《镜子的起源》一文中，陈梦家指出，中国古人鉴容的两种方法，春秋战国之前多采用盛水于盆，俯盆而鉴的方法；战国后期开始，随着青铜器冶铸技术的发展，有了铜镜鉴容之法。并结合当时考古的新发现，详细考论了铜镜的起源，认为战国时期的铜镜源于春秋时期的用铜制作的“阳燧”，由此推测，晚周时期，应该“有人把凹面的阳燧改作为平面的，用它来鉴容”。因此可以说，陈梦家是最早提出铜镜起源说中“鉴来”说与“阳燧”说的学者。其《镜子的起源》一文也是最早探究镜子起源的文献，对于后世探究铜镜起源具有重要文献参考价值。陈梦家关于镜子起源的“鉴来”说与“阳燧”说的观点，也为后来的相关研究所佐证，除梁上椿、岳慎礼等人以外，沈从文在其《镜子的故事》一文中，也认为：“从古代文献叙述中可以知道，有史以后，古人照脸整容，的确是用一个敞口盆子，装满清水来解决的。这种铜器叫作‘盘’或‘鉴’，盘用于盥洗，鉴当作镜子使用。”“到了青铜器时代，洗脸和照脸分成两种器物，用铜作的来代替了。”①郭沫若在《三门峡出土铜器二三事》中也指出：“古人以水为监，即以盆盛水而照容，此种水盆即称为监，以铜为之则为鉴。监字即象一人立于水盆旁俯视之形。”②这些关于镜子起源的观点与陈梦家的观点彼此呼应，成为探究人类早期鉴容方法颇有影响的一种说法。

总之，这三篇考论详实的学术论文，是陈梦家在昆明西南联大任教期间，在掌握大量古文字材料的基础上，凭着对于考古学的浓郁兴趣，借助考据学方法而写成的学术随笔。从中可以见出，陈梦家在西南联大任教期间，其兴趣完全由新诗转向了古文字学、考古学，且陈梦家后来热衷于考古学的原因，很大程度上是因为其在西南联大期间，对于古代器铭、石碣上的古文字探究的兴趣。在陈梦家看来，那些“古时用的，现在已经没人用了”的死掉的“官书、六艺、经典文字”，不仅“是研究古文字的对象”，而且也是“研究古代历史的人要学的”。③ 通过这些古文字，我们可以“窥探古代历史、社会、制度、宗教”④，并能“因了解古代而了解我们的祖先”，从而使其“有信心在国家危急万状之时，不悲观不动摇；在别人叹气空愁之时，切切实实从事学问”。⑤ 其将历史学、考古学、古文字学、考据学汇合在一起，通过《汉书》《说文解字》《尚书》《淮南子》《荀子》《庄子》等古代文献中相关记述，详细考察并梳理了中国古文字的发展演变历程，探究其深层原因，所引古代文献，看似信手拈来，实则非常严谨，虽然行文中未能像现代学术论文一样，标注参考文献，但其文章所引均说明了文献出处，显现出十分严谨的学术研究态度。从中也可见出，陈梦家学术研究深受清代考据学的影响，力争通过多种文献史料佐证，揭示被淹没的历史事实。这些学术论文不仅对于古籍文献的保存整理具有重要意义，而且对于揭示被淹没的历史事实亦具有重要价值，在中国学术研究史上应占有一定地位，值得相关研究者关注。

An Examination of Three Ancient Chinese Characters and Historical Essays of Chen Mengjia from 1939 to 1940

Gao Rui

(Academic Journal Center of Yan'an University, Yan'an 716000)

Abstract: In 2016, Zhonghua Book Company published *The Academic Papers Collection of Chen Mengjia*. This collection includes forty-six papers of Chen's, its collection is more comprehensive.

① 沈从文：《中国文物常识》，天地出版社，2019 年，第 57 页。

② 郭沫若：《三门峡出土铜器二三事》，《文物》1959 年第 1 期，第 14 页。

③ 陈梦家：《梦甲室存文》，中华书局，2006 年，第 244 页。

④ 子仪：《陈梦家先生编年事辑》，中华书局，2021 年，第 120 页。

⑤ 子仪：《陈梦家先生编年事辑》，第 120—121 页。

However, there are still some papers scattered in newspapers and periodicals that were not included. Recently, it was newly discovered three lost articles on ancient philology and history written by Chen Mengjia in Southwest Associated University of Kunming from 1939 to 1940. Among them, the two articles "Official Books and Folk Books" and "On Shi Zhou is Not a Person's Name" revised Wang Guowei's views on ancient philology through detailed ancient text materials. "The Origin of Mirrors" puts forward the theory of the origin of "Jianlai"（鉴来）and "Yangsui"（阳燧）bronze mirrors, which is the earliest research document in the academic circle to explore the origin of bronze mirrors. These three lost essays show Chen Mengjia's strong interest in ancient philology, archaeology and his research method focusing on empirical evidence. They have important reference value for Chen Mengjia's academic thought and related historical research.

Key words: Chen Mengjia; lost article; "Official Books and Folk Books"; "On Shi Zhou is Not a Person's Name"; "The Origin of Mirrors"

楚文字中的“堇”字

韩　英

【摘　要】安大简《仲尼曰》中“堇”字共出现四次，目前学术界有读为“谨”“仅”“憾”“间”“欺”等不同观点。史杰鹏认为这四例“堇”都应读为“隐”，为“隐藏”义，较为合理。另外在郭店简、上博简、清华简中，“堇”字还可以读为“根”“仅”“艰”“期”“谨”“勤”等。

【关键词】堇；安大简；郭店简；上博简；清华简

【作者简介】韩英，女，青岛恒星科技学院人文学院讲师，硕士，研究方向为古文字。（山东 青岛　266000）

在2022年8月出版的《安徽大学藏战国竹简（二）》中，收录13支整理者命名为《仲尼曰》的竹简，其中不少文字可以与今本《论语》相对读。自《仲尼曰》公布之后，引起了学者们的热烈讨论，有些问题迄今尚无定论。《仲尼曰》中多次出现的“堇”字就是其中之一。另外，在郭店、上博、清华诸简中，“堇”字也曾经多次出现，有必要综合考虑其用法。

先把“堇”字的形体罗列如下：

安大简：仲尼5 　仲尼6 　仲尼6 　仲尼11

郭店简：老甲24 　老乙9

上博简：周易22 　三德7 　武王7 　武王10

清华简：程寤6 　金縢11 　皇门3 　皇门5 　封许5

越公32 　治邦13 　廼一5 　三不韦3

一　安大简中“堇”字

“堇”字在安大简《仲尼曰》篇中共出现4次，相关简文如下：

(1) 中(仲)尼曰：“韦(回)，女(汝)幸，女(如)有怨(过)，人不堇女＝(汝，汝)能自改。赐，女(汝)不幸，女(如)又(有)怨(过)，人弗疾也。”(简5)

(2) 中(仲)尼曰：“悬(仁)而不惠于我，虐(吾)不堇丌(其)悬(仁)。不悬(仁)不〈而〉惠于我，虐(吾)不堇其不悬(仁)。”(简6)

(3) 中(仲)尼曰：“见善女(如)弗及，见不善女(如)遻(溼)。堇吕(以)卑(避)戁(难)，宵(静)凥(居)吕(以)成丌(其)志。白(伯)层(夷)、吊(叔)即(齐)死于首易(阳)，手足不弇，必夫人之胃(谓)虐(乎)?”(简11)

例(1)中的“堇”，安大简整理者(2022：47)读作“谨”，训作“谨敕”。刘信芳(2022)、刘嘉文(2022)都同意整理者的读法，前者训作“诫慎”，后者训作“告诫”。单育辰(2022)不同意读作“谨”的观点，认为“疾”是“憎恨”的意思。“堇”与“疾”在文义上相关，应读为“憾”。“憾”是“怨望”之义，正与

“疾”相应。①

史杰鹏(2022)认为“堇”可读为“廑”或“隐”,“廑”以“堇”作声符,故“堇”可读为“廑”,“廑”的含义是覆盖、遮蔽、隐藏。因为“廑”在古书中使用频率不高,所以读为常见的“隐”。“隐”“堇”读音相近,可能有同源关系。网友“予一古人”、陈民镇(2022)都赞同史杰鹏的说法。②

沈培(2023)也支持史杰鹏“堇”读为“隐”的说法,最直接的证据是马王堆帛书《系辞》用“根”表示“隐”。郭店简《老子》中,“堇”可以直接表示“根”这个词,上博简《凡物流形》甲乙本都把“根”字写成“槿”。沈文还进一步提出,《周易》中的“艰贞”即“隐贞”,《老子乙》中的“堇能行之”应为“隐能行之”。

吴铭(2022)不赞同史杰鹏(2022)的说法,认为“人不廑汝”这样的说法于文献无征,“堇”破读为“隐”没有例证,“堇”“隐”的同源关系也需要证据证明。吴文把“堇”读为“矜”,义为“掩饰”。除此之外,网友“tuonan”认为“堇”可读为“靳”,训为“嘲笑”。③ 网友“白羽城”从之。④ 网友“谢亦章”则读作“莫”,训作“非议”。⑤ 网友“潘灯”读为“慬”,释为“烦恼”。⑥ 孟跃龙(2022)把“堇”读作“间”,训作“非议”。高荣鸿(2024)读作“欺”,训作“欺骗”。不管是读作“矜”“靳”“慬”还是“间”“欺”,都证据不足,难以令人信服。

例(1)中的“堇”字,涉及孔子对颜回和子贡二人的评价。在有过错的情况下,他人对于颜回的态度是“人不堇汝”,对于子贡的态度是“人弗疾也”。二者之间的差异明显。《大戴礼记·曾子立事》:“君子好人之为善,而弗趣也;恶人之为不善,而弗疾也。疾其过而不补,饰其美而不伐也。伐则不益,补则不改也。”安大简整理者(2022:47)认为该句中的两个“疾”都是“痛恨”之义。单育辰(2022)把“堇”读作“憾”,训作“怨恨”的说法,在简文中与“疾”相同,显然是不可靠的。

我们认为史杰鹏(2022)把“堇”读为“隐”比较合理。“隐”与“堇”古音相近。上古音“堇”属于群母文部,“隐”属于影母文部,两者韵部相同,声纽均为牙喉音。群母与影母关系密切,如“遏”为影母月部字,“竭”为群母月部字。“隐藏”是“隐”的基本义,先秦典籍常见。如《韩非子·难三》:“论之于任,试之于事,课之于功,故群臣公政而无私,不隐贤,不进不肖。”《荀子·王制》:“四海之内若一家,故近者不隐其能,远者不疾其劳,无幽闲隐僻之国,莫不趋使而安乐之。”值得注意的是,“不隐其能”与“不疾其劳”相对为文,与《仲尼曰》相似。《盐铁论·刺权》:“见贤不隐,食禄不专,此公叔之所以为文,魏成子所以为贤也。”“隐”都是“隐藏”的意思。简文“人不堇汝”读作“人不隐汝”,即他人不隐藏颜回的过错,可谓文从字顺。

例(2)中“堇”字,安大简整理者(2022:48)也读为“谨”,训作“恭敬”。刘信芳(2022)从之。高荣鸿(2024)亦读作“期”,训作“欺骗”。

侯乃峰(2022)指出,例(2)中“不急(仁)不惠于我”文字有讹误,抄写者将原文的“而”字误为“不”字,所以此句简文当作“不急(仁)而惠于我”。侯文训“堇”为“恭敬”,并把简文解释为:“作为仁者,如果对于我没有施予什么恩惠,我也就没有必要对他表示恭敬;如果有不仁者对于我施予恩惠,我对于他的不仁之举也不会表示恭顺。”孟跃龙(2022)把“堇”读为“间”,训作“非议”,意为“我不会对他的仁爱持有异议”(我不会认为他不仁爱),“我不会对他的不仁爱持有异议”(我不会认为他仁爱)。

---

① 简帛网简帛论坛《安大简〈仲尼曰〉初读》下的跟帖,第31楼,2022年8月21日(http://www.bsm.org.cn/forum/forum.php?mod=viewthread&tid=12727)

② 简帛网简帛论坛《安大简〈仲尼曰〉初读》下的跟帖,第49楼,2022年8月26日。

③ 简帛网简帛论坛《安大简〈仲尼曰〉初读》下的跟帖,第34楼,2022年8月21日。

④ 简帛网简帛论坛《安大简〈仲尼曰〉初读》下的跟帖,第47楼,2022年8月25日。

⑤ 简帛网简帛论坛《安大简〈仲尼曰〉初读》下的跟帖,第48楼,2022年8月26日。

⑥ 简帛网简帛论坛《安大简〈仲尼曰〉初读》下的跟帖,第57楼,2022年8月30日。

史杰鹏(2022)认为:“侯乃峰这样理解是有问题的,孔子的道德境界应比一般人高,不会因为仁者没有把仁惠及到我身上,我就不恭敬他,这样道德水平就太低了。再说‘谨’作为‘恭敬’意思讲的时候,一般后面不直接接受施者为宾语,只作为副词来修饰动词,比如‘谨遇之’。”史文认为这里的“堇”也应读为“廑”或“隐”。

单育辰(2022)把“堇”读作“憾”,训为“怨望”。吴铭(2022)读“堇”为“矜”,训作“掩饰”,简文“堇其仁”为“掩人之善”,“堇其不仁”为“饰人之恶”,为孟子所说之“言无实”,这是孔子所不为的。

我们认为侯乃峰(2022)对简文的校订可从。楚文字中“而”与“不”形体接近,容易混同。清华简《芮良夫毖》第5号简“君子而受谏”,李松儒(2023)谓“而”即“不”之误。是其证。所以例(2)应修正为:仁而不惠于我,吾不堇其仁。不仁而惠于我,吾不堇其不仁。

例(3)的“堇”字,安大简整理者(2022:50—51)读为“仅”。谓简文的意思是说:“看见善良,努力追求,好像追不上;看见邪恶,努力避开,好像避不开。只能躲避灾难,安居不出,以保全自己的意志。”单育辰(2022)把“遻”属上读为“遻堇”,“遻”有可能从李家浩之说读为“及”,“堇”似可读为“艰”。网友“激流震川 2.0”将原句断作“堇以避难,静居以成其志”,将“堇”读为“勤”,并举出《吕氏春秋·孝行览·胥时》“故有道之士未遇时,隐匿分窜,勤以待时”为证。① 侯乃峰(2022)赞同网友“激流震川 2.0”的观点,指出“隐居”与“静居”同义。高荣鸿(2024)把“堇”读作“很”,训作“违逆”。

史杰鹏(2022)在“善”字和“难”字后面断句,认为“湿”可读为“歙”或“戢”,训为“隐藏”“收缩”,把“堇”读为“隐”。吴铭(2022)不同意史说,认为“湿”读为“歙”或“戢”缺乏文献上的佐证,“歙”或“戢”与“堇”部字的连文也无前例可查,所以“堇”读为“隐”是不太合适的。

沈培(2023)赞同史杰鹏读“堇”为“隐”的观点,引用李家浩先生的意见,把“见不善如遻”中的“遻”读为“及”。简文“见不善如及”就是“见不善如及不善”。陈民镇(2022)认为侯乃峰之断句可从,把“堇”读为“隐”,谓:“如若将‘堇’读作‘隐’,则全句为‘隐以避难,静居以成其志’,与‘隐居以求其志’相对应,‘隐以避难,静居’犹言‘隐居’。有《论语》的文本相比照,‘堇’读作‘隐’可得佐证。‘隐以避难’与《列子·黄帝》中的‘隐伏逃窜,以避患害’义近。”简文的意思通过隐居、静居来躲避发生的灾祸。

王宁(2020)虽然也认同“堇”读为“隐”的说法,但把“遻”读为“淫”,据《方言》训为“忧”。“见不善如淫(湿)”意思是看见不善如同遭遇忧患,与《论语》“如探汤”意思相类。蔡伟(2022)认为例(3)中的“堇”可读为“谨”。网友“tuonan”同样认为“堇”或许应读“谨”,义为“恭谨、谨慎”,指出《孔子家语·贤君》“恭则远于患”与简文意思接近。②

关于例(3)的断句问题,侯乃峰(2022)指出在“避难”后面断句,史杰鹏(2022)在“不善”和“避难”后面断句,我们认为侯乃峰的断句可取。但学者们把“堇”读为“仅”“艰”“勤”“矜”,都不如史杰鹏(2022)把“堇”读为“隐”合理。简文中的“静居以成其志”正好对应《论语·季氏》中“隐居以求其志”。《管子·立政·九败解》:“民退静隐伏,窟穴就山。”“静居”与“隐居”的意思正好相同。《后汉书·逸民列传序》:“或隐居以求其志,或回避以全其道,或静己以镇其躁,或去危以圆其安,或垢俗以动其概,或疵物以激其清。”“隐居以求其志”恰与“静居以成其志”相对应,“去危以圆其安”与“堇以避难”相对应。

例(3)涉及的是孔子对于善和归隐的态度。从儒家文献来看,孔子是并不反对隐居的。《论语·微子》:“子曰:‘不降其志,不辱其身,伯夷、叔齐与!’”《易传》:“子曰:‘龙德而隐者也。不易乎世,不成乎名,遁世无闷,不见是而无闷,乐则行之,忧则违之,确乎其不可拔,潜龙也。’”是其证。“隐居以成其志”中的“志”即为“道”,在隐居中等待时机、有所作为。

① 简帛网简帛论坛《安大简〈仲尼曰〉初读》下的跟帖,第33楼,2022年8月21日。

② 简帛网简帛论坛《安大简〈仲尼曰〉初读》下的跟帖,第41楼,2022年8月22日。

二　郭店、上博、清华简中“堇”字

下面讨论郭店简、上博简、清华简中的“堇”字。

(一) 郭店简中“堇”的字

郭店简中的“堇”字凡两见：

(4)《老甲》简 24:“天道员员,各复其堇。”

(5)《老乙》简 9:“上士昏(闻)道,堇能行于其中。”

例(4)中的“堇”,因为有传世文献《老子》可以对读,郭店简整理者(1998：112)读“堇”为“根”,可信。例(5)中的“堇”字,刘殿爵(1982)认为“堇”应读为“仅”:“从通行本来看,‘上士’、‘中士’、‘下士’表明了一种递降的次序,而从‘上士闻道,勤而行之’一下降到‘中士闻道,若存若亡’非常奇怪,令人怀疑今本有误。通行本其他两处‘勤’字帛书本均作‘堇’,若‘堇’读为‘仅’即‘仅能行之’,表明即使为上士,行道也绝非易事,这样,过渡到‘中士闻道,若存若亡’便很合理。”裘锡圭(1998：119)从之。丁原植(1999：290、296)认为“堇”字读为“勤”或“仅”,会导致两种不同的文意：将“堇”读为“仅”,说明即使是上士也不能完全闻知而掌握“道”,如果将“堇”读为“勤”,这就说明上士闻知了“道”并且勤奋地履行“道”,“士”在《老子》中是极致人格的体现,“善为士者”之“士”即为“为道者”,“上士”之所以为“上士”的原因就是因为“勤能行于其中”。刘信芳(1999：55)认为“堇”读为“谨”。沈培(2023)认为“堇”读为“隐”,“上士”默默地在心中行“道”。老子之“道”具有深奥晦涩的特点,很难完全闻知,“上士”虽然只能部分明白“道”,也能根据“道”采取相应的有意义的行动。我们认为丁原植(1999：290、296)读作“勤”的说法,较为有理。“勤能行于其中”,即“勤而行于其中”,这也与中士“若存若亡”和下士“大笑之”形成了鲜明的对比。

郭店简的“堇”可读为“根”“勤”。

(二) 上博简中的“堇”字

在上博简中,“堇”字出现在以下简文：

(6)《周易》简 22:“九晶：良马由,利堇贞。”

(7)《三德》简 7:“憙(喜)乐无堇尾(度),是胃(谓)大巟,皇天弗京(谅)逿(复)之吕蠹(丧)。”

(8)《武王践阼》简 7:“为机曰:‘皇=(皇皇)隹(惟)堇,訇(怠)生敬,口生听(垢)譶(慎)之口=(口口)。’”

(9)《武王践阼》简 10:“毋堇弗志,曰佘(余)智(知)之。”

例(6)中的“堇”,上博简整理者(2003：167)读为“艰”。沈培(2023)将“堇”读为“隐”,吴铭(2022)赞同上博简整理者的观点。今本《周易》中与“堇”对应之字作“艰”,故上博简整理者的意见可从。

例(7)中的“堇”,上博简整理者(2005：293)认为“堇尾”应读“限度”。孟蓬生(2007)认为“堇度”疑即传世典籍中的“期度”,是一个并列结构的复合词,义为“终极”“穷尽”。李佩珊(2008)认为“堇”读为“谨”,古籍中“谨度”常连用。“堇”和“期”古音相近,徐在国(2001)、白于蓝(2001)和李零(2002)都认为郭店简《穷达以时》“骥空(塞)于邵垄”中的“骥”读为“骐”,“堇”之于“期”,犹“骥”之于“骐”。“期度”在此处为终极、穷尽义。故“堇”应读为“期”,孟蓬生的说法可从。

例(8)中的“堇”,上博简整理者(2008：158)认为“堇”与“谨”通,训作“慎”。张玉金(2012：118)从之。

与例(9)中“毋堇弗志,曰余知之”相对应的文字,今本《武王践阼》作“无勤弗志,而曰我知之乎?”上博简整理者(2008：161)认为“堇”读作“勤”。王聘珍《大戴礼记解诂》:“《广雅》云:‘勤,赖也。’志,念也。言其无所倚赖而不志念。”杨华(2010)读“堇”为“谨”,认为:“‘毋谨弗志,曰余知之’,不勤勉恭谨就不能记取箴言，也不能说我已知晓。”杨华的说法较为可信，故例(9)中“堇”可读为“谨”。

上博简中的“堇”可读为“艰”“期”“谨”。

(三) 清华简中“堇”的字

清华简中的“堇”字，见于如下简文：

(10)《程寤》简5：“欤(秋)明武褁(威)，女(如)棫柞亡堇。”

(11)《金縢》简11—12：“王捕(布)箸(书)以瀴(泣)，曰：‘昔公堇劳王豪(家)，隹(惟)余沓(冲)人亦弗返(及)智(知)，今皇天達(动)畏(威)，以章公悳(德)，隹(惟)余沓(冲)人亓(其)亲逆公，我邦豪(家)豊(礼)亦宜之。’”

(12)《皇门》简2—3：“今我卑(譬)少(小)于大，我䎽(闻)昔才(在)二又(有)或(国)之折(哲)王则不共(恐)于卹，廼隹(惟)大门宗子执(迩)臣，楙(懋)易(扬)嘉悳(德)，乞(迄)又(有)寚(宝)，以䰜(助)氒(厥)辟，堇卹王邦王豪(家)。”

(13)《皇门》简5：“是人斯既䰜(助)氒(厥)辟堇劳王邦王豪(家)。”

(14)《封许之命》简5：“女(汝)隹(惟)㽈(臧)耆尔猷，虔(虔)血(恤)王豪(家)，柬(简)胯(乂)三(四)方不𢘅，以堇余丆(一人)。”

(15)《越公其事》简32：“其见蓐(农)夫老弱堇歴者，王必畲(饮)飤(食)之。”

(16)《治邦之道》简13、15：“古(故)四圭(封)之审(中)亡(无)堇裻(劳)慬(殣)疠(病)之人，万民斯乐亓(其)道，以章(彰)亓(其)悳(德)。”(简13与简15按整理者的意见编联)

(17)《廼命一》简4—6：“而不䎽(闻)夫……卝告女(汝)于堇，女(汝)母(毋)婯(废)朕命，而亦母(毋)以我之安(晏)䛐(辞)居凥(处)之为訞告外之人。”

(18)《三不韦》简2—3：“帝乃命参不韦畟(揆)天之中，秉百神之几(机)，敽(播)䇮(简)百堇，畣(审)敃(乂)侌(阴)昜(阳)，不吴(虞)隹(唯)忏(信)，以定帝之悳(德)。”

例(10)中的“堇”，清华简整理者(2010：138)认为“堇”读为“根”。陈民镇(2022)从之。① 袁莹(2011)认为“堇”应该读为“榦”。从楚文字的用字习惯来看，把例(10)中的“堇”读作“根”，比读作“榦”要合理。

今本《尚书·金縢》“昔公勤劳王家”，简文中与之对应的文字作“堇卹王邦王豪(家)”，故例(11)中的“堇”字，清华简整理者(2010：158)读为“勤”，例(12)和例(13)中的“堇”也都读为“勤”，学界均无异议。

例(14)中的“堇”字，清华简整理者(2015：120)读为“勤”，并引《国语·晋语》韦注“助我也”为证。网友“子居”(2015：15)赞同整理者的意见，认为这句明显与《逸周书·尝麦》“敬恤尔执，以屏助予一人”有相似之处。子居之说可从，故此句“堇”读为“勤”。

例(15)中的“堇”字，清华简整理者(2017：131)读为“勤”，疑“歴”读为“厤”，引《说文》训作“治”。刘刚(2017)认为“堇歴”可读为“馑歉”，简文意为“农夫老弱和食物匮乏者，越公都会给他们提供饮食”。陈剑(2018)不同意刘刚的看法，认为“馑歉”之义在此处不合适，并指出简文“歴”字即《说文》卷五上甘部之“厤”字，“堇厤”可读为“勤懋(或冒、勖)”，意为农夫之老弱而又勤勉于农事者。陈斯鹏(2021)赞同陈剑对“歴”字来源的分析，但读金文“厤”为“劳”，与王志平(2021)意见相合，故读简文“堇歴”为“勤劳”。王宁(2017)认为“歴”乃古书常见的“积土”之“积”的后起专字，在简文中与“堇”连读“瘽瘠”。② 我们认为陈斯鹏的意见可从，“堇(勤)歴(劳)者”意为勤劳种地的人，例(15)中的“堇”读为

---

① 陈民镇：复旦大学读书会《清华简〈尹至〉〈尹诰〉研读札记》文后评论，第74楼，2011年2月27日。

② 简帛网简帛论坛《清华七〈越公其事〉初读》下的跟帖，第155楼，2017年5月6日(http://www.bsm.org.cn/forum/forum.php?mod=redirect&goto=findpost&ptid=3456&pid=15611)。

"勤"最为合理。

清华简整理者把例(16)中的"堇"读为"勤",无说。程浩(2018)认为"堇劳"或可读为"艰劳"。"艰劳"与"殣病"连文,文义相近,故程浩之说可从。

例(17)中的"堇",清华简整理者(2019:172)读为"艰"。网友"子居"(2020:11)认为,从《廼命一》全文内容来看,皆是训诫嬖御要谨言慎行,故"堇"显然当读为"谨",训为"谨慎",而非如整理者注读为"艰"。子居之说可信。

例(18)中的"堇",清华简整理者(2022:111)把"百堇"读为"百艰"。网友"子居"(2022:18)赞同网友"鱼在藻"的意见,认为"播简"犹言"播弃","播简百艰"意为排除万难,并引《山海经·海内经》"羿是始去恤下地之百艰"为证,其说可从。例(18)中"堇"当读为"艰"。

清华简中的"堇"可读为"根""勤""艰"。

三　结语

综上所述,战国楚简中"堇"字的用法主要有如下几种:

① 读作"根"。如郭店简《老子甲》简 24、清华简《程寤》简 5。

② 读作"艰"。如上博简《周易》简 22、清华简《治邦之道》简 13、清华简《廼命一》简 5、《三不韦》简 3。

③ 读作"期"。如上博简《三德》简 7。

④ 读作"谨"。如上博简《武王践阼》简 7。

⑤ 读作"勤"。如郭店简《老子乙》简 9、上博简《武王践阼》简 10、清华简《金縢》简 11、《皇门》简 3、《皇门》简 5、《封许之命》简 5、《越公其事》简 32。

⑥ 读作"隐"。如安大简《仲尼曰》简 5、简 6、简 11。

【参考文献】

[1] 安徽大学汉字发展与应用研究中心编.安徽大学藏战国竹简(二)[M].上海:中西书局,2022.

[2] 白于蓝.郭店楚简考释(四篇)[C]//简帛研究(二〇〇一).桂林:广西师范大学出版社,2001.

[3] 白于蓝编著.简牍帛书通假字字典[M].福州:福建人民出版社,2008.

[4] 蔡伟.据安大简《仲尼曰》校《论语》一则[OL]."锦州抱小"微信公众号,https://mp.weixin.qq.com/s/VtQExLq_caJZK19pU8_8Kg,2022.

[5] 陈剑.简谈对金文"蔑懋"问题的一些新认识[C]//出土文献与古文字研究(第七辑).上海:上海古籍出版社,2018.

[6] 陈民镇.论安大简《仲尼曰》的性质与编纂[J].中国文化研究,2022(4).

[7] 陈民镇.安大简《仲尼曰》补说[OL].安徽大学汉字发展与应用研究中心网,https://hz.ahu.edu.cn/2022/0905/c6036a292223/page.htm,2022.

[8] 陈斯鹏.金文"蔑曆"及相关问题试解[J].出土文献,2021(3).

[9] 程浩.清华简第八辑整理报告拾遗[OL].清华大学出土文献研究与保护中心网,https://www.ctwx.tsinghua.edu.cn/info/1081/2466.htm,2018.

[10] 丁原植.郭店竹简《老子》解析与研究(增修版)[M].台北:万卷楼图书有限公司,1999.

[11] 汉语大字典编辑委员会编纂.汉语大字典[M].武汉:崇文书局,2010.

[12] 黄德宽.略说《仲尼曰》《曹沫之陈》的文献价值——在《安徽大学藏战国竹简(二)》发布会上的发言[OL].清华大学出土文献研究与保护中心网,https://www.ctwx.tsinghua.edu.cn/info/1072/2876.htm,2022.

[13] 荆门市博物馆编.郭店楚墓竹简[M].北京：文物出版社，1998.

[14] 侯乃峰.安大简(二)《仲尼曰》补札一则[OL].复旦大学出土文献与古文字研究中心网，http://www.fdgwz.org.cn/Web/Show/10940，2022.

[15] 李丹.楚文字讹混字形研究[D].合肥：安徽大学，2021.

[16] 李芙馥.先秦儒道仕隐观再探——从伯夷与叔齐归隐事件切入[J].孔子研究，2020(5).

[17] 李零.郭店楚简校读[M].北京：北京大学出版社，2002.

[18] 李佩珊.上博五《三德》考释及其相关问题研究[D].台南：台南大学，2008.

[19] 李守奎，贾连翔，马楠编著.包山楚墓文字全编[M].上海：上海古籍出版社，2012.

[20] 李松儒.谈清华简中“倒山”形字[C]//文献语言学(第十六辑).北京：中华书局，2023.

[21] 李学勤主编.字源[M].天津：天津古籍出版社，2012.

[22] 刘殿爵.马王堆汉墓帛书《老子》初探(上)[J].明报月刊，1982(200).

[23] 刘刚.试说《清华七·越公其事》中的“歷”字[OL].复旦大学出土文献与古文字研究中心网，http://www.fdgwz.org.cn/Web/Show/3011，2017.

[24] 刘嘉文.《安大简(二)·仲尼曰》简5“堇”字释读[OL].复旦大学出土文献与古文字研究中心网，http://www.bsm.org.cn/? chujian/8808.html，2022.

[25] 刘信芳.荆门郭店楚简老子解诂[M].台北：艺文印书馆，1999.

[26] 刘信芳.安大简《仲尼之耑诉》释读(五—八)[OL].复旦大学出土文献与古文字研究中心网，http://www.fdgwz.org.cn/Web/Show/10953，2022.

[27] 马承源主编.上海博物馆藏战国楚竹书(三)[M].上海：上海古籍出版社，2003.

[28] 马承源主编.上海博物馆藏战国楚竹书(五)[M].上海：上海古籍出版社，2005.

[29] 马承源主编.上海博物馆藏战国楚竹书(七)[M].上海：上海古籍出版社，2008.

[30] 孟蓬生.《三德》零诂(二则)[C]//简帛(第二辑).上海：上海古籍出版社，2007.

[31] 孟跃龙.安大简《仲尼曰》简5、6“堇”字试释[OL].简帛网，http://www.bsm.org.cn/?chujian/8778.html#_ednref20，2022.

[32] 缪文远、缪伟、罗永莲译注.战国策(全两册)[M].北京：中华书局，2012.

[33] 彭裕商、吴毅强.郭店楚简老子集释[M].成都：巴蜀书社，2011.

[34] 清华大学出土文献研究与保护中心编.清华大学藏战国竹简(一)[M].上海：中西书局，2010.

[35] 清华大学出土文献研究与保护中心编.清华大学藏战国竹简(五)[M].上海：中西书局，2015.

[36] 清华大学出土文献研究与保护中心编.清华大学藏战国竹简(七)[M].上海：中西书局，2017.

[37] 清华大学出土文献研究与保护中心编.清华大学藏战国竹简(八)[M].上海：中西书局，2018.

[38] 清华大学出土文献研究与保护中心编.清华大学藏战国竹简(九)[M].上海：中西书局，2019.

[39] 清华大学出土文献研究与保护中心编.清华大学藏战国竹简(十二)[M].上海：中西书局，2022.

[40] 十三经注疏整理委员会.孟子注疏[M].北京：北京大学出版社，2000.

[41] 单育辰.安大简《仲尼曰》札记三则[OL].安徽大学汉字发展与应用研究中心网，https://hz.ahu.edu.cn/2022/0818/c6036a291100/page.htm，2022.

[42] 尚贤.据安大简《仲尼曰》用“堇”为“隐”说《周易》的“利艰贞”和《老子》的“勤能行之”[OL].复旦大学出土文献与古文字研究中心网，http://www.fdgwz.org.cn/Web/Show/10945，2022.

[43] 史杰鹏.安大简《仲尼曰》中的四个“堇”字试释[OL].“梁惠王的云梦之泽”微信公众号，https://mp.weixin.qq.com/s/VdCi7g9SSr7Tkw9qRFpOUQ，2022.

[44] 苏建洲.楚文字“大”“文”二字讹混现象补议[C]//楚文字论集.台北：万卷楼图书股份有限公司，2011.

[45] 苏舆撰，钟哲点校.春秋繁露义证[M].北京：中华书局，2011.

[46] 王宁.安大简二《仲尼曰》读札[OL].“群玉册府”微信公众号，https://mp.weixin.qq.com/s/wjFyi2DdP_alBYWPzeTwvw，2022.

[47] 王聘珍撰，王文锦点校.大戴礼记解诂[M].北京：中华书局，1983.

[48] 王先谦.荀子集解[M].济南：山东友谊书社，1994.

[49] 王先谦.后汉书集解[M].北京：商务印书馆,2006.
[50] 王先慎撰,钟哲校.韩非子集解[M].北京：中华书局,2016.
[51] 王志平."蔑曆"新解,汉语字词关系研究(二)[M].上海：中西书局,2021.
[52] 文子著,李定生、徐慧君校释.文子校释[M].上海：上海古籍出版社,2016.
[53] 吴铭.安大简《仲尼曰》"堇"字训诂之我见[OL]."吴铭训诂札记"微信公众号,https://mp.weixin.qq.com/s/q1FMvRetjmh1klHr6WshUA,2022.
[54] 吴铭.辨《周易》之"艰"不读为"隐"——安大简"堇"字余论[OL]."吴铭训诂札记"微信公众号,https://mp.weixin.qq.com/s/oGdD9uU0WcsAuKTywmlE1w,2022.
[55] 徐在国.郭店竹简文字三考[C]//简帛研究(二〇〇一).桂林：广西师范大学出版社,2001.
[56] 杨华.上博简《武王践阼》集释(下)[J].井冈山大学学报(社会科学版),2010(2).
[57] 余绍宏、张青松编著.上海博物馆藏战国楚简集释(全十册)[M].北京：社会科学文献出版社,2019.
[58] 袁莹.清华简《程寤》校读[OL].复旦大学出土文献与古文字研究中心网,http://www.fdgwz.org.cn/Web/Show/1376,2011.
[59] 张峰.楚文字讹书研究[M].上海：上海古籍出版社,2016.
[60] 张玉金.《大戴礼记·武王践阼》新证[J].华南师范大学学报(社会科学版),2012(2).
[61] 子居.清华简《封许之命》解析[OL].清华大学出土文献研究与保护中心网,https://www.ctwx.tsinghua.edu.cn/info/1081/2226.htm,2015.
[62] 子居.清华简九《廼命一》解析[OL].中国先秦史网,https://www.preqin.tk/2020/02/12/909/,2020.
[63] 子居.清华简十二《三不韦》解析(一)[OL].中国先秦史网,https://www.preqin.tk/2022/12/18/4,2022.

The Character "Jin (堇)" in Chu Bamboo Slips

Han Ying

(School of Humanities, Hengxing University, Qingdao 266199, China)

Abstract: The character "jin (堇)" appears four times in Anhui University Bamboo Slips's "Zhongni said" (仲尼曰), can be read as "jin (谨)", "jin (仅)", "han (憾)" and "jian (间)" etc. According to relevant literature and Confucius' ideological views, these four examples of "jin (堇)" should all be pronounced as "隐", meaning "hidden". In addition, in Guodian Bamboo Slips, ShanghaiMuseum Bamboo Slips, and Tsinghua Bamboo Slips, "jin (堇)" can be read as "gen (根)", "jin (仅)", "jian (艰)", "qi (期)", "jin(谨)" and "qin (勤)".

Key words: Anhui University Bamboo Slips; Guodian Bamboo Slips; ShanghaiMuseum Bamboo Slips; Tsinghua Bamboo Slips; "jin (堇)"

汉简名物词札记二则*

王锦城

【摘　要】西北汉简中的"反笱"是一种守御器具,其具体实物应为汉代西北边塞遗址出土的一种所谓狩猎工具。西北汉简中常见和转射、烽杆、鼓、弩等均有关的"柜"字,应当是"岠"或"距"的通假,指支撑物体的木柱。

【关键词】西北汉简;反笱;柜

【作者简介】王锦城,浙江树人学院人文与外国语学院特聘副研究员,华东师范大学中国文字研究与应用中心博士,研究方向为出土文献与古文字。(浙江 杭州　310015)

一　反笱

西北汉简中屡见有称作"反笱"的器具,或写作"反狗",简文如下:

(1) 大竹一　　车荐竹长者六枚、反笱三枚、车荐短竹三十枚(EPT40:16)①

(2)　　　　　卒四人　　　　　堠户厌破不事用,负二算

　　　　　　　一人省　　　　　　木长椄二柄长,负二算

次吞隧长＝舒　一人车父在官已见　直上蓬干柱柜木一解随,负三算

　　　　　　　二人见

堠坞不涂墍,负十六算　　县索三行一里卅六步币绝不易,负十算

反笱一币,负二算　　　　积薪梨皆不墍,负八算

天田埒八十步不涂不负一　县索缓一里,负三算·凡负卅四算(EPT59:6)

(3) 治县索反狗皆已成,叩头死罪死罪(EPT59:657)

简(2)当属守御器负算簿②,记录了次吞隧各种不合格的守御器具,可见"反笱"应属守御设备。简(3)写作"反狗",《居延新简集释》指出其即"反笱"。③ 说是,简文"狗"通"笱"。此外,还有一些简文中亦出现有"反笱",只不过整理者释文存在问题,如下:

(4) 县索四里二百一十步,县索二里五十步币绝,反笥币(52.20)④

(5) □县索端政,柃柱反苟摩治亭☒□堵栲兰迎梁各就逢火函币□(266.5＋266.22)⑤

简(4)整理者释作"反笥","笥"字当有误。此字旧未释⑥,肖从礼曾补释作"笱"⑦。该字作 形,据字形和文意来看,无疑当为"笱"。简(5)整理者释作"反苟",《居延新简集释》指出其即是"反笱"。⑧ 不

* 基金项目:本文为教育部人文社会科学研究青年基金项目"西北汉简簿籍分类整理与名物词研究"(编号 22YJC740076)、广东省社科规划青年项目"汉代简牍文书名物词分类整理与研究"(编号 GD22YZY01)阶段性成果。

① 张德芳主编:《居延新简集释》,甘肃文化出版社,2016 年。本文所引居延新简均据此书,不再另注。

② 李均明:《秦汉简牍文书分类辑解》,文物出版社,2009 年,第 307—308 页。

③ 张德芳主编,肖从礼著:《居延新简集释(五)》,甘肃文化出版社,2016 年,第 417 页。

④ 简牍整理小组编:《居延汉简(壹)—(肆)》,台北"中研院"历史语言研究所专刊之一〇九,2014—2017 年。本文所引居延汉简均据此书,不再另注。

⑤ 简文"逢"字原作"蓬",该字作 形,当为"逢",据改。

⑥ 谢桂华、李均明、朱国炤:《居延汉简释文合校》,文物出版社,1987 年,第 90 页。

⑦ 肖从礼:《居延新简所见"反笱"略考》,《出土文献研究》第十五辑,中西书局,2016 年,第 371 页。

⑧ 张德芳主编,肖从礼著:《居延新简集释(五)》,第 416 页。

过西北汉简竹字头和草字头往往不作区别①,该简“苟”当径直释“笱”。

关于上引汉简所见“反笱”的含义,肖从礼先生曾作过详细讨论②,而《居延新简集释》在对简(1)、(2)中的“反笱”作注解时,所述内容全同于肖先生文章,可知其或是采用了肖先生的意见。③ 肖文据文献记载指出“笱”为捕鱼笼子,大口小颈,颈部装有竹制倒须,腹大而长,鱼入而不能出。故推测汉简“反笱”是一种守御器具,结构类似鱼笱,埋置于天田沙土中,绳系于悬索。不过最后强调“反笱”一词未见文献记载,居延边塞亦未有实物出土,其对反笱材质、功能、使用等的看法只是一种推测。④

“笱”字常见于文献,肖先生所述十分准确,此不赘。又从汉简反笱常和悬索、柃柱等守御设施等并列一起来看,肖先生对“反笱”所作的推测无疑是可信的。但其谓居延边塞未有反笱实物出土,恐不尽然。我们认为汉代西北边塞遗址出土的一种所谓狩猎工具即是反笱,只不过研究者未能将实物和简文记载对应起来。据发掘报告,居延甲渠候官遗址出土有一种猎具(图1)。⑤

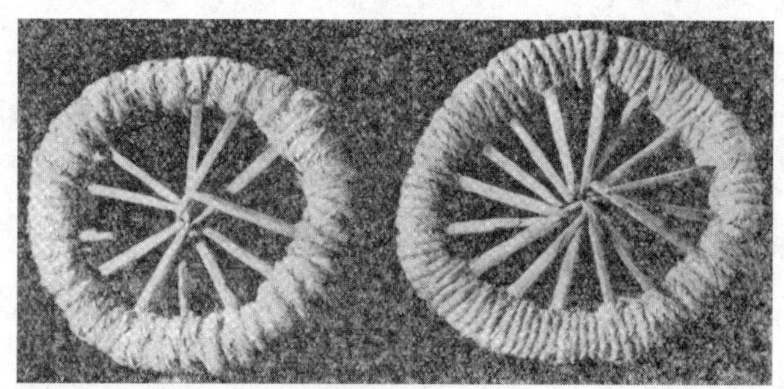

图1 甲渠候官出土猎具(《居延汉代遗址的发掘和新出土的简册文物》图一五)

又敦煌马圈湾汉代烽燧遗址亦出土了两件狩猎工具,发掘者称作“黄羊夹”。分为二型。Ⅰ型一件,以红柳细枝拧绕成圈,将尖木刺插入圈中,使尖刺在圈心重叠(图2)。Ⅱ型一件,以红柳细枝拧绕成圈,将尖木刺插入圈中,然后用麻绳将圈密密缠绕。现尖木刺仅存一枚(图3)。⑥ 又《额济纳汉简》亦可见此器,不过整理者称其作“捕鼠器”(图4)。⑦

图2 马圈湾出土Ⅰ型黄羊夹(《敦煌汉简》图版贰零肆,5)

图3 马圈湾出土Ⅱ型黄羊夹(《敦煌汉简》图版贰零肆,4)

图4 《额济纳汉简》2000ES7SF1:202

① 李洪财:《汉代简牍草书整理与研究(上)》,中国社会科学出版社,2022年,第120页。

② 肖从礼:《居延新简所见“反笱”略考》,第369页。

③ 张德芳主编,杨眉著:《居延新简集释(二)》,甘肃文化出版社,2016年,第287页;张德芳主编,肖从礼著:《居延新简集释(五)》,第233页。

④ 肖从礼:《居延新简所见“反笱”略考》,第370页。

⑤ 甘肃居延考古队:《居延汉代遗址的发掘和新出土的简册文物》,《文物》1978年第1期,第4页。

⑥ 甘肃省文物考古研究所:《敦煌汉简·敦煌马圈湾汉代烽燧遗址发掘报告》,中华书局,1991年,第63页。

⑦ 魏坚主编:《额济纳汉简》,广西师范大学出版社,2005年,第290页。

从形制来看，上述居延甲渠候官遗址出土的两件猎具和《额济纳汉简》所谓“捕鼠器”均属Ⅱ型。而早在1907年，斯坦因即在玉门关附近的T.XIV.a号烽燧遗址垃圾堆中发现过完全相同的器物，并将其称作套野兽用的机关。① 这些狩猎工具，或许就是汉简中所记的“反笱”。除简(1)或可揭示反笱有时由竹子制作之外，上述汉简所见反笱均和悬索、柃柱等并列一起，当同属守御设施。简(5)中部缺损，含义多不明。“端政”应即“端正”，政通正。② 该简谓悬索端正，而柃柱、反笱如何则不甚清楚。不过从简文来看，反笱和悬索、柃柱或常配套使用。悬索即悬挂起来的绳索，沿着天田布设。③ 柃柱则为悬挂和固定悬索的木柱。④ 因此反笱当放置在悬索、柃柱附近。

根据出土猎具实物的形态，可认为这种工具的使用方法是先在地面挖掘坑穴，然后将其埋设于坑上，如此则其内置尖刺尖头朝下，形成倒刺，可使踏入其中的人或动物被刺伤且难以脱身。此物放置于柃柱和悬索之外附近地面，无疑可成为非常重要的防御工具。可知出土的这几件猎具的形制和功能完全和汉简“反笱”的记载以及文献中“笱”字的含义相合，因此我们认为汉简中的“反笱”指的就是这种出土猎具。

二　柜

西北汉简中常见有一个称作“柜”的装置，简文如下：

(1) 堠上卒卧毋

坞上转射柜隋

狗少二

当道深目见二□

坚甲一线绝

坞户戍一不□(196.2)⑤

(2)　卒四人　堠户厌破不事用，负二算

一人省　木长棓二柄长，负二算

次吞隧长＝舒　一人车父在官已见　直上蓬干柱柜木一解随，负三算

二人见

堠坞不涂塓，负十六算　县索三行一里卌六步币绝不易，负十算

反笱一币，负二算　积薪椠皆不塓，负八算

天田埒八十步不涂不负一　县索缓一里，负三算・凡负卌四算(EPT59：6)

(3)不侵候长□□□　……

转射一柜随，已作治(EPT59：50)

(4) 枭承弦三挈□四尺，负十筭　鼓一毋柜，负五筭　毋□禁当□　☑

执适　坞中不扫除，负三筭　布蓬一，作治未成，负三筭　毋大刀负五筭　☑

坞上不涂塓，负三筭　□二不□□，负十筭　☑(73EJT26：107A)⑥

---

① 〔英〕奥雷尔・斯坦因著，赵燕、谢仲礼、秦立彦译：《从罗布沙漠到敦煌》，广西师范大学出版社，2020年，第303页。

② 张再兴主编：《秦汉简帛文献断代用字谱》第3卷，上海辞书出版社，2021年，第233页。

③ 王锦城：《肩水金关汉简分类校注》，花木兰文化事业有限公司，2022年，第1357—1358页。

④ 王锦城：《肩水金关汉简分类校注》，第1370页。

⑤ “堠”原作“墔”，此据何茂活释。详见何茂活：《河西汉简所见“墔”字释读商兑》，《简帛研究》二〇一六秋冬卷，广西师范大学出版社，2017年。

⑥ 甘肃简牍保护研究中心等：《肩水金关汉简(壹)—(伍)》，中西书局，2011—2016年。本文所引肩水金关汉简均据此书，不再另注。

其二百一十八两完

(5) 四百四两在郡库

百八十六两折伤,有梂毋相□,其卌六两梂为弩柜,在兵库

(Ⅰ90DXT0114③:44)①

从简文来看,"柜"是一种和转射、烽杆、鼓、弩等均可相关的物体。简(3)中的"柜",《居延新简集释》注曰:"即矩,当指转射的外框。"②又简(1)、(3)的"柜",张再兴先生作"柜(矩)",或亦认为"柜"通"矩"。③

我们认为上述汉简中的"柜"通"歫"或"距"。《说文·止部》:"歫,止也。从止,巨声。一曰抢也。"其中"抢"字多认为当校改为"枪",是支撑的意思。④ 王念孙谓"歫"与"距"同,"枪"与"樘"声近,"距"与"樘"异名而同实。⑤ 撑字又作"樘""堂""牚""撐"等。《说文·木部》:"樘,衺柱也。"段玉裁注:"惟樘字或作牚,或作撐,皆俗字耳。"⑥

《说文·止部》:"堂,歫也。"《周礼·考工记·弓人》:"维角堂之,欲宛而无负弦。"郑玄注引郑司农云:"堂读如牚距之牚,车牚之牚。"⑦孙诒让正义:"先郑意弓隈挠曲,恐其力弱,故以角堂距之,以辅其力也。"⑧《汉书·匈奴传下》:"遵与相牚距,单于终持此言。"颜师古注曰:"牚谓支柱也。"⑨《后汉书·列女传·董祀妻》:"斩截无孑遗,尸骸相牚拒。"⑩《文选·鲁灵光殿赋》:"芝栭欑罗以戢孴,枝牚杈枒而斜据。"张载注曰:"牚,眉梁之上也,各长三尺。"李善注曰:"《说文》曰:'牚,柱也,耻孟切。'杈枒,参差之貌。"⑪

《文选·长门赋》:"罗丰茸之游树兮,离楼梧而相撐。"李善注曰:"离楼,攒聚众木貌。《汉书音义》臣瓒曰:'邪柱为梧。'《字林》曰:'撐,柱也。'"⑫王念孙谓堂、歫与樘、距同。"樘""堂""牚""撐"等字异而义同。⑬ 据文献记载,"歫"和"撑"含义相关,撑常作动词,义为支撑,又可作名词,表示用以支撑的柱子等。上引汉简中的"柜"均当为名词,应当就是指支撑物体的木柱。

简(1)、(3)转射"柜隋"是说转射上的"柜"毁坏了。"隋"或"随"均当为通"堕",义为毁坏。"转射"汉简中习见,实物亦常有发现。其具体样式为方形木框,由四根方木榫卯接成,中心竖装圆轴,轴中心开一内高外低的斜孔,圆轴下部安装小木橛作为把手,可使中轴左右转动。⑭ 因此转射上的柜或许就指竖立的两根方木。

简(2)"薰干柱柜木"中的"柱柜木"当指为了防止烽杆倾倒而在竖立的烽杆下面用以支撑固定的斜木柱子。其中"柱柜"应是同义连用。简(4)"鼓一毋柜"中的"柜"则是指鼓下面支撑鼓的立柱。简(5)"梂"当通"辕",指车辕。简文是说在一百八十六辆折伤的车当中,有四十六辆车"梂为弩柜",即车辕作了弓弩的柜,其中柜解释为支柱,无疑合乎文意。

---

① 甘肃简牍博物馆等:《悬泉汉简(壹)—(贰)》,中西书局,2019—2020年。本文所引悬泉汉简均据此书,不再另注。

② 张德芳主编,肖从礼著:《居延新简集释(五)》,第252页。

③ 张再兴主编:《秦汉简帛文献断代用字谱》第3卷,第151、261页。

④ 丁福保编纂:《说文解字诂林》,中华书局,1988年,第2387—2389页;汤可敬:《说文解字今释(增订本)》,上海古籍出版社,2018年,第210页。

⑤ 王念孙著,张其昀点校:《广雅疏证》,中华书局,2019年,第620页。

⑥ 许慎撰,段玉裁注:《说文解字注》,上海古籍出版社,1988年,第254页。

⑦ 郑玄注,贾公彦疏,赵伯雄整理,王文锦审定:《周礼注疏》,北京大学出版社,2000年,第1385页。

⑧ 孙诒让撰,王文锦、陈玉霞点校:《周礼正义》,中华书局,2013年,第3557页。

⑨ 班固撰,颜师古注:《汉书》,中华书局,1962年,第3830页。

⑩ 范晔撰,李贤等注:《后汉书》,中华书局,1965年,第2801页。

⑪ 萧统编,李善注:《文选》,上海古籍出版社,第513页。

⑫ 萧统编,李善注:《文选》,第714页。

⑬ 王念孙著,张其昀点校:《广雅疏证》,第387、620页。

⑭ 王锦城:《肩水金关汉简分类校注》,第1181—1182页。

总之，汉简中常见和转射、烽杆、鼓、弩等均有关的“柜”字，应当是“岠”或“距”的通假，指支撑物体的木柱。

Two Reading Notes of the Min Wu Words in the Han Dynasty Wooden Slips

Wang Jincheng

(School of Humanities & Foreign Languages, Zhejiang Shuren University, Hangzhou 310015)

Abstract: The “Fan Gou (反笱)” in the Northwest Han Dynasty wooden slips is a defensive instrument, its specific object should be a so-called hunting tool unearthed from the northwestern border plug site of the Han Dynasty. The word “ju (柜)” in the Northwest Han Dynasty wooden slips related to “Zhuan She (转射)”, “Feng Gan (烽杆)”, drum, crossbow, etc should be a pass of “ju (岠)” or “ju (距)”, refers to the wooden pillars that support an object.

Key words: Han Dynasty wooden slips from northwest China; “Fan Gou (反笱)”; “ju (柜)”

试论悬泉汉简所见的一条《囚律》简

王中宇

【摘　要】《悬泉汉简(壹)》Ⅰ90DXT0112①：1号简是关于官吏失职的处罚条例，是一条汉代的《囚律》。简文中“劾人不审为失”的“劾”是纠察、举告的意思，“失”是官吏在诉讼审判中非故意、非恶意的过失行为。“以其赎半论之”就是按照赎罪所应交纳钱财的一半来处罚，是适用于非故意犯罪的法定刑。这条汉代的《囚律》可与张家山M247汉简《二年律令·具律》简112、张家山M336汉简《汉律十六章·具律》简110对读，其内容基本一致，它们应是一脉相承的关系。

【关键词】悬泉汉简；囚律；劾；失

【作者简介】王中宇，华东师范大学中国文字研究与应用中心博士研究生，研究方向为文字训诂。(上海 200241)

悬泉汉简是西北汉简中的又一大宗材料，共有35 000余枚简。悬泉汉简记录的是汉武帝元鼎六年(前111)至汉安帝永初元年(107)期间的史实。这批简牍按内容分类有诏书、律令、科品、檄记、爰书、簿籍、符传、历谱、术数、医方以及一些古籍残篇等，其研究价值不可估量。其中律令简对于秦汉法律制度研究更是弥足珍贵。对此，胡平生、张德芳先生编的《敦煌悬泉汉简释粹》中辑录一部分汉律令，即第一部分的“诏书、律令、司法文书与政治类(含传信、过所)1—44号”①，整理者详为释义考证，这对古文献整理和汉律研究有着重要参考价值。今不揣浅陋，根据已公布的《悬泉汉简(壹)》中的新释文，整理有关《囚律》的法律文献，并与其他秦汉简中与之关系密切的法律条文进行对比分析，主要对《囚律》这条律文展开讨论，敬祈方家指正。

一　劾人不审

现将悬泉汉简中这条律文抄录如下：

1. 囚律：劾人不审为失，以其赎半论之。(《敦煌悬泉汉简释粹》Ⅰ0112①：1)②

2. 囚律劾人不审为失以其赎半论之(《悬泉汉简(壹)》Ⅰ90DXT0112①：1)③

本简以黑圆点“·囚律”始。《囚律》是规范对罪犯进行拘押、监禁、审问、考讯以判决、执行等行为的法律。《囚律》为汉九章律之一，有告劾、传覆、系囚、鞫狱等律目。《晋书·刑法志》：“《囚律》有告劾、传覆，《厩律》有告反逮受，科有登闻道辞，故分为《告劾律》。《囚律》有系囚、鞫狱、断狱之法。《兴律》有上狱之事，科有考事报谳，宜别为篇，故分为《系讯》《断狱律》。”④沈家本《历代刑法考·汉律摭遗》卷六所列《囚律》条目有“诈伪生死”“诈自复除”“告劾”“传覆”“系囚”“鞫狱”“断狱”等七项。⑤ 本条应属《囚律》中“告劾”部分的内容，是关于告劾不审的处罚条例，大意为因劾人不审而用刑有误时，应

① 胡平生、张德芳编：《敦煌悬泉汉简释粹》，上海古籍出版社，2001年，第1—49页。

② 胡平生、张德芳编：《敦煌悬泉汉简释粹》，第17页。

③ 甘肃简牍博物馆等编：《悬泉汉简(壹)》，中西书局，2019年，第112页。

④ 周东平：《〈晋书·刑法志〉译注》，人民出版社，2017年，第164—168页。

⑤ 参见沈家本撰，邓经元、骈宇骞点校：《历代刑法考》，中华书局，1985年。

适用赎其刑罚之罚金的半额。①

例1、例2中的“劾”有两种解释：一说是对嫌犯的推勘审判，即定罪。敦煌悬泉汉简释粹的整理者持此观点。《说文》：“劾，法有罪也。”段玉裁注：“法者，谓以法施之。《吕刑》‘有并两刑’正义云：‘汉世问罪谓之鞫，断狱谓之劾。’”一说是对嫌犯的纠举告发，即公诉。宫宅洁持此观点。②《急就篇》“诛罚诈伪劾罪人”条，颜师古注曰：“劾，举案之也。”张俊民认为：“其中‘劾’就是举告别人有罪，举告行为不实，出现偏差属于过失行为。对于它的处罚是按照举告罪应当赎罪之数的二分之一论罪。”③我们认为，后说更为可靠。众所周知，汉代的诉讼提起方式分为两种：一是“告”，指当事人或其亲属直接到官府控告，类似现代诉讼中的“自诉”，为“下告上”的诉讼行为的总称；一是“劾”，指官吏代表官府纠举犯罪，类似现代诉讼中的“公诉”，为“上告下”的诉讼行为的总称。沈家本《历代刑法考·汉律摭遗》云：“告、劾是二事，告属下，劾属上。”④徐世虹继承沈说，进一步明确了“告”“劾”的适用对象，认为民告发民、民告发官以及官告发民的行为属于“告”，而官僚机构内部官告官的行为称“劾”。⑤ 简文中的“劾人不审”的主体应为官吏，是官府对刑事案件主动进行纠举的一种行为。一般是由御史、刺史、督邮等负有监察职责的官吏提出诉讼。汉代继承了秦代的举劾制度，即各级司法官吏代表官府举告犯罪行为。⑥ 劾奏是汉代司法部门审理案件必备的程序，简文中的“劾”应是司法官吏在举劾罪犯时使用的法律用语。

所谓“审”即“正确、确实”之意。《玉篇·采部》：“审，信也。”《战国策·秦策一》：“为人臣不忠当死，言不审亦当死。”睡虎地秦简《法律答问》简43：“端为，为诬人；不端，为告不审。”“告不审”就是控告不实的意思。张家山M247汉简《二年律令·贼律》简12：“诸上书及有言也而谩，完为城旦舂。其误不审，罚金四两。”这里的“不审”，一般被认定为行为人主观上无恶意，即“非故”。张家山M247汉简《具律》简95—96：“其非故也，而失不审者，以其赎论之。”

“劾人不审”又见于张家山M247汉简、张家山M336汉简，这对悬泉汉简这句“劾人不审为失”的理解有所帮助，试列如下：

3. 劾人不审，为失；其轻罪也而故以重罪劾之，为不直。（张家山M247汉简《二年律令·具律》简112）⑦

4. 劾人不审，为失；其轻罪也而故以重罪劾之，为不直。（张家山M336汉简《汉律十六章·具律》简110）⑧

例3、例4简文的大意是如果司法官吏举劾嫌犯不当，这种情况判处为“过失罪”；如果犯人实际上犯的是轻罪，却故意以重罪名义控告，这种情况属“不直罪”。这里的“失”与“不直”是相对的，区别在于举劾不当是否故意为之。“不直”即不公正。“不直”也可用于司法审判阶段，指罪应重判而故意轻判，应轻判而故意重判的行为。“不直”首见于睡虎地秦简，兹举如下：

5. 论狱何谓“不直”，何谓“纵囚”？罪当重而端轻之，当轻而端重之，是谓“不直”。当论而端弗论，及偒其狱，端令不致，论出之，是谓“纵囚”。（睡虎地秦简《法律答问》简93）⑨

---

① 〔日〕籾山明著，李力译：《中国古代诉讼制度研究》，广西师范大学出版社，2011年，208页。

② 宫宅洁认为，“劾”是由官进行的告发。参见〔日〕宫宅洁著，杨振红、单印飞等译：《中国古代刑制史研究》，广西师范大学出版社，2016年，第249页。

③ 张俊民：《悬泉汉简：社会与制度》，甘肃文化出版社，2021年，第280页。

④ 沈家本撰，邓经元、骈宇骞点校：《历代刑法考》，1372页。

⑤ 徐世虹：《汉劾制管窥》，《简帛研究》第二辑，法律出版社，1996年。

⑥ 张琮军：《秦汉刑事证据制度研究》，中国政法大学出版社，2013年，第155页。

⑦ 张家山二四七号汉墓竹简整理小组编著：《张家山汉墓竹简〔二四七号墓〕(释文修订本)》，文物出版社，2006年，第24页。

⑧ 彭浩主编：《张家山汉墓竹简〔三三六号墓〕》上册，文物出版社，2022年，第179页。

⑨ 陈伟主编：《秦简牍合集(壹)·睡虎地秦墓简牍》，武汉大学出版社，2014年，第232页。

例 5 是秦律为了规避司法官吏枉法裁判，明确界定了不直罪、纵囚罪的概念。前者是指故意重罪轻判或轻罪重判，后者是指有罪不论罪或减轻罪责而出罪，两者皆属故意的枉法行为。秦简中的"端"和"不端"是法律上用来定义某种行为的主观犯罪要素的法律用语，而"不直""纵囚"是对犯罪嫌疑人的违法罪名的定性。

二　失

悬泉汉简Ⅰ90DXT0112①：1"劾人不审为失"中的"失"，指的是官吏纠举行为上的过失，即"失刑"。所谓的"失刑罪""失刑"不是指在量刑上故意轻重之，而是指自己基于其判断是正确合理的裁量刑罚，但结果却造成量刑不当。① 那么，"劾人不审"就是司法官吏在治狱过程中因为主观过失对犯罪事实的认定有偏差，从而导致告发不当，这种情况应判处官吏失职。冯闻文认为："'不审'为'失'，是一种过失性犯罪，较'不直'的主观故意犯罪程度为轻。"②正因为"失刑罪"属于过失性犯罪，较故意犯罪的"不直罪""纵囚罪"的处罚要轻，故悬泉汉简对于失刑罪的惩罚，是"以其赎半论之"。

关于"失刑"的犯罪情况，除了"劾人不审为失"，还有"失不审""告不审""劾失不审""谳失""论而失""失刑罪""失死罪"，皆属于"失刑罪"。③ 且看辞例：

6. 告，告之不审，鞫之不直，故纵弗刑，若论而失之，及守将奴婢而亡之，篡遂纵之，及诸律令中曰同法、同罪，其所与同当刑复城旦舂，及曰黥之，若鬼薪白粲当刑为城旦舂，及刑畀主之罪也，皆如耐罪然。(张家山 M247 汉简《二年律令·具律》简 107－108)④

7. 城旦舂、鬼薪白粲有罪罨(迁)、耐以上而当刑复城旦舂，及曰黥之，若刑为城旦舂，及奴婢当刑畀主，其证不言请(情)、诬告、告之不审、鞫之不【直】、故纵弗刑，若论而失之及守将奴婢而亡之，篡遂纵之，【及诸律令】中曰与同法、同罪，其所与同当刑复城旦舂，及曰黥之，若鬼薪白粲当刑为城【旦舂，及刑】畀主之罪也，皆如耐罪然。"(张家山 M336 汉简《汉律十六章·具律》简 136－140)⑤

例 6、例 7 是汉律对于官吏在治狱过程中出现"其证不言请(情)、诬告、告之不审、鞫之不直、故纵弗刑，若论而失之及守将奴婢而亡之，篡遂纵之"等情况，规定处以与罪犯同样的刑罚。其中"其证不言请(情)""诬告""告之不审"为官吏没有如实报告案件的情况，"鞫之不直"为审讯不公正，"故纵弗刑"为故意纵容不执行刑罚，"论而失之"为判决量刑不当。需要注意的是，简文中的"同法""同罪"，指的是其具体"刑罚"适用的内容相同。从现代刑法的犯罪构成理论来讲，其犯罪构成的要素没有相同之处，只是作为构成要素的行为之间具有事实上的牵连关系。⑥

8. 狱疑者谳有司。有司所不能决，移廷尉。有令谳而后不审，谳者不为失。(《汉书·景帝纪》)⑦

9. 其见知而故不举劾，各与同罪，失不举劾，各以赎论，其不见不知，不坐也。(《晋书·刑法志》)⑧

---

① 〔日〕富谷至撰，薛夷风译，周东平校：《论出土法律数据对〈汉书〉、〈晋书〉、〈魏书〉、"刑法志"研究的几点启示》——《译注中国历代刑法志的解说》，载韩延龙主编：《法律史论集》第 6 卷，法律出版社，2006 年，第 362 页。

② 冯闻文：《出土简帛与秦汉残障人口研究》，江苏人民出版社，2021 年，第 79 页。

③ 邬勖：《"故失"辨微：结合出土文献的研究》，《出土文献与法律史研究》第一辑，上海人民出版社，2012 年，第 178 页。

④ 据张家山 M336 汉简《汉律十六章·具律》简 135—140 可知，张家山 M247 汉简《具律》简 121"城旦舂、鬼薪白粲有罪罨(迁)、耐以上而当刑复城旦舂，及曰黥之若刑为城旦舂，及奴婢当刑畀主，其证不言请(情)、诬"与简 122 缀合属于误缀，应与简 107 缀合。参见张家山二四七号汉墓竹简整理小组编著：《张家山汉墓竹简〔二四七号墓〕(释文修订本)》，第 23 页。

⑤ 彭浩主编：《张家山汉墓竹简〔三三六号墓〕》上册，第 182—183 页。

⑥ 孙向阳：《中国古代盗罪研究》，中国政法大学出版社，2013 年，第 79 页。

⑦ 班固撰，颜师古注：《汉书》，中华书局，2013 年，第 150 页。

⑧ 此条是《晋书·刑法志》所载《魏律序》对《汉书·刑法志》"见知故纵，监临部主之法"条的进一步解释。参见周东平：《〈晋书·刑法志〉译注》。

10. 庶人以上，司寇、隶臣妾无城旦舂、鬼薪白粲罪以上，而吏故为不直及失刑之，皆以为隐官。（张家山M247汉简《二年律令·具律》简124）①

例8是官吏"奏谳"时，即使怀疑有误，也不应当科其过失。例9是官吏"举劾"时，对于故意、过失、未知等不同情况下所应承担的责任和处罚。例10是官吏"论狱"时，故意不公正或者过失地对不当刑之人论以刑罪。对于以上的"失刑罪"，邬勖指出："这些以特定罪过为要件的汉代'罪名'，大多已经与自己所对应的罪过称谓结合在了一起，典型如'故纵''故不直'以及'失刑'等；而秦代的同类概念'不直'和'失刑罪'仍然与'端''不端'相分离。"②

11. 甲有罪，吏智（知），而端重若轻之，论可（何）殹（也）？为不直。（睡虎地秦简《法律答问》简35—36）③

12. 甲告乙盗牛若贼伤人，今乙不盗牛、不伤人，问甲可（何）论？端为，为诬人；不端，为告不审。"（睡虎地秦简《法律答问》简43）④

例11是以"端重"或"端轻"作为官吏"不直"罪名的判定标准。例12是以"端为"和"不端"作为"诬人""告不审"罪名的认定依据。可见，秦律的"不端"所对应的罪名应为"告不审""失刑罪"。需要指出的是，秦律中表示故意义的"端"相当于汉律中的"故"，均为故意为之。陈迪指出："从战国晚期至秦朝建立，用来形容犯罪主观因素故意的法律词汇，经历了从'端'到'故'的一个变化过程。"⑤秦简中已有"故"字。如里耶秦简（壹）简8－1107："留等非故纵弗论殹（也），它如劾。"⑥这里的"故纵弗论"就是对犯罪行为故意不予追究或纵容。这表明秦代司法文书中表述主观故意的规范用语，已经完成了从"端"到"故"的转变。

汉代一般的罪过分为"失"和"故"两种情况。《晋书·刑法志》引张斐《律表》云："其知而犯之，谓之故；不意误犯，谓之过失。"而"不直"即属于"故"的一种犯罪形态，还有"故不直""故纵""故不劾""劾故不直"等。汉律针对这种故意犯罪一般处以重量刑，而且实行反坐。

13. 鞫（鞫）狱故纵、不直，及诊、报、辟故弗穷审者，死罪，斩左止为城旦，它各以其罪论之。（张家山M247汉简《二年律令·具律》简93）⑦

为了规范官吏鞫狱行为，汉律将其分为"故纵""不直""故弗穷审"等不同情况。例13中的"故纵"指的是故意出罪。《汉书·景武昭宣元成功臣表》颜师古注引晋灼云："律说：出罪为故纵，入罪为故不直。"⑧"故不直"就是故意入罪的意思。我们认为，既然"不直罪"皆为故意为之，与之相对的"失刑罪"，应为非故意而为之，与主观意图无关。

三 赎半

悬泉汉简中"以其赎半论之"的"赎半"就是按照赎罪所应交纳钱财的一半。"赎"即赎罪。"赎罪"作为规定刑名首见于睡虎地秦简《法律答问》简92："赎罪不直，史不与啬夫和，问史可（何）论：当赀一

① 张家山二四七号汉墓竹简整理小组编著：《张家山汉墓竹简〔二四七号墓〕（释文修订本）》，第25页。

② 邬勖：《"故失"辨微：结合出土文献的研究》，《出土文献与法律史研究》第一辑，第178页。

③ 睡虎地秦墓竹简整理小组编：《睡虎地秦墓竹简》，文物出版社，1990年，第102页。

④ 睡虎地秦墓竹简整理小组编：《睡虎地秦墓竹简》，第103页。

⑤ 陈迪：《"覆狱故失"新考》，《社会科学》2017年第3期，第156页。

⑥ 陈伟主编：《里耶秦简牍校释（第1卷）》，武汉大学出版社，2012年，第281页。

⑦ 据张家山M336汉简《汉律十六章·具律》简135—140可知，张家山M247汉简《具律》简121"城旦舂、鬼薪白粲有罪䙴（迁）、耐以上而当刑复城旦舂，及曰黥之若刑为城旦舂，及奴婢当刑畀主，其证不言请（情）、诬"与简122缀合属于误缀，应与简107缀合。参见张家山二四七号汉墓竹简整理小组编著：《张家山汉墓竹简〔二四七号墓〕（释文修订本）》，第22页。

⑧ 班固撰，颜师古注：《汉书》，第662页。

盾。”整理小组注释:“赎罪,应指赎耐、赎黥一类可交纳钱财赎免的罪。”①由此推测,赎罪“失”应比赎罪“不直”的处罚轻。秦律的“赎罪不直”的惩罚为“赀一盾”,相当于“金两垂”②,即384钱。那么,“劾人不审为失”的赎金应轻于“赀一盾”,即以“赎半论之”。不过,从秦汉简文来看,暂时无法判断汉律中的“劾人不审为失”所对应的赎罪具体所指,无从判断“赎半”所对应的赎金的具体情况。不过,张家山M247汉简、张家山M336汉简、睡虎地M77汉简中各有一处“失不审”可以为理解悬泉汉简本条简文提供一定的帮助。

14. 其非故也,而失不审者,以其赎论之。爵戍四岁及毄(系)城旦舂六岁以上罪,罚金四两。赎死、赎城旦舂、鬼薪白粲、赎斩宫、赎劓黥、戍不盈四岁,毄(系)不盈六岁,及罚金一斤以上罪,罚金二两。毄(系)不盈三岁,赎耐、赎䙴(迁)、及不盈一斤以下罪,购、没入、负偿、偿日作县官罪,罚金一两。(张家山M247汉简《具律》简95—96)③

15. 其非故也,而失不审,各以其赎论之。爵、戍四岁及毄(系)城旦舂六岁以上罪,罚金四两。赎死、赎城旦舂、鬼薪白粲、赎斩宫、赎劓黥、戍不盈四岁,毄(系)不盈六岁,及罚金一斤以上罪,罚金二两。毄(系)不盈三岁,赎耐、赎䙴(迁)及不盈一斤以下罪,购、没入、负偿、偿日作县官罪,罚金一两。(张家山M336汉简《告律》简96—99)④

16. 其非故也而失不审,各以其赎论之。爵、戍四岁及毄(系)城旦舂六岁以上罪,罚金四两。赎死,赎城旦舂鬼薪白粲,赎斩、宫,赎剁(劓)黥,戍不盈四岁,毄(系)不盈六岁,及罚金一斤以上罪,罚金二两。毄(系)不盈三岁,赎耐、赎䙴(迁),及不盈一斤以下罪,购、没入、负偿、偿日作县官罪,罚金一两。(睡虎地M77汉简《告律》简14—17)⑤

例14、15、16中的文字和内容基本一致,只不过所属律目不同。张家山M247汉简将其收入《具律》,而张家山M336汉简、睡虎地M77汉简将其归为《告律》。对此,王伟认为:“根据竹简出土位置分析得出的结论却是《二年律令》有《告律》而无《囚律》,应属《囚律》之简皆属《告律》。”⑥简文是官吏审理案件时非出故意,而是因为过失导致断案失允,应当按照犯人所犯罪行的轻重来决定主审官吏的惩处等级。对此,邬勖认为:“该条规定了官吏治狱‘失不审’时的处罚,总的原则是‘各以其赎论之’,但失不审的罪没有对应的赎罪时,则以罚金来执行。其中最低一等的罚金一两,对应的是赎耐、赎迁等罪的失不审。”⑦邬氏“失不审的罪没有对应的赎罪时,则以罚金来执行”这句话很有启发性。同理,悬泉汉简中的“劾人不审为失”的处罚原则应与之大致相似,唯一不同的是“以其赎半论之”。

至于悬泉汉简为何会出现“以其赎半论之”的情况,张俊民已指出:“此处的文字是‘失不审’,用在《具律》的决狱论罪条文中,判决时‘非故’而产生过失行为,按照赎罪标准处罚。即完整的赎论罪。这里的‘赎论之’正好可以为悬泉汉简的‘赎半论之’提供参考。同样是过失却因为一个是出现在举告阶段,一个是出现在决狱阶段而产生了明显的差异。此等状况的存在更加体现出汉律之缜密。”⑧其说可信。悬泉汉简《囚律》“劾人不审”属于举劾阶段,而张家山M247汉简《具律》、张家山M336汉简《告

① 睡虎地秦墓竹简整理小组编:《睡虎地秦墓竹简》,第115页。

② 一盾等于金二垂,见于《岳麓书院藏秦简(贰)》简82:“一盾直(值)金二垂。”陈松长主编:《岳麓书院藏秦简(贰)》,上海辞书出版社,2011年,第78页。

③ 张家山二四七号汉墓竹简整理小组编著:《张家山汉墓竹简〔二四七号墓〕(释文修订本)》,第22页。

④ 彭浩主编:《张家山汉墓竹简〔三三六号墓〕》上册,第177页。

⑤ 熊北生、陈伟、蔡丹:《湖北云梦睡虎地77号西汉墓出土简牍概述》,《文物》2018年第3期,第47页。

⑥ 王伟:《汉简〈二年律令〉编联初探——以竹简出土位置为线索》,简帛网2003年12月12日(http://www.jianbo.org/admin3/wangwei01.htm)。

⑦ 邬勖:《〈岳麓书院藏秦简〉(叁)“癸、琐相移谋购案”中的法律适用》,《出土文献与法律史研究》第三辑,上海人民出版社,2014年,第189页。

⑧ 张俊民:《悬泉汉简:社会与制度》,第280页。

律》中的“失不审”属于决狱阶段。

还有一个问题就是为何同为“劾人不审”条的律文，悬泉汉简将其归为《囚律》，而张家山 M247 汉简却将其归为《具律》？我们认为，张家山 M247 汉简中虽不见《囚律》之名，但“劾人不审”条应从《具律》中析出归为《囚律》。对此，李均明早已指出，《二年律令・具律》的部分条款当属《囚律》，并将从传世文献、其他出土简牍记载及简册的遗存状况三个方面加以说明：一是汉《囚律》与唐《断狱律》属于源流关系；二是敦煌悬泉汉简（简 I90DXT0112①：1）及居延新简（简 EPT10・2A）所见律文的标题明署为《囚律》，且律文内容与张家山汉简相类；三是《具律》首尾不相连，中间尚间隔其他内容的简。① 其说可从，论证过程详见其文，此不赘述。需要补充的是，新近整理出版的张家山 M336 汉简、益阳兔子山西汉简牍、荆州胡家草场西汉简牍、长沙五一广场东汉简牍，均可为李氏论说提供新证据。比如：《益阳兔子山七号井西汉简牍》（简 J7⑦1＋⑦2 正）、《荆州胡家草场西汉简牍选粹》（简 1408）均见《囚律》之名。此外，还有两处旁证：一是《长沙五一广场东汉简牍（柒）》（简 2010CWJ1③：283—261）所见“囚律：诸治狱者，各以其[告][劾]治[之]☐”②残文，恰与张家山 M247 汉简《二年律令・具律》（简 113）“治狱者，各以其告劾治之”相印证，证明《二年律令・具律》中确实存有《囚律》之律文。二是张家山 M336 汉简《汉律十六章・囚律》（简 149—184）收入《囚律》律文有 15 条。③ 简 149 用“■”标记律名《囚律》。简 150—151 是关于优待不同身份犯人的颂系制度。简 152—153 是关于官吏颂囚的处罚规定。简 154—159 是关于针对不同年龄、性别的犯人使用不同的刑具的规定。简 160—161 是关于行刑标准的规定。简 162—166 是关于擅移狱传囚的规定。简 167—168 是关于囚逮、征逮的规定。简 169—171 是关于不同罪犯依次加刑的规定。简 172 是关于纵囚的规定。简 173—174 是关于惩戒逃亡的规定。简 175 是关于将司的规定。简 177—179 是关于谅（掠）讯的规定。简 180 是对哺乳期的囚犯的人性管理。简 181—182 是报囚时间的规定。简 183—184 是工官及为作务官其工及冗作徒隶的处罚规定。以上内容，均与对罪犯进行拘押、监禁、考讯、判决等行为相关，属于《囚律》法律规定的范畴。

需要注意的是，《悬泉汉简（壹）》Ⅰ90DXT0112①《囚律》与张家山 M247 汉简《二年律令・具律》简 112、张家山 M336 汉简《汉律十六章・具律》简 110 的律文内容存在部分重复，属一脉相承的关系。张家山 M336 汉简整理者已指出：“本篇（简 110）与《二年律令》相应简文（简 112）皆有‘劾人不审为失’，但无‘以其赎半论之’。可与之比勘的简文是本篇《告律》简 93—96 的一段简文：‘鞫狱故纵、不直……其非故也，而失不审，各以其赎论之’，但处罚加倍。上引悬泉汉简《囚律》把‘劾人不审为失’与处罚合并为同一条律文，是对以往律条的重组和修改，并调整到另外的律章《囚律》。”④

悬泉汉简是研究汉律不可或缺的重要资料。悬泉汉简所见的律条有《效律》《囚律》《贼律》《杂律》《置吏律》等。这些律文又见于其他秦汉简牍材料之中，因其文字与内容基本一致，故可以进行对读。考虑到张家山 M247 汉简《二年律令》是西汉初年（吕后二年）的律令条文辑录，张家山 M336 汉简《汉律十六章》是汉文帝时期的律令条文，而悬泉汉简主要是西汉中后期至东汉时期的文书，是在西汉初期汉律基础上的继承和发展。通过对读，不仅可以加深对法律文献的理解，还可从中窥探出汉律演变的轨迹，这对中国法制史的研究颇有助益。

附记：小文初稿草成后，2024 年 9 月 5 日提交于“第二届简牍学国际学术研讨会”。会上，张德芳先生等与会学者提出了建设性意见，谨此致谢。文中错误概由作者负责。

---

① 李均明：《〈二年律令・具律〉中应分出〈囚律〉条款》，《郑州大学学报（哲学社会科学版）》2002 年第 3 期，第 8—10 页。

② 长沙市文物考古研究所等编：《长沙五一广场东汉简牍（柒）》，中西书局，2023 年，第 185 页。

③ 《囚律》见于张家山 M336 汉简，相关律文有 15 条，详见彭浩主编：《张家山汉墓竹简〔三三六号墓〕》上册，第 184—189 页。

④ 彭浩主编：《张家山汉墓竹简〔三三六号墓〕》上册，第 179 页。

【参考文献】

［1］ 张俊民.悬泉汉简：社会与制度[M].兰州：甘肃文化出版社,2021.

［2］ 闫晓君.秦汉法律研究[M].北京：法律出版社,2012.

［3］ 宁全红.周秦时代狱讼制度的演变[M].北京：人民出版社,2015.

［4］ 大庭脩著,徐世虹等译.秦汉法制史研究 [M].上海：中西书局,2017.

［5］ 籾山明著,李力译.中国古代诉讼制度研究[M].上海：上海古籍出版社,2018 年.

［6］ 宫宅洁著,杨振红、单印飞等译.中国古代刑制史研究[M].桂林：广西师范大学出版社,2016 年.

Discussion on a "Prisoner's Law" Bamboo Slips Seen by Xuanquan Han Jian

Wang Zhongyu

(Center for the Study and Application of Chinese Characters, East China Normal University, Shanghai 200241, China)

Abstract: "Xuanquan Han Jian(Ⅰ)" Ⅰ 90DXT0112①: No.1 bamboo slip is about the punishment regulations of officials dereliction of duty, which is a "Qu Law (囚律)" of Han Dynasty. The word "he (劾)" of the sentence "He Ren Bu Shen Wei Shi (劾人不审为失)" has the meaning of picketing and reporting, "shi (失)" is the non-intentional negligent behavior of officials in litigation and trial. "Yi Qi Shu Ban Lun Zhi (以其赎半论之)" means punishment involving half of the money that should be paid for redemption, and it is applicable to the statutory punishment for subjective unintentional crimes. This Han Dynasty "Qu Law (囚律)" can be read with Zhangjiashan M247 "Two years of Law · Ju Law (二年律令・具律)" brief 112, Zhangjiashan M336 "Sixteen Chapters · Ju Law (汉律十六章・具律)" brief 110, and their content is basically the same, so they should be a line of succession relationship.

Key words: Xuanquan Han Jian; Prisoner's law; "he (劾)"; "shi (失)"

唐代墓志校正举隅

黄程伟

【摘　要】现有的唐代墓志释文存在大量疏误。文章总结出“不辨俗讹字而误”“不识典故而误”“不识铭文押韵规律而误”“不谙文史知识而误”等四种类型，并辅以实例分析，校正其中的疏误问题。

【关键词】唐代墓志；释文；校正

【作者简介】黄程伟，西南大学汉语言文献研究所、出土文献综合研究中心讲师，文学博士，研究方向为文字、训诂，出土碑志文献整理与研究。（重庆　400715）

唐代墓志数量庞大、内容丰富、真实性强，是相关文史研究的宝贵材料。但现有的唐代墓志释文却存在大量疏误，影响了这批材料的使用价值。疏误出现的原因是多方面的，我们总结出“不辨俗讹字而误”“不识典故而误”“不识铭文押韵规律而误”“不谙文史知识而误”等四种类型。下面根据不同类型，辅以实例分析，校正其中的疏误问题，以期能对唐代墓志的整理研究提供参考。不当之处，敬请方家指正。

一　不辨俗讹字而误

1. 唐《王隆妻赵氏墓志》：“福善徒说，偕老何欺。东惊竹箭，西落崦嵫。坟空宿草，林低赤惟。凄凉霜露，复此长辞。”[1]

“低”后二字拓本清晰，即“赤惟”。赵力光释作“未惟”[2]，毛远明缺释前一字，后一字释作“帷”，并注：“‘低’下一字清楚，形似‘未’，但‘未帷’费解，存疑待考。”按，拓本字形清晰，“赤”当为“赤”之俗讹。字例又如东魏《元湛墓志》之“赤”[3]，东魏《封延之墓志》之“赤”[4]，北齐《薛怀儁妻皇甫艳墓志》之“赤”[5]，《可洪音义》之“赤”[6]。

隶楷文字阶段，构件“忄”“巾”形近讹混。“惟”之左侧构件似“忄”，实为“巾”之讹变，整字当为“帷”之俗讹。赤帷，红色帷幔。“坟空宿草，林低赤帷”前后对仗工整，烘托了悲凉的气氛。

又，唐《李知古墓志》：“磨砺公勤，毗赤惟之政理；岁时矜敏，守丹笔之平反。”[7]

“赤”后之字拓本作“惟”。毛阳光释作“惟”。按，“惟”亦当为“帷”之俗讹。字例又如北魏《元顺墓志》之“惟”[8]，东魏《叔孙固墓志》之“惟”[9]，唐《郑仁泰墓志》之“惟”等[10]。赤帷，车驾两旁的赤色

① 毛远明、李海峰编著：《西南大学新藏石刻拓本汇释》，中华书局，2019年，第92、101页。
② 赵力光主编：《西安碑林博物馆新藏墓志续编》，陕西师范大学出版社，2014年，第118页。
③ 毛远明编著：《汉魏六朝碑刻校注》第7册，线装书局，2008年，第372页。
④ 毛远明编著：《汉魏六朝碑刻校注》第7册，第281页。
⑤ 毛远明编著：《汉魏六朝碑刻校注》第9册，第294页。
⑥ 韩小荆：《〈可洪音义〉研究——以文字为中心》，巴蜀书社，2009年，第388页。
⑦ 毛阳光主编：《洛阳流散唐代墓志汇编续集》，国家图书馆出版社，2018年，第148页。
⑧ 毛远明编著：《汉魏六朝碑刻校注》第6册，第164页。
⑨ 毛远明编著：《汉魏六朝碑刻校注》第8册，第1页。
⑩ 毛汉光：《唐代墓志铭汇编附考》第6册，台北“中研院”史语所专刊，1975年，第173页。

帷帐。此处“赤帷”义同“褰帷”，是官吏接近百姓实施仁政之典。丹笔，指朱笔。《初学记》卷二十引三国吴谢承《后汉书》：“盛吉为廷尉，每至冬节，罪囚当断，妻夜执烛，吉持丹笔，夫妻相对，垂泣决罪。”此处志文意谓志主李知古勤勉为官，辅佐治理百姓；矜持明敏，公正断狱。

2. 武周《许传擎墓志》：“日惨荒隧，风摇杨柳。松檟方哀，芳声莫杇。”①

“莫”后之字拓本作“杇”。毛阳光释作“杇”。按，据文意当为“朽”字俗讹。字例又如东魏《崔鹔墓志》之“杇”②，东魏《叔孙固墓志》之“杇”③，唐《索崇墓志》之“杇”④，唐《徐盼墓志》之“杇”⑤。“芳声莫朽”“德音不朽”等表述墓志文献习见，用例又如北魏《崔猷墓志》：“音形有翳，遗芳莫朽。”⑥北齐《李琮墓志》：“暑往寒来，天长地久。勒高风于玄燧，播芳尘而莫朽。”⑦南朝梁《萧憺碑》：“传世代而莫朽，等山岳而无亏。”⑧武周《康郎墓志》：“庶坚石之长存，勒微功之莫朽。”⑨

3. 唐《梁恺墓志》：“且山阳雄郡，储稟其难；海裔悬宇，资粮应急。非大者远者，畴能董之……亦既辞止，亦既遘止。鸣琴高堂，状薤置水。州闾請静，迄可小康。”⑩

“储”后之字拓本作“稟”。毛阳光释作“禀”。按，据文意当为“廪”字讹误。廪，粮仓。储廪，指粮食存储。志文“山阳雄郡，储廪其难；海裔悬宇，资粮应急”前后对仗工整，指山阳郡等边海地区粮食存储困难，百姓口粮告急。

“静”前之字拓本作“請”。毛阳光释作“请”。按，字形似“请”，然据文意当为“清”字俗讹。隶楷文字阶段，构件“氵”“言”常相讹混⑪，字例如唐《张胤墓志》之“谅”作“涼”⑫，《可洪音义》之“谅”作“涼”⑬等。志文意谓志主梁恺施行仁政，州闾清静，百姓安康。

4. 武周《刘爱墓志》：“祚延金邜，枝分玉鸡；春陵气上，砀阜云低。”⑭

“金”后之字拓本作“邜”。毛远明释作“邸”。按，字形清晰，右侧似构件“阝”，实为“卩”之俗写，整字当为“卯”字。字例如北魏《长孙子泽墓志》之“卯”⑮，北齐《淳于元皓墓志》之“卯”⑯，隋《寇奉叔墓志》之“卯”⑰，唐《李仙蕙墓志》之“卯”⑱。金卯，“刘”姓隐语。“枝分玉鸡”乃化用“玉鸡衔珠”之典。《宋书・符瑞志上》：“母名含始，是为昭灵后。昭灵后游于洛池，有玉鸡衔赤珠，刻曰玉英，吞此者王。昭灵后取而吞之。又寝于大泽，梦与神遇。是时雷电晦冥，太上皇视之，见蛟龙在其上，遂有身而生季，是为高帝。”

“春陵气上，砀阜云低”也是用典。《后汉书・光武帝纪第一》：“后望气者苏伯阿为王莽使至南阳，遥望见春陵郭，唶曰：‘气佳哉！郁郁葱葱然。’及始起兵还春陵，远望舍南，火光赫然属天，有顷不见。”

---

① 毛阳光主编：《洛阳流散唐代墓志汇编续集》，第 94 页。

② 毛远明编著：《汉魏六朝碑刻校注》第 7 册，第 173 页。

③ 毛远明编著：《汉魏六朝碑刻校注》第 8 册，第 1 页。

④ 毛汉光：《唐代墓志铭汇编附考》第 18 册，第 227 页。

⑤ 北京图书馆金石组编：《北京图书馆藏中国历代石刻拓本汇编》第 30 册，中州古籍出版，1989 年，第 95 页。

⑥ 毛远明编著：《汉魏六朝碑刻校注》第 4 册，第 225 页。

⑦ 毛远明编著：《汉魏六朝碑刻校注》第 10 册，第 39 页。

⑧ 毛远明编著：《汉魏六朝碑刻校注》第 3 册，第 177 页。

⑨ 吴钢主编：《全唐文补遗》第 6 辑，三秦出版社，1999 年，第 362 页。

⑩ 毛阳光主编：《洛阳流散唐代墓志汇编续集》，第 274 页。

⑪ 梁春胜：《楷书部件演变研究》，线装书局，2012 年，第 294 页。

⑫ 毛阳光主编：《洛阳流散唐代墓志汇编续集》，第 43 页。

⑬ 韩小荆：《〈可洪音义〉研究——以文字为中心》，第 558 页。

⑭ 毛远明、李海峰编著：《西南大学新藏石刻拓本汇释》，第 154、142 页。

⑮ 毛远明编著：《汉魏六朝碑刻校注》第 7 册，第 80 页。

⑯ 毛远明编著：《汉魏六朝碑刻校注》第 10 册，第 42 页。

⑰ 北京图书馆金石组编：《北京图书馆藏中国历代石刻拓本汇编》第 9 册，第 9 页。

⑱ 李慧、曹发展注考：《咸阳碑刻》上册，三秦出版社，2003 年，第 53 页。

《史记·高祖本纪》："秦始皇帝常曰'东南有天子气'，于是因东游以厌之。高祖即自疑，亡匿，隐于芒、砀山泽岩石之间。吕后与人俱求，常得之。高祖怪问之。吕后曰：'季所居上常有云气，故从往常得季。'高祖心喜。"张守节正义："京房《易(兆)〔飞〕候》云：'何以知贤人隐？(颜)师(古)曰：四方常有大云，五色具而不雨，其下有贤人隐矣。'故吕后望云气而得之。"志文意谓刘爱承袭汉世先祖之福禄，与墓志前文载刘爱乃"河间献王德之后"相呼应。

5. 武周《杜元揆墓志》："君含章挺生，命世杰出，器渊旷，体质温偞。"①

"器"后之字拓本作""。洛阳市文物考古研究院释作"寓"。按，据文意当为"寓"字俗讹，同"宇"②。字例又如北魏《元始和墓志》之"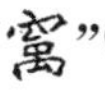"③，北魏《元昭墓志》之""④，东魏《刘懿墓志》之"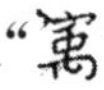"⑤等。器寓，即"器宇"，指人的胸襟、气度。碑志文献用例如北魏《元昂墓志》："名与八桂同芳，德共九江相远。而风韵清光，器宇闲润。"⑥北魏《元崇业墓志》："冲衿秀整，器宇标儁。升朝振响，藻韵清峻。"⑦唐《魏达墓志》："君神彩凝华，器宇弘邃。敦诗悦礼，游艺依仁。"⑧

又，唐《赵元祚墓志》："君风神散朗，器虚融，断山之表可观，澄陂之量难测。"⑨

"器"后之字拓本作""。毛阳光、余扶危释作"寓"。按，此处也当为"寓"字，同"宇"。断山，陡峭壁立的高山，喻指人之仪表、气度非凡。《世说新语·赏誉》："世目周侯：嶷如断山。"刘孝标注引《晋阳秋》曰："颉正情嶷然，虽一时侪类，皆无敢媟近。"

二　不识典故而误

6. 唐《张胤墓志》："堂堂美质，掩松而挺盖；汪汪雅度，湛黄镜而澄陂。"⑩

"松"前之字拓本作""。毛阳光、熊晓宇皆释作"和"。⑪ 按，拓本略有泐蚀，但字迹基本清晰，当为"嵇"字俗讹。此处用典，《世说新语·容止》："嵇康身长七尺八寸，风姿特秀。《康别传》曰：'康长七尺八寸，伟容色，土木形骸，不加饰厉，而龙章凤姿，天质自然。正尔在群形之中，便自知非常之器。'见者叹曰：'萧萧肃肃，爽朗清举。'或云：'肃肃如松下风，高而徐引。'山公曰：'嵇叔夜之为人也，岩岩若孤松之独立；其醉也，傀俄若玉山之将崩。'""嵇松"喻指人气质不凡，碑志文献习见，用例又如唐《董嶷及妻郭氏墓志》："嵇松千丈，擢美质于风前。郄桂一枝，散余香于月下。"⑫唐《谢庆夫墓志》："黄陂委输，嵇松直上，汪汪万顷，森森千丈。"⑬唐《刘德师及妻范氏墓志》："漾黄沼之长澜，偃嵇松之迥盖。"⑭

另，唐《执失善光墓志》："嵇松千丈，坐见摧残；郄桂一枝，行看销铄。"⑮

---

① 洛阳市文物考古研究院编：《洛阳市文物考古研究院藏石集粹·墓志篇》，中州古籍出版社，2020年，第106页。

② "宇"字又写作"㝢""寓"等形体，与"寓"字形相近，但为不同的字。另可参见毛远明：《汉魏六朝碑刻异体字典》，中华书局，2014年，第1128页；梁春胜：《六朝石刻讹混俗字绪考》，《汉语史学报》第二十四辑，上海教育出版社，2021年，第156页；王静：《〈洛阳流散唐代墓志汇编续集〉释录举正》，《出土文献综合研究集刊》第十二辑，巴蜀书社，2020年，第136页。

③ 毛远明编著：《汉魏六朝碑刻校注》第4册，第54页。

④ 毛远明编著：《汉魏六朝碑刻校注》第5册，第253页。

⑤ 毛远明编著：《汉魏六朝碑刻校注》第7册，第240页。

⑥ 贾振林：《文化安丰》，大象出版社，2011年，第140页。

⑦ 毛远明编著：《汉魏六朝碑刻校注》第5册，第295页。

⑧ 张永华、赵文成、赵君平编：《秦晋豫新出墓志蒐佚三编》，国家图书馆出版社，2020年，第185页。

⑨ 毛阳光、余扶危主编：《洛阳流散唐代墓志汇编》，国家图书馆出版社，2013年，第148页。

⑩ 毛阳光主编：《洛阳流散唐代墓志汇编续集》，第42页。

⑪ 熊晓宇：《〈洛阳新获墓志二〇一五〉北魏至初唐墓志整理及文字考释》，西南大学硕士学位论文，2020年，第101页。

⑫ 赵君平、赵文成编：《秦晋豫新出墓志蒐佚》第2册，国家图书馆出版社，2012年，第406页。

⑬ 吴钢主编：《全唐文补遗》第3辑，第422页。

⑭ 吴钢主编：《全唐文补遗》第3辑，第417页。

⑮ 吴钢主编：《全唐文补遗》第2辑，第452页。

胡元超注："嵇松：嵇山之松。以喻贵族。嵇山有二处：一、在河南修武县西北。也叫狄山。《嘉庆一统志·怀庆府》认为三国魏嵇康隐居之处即此。二、在安徽宿县西南。相传嵇康本会稽上虞人，姓奚。《晋书·嵇康传》认为嵇康徙铚，居此嵇山侧，因改姓嵇……桂：郄，通'隙'。山间空地。以山间空地之桂以喻贵族。"①按，胡先生所注不确。《执失善光墓志》之"嵇松千丈""郄桂一枝"皆是用典。"嵇松千丈"典源见上文。"郄桂一枝"典出《晋书·郄诜传》："郄诜，字广基，济阴单父人也……武帝于东堂会送，问诜曰：'卿自以为何如？'诜对曰：'臣举贤良对策，为天下第一，犹桂林之一枝，昆山之片玉。'帝笑。侍中奏免诜官，帝曰：'吾与之戏耳，不足怪也。'诜在任威严明断，甚得四方声誉。卒于官。子延登为州别驾。"

7. 唐《宇文去惑墓志》："巢鹊蹲[illegible]之俗，渐化题舆；鱼文骥□之豪，闻风詟气……洎乎[illegible]玉涂山，贡珍阊阖。抟扶帝阙，鹤履初飞；叱驭灵关，虵杯奄叹。"②

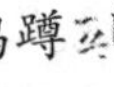

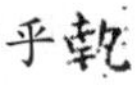

"蹲"后之字拓本作"[illegible]"。王书钦释作"鴗"③。按，字形略有泐蚀，左侧为构件"氐"，右侧为构件"鸟"，整字当为"鸱"字俗写。字例又如唐《姬温墓志》之"[illegible]"④，唐《慕容知廉墓志》之"[illegible]"⑤，唐《尉迟敬德墓志》之"[illegible]"⑥。蹲鸱，一种生长于岷蜀一带、状如蹲伏之鸱的大芋。《史记·货殖列传》："蜀卓氏之先，赵人也，用铁冶富。秦破赵，迁卓氏。卓氏见虏略，独夫妻推辇，行诣迁处。诸迁虏少有余财，争与吏，求近处，处葭萌。唯卓氏曰：'此地狭薄。吾闻汶山之下，沃野，下有蹲鸱，至死不饥。民工于市，易贾。'乃求远迁。致之临邛，大喜，即铁山鼓铸，运筹策，倾滇蜀之民，富至僮千人。田池射猎之乐，拟于人君。"志文以"蹲鸱"代指岷蜀之地。宋苏轼《上神宗皇帝书》："是犹见燕晋之枣栗、岷蜀之蹲鸱，而欲以废五谷，岂不难哉！"

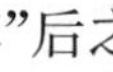

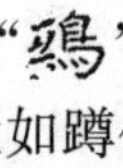

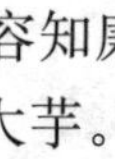

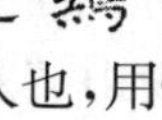

"玉"前之字拓本作"[illegible]"。王书钦释作"轨"。按，笔画略有残泐，但字形基本清晰，当为"执"字。志文用典，《左传·哀公七年》："孟孙曰：'二三子以为何如？恶贤而逆之？'对曰：'禹合诸侯于涂山，执玉帛者万国。今其存者无数十焉，唯大不字小、小不事大也。知必危，何故不言？鲁德如邾，而以众加之，可乎？'杜预注：'诸大夫对也。诸侯执玉，附庸执帛。涂山在寿春东北。'"

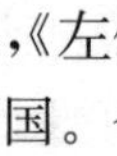

8. 唐《郭虔瓘墓志》："在昔瞻[illegible]，其唯道谟。来朝[illegible]马，至于岐下。"⑦

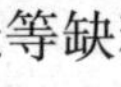

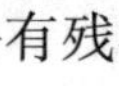

"瞻"后之字拓本作"[illegible]"。毛阳光等缺释。按，字形略有残泐，但残存笔画大致可见，剔除部分石化后作"[illegible]"，即"乌"字。瞻乌，本指乌鸦聚集于在位的小人之屋，人民当求明君而归服。语出《诗·小雅·正月》："瞻乌爰止，于谁之屋？"后用以比喻因乱世而无所归依的人民。

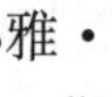

"马"前之字拓本作"[illegible]"。毛阳光等缺释。按，字形略有泐蚀，据文意当为"走"字。志文化用古公亶父率族人躲避戎狄侵扰迁徙至岐山之下的典故。《诗·大雅·绵》："古公亶父，来朝走马。率西水浒，至于岐下。"郑笺云："来朝走马，言其辟恶早且疾也。"《史记·周本纪》："古公亶父复修后稷、公刘之业，积德行义，国人皆戴之。熏育戎狄攻之，欲得财物，予之。已复攻，欲得地与民。民皆怒，欲战。古公曰：'有民立君，将以利之。今戎狄所为攻战，以吾地与民。民之在我与其在彼，何异？民欲以我故战，杀人父子而君之，予不忍为。'乃与私属遂去豳，度漆、沮，踰梁山，止于岐下。"

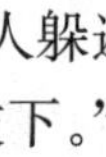

---

① 胡元超：《昭陵墓志通释》，三秦出版社，2010年，第699、702页。

② 张永华、赵文成、赵君平编：《秦晋豫新出墓志蒐佚三编》，第403页。

③ 王书钦：《从新出唐〈宇文去惑墓志〉〈宇文仲逵墓志〉略考北周介国赓续》，《唐史论丛》第三十四辑，三秦出版社，2022年，第129—138页。

④ 中国文物研究所等编：《新中国出土墓志·陕西(贰)》上册，文物出版社，2003年，第52页。

⑤ 毛汉光：《唐代墓志铭汇编附考》第13册，第331页。

⑥ 中国文物研究所等编：《新中国出土墓志·陕西(壹)》上册，文物出版社，2000年，第47页。

⑦ 毛阳光主编：《洛阳流散唐代墓志汇编续集》，第204页。

三　不识铭文押韵规律而误

9. 武周《田宝墓志》:"强秦大汉，开国承家。量苞川岳，志逸烟霞。弓惟象弭，剑即莲花。含忠履洁，推贤去衺……海沂徙颂，建邺留名。王戎非简，裴楷未清。将军舞袖，帝子歌声。经过紫陌，来去朱城。"①

"去"后之字拓本作"衺"。齐运通等释作"衷"。按，笔画基本清晰，释为"衷"，字形不类，且失韵。"衺"当为"衺"字。"衺"同"邪"。《说文·衣部》:"褏也。从衣，牙声。"段玉裁注："《交部》曰'褏者，衺也'。二篆为互训。小徐本作纰也，非是。褏今字作回。衺今字作邪。《毛诗》传曰：'回，邪也。'"此处铭文前后押韵。"衺"与"家""霞""花"中古皆属麻韵假摄，可通押。志文"含忠履洁，推贤去衺"意谓志主田宝忠贞廉洁，推荐贤能之士，去除奸邪小人。

"未"后之字拓本作"清"。齐运通等释作"倩"。按，释作"倩"，字形不类。"清"字形基本清晰，左侧构件为"氵"，右侧为构件"青"。整字当为"清"字。此处志文用典，《晋书·裴秀传附裴楷》:"楷字叔则。父徽，魏冀州刺史。楷明悟有识量，弱冠知名，尤精老易，少与王戎齐名。钟会荐之于文帝，辟相国掾，迁尚书郎……吏部郎缺，文帝问其人于钟会。会曰：'裴楷清通，王戎简要，皆其选也。'于是以楷为吏部郎。"志文化用典故，意在称颂志主田宝处事简练扼要，明白通达，堪比王戎、裴楷。

10. 唐《李重墓志》:"绿池宵景，青宫春色。振鹭骞仪，飞鸿渐翼。□□娇步，铜梁效职。锦政纔敷，圭阴已昃。"②

"已"后之字拓本作"昃"。齐运通等释作"昊"，毛阳光释作"异"③。按，"昊"中古属晧韵止摄上声字，"异"中古属志韵止摄去声字，与同属曾摄职韵入声字"色""翼""职"三字失韵。"昃"字形清晰，当为"昃"字异体。《说文·日部》:"昃，日在西方时，侧也。从日仄声。"隶楷阶段，"昃"常写作"昗"形④，字例又如北齐《刁翔墓志》之"昃"⑤，唐《李绩墓志》之"昃"⑥，《可洪音义》之"昃"⑦等。"昃"中古为职韵曾摄入声字，与"色""翼""职"合韵。圭，即"晷"，古代测日影的器具。圭阴已昃，意谓日影已倾斜，喻指人或事物的生命走到尽头。

11. 唐《赵慎微墓志》:"赫赫宗周，命晋称长。英英乃祖，从亡受赏。大夫资始，□军载敭。胙土星分，庶齐天壤。"⑧

"载"后之字拓本作"敭"。毛阳光缺释，毛远明、李海峰释作"敬"⑨。按，"敬"字中古属映韵梗摄字，与中古属于养韵宕摄的"长""赏""壤"等字失韵。故释"敬"非是。待考字字形残泐，仅存少许笔画。细审拓本，右侧构件隐约可见，当为构件"攵"。整字当为"敭"字。"敭"中古为阳韵宕摄字，与"长""赏""壤"合韵。

"敭"同"扬"。《说文·手部》:"扬，飞举也。敭，古文。"《集韵·阳韵》:"扬，古作敭。""载"为语助词。则"载敭"即"载扬"，碑志文献习见，指人之美好名声、气节、德行、功勋等显扬，用例如北魏《元佑

① 齐运通主编：《洛阳新获墓志百品》，国家图书馆出版社，2020年，第120页。
② 齐运通主编：《洛阳新获墓志百品》，第104页。
③ 毛阳光主编：《洛阳流散唐代墓志汇编续集》，第74页。
④ 碑志文献中"昃"字常被误认作"昊""冥"等字，可参见邹虎：《隋代石刻俗字考释六则》，《中国语文》2018年第4期。
⑤ 毛远明编著：《汉魏六朝碑刻校注》第9册，第225页。
⑥ 中国文物研究所等编：《新中国出土墓志·陕西(壹)》上册，第67页。
⑦ 韩小荆：《〈可洪音义〉研究——以文字为中心》，第811页。
⑧ 毛阳光主编：《洛阳流散唐代墓志汇编续集》，第160页。
⑨ 毛远明、李海峰编著：《西南大学新藏石刻拓本汇释》(释文卷)，第188页。

墓志》："代承嘉祉，世袭休光。鸿基增构，徽风载敭。"[1]东魏《贾思伯夫人刘氏墓志》："衡峤不固，灵丘载扬。髣髴遗行，昭晳泉场。"[2]唐《高善安墓志》："伊唐兴运，伏士载扬，雏必择音，翻然后集。"[3]唐《张说墓志》："越践朝命，登于上庠，发虑自衷，诱人从训，夫子之文章不坠，先王之经籍载扬。"[4]武周《尔朱旻墓志》："自□厥后，人物载扬，并备列图书，故可略而言矣。"[5]

此处志文是在追述赵氏先祖赵衰、赵盾之功勋、事迹。晋文公重耳因骊姬之乱流亡在外十九年，赵衰则一直跟随侍从。重耳返国即位后，任赵衰为原大夫。《史记·赵世家》："赵衰从重耳出亡，凡十九年，得反国。重耳为晋文公，赵衰为原大夫，居原，任国政。文公所以反国及霸，多赵衰计策。"赵衰之子赵盾更是担任过晋国中军元帅。[6] 赵盾执政期间，权倾朝野，使赵氏一族独大晋国，功勋显扬于世。

四　不谙文史知识而误

12. 唐《许雄墓志》："是时，白波尚扰，紫极未安。漳滏为徙帮之流，殷卫是残凶之党。"[7]

"为"前二字拓本分别作"漳""滏"。毛阳光分别释作"浑""淦"。按，据文意当为"漳""滏"二字，指相州境内的浊漳水及其支流滏水。《元和郡县志·河北道一》："相州，邺郡。望。开元户七万八千。乡一百五十一。元和户三万九千。乡二十九。禹贡冀州之域。又为殷盘庚所都，曰殷墟，项羽与章邯盟于洹水南殷墟是也……浊漳水，在县北五里。西门豹为邺令，引漳水以富魏之河内。后史起为邺令，又引漳水溉邺，人歌之曰：'邺有贤令，号为史公，决漳水兮灌邺旁，终古泻卤生稻粱。'今天谷井堰，即其遗址也……浊漳水，西自滏阳县界流入。"

此处志文"漳滏"与"殷卫"对文，皆代指许雄治理的相州地区，承顺上文"敕授相州安阳县令"而言。"漳滏"连言，代指相州邺县地区，碑志文献用例又如东魏《公孙略墓志》："襄国奥壤，任切要蕃。前临漳滏，水陆之会同归；旁趣井邢，风云之路无远。"[8]东魏《李挺墓志》："既而葛荣作衅，流毒漳滏。仍劳威望，寄以北门。"[9]北齐《裴良墓志》："此郡南面长河，北连漳滏。大兵所冲，必争之势。"[10]唐《赵仲子墓志》："并清洁渌(绿)潭，贞晖白雪，凝华龙首，泾渭斯明，耀彩淇洹，高视漳滏。"[11]唐《王约墓志》："天子睠象纬之分景，慨车书之未同，亲驭熊罴，问罪漳滏。"[12]

13. 唐《杨欣时墓志》："故得四□作相，焕傅玄之文；五蹈台阶，光蔡邕之述。"[13]

"玄"前之字拓本作"傅"。毛阳光释作"传"。按，"传玄"不知所云。据文意当为"傅"字。隶楷文字阶段，"傅""传"二字字形相近易混，当仔细观察字形、考察文意加以区分。此处为人名，与下文"蔡邕"对文，为"傅"字无疑。《晋书·傅玄传》："傅玄，字休奕，北地泥阳人也。祖燮，汉汉阳太守。父干，魏扶风太守。玄少孤贫，博学善属文，解钟律……玄少时避难于河内，专心诵学，后虽显贵，而著述不

---

① 毛远明编著：《汉魏六朝碑刻校注》第5册，第6页。
② 毛远明编著：《汉魏六朝碑刻校注》第7册，第395页。
③ 吴钢主编：《全唐文补遗》第5辑，第116页。
④ 齐运通编：《洛阳新获七朝墓志》，中华书局，2012年，第230页。
⑤ 吴钢主编：《全唐文补遗》第2册，第295页。
⑥ 志文"军"前之字拓本作"[illegible]"，字形残泐，据文意及残存笔画，疑为"中"字。
⑦ 毛阳光主编：《洛阳流散唐代墓志汇编续集》，第80页。
⑧ 毛远明编著：《汉魏六朝碑刻校注》第7册，第237页。
⑨ 毛远明编著：《汉魏六朝碑刻校注》第7册，第303页。
⑩ 毛远明编著：《汉魏六朝碑刻校注》第9册，第362页。
⑪ 吴钢主编：《全唐文补遗》第4辑，第345页。
⑫ 吴钢主编：《全唐文补遗》第3辑，第369页。
⑬ 毛阳光主编：《洛阳流散唐代墓志汇编续集》，第184页。

废。撰论经国九流及三史故事，评断得失，各为区例，名为《傅子》，为内、外、中篇，凡有四部、六录，合百四十首，数十万言，并文集百余卷行于世。”

14. 唐《郑烈墓志》：“起家孝廉擢弟，拜陵州井⿰石井县尉。秩满，授相州汤阴县尉。”①

“井”后之字拓本作“⿰石井”。毛阳光释作“陉”。按，字形清晰，左侧为构件“石”，右侧似构件“井”，整字为“研”字俗讹。陵州井研县，位于今四川省乐山市。《元和郡县图志 · 剑南道下 · 陵州》：“井研县，中。北至州一百一十五里。本汉武阳县地，隋大业五年因井研镇立县，取镇为名，属陵州。井研盐井，在县南七里。镇及县皆取名焉。又有思棱井、井镬井。”

15. 武周《崔玄泰墓志》：“俄举进士，射策高第。解褐授益州新[illegible]县尉……以公为行军判官，加勋上轻车都尉。迁□州平高县令。”②

“新”后之字拓本作“[illegible]”。毛阳光等缺释。按，字形残泐，难以辨识。残泐志文为地名，即益州所属县名。据残存笔画及文意，待考字当为“繁”字。《元和郡县图志 · 剑南道上》：“（成都府）管县十：成都，华阳，灵池，犀浦，广都，郫，温江，新繁，双流，新都……新繁县，次畿。东南至府六十里。本汉繁县地，属蜀郡，因繁江以为名也。周改为新繁，隋开皇三年省。武德三年分广都县地重置，因周旧名也。”新繁县属次畿县。志主崔玄泰进士及第后又考中制举，出任次畿县县尉，也正符合唐代除授初任官的惯例。③

“迁”后之字拓本泐蚀不见。毛阳光等缺释。按，此处也是地名，即平高县所属州郡。据文意可知，残泐字当为“原”字。《旧唐书 · 地理志一》：“原州平凉郡，中都督府，望。广德元年没吐蕃，节度使马璘表置行原州于灵台之百里城。贞元十九年徙治平凉。元和三年又徙治临泾。大中三年收复关、陇，归治平高。广明后复没吐蕃，又侨治临泾……县二，高平、百泉。”

Emendation of Erroneous Transcriptions of Epitaph of the Tang Dynasty

Huang Chengwei

(Research Institute of Chinese Language and Literature, Southwest University, Chongqing 400715)

Abstract: Great achievements have been made in the collation and study of epitaph. But there are many mistakes in the existing works, especially in the interpretation of the inscriptions. Correcting the mistakes of predecessors and improving the utilization value of stele records and documents. It is hoped to provide reference for the study of the history of Chinese characters in philology.

Key words: epitaphs of Tang Dynasty; inscriptions; emendation

① 毛阳光主编：《洛阳流散唐代墓志汇编续集》，第 188 页。

② 毛阳光主编：《洛阳流散唐代墓志汇编续集》，第 98 页。

③ 赖瑞和：《唐代基层文官》，中华书局，2008 年，第 111、128 页。

出土文献同素逆序组合疏证*

寇占民

【摘　要】同素逆序组合是汉语词汇发展过程中的一种特殊形式，以往的研究者多以传世文献为考察对象，显然缺少了从汉语书面语的源头来探索这一现象的关键环节。出土文献是最早的汉语语料之一，保留着早期汉语书面语的原貌，是探索语言现象发生与发展的最原始和最可靠的资料。依据对现有出土文献的梳理得知，同素逆序现象起源于殷商时期的甲骨文，盛行于两周时期的金文，衰落于战国秦汉时期的简帛文。通过对出土文献中同素逆序组合的数量、分布、结构与功能的考察，总结其演化的规律，揭示这一语言现象的生成机制和发展动因。

【关键词】出土文献；同素逆序；数量分布；结构特征；演化规律

【作者简介】寇占民，河池学院文学与传媒学院教授，首都师范大学博士，主要研究方向为古文字学与古典文献学。（广西 河池　546300）

同素逆序组合是汉语词汇发展过程中所出现的一种特殊形式，这种组合形式是随着上古汉语词汇复音化的开始而开始的。以往，对这一现象的研究，学者大都是以传世文献作为语料，很少把出土文献作为考察的对象，这样，显然缺少了从汉语产生的源头来考察这一语言现象的关键环节。汉语中同素逆序现象起源于殷商甲骨文，在两周金文中得到了较快的发展，到了战国秦汉的简帛文里呈现出了明显的分化与衰落。通过对先秦两汉出土文献的爬梳，我们对其同素逆序组合出现的时间和数量的分布进行了穷尽式的统计，力求全面准确地呈现出这一语言现象的原始面貌，进而探索其发生、发展、分化和衰落的原因。从语义、语法和语用三个维度归纳总结这种语言现象的特点和规律，为出土文献同素逆序现象的深入研究奠定基础，也为上古汉语词汇化发展进程中这一现象的产生追根溯源。

一　同素逆序组合研究的回顾

对汉语同素逆序现象历来叫法不一。有"同素词""字序对换的双音词""同素异序同义词""同素逆序词语""同素逆序词""颠倒词""同素逆序双音组合形式"等。① 迄今为止，学界并没有达成统一。我们认为，"同素逆序组合"这一名称大体符合出土文献中这种语言现象的基本特征，能够反映出这类语言形式的早期特质。所谓"同素"是指构成位序互逆的同一语素所代表的意义应是相同或相近的②，如果意义不是基本一致，就不能称之"同素"；所谓"逆序"是指构成组合的两个字的位序是互换的；所谓"组合"是指构成互逆的两序既可以是词，也可以是语。这是因为上古汉语正处于词汇复音化的初始阶段，词和仂语之间没有绝对的界限③，所以称呼这种语言现象为"词"，显然不符合上古汉语特别是

* 基金项目：本文为教育部人文社会科学研究规划基金项目"主题分类视域下殷周金文动词的整理与研究"（20XJA740003）、高等教育2024年度黑龙江省教育科学规划重点课题"黑龙江省高等院校国际汉字智慧教学平台的建设"（GJB1424193）阶段性成果。

① 丁勉哉：《同素词的结构形式和意义关系》，《学术月刊》1957年第2期，第48—54页；郑奠：《古汉语中字序对换的双音词》，《中国语文》1964年第6期，第445—453页；曹先擢：《并列式同素异序同义词》，《中国语文》1979年第6期，第406—411，454页；周荐：《等义词语的性质和类别》，《天津师大学报（社会科学版）》1988年第5期，第85—89页；邢福义：《现代汉语》，高等教育出版社，1991年，第235页；张德鑫：《谈颠倒词》，《汉语学习》1995年第6期，第18—22页。

② 吕叔湘：《汉语语法分析问题》，商务印书馆，1979年，第15—16页；邢福义：《现代汉语》，第235页。

③ 王力：《龙虫并雕斋文集》第二册，中华书局，1980年，第561页。

先秦出土文献的语言事实。鉴于"同素逆序"已经包含了双音节，我们认为把出土文献中的这一语言现象称为"同素逆序组合"最为合适。

最早关注古代汉语同素逆序组合现象的是丁勉哉先生。他认为汉语中这种现象起源很古老，并列举《诗经》中的"室家"和"家室"，"衣裳"和"裳衣"为例。① 真正以古文献为语料，讨论古代汉语中的同素逆序现象的要算是郑奠先生。他从古代文献中选取64组字序对换的双音词，并作了初步分析归纳。② 之后，曹先擢先生补充了郑奠先生没有列举的古代文献中的例子，并对这种语言现象的产生进行了初步探索。③ 张永绵先生以近代汉语为语料，列举了85对双音词进行了分类论述，并强调这是汉语词汇由单音节向双音节发展中值得注意的一种现象。④ 韩陈其先生对《史记》中的字序对换的双音词现象进行整理，按照词性分类，梳理出了62对并列式双音词。⑤ 程湘清先生对《论衡》和《世说新语》中的同素逆序组合进行统计与分析。⑥ 马显彬先生对古代汉语中这种现象从词义、词性、结构三方面进行论证。⑦ 张巍先生从同素逆序组合的时代分布、结构类型、发展演变以及成因等方面对中古汉语同素逆序现象进行了较为全面深入的分析论证。⑧

从20世纪50年代后期到现在，对汉语中同素逆序现象的研究将近70年了，研究此类内容的文章有200多篇，可谓成果丰硕。但是，到目前为止，学界还没有出现一篇专门以出土文献为研究对象的讨论同素逆序现象方面的文章，就是在已经发表的该类学术论文中，也很少使用出土文献材料。裘锡圭先生曾指出："长期以来，国内古汉语研究工作所凭借的资料多偏重于自古流传下来的文献，地下发现的古文字资料多多少少有些被忽视。"⑨看来出土文献中的同素逆序现象还没有引起古汉语研究者的重视。为此，笔者不揣浅陋，对殷商甲骨文、两周金文及战国秦汉简帛文中所出现的同素逆序组合进行初步的整理与研究。不妥之处，敬请方家指正。

二　出土文献同素逆序组合的梳理

依据出土文献的年代与类别，我们按照殷商甲骨文、两周金文和战国秦汉简帛文进行分类整理。为了排印方便，引用出土文献一律采用宽式隶定，文字尽量使用通行字体。

(一) 殷商甲骨文中的同素逆序组合

殷商时期是汉语词汇复音化的萌芽时期，伴随着复音词的产生同素逆序组合也开始出现了。由于殷商甲骨文处于上古汉语书面语的开始阶段，单音节词语占有绝对优势，加之甲骨文的文体、辞例和性质等多方面的因素，使得甲骨文文辞极为简约。到目前为止，在殷墟甲骨文中，只出现了3对同素逆序组合⑩：

① 丁勉哉：《同素词的结构形式和意义关系》，《学术月刊》1957年第2期，第48—54页。

② 郑奠：《古汉语中字序对换的双音词》，《中国语文》1964年第6期，第445—453页。

③ 曹先擢：《并列式同素异序同义词》，《中国语文》1979年第6期，第406—411，454页。

④ 张永绵：《近代汉语中字序对换的双音词》，《中国语文》1980年第3期，第177—183页。

⑤ 韩陈其：《〈史记〉中字序对换的双音词》，《中国语文》1983年第3期，第211—215页。

⑥ 程湘清：《两汉汉语研究》《魏晋南北朝汉语研究》，《汉语史专书复音词研究》，商务印书馆，2003年，第123—133，194—198页。

⑦ 马显彬：《古代汉语同素异序词综论》，《湛江师范学院学报》2003年第1期，第58—61页。

⑧ 张巍：《中古汉语同素逆序词演变研究》，上海古籍出版社，2010年。

⑨ 裘锡圭：《谈谈古文字资料对古汉语研究的重要性》，《中国语文》1979年第6期，第437—442，458页。

⑩ 殷墟甲骨非王卜辞"圆体类"卜辞是非常有特色的一类卜辞，不仅字体较小，笔画纤弱；而且行款多样，称呼随意。受祭对象中"子丁"又作"丁子"，"妣庚"又作"庚妣"，"妣己"又作"己妣"，"妣丁"又作"丁妣"等。这些称谓都是用来称呼同一个对象的，从形式上来看也可以算作同素逆序。这类情况只出现在殷墟甲骨早期的"圆体类"卜辞里，这类卜辞为非王卜辞，从各个方面来看，都不像王卜辞那么规范，属于特殊卜辞，暂时不列入本文讨论范围。关于"圆体类"卜辞相关论述，参见黄天树：《非王卜辞中"圆体类"卜辞的研究》，《出土文献研究》第五辑，科学出版社，1999年，第41—51页；蒋玉斌：《殷墟子卜辞的整理与研究》，博士学位论文，吉林大学，2006年，第109—114页。

下上/上下;中日/日中;出徝/徝出。

1. 下上/上下

根据我们统计,在殷商甲骨文中,"下上"出现49次(《合集》47次,《合补》2次)[①],"上下"出现15次(《合集》12次,《合补》3次)。例如:

(1) 辛未卜,㱿贞:王勿逆伐𢀛方,下上弗若,不我其受又(佑)。六月。(《合集》6204正[典宾])[②]

(2) 贞:今早(?)王勿作比望乘伐下危,下上弗若,不我其受又(佑)。(《合集》6506[典宾])

(3) 己卯卜,㱿贞:有奏徝,下上若。/己卯卜,㱿贞:有奏徝,下上弗若。(《合集》7239[典宾])

(4) 贞:下上、𩰫(徹)示弗其若,十三月。(《合集》14269[宾三])

(5) 癸亥卜,彭贞:其酌、彡,王,下上亡左。(《合集》27107[何二])

(6) 乙未,贞:隹上下㞢(害)䧅/不隹上下㞢(害)䧅。(《合集》34176[历二])

(7) 甲午王卜,……余步比侯喜征人方,上下、𩰫(徹)示受余又$_{=}$(又又:有佑)……(《合集》36482[黄类])

(8) 丁卯王卜,……亡左自上下于𩰫(徹)示受余又(有)又(佑)(《合集》36511[黄类])

我们先来讨论"下上/上下"在甲骨文中的分布情况。"下上"多出现在甲骨卜辞典宾类中,绝大多数属于殷墟甲骨第一期,如例(1)—(4)。"下上"偶尔也出现在何组卜辞中,如例(5)。何二类卜辞属于殷墟甲骨第三、四期,这也是目前所能见到的"下上"在殷墟卜辞中出现的下限。"上下"多出现在黄类卜辞中,属于殷墟甲骨第五期,如例(7)、(8)。"上下"偶尔也出现在历组卜辞中,如例(6)。关于历组卜辞的年代问题,经过李学勤、裘锡圭等先生的论证[③],认定应属于武丁、祖庚时代,即殷墟甲骨第一、二期。依据这一论断,例(6)是我们所能见到的"上下"在殷墟卜辞中出现的上限。"下上"和"上下"在殷商甲骨文中是交替出现的,形成互补,各类各组之间并没有交叉共时使用的情况。就整体而言,"下上/上下"出现的时代是有规律的,大体"下上"出现在殷墟早期甲骨卜辞里,"上下"出现在殷墟晚期甲骨卜辞里。[④]

我们再来讨论"下上/上下"在甲骨文中的含义。胡厚宣先生认为"下上"之"上"为上帝,"下"为地祇百神。[⑤] 郭沫若先生推断可能指与"上帝"相对应的"下帝"。[⑥] 陈梦家先生认为武丁卜辞"下上"是指"上天下祇",同时"上"也包括祖先神;黄类卜辞"上下"是指"祖乙""小乙"等祖先神。[⑦] 朱凤瀚先生认为甲骨卜辞中"上下"或"下上"不是指天神和地上人神,而是指商祖先的列位神主。[⑧] 肖良琼先生认为卜辞中"下上/上下"就是祖先神,而不是指天神地祇。[⑨] 周言先生认为甲骨文中的"下上/上下"在卜

① 中国社会科学院历史研究所编:《甲骨文合集》,中华书局,1978—1982年,本文简称《合集》;中国社会科学院历史研究所编:《甲骨文合集补编》,语文出版社,1999年,本文简称《合补》。

② 括号内"6204"为《合集》拓片编号,[典宾]为甲骨卜辞分类分组名称,以后文中出现均按此例,不再一一另注。关于殷墟甲骨卜辞的分组分类,依据黄天树先生的观点。参见氏著:《殷墟王卜辞的分类与断代》,科学出版社,2007年。

③ 李学勤:《论"妇好"墓的年代及有关问题》,《文物》1977年第11期,第32—37页;裘锡圭:《论"历组卜辞"的时代》,《裘锡圭学术文集·甲骨文卷》,复旦大学出版社,2012年,第92—139页。

④ 文中所举例(5)属于何二类卜辞,明显要晚于属于历二组的例(6),可是例(5)用的是"下上",例(6)却用的是"上下"。这是甲骨文中的个案,是否与卜辞断代和文字释读相关,这一问题还需要进一步研究。

⑤ 胡厚宣:《殷代之天神崇拜》,《甲骨学商史论丛初集》,齐鲁大学国学研究所,1942年,第295页。

⑥ 郭沫若:《郭沫若全集·历史编》(一),文学出版社,1982年,第31页。

⑦ 陈梦家:《殷虚卜辞综述》,中华书局,1988年,第467页。

⑧ 朱凤瀚:《商人诸神之权能与其类型》,吴荣曾主编:《尽心集:张政烺先生八十庆寿论文集》,中国社会科学出版社,1996年,第65—66页。

⑨ 肖良琼:《上、下考辨》,《于省吾教授百年诞辰纪念文集》,吉林大学出版社,1996年,第17页。

辞中指的是"上天百神(可能还包括宾天的祖先)"。[①] 连劭名、冯时等先生认为甲骨文中的"上下"指"天地"。[②] 董珊、陈剑两位先生认为"上下"是指"天地神灵及殷人的祖先神"。[③] 我们认为，董珊和陈剑两位先生把"上下/下上"同"徹示"联系起来加以考虑，符合甲骨文例，其观点可从。可以说，"下上/上下"是目前我们所能见到的最早的汉语书面语中的同素逆序组合形式。在两周金文和战国竹书中，只出现了"上下"组合，没有出现"下上"组合。

2. 中日/日中

根据我们统计，在殷商甲骨文中，"中日"出现17次(《合集》11次，《屯南》[④]6次)，"日中"出现3次(《合集》3次)。例如：

(1) 庚寅雨，中日既。(《合集》21302[𠂤小字])

(2) 翌日壬，王其田，雨。/不雨。/中日雨。(《合集》28548[无名])

(3) 王其田枫，湄日不[雨]。吉。/中日往□，不雨。吉。/大吉。(《合集》28569[何二])

(4) 今☐/中日大启。(《合集》30197[无名])

(5) 中日至郭兮启。吉。兹用。/不启。(《合集》30198[无名])

(6) 弜田，其冓大雨。/自旦至食日不雨。/食日至中日不雨。/中日至昃不雨。(《屯南》42[无名])

(7) 大吉。/中日至郭兮不雨，大吉。(《屯南》2729[无名])

(8) 暮于日中廼往，不雨。/☐雨。(《合集》29788[无名])

(9) 叀日中又大雨。/其雨。(《合集》29789[无名])

(10) ☐彡大乙☐日中。(《合集》29813反[何一])

在《合集》中"中日/日中"共出现14次，其分布情况是：典宾1次，宾一1次，𠂤小字2次，何一1次，何二1次，无名组8次。可以看出，"中日"从殷墟甲骨第一期到第四期都有出现，但主要出现在第三、四期。"日中"都出现在第三、四期。从频率上看，"中日"出现17次，如例(1)—(7)；而"日中"只出现3次，如例(8)—(10)。后世多用"日中"表达时间，鲜有使用"中日"的。从意义上来看，"中日/日中"在甲骨文中就是表时间的名词，是指"食日"与"昃日"之间的时段。"中日/日中"同素逆序组合在意义上没有区别，大致相当于后人所说的午时。在甲骨卜辞中，"中日/日中"多与占卜天气相关。

3. 出徝/徝出

根据我们统计，在殷商甲骨文中，"出徝""徝出"各出现1次。例如：

(1) 王隹出徝。/王勿隹出徝。(《合集》32正[典宾])

(2) 贞：庚申□王徝出。/贞：庚申勿徝出。(《合集》7241[典宾])

甲骨文中"徝"的确切含义虽不能确定，但依据文例可知，应是行为动词。"徝"可以单独使用，也可与其他动词连用。例如：

(3) 贞：王徝土方。/贞：王勿徝土方。(《合集》6389[典宾])

(4) 庚申卜，㱿贞：今早(?)王徝伐土方。/庚申卜，㱿贞：今早(?)王徝土方，受㞢(有)又

① 周言：《说"上、下"——商周巫觋社会说的文字学质疑》，《史学月刊》1997年第1期，第13页。

② 连劭名：《论帝与上下》，《周易研究》2004年第1期，第32—39页。此文中把甲骨卜辞中的"下上"与"上下"一律写作"上下"；冯时：《中国古代的天文与人文》，中国社会科学出版社，2016年，第67页。

③ 董珊认为"上下"与"徹示"为并列关系，"上下与徹示"是指"上下诸神灵及殷人的祖先神"。参见董珊：《重论凤雏H11出土的殷末卜甲刻辞》，蔡玫芬、蔡庆良主编：《赫赫宗周——西周文化特展》，故宫博物院，2012年，第341—342页。陈剑认为黄类卜辞"上下于徹示"中"于"为连词，"上下"与"徹示"为并列结构；所指天神地祇和商人祖先神主。参见陈剑：《释甲骨金文的"徹"字异体——据卜辞类组差异释字之又一例》，《出土文献与古文字研究》第七辑，上海古籍出版社，2018年，第18页。

④ 中国社会科学院考古研究所编：《小屯南地甲骨》，中华书局，1983年，本文简称《屯南》。

(佑)。十二月。(《合补》1864[典宾])

(5) 㱿贞:王徝正(征)。(《合集》7231[典宾])

例(3)"徝"作谓语中心,例(4)"徝""伐"连用作谓语,例(5)"徝""征"连用作谓语。上揭例(1)、(2)中的"徝"与"出"意义相近,为一般出行义。"出徝/徝出"为同素逆序组合,其意义没有区别,为出行义。

(二) 两周金文中的同素逆序组合

两周时期是汉语复音词的发展时期,伴随着词汇复音化的进程,同素逆序组合形式也出现了较快的增长。据我们统计,两周金文中出现了21组同素逆序组合。先列举例句,然后加以讨论。

1. 子孙/孙子

(1) 伯鲜作旅甗,孙子永宝用。(伯鲜甗《集成》1.940西晚)

(2) 阳作宝鼎,孙子其万年宝。(阳鼎《集成》4.2420西周)

(3) 芮公作从钟,子孙永宝用。(芮公钟《集成》1.31西晚)

(4) 用侃喜前文人,子孙永宝用享。(兮仲钟《集成》1.68西晚)

(5) 元鸣无期,子孙鼓之。(蔡侯纽钟《集成》1.216春晚)

"子孙/孙子"这对组合常出现在金文祝嘏辞中,"子孙"大致出现130次,"孙子"大致出现40次。"子孙"从西周晚期出现,一直使用到春秋晚期;"孙子"出现于西周中期,主要流行于西周晚期。从表现形式上看,这对组合还是不够稳定。金文祝嘏辞中经常出现固定套语"子子孙孙""孙孙子子"等形式,并且这种双音节或多音节重言形式出现的频率更高,这大概与汉语韵律和节拍有关。从词义上看,金文中"子孙"与"孙子"并没有区别,都是指家族后代。我们认为"子孙"组合出现的频率较高的原因,大概是与当时人们的伦理观念相关。有子才能有孙,"子"在前、"孙"在后的位序更符合客观事物的内在逻辑和人们的认知规律。

2. 享孝/孝享

(1) 师器父作尊鼎,用享孝于宗室,用祈眉寿,黄耇、吉康,师器父其万年,子子孙孙永宝用。(师器父鼎《集成》5.2727西中)

(2) 辛仲姬皇母作尊鼎,其子子孙孙用享孝于宗老。(辛仲鼎《集成》5.2582西晚)

(3) 用作朕皇考癸公尊鼎,用享孝于文申(神),用匄眉寿,此其万年无疆。(此鼎《集成》5.2823西晚)

(4) 我以享孝,乐我先祖。(邵黛钟《集成》1.237春晚)

(5) 作盄龢□,厥名曰𬎼(固)邦,其音鍴鍴雝雝孔煌,以卲零孝享,以受纯鲁多釐,眉寿无疆。(秦公钟《集成》1.270春中)

"享孝/孝享"这对组合常出现在器用之辞中,"享孝"出现31次,"孝享"只出现1次。"享孝"从西周中期开始出现,一直使用到春秋晚期;而"孝享"只出现在春秋中期1次,即例(5)。《尔雅·释诂》:"享,孝也。"在两周金文中,"享孝/孝享"两序均为享献、祭祀义。高田忠周曰:"古人事死犹事生,故祭祀有享献之礼,享献亦是饮食事也。"①其搭配对象可以是鬼神,也可以是生人。前者如例(3)、(4),后者如例(2)。

3. 喜侃/侃喜

(1) 师臾作……大林钟,用喜侃前文人,用祈纯鲁、永命。(师臾钟《集成》1.141西中)

(2) 吴生用作穆公大林钟,用降多福,用喜侃前文人,用祈康𩁹,纯鲁。(吴生钟《集成》1.105西晚)

① 转引自陈初生编:《金文常用字典》,陕西人民出版社,2004年,第819页。

(3) 作朕皇考叔氏宝林钟，用喜侃皇考。(士父钟《集成》1.148 西晚)

(4) 兮仲作大林钟，用追孝于皇考己(纪)伯，用侃喜前文人，子孙永宝用享。(兮仲钟《集成》1.66 西晚)

(5) 用作朕皇考林钟，用侃喜上下，用乐好宾，用祈多福，孙子永宝。(鲜钟《集成》1.143 西晚)

(6) 叔妣作宝尊簋，眔仲氏万年，用侃喜百姓、朋友眔子妇，子孙永宝，用夙夜享孝于宗室。(叔妣簋《集成》8.4137 西晚)

"喜侃/侃喜"这对组合从西周中期开始出现，"喜侃"出现 8 次，"侃喜"出现 3 次。它们主要流行于西周晚期，春秋金文中没再出现。"喜侃/侃喜"都用于器用之辞里，绝大多数出现在乐器编钟铭文里。只有例(6)例外，出现在簋铭中。"喜侃/侃喜"两序均为喜悦、高兴义，在金文中用为使动用法"使……喜悦/高兴"。

4. 帅型/型帅

(1) 望肇帅型皇考，虔夙夜，出内(入)王命。(太师望鼎《集成》5.2812 西中)

(2) 对扬天子丕显休，用作朕皇考釐王宝尊簋，余其永万年宝用，子子孙孙其帅型受兹休。(彔伯㦰簋《集成》8.4302 西中)

(3) 梁其肇帅型皇祖考，秉明德，虔夙夕，辟天子。(梁其钟《集成》1.187 西晚)

(4) 单伯昊生曰：丕显皇祖剌(烈)考，逑匹先王，爵堇大命，余小子肇帅型朕皇祖考懿德，用保奠。(单伯昊生钟《集成》1.82 西晚)

(5) 公曰：余虽今小子，敢帅型先王，秉德嬗嬗(秩秩)，固燮万邦。(晋公𥂴《集成》16.10342 春秋)

(6) 祇顆穆王，型帅宇诲。𤕌(申)寍天子，天子圝鑚(缵)文武长剌(烈)。(史墙盘《集成》16.10175西中)

"帅型/型帅"这对组合从西周中期开始出现，一直使用到春秋时期。"帅型"共出现 8 次；"型帅"只出现 1 次，即上揭例(6)。史墙盘铭是由历任史官微氏家族中墙所撰写的文、武、成、康、昭、穆六王功德，文辞简约，典雅规范，彰显史官文笔。盘铭不用"帅型"而使用"型帅"，大概是为了不落窠臼，避免落俗。在两周金文中，"帅型/型帅"两序均为遵循、效法义。

5. 休赐/赐休

(1) 姒休赐厥濒(顺)史贝，用作隣宝彝。(顺史鬲《集成》3.643 西早)

(2) 王休赐厥臣父瓒王祼、贝百朋。(荣簋《集成》8.4121 西早)

(3) 王侃大保，赐休余土，用兹彝对令。(大保簋《集成》8.4140 西早)

(4) 王用弗望(忘)圣人之后，多蔑历赐休，望敢对扬天子丕显鲁休。(师望鼎《集成》5.2812 西中)

(5) 乃敢用拜稽首，弗敢不对扬朕辟皇君之赐休命。(叔尸镈《集成》1.285 春晚)

"休赐/赐休"这对组合从西周早期开始出现，一直使用到春秋晚期。"休赐"出现 2 次，"赐休"出现 5 次。西周早期多用"休赐"，西周中期开始只用"赐休"，一直使用到春秋晚期。赐、休都有赐予义，既可以单用，也可以组合使用。在两周金文中，"休赐/赐休"两序均为赐予义。

6. 受宖/宖受

(1) 用作文母楷妊宝簋，方(?)其日受(授)宖。(楷伯簋《集成》8.4139 西中)

(2) 剌(烈)祖、文考弋(式)寵受(授)墙尔䵼福，褱猶(发)彔(禄)，黄耇弥生。(史墙盘《集成》16.10175 西中)

"受宖/宖受"这对组合只出现在西周中期，各出现 1 次。裘锡圭先生认为史墙盘铭中"寵"与金文

“宖”用法相同，其意义与“休”“锡”等字相类。① 陈剑先生将“宖”字释为“宠”，认为与“赐”字相类。② 陈絜先生认为“竆”读为酬，为酬赏、酬谢义的本字。“宖”读为“酬”，表酬赏、酬谢义，体现的是上下级之间的尊卑关系。③ 例(1)、(2)中的“受”，后世写作“授”，为授予义。受、宖(竆)为同义连用，在铭文中，“受宖/宖受”均为赐予义。

7. 咸既/既咸

明公朝至于成周，诞令：舍三事令，眔卿事寮、眔诸尹、眔里君、眔百工、眔诸侯：侯、田、男，舍四方令，既咸令。甲申，明公用牲于京宫。乙酉，用牲于康宫，咸既，用牲于王。(作册令方彝《集成》16.9901 西早)

“咸既/既咸”这对组合只用于西周早期铭文里，并且出现在同一篇铭文中。“咸既”与“既咸”各出现 2 次。④ 既、咸都有完成义，“咸既/既咸”属于同义组合，两序均为完成义。在同一篇铭文中使用，大概为了避免上下文辞重复，变换组合顺序，形成了同素逆序现象。殷墟甲骨文中就已出现了“咸既”组合。例如：“□亥贞：咸既祭。”(《合集》33440)卜辞中的“咸既”也为完成义。这条卜辞是问“能完成祭祀吗”。

8. 绍夹/夹绍

(1) 王曰：盂，乃绍夹死(尸)司戎，敏諫罚讼，夙夕绍我一人烝四方。(大盂鼎《集成》5.2837 西早)

(2) 王若曰：……亦则于汝乃圣祖考克尃(辅)右(佑)先王，作厥肱股，用夹绍厥辟，奠大命。(师询簋《集成》8.4342 西晚)

(3) 禹曰：丕显桓桓皇祖穆公，克夹绍先王奠四方。(禹鼎《集成》5.2833 西晚)

(4) 则繇唯乃先圣祖考夹绍先王，爵勤大命，奠周邦。(卌二逑盘《新收》⑤0745 西晚)

“绍夹/夹绍”这对组合在金文中共出现 5 次，“绍夹”1 次，“夹绍”4 次。西周早期只用“绍夹”，如例(1)；晚期只用“夹绍”，如例(2)—(4)。早期金文中“绍”写作“䚈”，晚期有时写作“召”，后世文献多写作昭、诏、绍等，为辅助义。《说文》：“夹，持也。”“绍夹/夹绍”属于同义连用，两序均为辅助、辅相义。

9. 民人/人民

(1) 侯氏赐之邑二百又九十又九邑，与鄩之民人、都鄙。(𬈊钟《集成》1.271 春中)

(2) 余恁台心，诞中余德，龢䜌民人，余尃(溥)昀(徇)于国。(王孙遗者钟《集成》1.261 春晚)

(3) 齐侯既跻洹子孟姜丧，其人民、都邑堇(谨)宴舞，用纵尔大乐。(洹子孟姜壶《集成》16.9729 春晚)

“民人/人民”这对组合出现在春秋中晚期金文里，共出现 3 次，“民人”2 次，“人民”1 次。“民人/人民”两序均为民众义。金文中“民”也经常单独使用，来表民众义。

10. 铸作/作铸

(1) 塱肇家铸作鬲，其永子孙宝。(塱肇家鬲《集成》3.633 西中)

(2) 昆疕王贮(铸)作龢钟，其万年子孙永宝。(昆疕王钟《集成》1.46 西晚)

(3) 芮公作铸从鼎，永宝用。(芮公鼎《集成》4.2389 春早)

(4) 唯正月初吉庚午，筥叔之仲子平，自作铸游钟。(仲子平钟《集成》1.175 春晚)

① 裘锡圭：《史墙盘铭解释》，《裘锡圭学术文集·金文及其他古文字卷》，复旦大学出版社，2012 年，第 19 页。

② 陈剑：《释“琮”及相关诸字》，《甲骨金文考释论集》，线装书局，2007 年，第 273—316 页。

③ 陈絜：《甲骨金文中的“□”字及其相关问题之检讨》，《青铜器与金文》第三辑，上海古籍出版社，2019 年，第 136—149 页。

④ 作册令方尊(《集成》6016)与作册令方彝(《集成》9901)为同铭异器，同为一人所铸。统计频次各计 1 次。

⑤ 钟柏生等编著：《新收殷周青铜器铭文暨器影汇编》，艺文印书馆，2006 年。本文简称为《新收》。0745 为器物编号，卌二逑盘为器物名，以后文中出现均按此例，不再一一另注。

(5) 正月庚午，嘉曰：余郑邦之产，少去母父，作铸飤器黄镬。（哀成叔鼎《集成》5.2782 春晚）

(6) 楚王酓(熊)胐作铸匜鼎，以共(供)歲嘗。（楚王酓鼎《集成》4.2479 战晚）

"铸作/作铸"这对组合共出现 8 次，"铸作"2 次，"作铸"6 次。西周中期开始出现"铸作"组合，并且只用于西周金文里。春秋开始只用"作铸"，一直使用到战国晚期。作、铸同义连用，"铸作/作铸"两序均为制造义。"作"较为抽象，搭配意义较广。"铸"较为具体。在金文中作、铸都可以单用，其意义不变。

11. 荒宁/宁荒

(1) 汝毋敢妄(荒)宁，虔夙夕，叀我一人，擁(雍)我邦小大猷。（毛公鼎《集成》5.2841 西晚）

(2) 汝官司历人，毋敢妄(荒)宁，虔夙夕，叀雍我邦小大猷。（卌三逑盘《新收》0748 西晚）

(3) 晋姜曰：余唯嗣朕先姑君晋邦，余不叚(暇)妄(荒)宁，经雍明德，宣邲我猷，用绍匹辝(台)辟。（晋姜鼎《集成》5.2826)春早）

(4) 唯正五月，初吉孟庚，蔡侯申曰：余唯(虽)末少子，余非敢宁忘(荒)，有虔不惕(易)，佐佑楚王。（蔡侯纽钟《集成》1.210 春晚）

"荒宁/宁荒"这对组合共出现 4 次，"荒宁"3 次，"宁荒"1 次。从西周晚期开始出现，只用"荒宁"一种形式；春秋晚期出现了"宁荒"，但"荒宁"也一直在使用。"荒宁"中的"荒"在铭文中写作"妄"或"忘"，它们都读作"荒"。"荒宁/宁荒"两序均为过于安逸之意。传世文献只用"荒宁"。例如，《尚书·无逸》："治民祇惧，不敢荒宁。"

12. 肆享/享肆

(1) 应公作宝尊彝，曰：奄以乃弟，用夙夕肆享。（应公鼎《集成》5.2553 西早）

(2) 历肇对元德，孝友唯型，作宝尊彝，其用夙夕肆享。（历鼎《集成》5.2614 西早）

(3) 鲁侯獄(熙)作彝，用享肆厥文考鲁公。（鲁侯獄鬲《集成》3.648 西早）

"肆享/享肆"这对组合共出现 3 次，"肆享 2 次"，"享肆 1 次"。它们只出现在西周早期铭文里，西周中期之后再没有出现双音节形式。"肆"在金文中写作"黼"，陈剑先生改释为"肆"，为"肆解牲体"之义。[①] 其说可从。"肆"与"享"是祭祀过程中的两个紧密相连的环节，分割牲肉为肆，持奉祖先为享。肆、享均有奉献、奉祀义，"肆享/享肆"两序均为奉献、奉祀义。它们可以搭配生人，也可以用于死人。生人为奉献，死人为奉祀。在金文中，"享"用于奉祀义的时候经常可以单用，"肆"作为修饰器名也可以单独使用。

13. 昭合/合昭

(1) 将广启邦，虔恭盟祀，昭合皇卿(埍)，协顺百嵩(揆)。（晋公盘《铭续》0952 春秋）

(2) 虔龏盟祀，以合昭皇卿(埍)，固新(亲)百嵩(揆)。（晋公盞《集成》16.10342 春秋）

"昭合/合昭"[②]这对组合在春秋晋国金文中各出现 1 次。"昭"有辅助义，"合"为配合义。昭、合为近义连用，"昭合/合昭"两序的意义没有区别，均为配合义。

14. 绰绾/绾绰

(1) 蔡姞作皇兄尹叔尊肆彝，……用匄眉寿、绰绾、永命，弥厥生，霝终，其万年无疆。（蔡姞簋《集成》8.4198 西中）

(2) 用祈匄康龛、纯佑、绰绾、通禄。（梁其钟《集成》1.190 西晚）

(3) 晋姜用祈绰绾、眉寿，作疐为亟(極)，万年无疆。（晋姜鼎《集成》5.2826 春早）

---

① 陈剑：《甲骨金文旧释"黼"之字及相关诸字新释》，《出土文献与古文字研究》第二辑，复旦大学出版社，2008 年，第 13—47 页。

② 关于铭文中"昭合/合昭"的隶定，本文参照管文韬的意见。参见管文韬：《试论晋公盘铭文及相关问题》，《青铜器与金文》第三辑，第 111 页。

(4) 叔鼄父作孟姜尊簋,绾绰、眉寿、永命,弥厥生,万年无疆。(叔鼄父簋《集成》7.4108西晚)

(5) 用祈匄百禄、眉寿、绾绰、永命,万年无疆。(史伯硕父鼎《集成》5.2777西晚)

"绰绾/绾绰"这对组合在金文中共出现11次,"绰绾"8次,"绾绰"3次。"绰绾"多用于西周中期和春秋时期。"绾绰"只用于西周晚期。绰义为宽,绾义为缓,绰、绾为近义连用,为宽缓义。① "绰绾/绾绰"两序的意义没有区别,在金文中多形容福寿绵长之意。

15. 寿考/考寿

(1) 肇作京公宝尊彝,京公孙子宝,侯万年寿考、黄耇,耳日受休。(耳尊《集成》11.6007西早)

(2) 用祈寿考,子子孙孙其万年永是宝用。(晋侯僰马壶《新收》0888西晚)

(3) 唯王五月甲寅,向曶作旅簋,曶其寿考万年,孙子子永宝用。(向曶簋《集成》7.4033西晚)

(4) 蔡侯申……敬配吴王,不讳考寿,子孙蕃昌,永保用之,千岁无疆。(蔡侯尊《集成》11.6010春晚)

"寿考/考寿"这对组合共出现7次,"寿考"5次,"考寿"2次。从西周早期开始,一直到西周晚期只用"寿考"。春秋晚期才出现了"考寿"组合。"考""寿"属于近义连用,"寿考/考寿"两序的意义没有区别,均为长寿义。

16. 龢协/协龢

(1) 余虽小子,穆穆帅秉明德,叡(睿)尃(敷)明刑,虔敬朕祀,以受多福,协龢万民,唬(虔)夙夕,剌剌(烈烈)趠趠,万姓是敕。(秦公镈《集成》1.270春中)

(2) 丕显皇祖,其乍(祚)福元孙,其万福纯鲁,龢协而又(有)事,卑(俾)若钟鼓。(叔尸镈《集成》1.285春晚)

"龢协/协龢"这对组合出现在春秋中晚期铭文里,"龢协"出现2次,"协龢"出现1次。它们都出现在青铜镈铭中,这大概与音乐的实际作用相关。"龢""协"属于近义连用,"龢协/协龢"两序的意义没有区别,均为龢协义。

17. 德经/经德

(1) 今余唯令汝盂绍荣,敬雝德巠(经)。敏朝夕入谰(谏),享奔走,畏天畏(威)。(大盂鼎《集成》5.2837西早)

(2) 王曰:者沪,汝亦虔秉丕泾(经)德,以克总光朕越,于之悉学。(者沪钟《集成》1.122战早)

(3) 齐陈曼不敢逸康,肇谨经德,作皇考献叔饋盘,永保用簠。(齐陈曼簠《集成》9.4595战早)

"德经/经德"这对同素逆序组合共出现3次,"德经"1次,"经德"2次。西周早期用"德经",战国早期用"经德"。"德"最早出现在甲骨文中,写作"徝"。徐中舒认为是工匠使用的悬垂②,我们认为是测量日影的原始槷表。悬垂、槷表都有法度、准则之意。经,为纲纪义。德、经是近义连用,"德经/经德"两序的意义没有区别,均为纲纪、法度义。

18. 肇其/其肇

(1) 宁肇諆(其)作乙考尊簋,其用各百神,用绥多福,世孙子宝。(宁簋《集成》4022西早)

(2) 叀肇諆(其)为御,作父甲旅尊。(叀肇諆父甲尊《集成》11.5952西早)

(3) 庰肇其作父己宝尊彝。(庰父己尊《集成》11.5953西中)

(4) 德其肇作盘,其万年眉寿,子子孙孙永宝用。(德盘《集成》16.10110西中)

(5) 梁其肇帅型皇祖考,秉明德。(梁其钟《集成》1.192西晚)

"肇其/其肇"这对组合共出现9次,"肇其"6次,"其肇"3次。"肇其"从西周早期开始出现,"其

① 马承源主编:《商周青铜器铭文选》(三),文物出版社,1988年,第193页,注[三]。

② 徐中舒主编:《甲骨文字典》,四川辞书出版社,1989年,第168—169页。

肇”从西周中期开始出现。西周中期之后“肇其/其肇”两序并行，一直到西周晚期。春秋铭文中再也没有出现这对组合。“肇”为语气词[①]，“其”金文有时写作“諆”，也用为语气词。“肇其/其肇”两序组合意义不变，均为加强语气作用。在金文中“肇”“其”作为语气词均可单用。

19. 世万/万世

(1) 参拜稽首于皇考剌俎(祖)，卑(俾)万世无諆(期)，亟(极)于后民，永宝教之。(与兵壶《新收》1980春中)

(2) 曰：乌呼哀哉，剌叔剌夫人，万世用之。(𪾔鼎《新收》1237春中)

(3) 侯氏从造(告)之曰：世万至于辝(台)孙子，勿或俞(渝)改。(𦂎镈《集成》1.271春中)

(4) 余以宅东土，至于淮之上，世万子孙永保。(童鹿公鮇鼓座《集成》2.429春晚)

(5) 万年无諆(期)，世万孙子，永保鼓之。(王孙遗者钟《集成》261春晚)

(6) 顺余子孙，万世亡(无)疆，用之勿相(丧)。(越王诸稽于赐钟《集成》1.144战早)

“万世/世万”这对组合共出现10次，“万世”6次，“世万”4次。这对组合主要流行于春秋战国时期，“万世”从春秋中期一直到战国早期都有使用，“世万”只用于春秋中晚期。“万世/世万”两序组合意义不变，为表时间名词万代、永久义。

20. 父母/母父

(1) 用作大御于厥祖匕(妣)、父母、多申(神)，毋念哉。(作册嗌卣《集成》10.5427西早)

(2) 迺自作配，卿(嚮)民；成父母，生我王，作臣。(豳公盨《新收》1607西中)

(3) 用孝用享，既龢无测，父母嘉寺(持)，多用旨食。(上曾大子鼎《集成》5.2750春早)

(4) 用追孝于其父母，用赐永寿，子子孙孙永宝用享。(郜遣簋《集成》7.4040春早)

(5) 正月庚午，嘉曰：余郑邦之产，少去母父，作铸飤器黄镬。(哀成叔鼎《集成》5.2782春晚)

“父母/母父”这对组合共出现5次，“父母”4次，“母父”1次。“父母”从西周早期一直到春秋晚期都有使用；“母父”只用于春秋晚期。例(5)中“母父”就是“父母”之意，张政烺先生说：“盖因叶韵故为颠倒。”[②]此说甚是。“父母/母父”两序组合意义不变，指父亲和母亲。

21. 教威/威教

(1) 我皇祖唐公，膺受大命，左右文武，教威百蛮，广辟四方。(晋公盘《铭续》0952春秋)[③]

(2) 蔡侯产作畏(威)教。(蔡侯产剑《集成》18.11602战早)

“教威/威教”这对组合在春秋、战国的铭文里各出现1次。学界对晋公盘铭中“教威”的隶定与释义还存在着争议。[④]《说文》：“教，上所施，下所效也。”“教”为教化义，“威”为震慑义，教、威为近义连用。“教威/威教”两序均为教化、震慑义。例(1)“教威”用作动词。例(2)由于铭文过于简约，“威教”可能用作名词。名动相因是上古汉语中常见的现象。

(三) 战国秦汉简帛中的同素逆序组合

战国到秦汉是中国古代社会从割据纷争到统一融合的巨变时代，社会发展的进程大大地加快了。汉语复音化的步伐也随之加快，汉语复音词的发展进入了成熟时期。与此同时，这一时期汉语中同素逆序组合现象也出现了新的变化。从传世文献来看，同素逆序组合的数量迅猛增长(详见后文论述)；从出土文献来看，同素逆序组合的数量大大地减少了。目前，所能见到的战国秦汉简帛中只有5组同素逆序组合：小大/大小、贵富/富贵、搒殴/殴搒、民人/人民、少多/多少。

---

① 陈初生编：《金文常用字典》，第362页。

② 张政烺：《哀成叔鼎释文》，《古文字研究》第五辑，中华书局，1981年，第29页。

③ 吴镇烽：《商周青铜器铭文暨图像集成续编》，上海古籍出版社，2016年。本文简称为《铭续》，0952为器物编号，晋公盘为器物名，以后文中出现均按此例，不再一一另注。

④ 管文韬：《试论晋公盘铭文及相关问题》，《青铜器与金文》第三辑，第98—99页。

1. 小大/大小

(1) 为亡(无)为,事亡(无)事,味亡(无)未(味)。大小之多,惕(易)必多难。是以圣人犹难之,故终亡(无)难。(《郭店简·老子甲》简14)①

(2) 民亦又(有)言曰:悬(谋)亡(无)小大,而器不在利。(《清华简(叁)·芮良夫毖》简25—26)②

(3) 燕事小大之诤(争),必且美矣。(《战国纵横家书·苏秦自赵献书燕王章》)③

(4) 为无为,事无事,味无未(味)。大小多少,报怨以德。图难乎其易也,为大乎其细也。(《马王堆汉墓帛书·老子甲》)④

"小大/大小"这对组合在不同时代的出土文献中,所呈现出的分布有所不同。"小大"出现较早,历时较长,上至西周金文,下到汉代帛书。两周及战国金文中只出现了"小大"形式。战国楚简中"小大""大小"两序并现,如例(1)、(2)。西汉帛书中也是"小大""大小"两序并现,如例(3)、(4)。"大小/小大"两序组合其意义没有区别,均为大小各种之意。

2. 贵富/富贵

(1) 贵福(富)骄,自遣咎也。(《郭店简·老子甲》简38—39)⑤

(2) 恶忘?忘于贵富。(《上博简(柒)·武王践阼》简9—10)⑥

(3) 贵富而骄,自遣咎也。(《马王堆汉墓帛书·老子甲》)⑦

(4) 子曰:大臣之不亲也,则忠敬不足,而\u8d2b(富)贵已逃(过)也。(《郭店简·缁衣》简19—20)⑧

(5) 子曰:轻绝贫贱而重⑨\u8d2b(富)贵,则好仁不坚,而恶恶不著也。(《上博简(壹)·缁衣》简22—23)⑩

"贵富/富贵"这对组合都出现在战国及其之后的出土文献里。"贵富"既出现在战国楚简中,也出现在西汉帛书里,从战国一直到西汉都在使用。前者如例(1)、(2);后者如例(3)。"富贵"只出现在战国楚简中,如例(4)、(5)。在简帛文献中,"贵富/富贵"两序词义相同,均为富裕显贵义。

3. 搒殴/殴搒

(1) 变弗听,捽搒殴变。(《岳麓书院藏秦简(叁)·为狱等状四种》简175)⑪

(2) 变与务,殴搒变。(《岳麓书院藏秦简(叁)·为狱等状四种》简178—179)

"搒殴/殴搒"这对组合都出现在秦简里。简文所记录的案件《得之强与弃妻奸案》是秦王嬴政时期的司法文书,记述了一个叫得之的人企图强奸一名叫变的女子的过程。《说文·殳部》:"殴,捶击物也。"《广雅·释诂》:"搒,击也。""搒""殴"为近义连用,"搒殴/殴搒"两序均为捶击义。例(1)中"捽",《说文·手部》:"捽,持头发也。"简文大意为变不顺从得之,得之揪住变的头发捶击她。例(2)中"务",

① 荆门市博物馆编:《郭店楚墓竹简》,文物出版社,1998年,第112页。本文简称《郭店简》。

② 李学勤主编:《清华大学藏战国竹简(叁)》,中西书局,2012年,第146页。本文简称《清华简》。

③ 马王堆汉墓帛书整理小组编:《马王堆汉墓帛书——战国纵横家书》,文物出版社,1976年,第2页。

④ 马王堆汉墓帛书整理小组编:《马王堆汉墓帛书——老子》,文物出版社,1976年,第8页。

⑤ 荆门市博物馆编:《郭店楚墓竹简》,第113页。

⑥ 马承源主编:《上海博物馆藏战国楚竹书(七)》,上海古籍出版社,2008年,第159—161页。本文简称《上博简》。

⑦ 马王堆汉墓帛书整理小组编:《马王堆汉墓帛书·老子》,第21页。

⑧ 荆门市博物馆编:《郭店楚墓竹简》,第130页。

⑨ 例(5)中"重"字,原整理者隶定为"厚"。这里依据李零的观点,参见李零:《上博楚简三篇校读记》,中国人民大学出版社,2007年,第49页。

⑩ 马承源主编:《上海博物馆藏战国楚竹书(一)》,上海古籍出版社,2001年,第197页。

⑪ 陈松长主编:《岳麓书院藏秦简(壹—叁)(释文修订本)》,上海辞书出版社,2018年,第161页。文中出现有关《岳麓书院藏秦简(壹—叁)》中的内容均出自此书,不再注明。

整理者依据文意认为有搏斗、使劲反抗义，并推断可能与"媭"相关。[①]《说文·女部》："媭，不繇也。"段注："繇者，随从也；不繇者，不随从也。"简文大意为变不顺从得之，得之继续殴打变。

4. 民人/人民

(1) 问之曰：民人流型(形)，奚得而生。(《上博简(柒)·凡物流形》简 2)[②]

(2) 聚人民，任土地，足此民尔(爾)，生死之用，非忠信者莫之能也。(《郭店简·六德》简 4—5)[③]

(3) 为君者其监于此，以君民人。(《清华简(捌)·天下之道》简 3)[④]

"民人/人民"这对组合在两周金文中已经出现(详见前文)，在战国楚简中继续使用。在楚简中，"民人/人民"两序意义相同，均为民众义。

5. 少多/多少

(1) 君当岁，大夫当月，师尹当日，焉智(知)少多，皮(罢)落赅(该)成。(《清华简(陆)·管仲》简 12—13)

(2) 县啬夫材兴有田其旁者，无贵贱，以田少多出人，以垣缮之，不得为繇(徭)。(《睡虎地秦墓竹简·秦律十八种》[⑤]徭律)

(3) ☐之少多，我作☐(《葛陵简》[⑥]零 302)

(4) 金钱羽旄，息子多少，徒隶攻丈。(《睡虎地秦墓竹简·为吏之道》二五—二七叁)

"少多/多少"这对组合都出现在战国楚简和秦简里。据统计，"少多"出现大致 5 次，"多少"只出现 1 次。"少多/多少"在简文中两序意义相同，均为多少义。"少多"使用频率较高，葛陵简、睡虎地秦简、清华简中均有使用，是当时的常用形式。"多少"只出现 1 次，如例(4)。例(3)属于求取祭物简[⑦]，由于《葛陵简》残简过甚，此句无法复原，这里的"少多"大概表示的是数量。例(4)是《为吏之道》中"除害兴利"一节，每句四字，多为官吏常用词语。"息子多少"指的是小猪、小鸡的数量。[⑧]

三　出土文献同素逆序组合特征

出土文献中的同素逆序组合是汉语同素逆序词发展史中的重要组成部分，也是这一语言现象中的特殊类别。它不仅具有语言的时代特点，同时也带有出土文献题材和载体的性质与特征。出土文献中的同素逆序组合更多地保留着这一语言现象发生时的原始形态，虽然它是汉语同素逆序词的直接源头，但是它与传世文献和现当代汉语辞书中的同素逆序词有着许多不同的地方。

(一) 同素逆序现象产生的时间。之前，学者认为汉语同素逆序组合最早可以追溯到西周文献《诗经》，现在看来，这种语言现象出现的时间更早。丁勉哉先生说："从词素次序对调和交换使用来看，可以证明在词组转化为单词的过程当中也就产生了同素词，同素词的起源是和合成词总的起源同样古老的。"[⑨]通过我们对出土文献的梳理，可以确定汉语同素逆序现象起源于殷商时期甲骨文，它应当是与汉语复音化同步出现的。

① 陈松长主编：《岳麓书院藏秦简(壹—叁)(释文修订本)》，第 161 页。

② 马承源主编：《上海博物馆藏战国楚竹书(七)》，第 226 页。

③ 荆门市博物馆编：《郭店楚墓竹简》，第 187 页。

④ 李学勤主编：《清华大学藏战国竹简(捌)》，中西书局，2018 年，第 149 页。

⑤ 睡虎地秦墓竹简整理小组编：《睡虎地秦墓竹简》，文物出版社，1978 年。

⑥ 河南省文物考古研究所编著：《新蔡葛陵楚墓》，大象出版社，2003 年。本文简称《葛陵简》。

⑦ 宋华强：《新蔡葛陵楚简初探》，武汉大学出版社，2010 年，第 96—105 页。

⑧ 睡虎地秦墓竹简整理小组编：《睡虎地秦墓竹简》，第 55、287 页。

⑨ 丁勉哉：《同素词的结构形式和意义关系》，《学术月刊》1957 第 2 期，第 48—49 页。

（二）同素逆序组合的特点。为了提高汉语表达的明晰度和精确度而产生的联合式复合词，是由两个地位平等的词素构成，其来自两个可以独立运用的单音节词。与中古汉语及其以后的同素逆序词相比，出土文献中的同素逆序组合的特点只是位序不同，而两序的意义、结构、功能等方面基本相同。1. 从韵律上看。出土文献中的同素逆序组合大多出现在散文文体中，多数组合处于句首或句中，很少处于韵脚位置，只出现了一对组合是因为押韵的原因而改变位序。例如：父母/母父。2. 从语义上看。出土文献中的同素逆序组合两序没有因为位序不同，意义发生变化。例如：孙子/子孙、帅型/型帅、侃喜/喜侃、万世/世万等。3. 从词性上看。出土文献中的同素逆序组合两序没有因为位序不同，词性发生变化。[①] 例如：上下/下上、寿考/考寿两序均为名词性，肆享/享肆、休赐/赐休两序均为动词性，绰绾/绾绰、贵富/富贵两序均为形容词性，肇其/其肇两序均为语气词。4. 从结构上看。出土文献中的同素逆序组合最大的特点就是结构松散，每个语素常常独立成词。同素逆序组合形式灵活，位序不定，但两序都为联合式结构。例如：寿考/考寿、人民/民人、昭合/合昭等。5. 从功能上看。出土文献中的同素逆序组合两序没有因为位序不同，功能发生变化。例如：上下/下上均作主语，赐休/休赐均作谓语，绰绾/绾绰均作宾语，大小/小大均作定语，肇其/其肇均作状语。6. 从时代上看。出土文献中的同素逆序组合两序在出现的时间上不尽相同。虽然两序大多处于共时范畴，但有的只出现在西周早期，有的只出现在西周晚期。例如："绍夹/夹绍"。绍夹只出现在西周早期，夹绍出现在西周晚期。再如："铸作/作铸"。西周只用铸作，春秋战国只用作铸。7. 从频率上看。出土文献中的同素逆序组合两序使用频率并不平衡。例如："享孝/孝享"，享孝出现 31 次，孝享只出现 1 次；"帅型/型帅"，帅型出现 8 次，而型帅只出现 1 次；"子孙/孙子"，子孙出现大致 130 次，孙子大致出现 40 次。8. 从修辞上看。出土文献中的同素逆序组合因为避免上下文重复而变换位序现象是存在的。例如：咸既/既咸，搒殴/殴搒。两序同时出现在同一篇文献里，并且两序的意义相同，为了避免前后文辞重复，临时改变了位序。

（三）同素逆序现象产生的原因。同素逆序现象的产生是与汉语词汇复音化的发生密不可分的。1. 同素逆序现象产生的主要原因就是由汉语单音向双音转化的初始阶段所呈现出来的灵活性和游动性的特点所导致的。向熹先生说："上古联合式复合词的形成大都经过一个连用过程，有相当大的灵活性，往往可以颠倒两个词素的词序而组成不同的词或词组。"[②]张巍先生也认为："（复合词）起始阶段其结合很不稳固，既可颠倒字序，又能合而可分，有较大的游动性，这就为同素逆序的形成提供了可能。"[③]汉语复音化的原始阶段组合的两个语素所表现出来的若即若离性，就是同素逆序现象产生的最主要的原因之一。2. 从复音化产生的经济学原则上来说，同素逆序现象正符合这一原则。刘叔新先生说："倒序型的改造法远比换素型的应用的广泛、频常，而且有久远的多的历史。这是很自然的，因为'倒序'只需要将一个复合词的词素先后顺序颠倒过来，非常简单，不受语义相反或类比的限制。"[④]这一经济性原则不仅符合早期汉语复音化的构成模式，也正适合同素逆序组合的手段与方法。3. 古代汉民族的辩证思维模式和讲究对称的审美观念也是形成同素逆序结构的原因之一。这一心理素质和"尚偶"观念反映在语言上，就是追求成双成对的语言形式和节奏。同素逆序现象也正是这种思维和观念的产物之一。4. 随着社会的发展和人们认识的提高，对客观事物或现象的描述也有了固定的方法与手段。具体反映到语言上就是自然规律与认识规律的统一，这也是民族文化心理方面对同素逆序现象产生的影响。例如：尊卑长幼、高低贵贱、主从大小、美丑好坏等。

---

① 上举金文第 21 组"教威/威教"中的"威教"，由于蔡侯产剑（《集成》18.11602）铭文过于简约，"威教"可能用作名词。上古汉语中名动相因也是常见的现象。

② 向熹编著：《简明汉语史》上册，商务印书馆，2010 年，第 417 页。

③ 张巍：《中古汉语同素逆序词演变研究》，第 244 页。

④ 刘叔新：《汉语描写词汇学（重排本）》，商务印书馆，1990 年，第 107—108 页。

（四）同素逆序组合的赓续。随着社会的发展和汉语词汇系统的自身调节，上述出土文献中的同素逆序现象出现较大的变化。1. 一些同素逆序组合两序还在继续使用。例如：民人/人民，两序组合都出现在《吕氏春秋》《史记》和《汉书》里。小大/大小，两序组合也出现在《三国志》里。这些同素逆序组合中两序的语义、语法和语用在这些文献里并没有发生很大的变化。2. 一些同素逆序组合两序虽然还在使用，但其意义发生了变化。例如：龢协/协龢，“龢协”指和睦协调，“协龢”指使协调融洽。子孙/孙子，“子孙”指的是儿子和孙子，泛指后代；“孙子”只是指儿子的儿子。3. 一些同素逆序组合中一序还在使用，另一序已经消失。例如：“下上/上下”中的“上下”还在使用，“下上”消失了；“民人/人民”中的“人民”还在使用，“民人”消失了；“小大/大小”中的“大小”还在使用，“小大”消失了。4. 大多数同素逆序组合两序都已消失。例如：享孝/孝享、喜侃/侃喜、帅型/型帅、休赐/赐休、肆享/享肆、寿考/考寿、昭合/合昭、肇其/其肇等。这些变化的主要原因，一方面是社会的发展带来了新的事物不断涌现，旧的事物不断消亡，作为记录它们的词语也会随之不断涤故更新。另一方面就是语言的规范化和经济化原则在语言发展过程中的自身调节所导致的。因为出土文献中的同素逆序组合两序的意义、功能没有什么区别，完全变成等义词了。这样势必导致它们的变化，要么淘汰那些意义与功能相同而形式不同的同素逆序中的一序，要么改变同素逆序中一序的意义和功能。

结语

出土文献中的同素逆序组合发端于商代甲骨卜辞中，这一语言现象的出现绝不是偶然的，其根本原因就是商人前后期的思想发生了变化。马克思曾说过“语言是思想的直接现实”①，即语言与思想是具有同构性的。可以说，殷墟甲骨文中“下上”到“上下”的同素逆序的嬗变，既是语言从感性走向理性的必然结果，也是解开语言之谜和思维之谜的典型范例之一。劳动不仅创造了人类社会，也创造了语言。② 两周时期，随着社会的发展和文化的进步，青铜礼器的多姿多彩，铭文的篇幅大大增长，金文的语言更加丰富，加之汉语韵律的实际运用，使得金文中同素逆序现象有了较大增加。战国秦汉时期，社会的一统，生活节奏的加快，文化制度趋于完善。在有限的出土文献简帛文中同素逆序现象呈现出了明显的下降与减少，这也体现了语言适应社会的发展与变化的结果。

与此不同，在先秦两汉的传世文献中，同素逆序组合却是一直不断地增长，并循序渐进地发展壮大起来。据统计，上古汉语传世文献中的同素逆序词数量不尽相同。《庄子》中有 17 组 34 个同素逆序词，两序意义用法大多相同。③《韩非子》中有 69 组 138 个同素逆序词。④《吕氏春秋》中有 22 组 44 个同素逆序词。⑤《史记》中有 71 组 142 个同素逆序词。⑥《汉书》中有 147 组 294 个同素逆序词。⑦《论衡》中有 189 组 378 个同素逆序词。⑧ 通过以上的统计数据，我们看到上古汉语同素逆序词的发展总趋势是数量逐渐增加。这些同素逆序组合两序的意义与功能并没有多大变化，更接近出土文献中的同素逆序组合的特点。但是，从东汉开始这种情况发生了变化。程湘清先生发现《论衡》中少数同素逆序词颠倒之后，词性和意义发生了变化，已经开始出现和先秦汉语不同而与现代汉语相似

① 〔德〕卡尔·马克思，弗里德里希·恩格斯：《马克思恩格斯全集》第 3 卷，人民出版社，1960 年，第 525 页。

② 〔德〕卡尔·马克思，弗里德里希·恩格斯：《马克思恩格斯全集》第 9 卷，人民出版社，2009 年，第 554 页。

③ 张巍：《中古汉语同素逆序词演变研究》，第 29 页。

④ 车淑娅：《〈韩非子〉同素异序双音词研究》，《语言研究》2005 年第 1 期，第 113 页。

⑤ 张巍：《中古汉语同素逆序词演变研究》，第 32 页。

⑥ 据韩陈其先生统计为 62 对。参见韩陈其：《〈史记〉中字序对换的双音词》，《中国语文》1983 年第 3 期，第 211—215 页；张巍补充 9 对，参见张巍：《中古汉语同素逆序词演变研究》，第 33 页。

⑦ 张巍：《中古汉语同素逆序词演变研究》，第 37 页。

⑧ 张巍：《中古汉语同素逆序词演变研究》，第 46 页。

的发展趋势。① 那么,同素逆序中两序的意义与功能由相同走向不同,东汉就应当是同素逆序现象从古代向现代发展演变的分水岭。

The Arrangement and Explanation of the Inverse-Morphemes Combination in Unearthed Documents

Kou Zhanmin

(School of Literature and Communication, Hechi University, Hechi 546300)

Abstract: The Inverse - morphemes Combination is a special form in the development of Chinese vocabulary. Unearthed documents is one of the earliest Chinese language materials, preserving the original appearance of early written Chinese and being the most primitive and reliable material for exploring the occurrence and development of language phenomena. Previous researchers have mostly focused on hand - down literature as the research object, and obviously lack a key stage to explore this phenomenon from the source of written Chinese. Based on a review of existing unearthed documents, it is known that the phenomenon of the Inverse - morphemes Combination originated from Oracle Bone Inscriptions during the Yin and Shang Dynasties, prevailed in the Bronze Inscriptions during the Two Zhou Period, and declined in the Bamboo Slips and Silk Manuscripts during the Warring States, Qin and Han Dynasties. By examining the quantity, distribution, structure, and function of the Inverse - morphemes Combination in unearthed documents, we summarize the laws of their evolution and reveal the generation mechanism and development motivation of this linguistic phenomenon.

Key words: unearthed documents; Inverse - morphemes Combination; quantitative distribution; structural features; evolutionary law

① 程湘清:《〈论衡〉复音词研究》,《汉语史专书复音词研究》,第 132—133 页。

［传统语言文字研究］

《要用字苑》佚文钩沉

王　虎　姜欣桐

【摘　要】《要用字苑》是东晋葛洪撰写的一部重要的俗字书，在汉语辞书发展史上有着不可忽视的学术价值。今已亡佚，中国和日本学者曾对其辑佚，但由于时代局限，各辑本存在一些讹误，且重复较多。本文在各辑本材料的基础上，重辑佚文52条，按《说文》五百四十部首排录，同时对前人所辑佚文进行辑校，以期最大程度还原《要用字苑》原貌，并从音韵学、文字学、词汇学、辞书编纂等方面梳理其价值。

【关键词】《要用字苑》；佚文；辑校；价值

【作者简介】王虎，辽宁师范大学文学院教授，研究方向为文献学、训诂学；姜欣桐，女，辽宁师范大学研究生，研究方向为文献学、训诂学。（辽宁 大连　116029）

《要用字苑》，晋葛洪撰，今已亡佚。清代学者任大椿、陈鳣、马国翰、顾震福和民国龙璋等人都有辑佚成果问世，这些成果有助于我们窥见《要用字苑》概貌，但也存有不同程度的错讹。故本文在充分利用前人成果的基础上重辑佚文，并据现存佚文对前人辑佚情况加以探讨，同时对其流传情况及价值作进一步分析。

一　《要用字苑》概貌及所存佚文

《要用字苑》，晋葛洪撰。该书《晋书》和《隋书经籍志》未见记载。据《旧唐书·经籍志》《新唐书·艺文志》载，《要用字苑》一卷，葛洪撰。后郑樵《通志》及王应麟《玉海·艺文》亦记载此书。从佚文征引情况来看，宋代《韵府群玉》所引为本书最后一条佚文，其后未见。可知，《要用字苑》约为宋辽之后亡佚。清代各辑佚家始对该书进行不同程度的辑佚，任大椿（任本）从《玄应音义》《慧琳音义》《经典释文》《北户录注》《颜氏家训》《史记索隐》《广韵》《梁书·刘杳传》辑得35条编入《小学钩沉》①，此后陈鳣（陈本）辑得24条编入《古小学书钩沉》②，马国翰（马本）辑得佚文35条编入《玉函山房辑佚书》③中，顾震福（顾本）辑得173条编入《小学钩沉续编》④，龙璋（龙本）辑得42条编入《小学搜逸》⑤，另有日本学者新美宽辑、铃木隆一（新本）补33条入《本邦残存典籍による辑佚资料集成》⑥（包含重复词头）。上述各家所辑未经校勘，故难免存有讹误⑦，且重复颇多。今据《玄应音义》辑得19条，《慧琳音义》辑得26条，《史记索隐》辑得2条，《经典释文》辑得5条，《颜氏家训》辑得4条，《玉烛宝典》辑得3条，《北户录注》辑得2条，《国语补音》辑得1条，《韵府群玉》辑得3条，《广韵》中辑得1条，《南史·刘杳传》辑得1条，《希麟音义》辑得2条，《释日本纪》辑得1条，除去重复后共52条（包含重复词头）。并将《小学钩沉》《古小学书钩沉》《玉函山房辑佚书》《小学钩沉续编》《小学搜逸》《本邦残存典籍による辑佚资料集成》六

---

① 见《小学钩沉》卷十三，光绪甲申（1884）龙氏重刊本。

② 陈本见中国国家数字图书馆网站“中华古籍资源库”所收扫描书影。

③ 马国翰：《玉函山房辑佚书·经编·小学类》，上海古籍出版社，1990年，第2344—2346页。

④ 顾震福：《小学钩沉续编》卷四，上海古籍出版社，2006年。

⑤ 龙璋辑，龙绂琪、周怀霜校：《小学搜逸》上编，国家图书馆出版社，2013年，第427—431页。

⑥〔日〕新美宽编，铃木隆一补：《本邦残存典籍による辑佚资料集成》，京都大学人文科学研究所，1968年，第192—193页。

⑦ 如顾震福所辑佚文中有160条引自《四声字苑》，笔者推断二者应非同一本书，待考证，本书暂不收录。

种辑本所辑《要用字苑》佚文据出处加以整理和校勘，下文按照《说文》540部首进行罗列，首列字头及释文，次列佚文出现的书名及卷数；一条数见者，依次列出出处；同一条目如记载有异，则随文出校注。

丨部

1. 弗，初眼反。今之炙肉弗字也。(《玄应音义》卷九《大智度论》卷十八“铁弗”、《慧琳音义》卷四十六《大智度论》卷十八“铁弗”)弗，初眼反。今之炙肉弗也。(《玄应音义》卷十五《十诵律》卷六“一弗”、卷十九《佛本行集经》卷十八“如弗”;《慧琳音义》卷五十八《十诵律》卷六“一弗”、卷五十六《佛本行集经》卷十八“如弗”)弗，初眼反，谓以签贯肉炙之者也。(《玄应音义》卷十二《修行道地经》卷三“铁弗”、卷十八《立世阿毗昙论》卷八“利弗”;《慧琳音义》卷七十五《修行道地经》卷三“铁弗”、卷七十三《立世阿毗昙论》卷八“利弗”)弗，以签贯肉炙之曰弗。(《玄应音义》卷二十二《瑜伽师地论》卷四“铁弗”、《慧琳音义》卷四十八《瑜伽师地论》卷四“铁弗”)

示部

2. 祇袘，巨儿、之移反，法服也。(《玄应音义》卷十四《四分律》卷四十八“祇袘”、《慧琳音义》卷五十九《四分律》卷四十八“祇袘”)

3. 祝黎：岁在己曰祝黎。(宋阴时夫《韵府群玉》：“己。”《尔雅》：“岁在己曰屠维，月在己曰则。”《字苑》：“岁在己曰祝黎。”)

艹部

4. 蕈，乱茬反。(陆德明《尔雅音义·释草》)

5. 蕿。(《玄应音义》卷十六《萨婆多毗尼毗婆沙》卷六“胡荽”：“《字苑》作蕿，同。”[下同]卷二十四《阿毗达摩俱舍论》卷二“香荽”;《慧琳音义》卷六十五《萨婆多毗尼毗婆沙》卷六“胡荽”、卷七十《阿毗达摩俱舍论》卷二“香荽”)

6. 菻。①(《慧琳音义》卷七十《阿毗达磨俱舍论》卷十七“果辢”：“《字苑》作菻，同。”[下同]卷七十三《隋相论》卷一“三辢”)

㕯部

7. 商横：庚岁名商横。(宋阴时夫《韵府群玉》：“庚。”《说文》：“庚，位西方象秋时万物庚庚有实也。庚承己，象人脐。”《字苑》：“庚岁名商横。”《尔雅》又名上章。)

革部

8. 靸鞮，素合、都奚反。(《玄应音义》卷十四《四分律》卷三十九“菴鞮”、《慧琳音义》卷五十九《四分律》卷三十九“菴鞮”)

又部

9. 彗，箒星也。(《慧琳音义》卷九十《高僧传》卷九“彗孛”)

皮部

10. 皵，九伪反。(《颜氏家训·书证篇》)

11. 皱，面皱也。(《慧琳音义》卷四十一《大乘理趣六波罗蜜多经》卷一“面皱”)

目部

12. 眨。(《玄应音义》卷十一《正法念经》卷四十五“常眨”、《慧琳音义》卷五十六《正法念经》卷四十五“常眨”)

鼻部

13. 鼾，呼干反。(《玄应音义》卷十四《四分律》卷三十二“鼾睡”、卷十五《十诵律》卷二“鼾

① 《玄应音义》卷十八《隋相论》卷一“三辢”条：“《字苑》作菻同，卢葛反。”卷二十四《阿毗达磨俱舍论》卷十七“果辢”条：“《字苑》作菻同，卢葛反。”详见下文佚文辑校(二)。

眠”、卷十七《出曜论》卷十一“鼾声”、卷十九《佛本行集经》卷十六“鼾睡”；《慧琳音义》卷五十六《佛本行集经》卷十六“鼾睡”、卷五十八《十诵律》卷二“鼾睡”、卷五十九《四分律》卷三十二“鼾睡”、卷七十四《出曜经》卷十一“鼾声”）

鸟部

14. 焉，于愆反；矣愆反。（《颜氏家训·音辞篇》）①

肉部

15. 腝，柔脆也。（《玄应音义》卷十一《正法念经》卷八“耎枘”：“《字苑》作腝，柔脆也。”[下同]《慧琳音义》卷五十六《佛本行集经》卷十二“腝叶”、卷五十六《正法念经》卷八“耎枘”）

16. 膗胀，烂，坏也。（《慧琳音义》卷十八《大乘大集地藏十轮经》卷五“膗胀”）

竹部

17. 箜篌，本胡乐也。（《希麟音义》卷九《根本破僧事》卷四“箜篌”）

食部

18. 饆。（《北户录注》：“混沌饼。《字苑》作饆。”）

19. 饡，羹浇饭。②（《玉烛宝典》卷十）

20. 饐，音懿，饐，馊臭也。（陆德明《尔雅音义·释器》）

韦部

21. 鞔苴，履底。③（陆德明《尔雅音义·释草》）

22. 韈，足衣也，亡伐反。（《玉烛宝典》卷十一）

木部

23. 樒，民一反，香木也。（《慧琳音义》卷二十七《妙法莲华经》卷一“木樒”）

24. 榽。（《南史·刘杳传》：“葛洪《字苑》作木旁奚。”）

林部

25. 梵，凡泛反。梵，洁也。（《玄应音义》卷六《妙法莲华经》卷一“梵天”、卷十四《四分律》卷一“梵行”；《慧琳音义》卷二十七《妙法莲华经》卷一“梵天”、卷五十九《四分律》卷一“梵行”）梵，净也。（《慧琳音义》卷二十三《新译大方广佛花严经》卷六十三“梵行之道”）梵，净行。（信瑞《净土三部经音义集》卷一“梵行”）

贝部

26. 贳，积财也。（《史记·张释之冯唐传索隐》）

米部

27. 糁，杂藏果也，素感反。④（《北户录注》）

28. 粔粆，膏环果也。（《玄应音义》卷五《金色王经》卷一“粔粆”、《慧琳音义》卷三十四《金色王经》卷一“粔粆”）

29. 粄。（《玄应音义》卷十八《解脱道论》卷二“麻粋”：“《字苑》作粄，同。”[下同]《慧琳音义》卷七十三《解脱道论》卷二“麻粋”）

疒部

30. 瘖。（《玄应音义》卷十三《未生怨经》卷一“瘦眚”：“《字苑》作瘖，同。”[下同]卷十九《佛本

---

① 《古小学书钩沉》脱“于愆反”。

② 《小学钩沉续编》衍“音赞也”。

③ 鞔，《玉函山房辑佚书》《小学钩沉》均误作“靗”。

④ 糁，《小学钩沉》误作“粖”，今据原书改。

行集经》卷二十六“瘦眚”;《慧琳音义》卷五十六《佛本行集经》卷二十六“瘦眚”、卷五十七《未生怨王经》卷一“瘦眚”)

衣部

31. 袂,褾也,衣袖也。(《玄应音义》卷十《大庄严经论》卷一“攘袂”、《慧琳音义》卷四十九《大庄严经论》卷一“攘袂”)

32. 袈裟。(《玄应音义》卷十四《四分律》卷一“袈裟”、《慧琳音义》卷五十九《四分律》卷一“袈裟”)

毛部

33. 氍毹。(《玄应音义》卷十四《四分律》卷三十一“氀毼”:“《字苑》作氍毹,同。”)

页部

34. 顶,头上也。(《玄应音义》卷十三《七处三观经》卷一“顶顙”、《慧琳音义》卷五十四《七处三观经》卷一“顶顙”)

彡部

35. 影,于景反。(《颜氏家训·书证篇》)葛洪作《字苑》始加彡作影。(《玄应音义》卷八《拔陂经》“如景”、《慧琳音义》卷三十二《拔陂经》“如景”)

厂部

36. 厌,眠内不祥也。(《玄应音义》卷一《大方等大集经》卷一“厌人”、卷九《大智度论》卷十七“即厌”、卷十四《四分律》卷二十八“厌祷”、卷十六《鼻柰耶律》卷七“如厌”、卷二十二《瑜伽师地论》卷五十九“厌祷”、卷二十五《阿毗达磨顺正理论》卷三十三“厌祷”;《慧琳音义》卷十七《大方等大集经》卷一“厌人”、卷四十六《大智度论》卷十七“即厌”、卷四十八《瑜伽师地论》卷五十九“厌祷”、卷五十九《四分律》卷二十八“厌祷”、卷六十五《鼻柰耶律》卷七“如厌”)伏合人心曰厌。(《慧琳音义》卷七十一《阿毗达磨顺正理论》卷三十三“厌祷”)

长部

37. 长风:风暴疾而起者,谓之长风也。(《慧琳音义》卷二十一《大方广佛花严经音义》卷十三“长风”)

火部

38. 然,犹尔也。(《史记·张耳陈余传索隐》)

39. 焰,萩也。(《玄应音义》卷七《正法华经》卷一“焰明”、《慧琳音义》卷二十八《正法华经》卷一“焰明”)

水部

40. 溢:满手曰溢。(陆德明《仪礼音义·丧服经传》)

立部

41. 竴,音剸。(《国语补音》卷二)

水部

42. 流,移也。(《希麟音义》卷十《琳法师别传》卷中“流遁”)

卤部

43. 卤簿:行列为卤簿,或云卤楯也。簿,刊也。楯以为部队也。(《释日本纪》十五)

女部

44. 媵(磣),磨也。(《玉烛宝典》卷六)

45. 好恶,上呼号反,下乌故反。(《颜氏家训·音辞篇》)

土部

46. 塔,佛堂也。(《玄应音义》卷六《妙法莲华经》卷一“宝塔”)塔即佛堂,佛塔,庙也。(《慧琳音义》卷二十七《妙法莲华经》卷一“塔”）塔，佛堂也，他合切。（信瑞《净土三部经音义集》卷二“塔像”）

畕部

47. 疆梧：岁在丁曰疆梧。（宋阴时夫《韵府群玉》：“丁。”《尔雅》：“月在丁曰圉，岁在丁曰强圉。”《字苑》作疆梧。）

金部

48. 锱：六铢为锱。（《慧琳音义》卷一百《念佛三昧宝王论三卷》卷上“锱铢”）

49. 鈂：连丝钓曰鈂。（《广韵》上声十五海“鈂”字注）

亚部

50. 凸，起也。（《玄应音义》卷五《太子须大拏经》卷一“凸髋”、卷十《大乘庄严经论》卷六“凹凸”、卷十一《正法念经》卷五十七“凸腹”、卷十四《四分律》卷三十一“凸髋”、卷十五《十诵律》卷四十“匈凸”、卷二十三《大乘成业论》卷一“凸出”；《慧琳音义》卷三十三《太子须大拏经》卷一“凸髋”、卷五十《大乘成业论》卷一“凸出”、卷五十六《正法念经》卷五十七“凸腹”、卷五十六《佛本集行经》卷二十六“凹凸”、卷五十八《十诵律》卷四十“匈凸”、卷五十九《四分律》卷三十一“凸髋”）

51. 凹，陷也。（《玄应音义》卷十《大乘庄严经论》卷六“凹凸”、卷十一《正法念经》卷二“恐凹”、卷十五《十诵律》卷四十“匈凹”、卷十八《立世阿毗昙论》卷十“则凹”、卷十九《佛本行集经》卷二十六“凹凸”；《慧琳音义》卷五十《大乘成业论》卷一“坳凹”、卷五十六《正法念经》卷二“恐凹”、卷五十六《佛本集行经》卷二十六“凹凸”、卷五十八《十诵律》卷四十“匈凹”、卷七十三《立世阿毗昙论》卷十“则凹”）

酉部

52. 釃，所寄反，以筐盪酒。（陆德明《毛诗音义·伐木》）

二　《要用字苑》佚文辑校

任大椿、陈鳣、马国翰、顾震福、龙璋等人的辑佚工作，对恢复《要用字苑》原貌提供了一定的线索。但由于各家辑佚方法有所不同，使得所辑佚文略有出入，且均有不同程度的错讹。现将各类讹误及原因分别例举如下：

（一）错收之佚文

清人在辑佚过程中有时会误把他书内容或原书作者案语当做佚文收进《要用字苑》当中，本文以高丽藏本《玄应音义》和《慧琳音义》为底本，将不属该书词条删除，以下笔者分条列出。

1. 跣，四典反。

马本、龙本、陈本、任本皆辑：“《字苑》：跣，四典反。”

按：以上四辑本皆说出自《玄应音义》卷十四《四分律》卷六，笔者遍检高丽藏本《玄应音义》，未发现此条，应是清人误收进《要用字苑》，当删。

2. 枨，丈庚反。枨，触也。

马本辑：“《字苑》：枨，丈庚反。枨，触也。又嫽敞敞，触亦作敞，音丈衡反。”陈本辑：“枨，丈庚反，触也。”任本辑：“《字苑》：樘作枨，丈庚反，枨，触也。”

按：此佚文不属葛洪《要用字苑》，该条应为《字统》佚文，当删。高丽藏本《慧琳音义》卷五十九《四分律》卷五十二“相枨”条：“《字统》作枨，丈庚反。枨，触也。人嫽敞触，亦作敞，音丈衡反。”

3. 宊，突也。

龙本、马本皆辑：“《字苑》：宊，突也。”

按:“突”为“宊”之讹字,且该条非《要用字苑》佚文。《玄应音义》卷二十三《大乘成业论》卷一“凸出”:“《苍颉篇》作宊,徒结反。《字苑》:凸,起也。宊,突也。”“宊,突也”为玄应释《苍颉篇》的案语,而非《要用字苑》本身佚文,见于《玄应音义》卷十《大乘庄严经论》卷六“凹凸”条:“《苍颉篇》作窅宊,同。乌狭反,下徒结反。窅,垫下也。宊,突也。《字苑》作凹,陷也。凸,起也。”

(二) 讹字产生之佚文

佚文在传抄或辑录的过程中,讹文误字难以避免,以下分条例释。

1. 饐,音懿,饐,馊臭也。

龙本、任本皆辑:“《字苑》:饐,音懿,馊食也。”马本辑:“《字苑》:饐,音懿,饐,馊臭也。馊,色留反。”

按:龙本、任本所引有误,“食”为“臭”之讹字。陆德明《尔雅音义·释器》:“饐,葛洪音懿,释云,饐,馊臭也。馊,色留反。”“饐”表“食物经久而腐臭”。《论语·乡党》:“食饐而餲。”皇侃疏:“饐谓饮食经久而腐臭也。”何晏《集解》引孔安国曰:“饐、餲,臭味变也。”《论衡·商虫》:“温湿饐餲,虫生不禁。”

2. 莿。

龙本、陈本、任本皆辑:“《字苑》:莿,卢葛反。”新本作“莿”。

按:“莿”为“莿”之讹字。《慧琳音义》卷七十《阿毗达磨俱舍论》卷十七“果辢”条:“《字苑》作莿,同,卢葛反。”真大成指出:“定性为‘同’的双方可能具有‘异词’的关系。即《音义》所揭举‘A与B同’中,A、B偶尔是音或义有关联但实为两个不同的词。”①例如:“不睦:又作穆,同。”两字虽各有本义,但皆有“和顺、和美”义,两词不同却在义上有关联。“辢”与“莿”之间亦“异词”关系。“辢”有“辣、辛辣”义。《玉篇·辛部》:“辢,辛辢也。”“辢”为今“辣”字。《篇海类编·辛部》:“辢,同‘辣’。”此外,“莿”,文献中又作“椒”,《穀梁传·文公九年》:“楚子使莿来聘。”陆德明释文:“莿,或作‘菽’。左氏作‘椒’。”同样有“辣”义,二字义通,故此佚文当作“莿”。

(三) 误收作者原书释语之佚文

清代辑佚家在辑佚的过程中,有时会因不明原书体例而误将作者释语收入辑本当中,例如误将司马贞、玄应等人释语收入其中。以下分条例述。

1. 然,犹尔也。

马本据《史记索隐》辑:“《字苑》:然,犹尔也。谓相和同诺者何也,谓然诺相信,虽死不顾也。”龙本、任本、顾本皆辑:“《字苑》:然,犹尔也。”

按:此处“谓相和同诺者何也,谓然诺相信,虽死不顾也”为马本误收司马贞注语。据司马贞《史记索隐》体例,《史记索隐》使用大量文献作校勘材料,在引用前人见解时通常会加上自己的释语方便后人理解,即“谓……”。如《史记·五帝本纪》:“舜让于德不怿。”司马贞《史记索隐》:“古文作不嗣,今文作不怡,怡即怿也。谓辞让于德不堪,所以心意不悦怿也。”故“谓相和同诺者何也,谓然诺相信,虽死不顾也”应为司马贞之注语,当删。

2. 袂,褾也,衣袖也。

马本辑:“《字苑》:袂,标也,衣袖也,谓揎衣袖出臂为攘袂也。”龙本、陈本、任本皆辑:“《字苑》:袂,褾也,衣袖也。”

按:马本所辑应是不明原书体例,误辑“谓揎衣袖出臂为攘袂也”。此类讹误在马本据《玄应音义》辑佚其他字书时比比皆是,如马本据《四分律》音义、《生经》音义辑“挑,抉也,谓以手抉取物也”;“睢矆,大视也,谓张目叫呼也”等《声类》佚文时,“谓”以下均为玄应别作解释之语。

3. 鼾,呼干反。

马本、陈本辑:“《字苑》:鼾,呼干反,江南行此音。”

① 真大成:《玄应〈一切经音义〉“同”述考》,《浙江大学学报(人文社会科学版)》2023年第1期。

按：该条佚文衍“江南行此音”。玄应在释义时往往指出北土、江南、中国、山东等地域之别[①]，如《玄应音义》卷二十四《阿毗达磨俱舍论》卷二十二“髋髀”条：“《说文》：‘股外也。’北人用此音，又方尔反。江南行此音，或作脞，俗字也。”另外，马本辑《要用字苑》：“厌，眠内不祥也，山东音于叶反。”衍“山东音于叶反”，马本中此类误辑屡见不鲜，不赘述。

另，清人辑本中多有将玄应、慧琳释语辑入佚文之中，《一切经音义》中经常多次用“同”来沟通字际关系，而“同”后的内容均为玄应或慧琳释语，而并非《要用字苑》本身内容。例如：《玄应音义》卷十六《萨婆多毗尼毗婆沙》卷六“胡荽”：“《字苑》作葰，同。私隹反。”任本、马本、龙本都误将“私隹反”当作《要用字苑》佚文收入辑本当中。清人在辑“秾”“板”“瘖”“氍毹”等佚文时也如出一辙，不赘述。

(四) 误收他书内容

清人辑佚家有时会误将他书内容收入《要用字苑》当中，如：

　　箜篌，本胡乐也。

龙本辑：“《字苑》：箜篌，本胡乐也，《汉书》云：‘灵帝好胡服，作胡箜篌也。’”顾本辑：“《字苑》：箜篌，胡乐也。”

按：龙本误将《汉书》内容辑入佚文之中，当删。《希麟音义》卷九《根本破僧事》卷四“箜篌”：“上苦红反，下胡钩反。《字苑》云：‘箜篌本胡乐也。’《汉书》云：‘灵帝好胡服，作胡箜篌也。’《世本》云：‘师延所作，靡靡之音也。出于濮上，取空国之侯名也。’”

三　《要用字苑》之价值

现辑《要用字苑》佚文虽条目不多，但其在音韵学、文字学、词汇学、辞书编纂等方面均有一定的参考价值。

(一)《要用字苑》在音韵学上的价值

《要用字苑》在一定程度上记录了中古时期的声调破读现象。殷焕先先生认为“好”“恶”声调的不同在语音上表现为“上：去好”“入：去恶”[②]，葛洪就记录了“好”“恶”的破读音。《颜氏家训·音辞篇》云：“夫物体自有精粗，精粗谓之好恶。人心有所去取，去取谓之好恶(宋本原注：上呼号、下乌故反)，此音见于葛洪、徐邈。”可以说，葛洪在当时就注意到了声调和意义之间的联系，认为音应随义而变，合乎语言实际，利于训诂，故为颜之推所取。而且，《要用字苑》始区别“焉”的读音和意义，为后世“焉”的虚词用法提供了佐证。《颜氏家训·音辞篇》云：“自葛洪《要用字苑》分焉字音训：若训‘何’训‘安’，当音于愆反，‘于焉逍遥’‘于焉嘉客’‘焉用佞’‘焉得仁’之类是也；若送句及助词，当音矣愆反，‘故称龙焉’‘故称血焉’‘有民人焉’‘有社稷焉’‘托始焉尔’‘晋郑焉依’之类是也。”《玉篇·乌部》：“焉，于连切。鸟名也、安也、疑也。又矣连切。语已之词也、是也。”可知，“焉”有两种虚词用法：“焉”可表示疑问，如《广韵》平声仙韵于干切：“焉，何也。”可表示“哪里”和“什么”。“焉”还可作语气词，如《广韵》平声仙韵有干切：“焉，语助也。”马建忠先生认为“焉”本代字，作助字时也带有代字的意义，“焉”字可助句、读、字。[③]

(二)《要用字苑》在文字学上的价值

首先，汉字经历多次演变，汉字的形体在不断发生变化。同一个汉字在演变的过程中可能会出现

① 徐时仪：《玄应〈众经音义〉研究》，中华书局，2004 年，第 182 页。

② 殷焕先：《关于方言中的破读现象》，《文史哲》1987 年第 1 期。

③ 唐子恒：《马氏文通研究(修订本)》，山东大学出版社，2005 年，第 156 页。

不同的形体，而字书、辞书正是记录这些形体的重要工具，因此字书在记录俗字方面也有重要的价值，有助于沟通字际关系，《要用字苑》就是魏晋时期一部非常重要的俗字书，记录了大批俗字，如："皺"，《要用字苑》作"皺"，《龙龛手鉴·皮部》："皺，俗，正作皺。"又如"氍毹"，《要用字苑》作"氍毹"，《正字通·毛部》："毹，同毹。俗作毹。"不同时代的人用字有所不同，《要用字苑》在一定程度上反映了当时的用字情况。

其次，《要用字苑》在一定程度上起到了正字的作用，例如"袈裟"一词，为梵文音译词，原义为"不正色"，佛教用以指僧人的法衣。原写作"毠毟"二形，葛洪《要用字苑》始改从衣，沿用至今。《玄应音义》卷十四《四分律》卷一"袈裟"条："《韵集》音加沙，字本从毛作毠毟二形，葛洪后作《字苑》始改从衣。案外国通称袈裟，此云不正色也。"比丘之法衣有大中小三件，避青黄赤白黑之五正色，而用他之杂色，故从色而云袈裟。

再次，《要用字苑》也为古今字的形成提供了来源，如阴影之"影"字，在《要用字苑》之前，表"阴影"义的字作"景"，自葛洪始加"彡"字，才改为"影"。《颜氏家训·书证篇》："至晋世葛洪《字苑》，傍始加'彡'，音于景反。"《玄应音义》卷八《拔陂经》卷一"如景"条："葛洪作《字苑》始加彡作影。"

（三）《要用字苑》在词汇学上的价值

《要用字苑》记录了一些新词新义。如"长风"，初指"远风"。战国宋玉《高唐赋》："长风至而波起兮，若丽山之孤亩。"《文选·左思〈吴都赋〉》："习御长风，狎翫灵胥。"刘逵注："长风，远风也。"而《慧琳音义》卷二十一《大方广佛花严经音义》卷十三"长风"条引《字苑》云："风暴疾而起者谓之长风。"可知，此处"长风"非"远风"义，而是"暴风"义，与前义不符，应为东晋以来产生的新义。晋陶渊明《戊申岁六月中遇火》："正夏长风急，林室顿烧燔。"此处指"暴风"急烈。晋虞阐《海赋》："若夫长风鼓怒，涌浪碎礚。扬波于万里之间，漂沫于扶桑之外。"唐杜甫《飞仙阁》："寒日外澹泊，长风中怒号。"明刘基《拟连珠》："长风烈烈，难行折舵之舟。"此处形容长风"烈烈"，亦为"暴风"义。

《要用字苑》始新收外来词。约自东汉始，佛教从印度传入中国，东晋时，大量佛经被译为汉语，于是产生了一些源于梵语的音译词，处于这一时期的葛洪也关注到了这些音译词并将其收入字书，《要用字苑》是已知最早收录外来词的字书。例如"梵"字，外来梵语音译词。《说文新附·林部》："梵，出自西域释书。未详意义。"葛洪《要用字苑》始将"梵"字加注字音"凡泛反"，并且注义"洁也，净也"。佛经文献中常用"梵行"表示"清净除欲之行"，与葛洪《要用字苑》释义相合。后汉安世高《佛说温室洗浴众僧经》："行净无垢秽，又无女人形，梵行修洁已，志淳在泥洹。"晋法显《佛国记》："王净修梵行，城内人信敬之情亦笃。"

又如"塔"字，亦为外来梵语音译词。"塔"是梵文 stūpa 音译的简缩形式①，译音为"私鍮簸"或作"率都婆"，《大唐西域记》译为"窣堵波"。还有译为"兜婆""偷婆""塔婆"的，则是把 stūpa 节缩成"tūpa"了②，"塔婆"后进一步省略为"塔"，顾满林认为"'塔'是梵语 stūpa 在汉译佛经中最早的音译形式，也是 stūpa 在汉语中最适合使用的音译形式"③。王力先生指出："'塔'字最初见于晋葛洪《字苑》，这个名词的产生大约在魏晋时代。"④姚永铭先生据《玄应音义》卷五所释《菩萨行五十缘身经》"佛塔"条，认为虽然玄应所见经文从革作鞈，但足以证明当时已有"塔"这个词。⑤ 徐时仪认为以上两种始见"塔"字年代之说皆偏晚，认为"塔"字在东汉时已出现，举东汉支娄迦谶译《道行般若经》卷二为例："佛

① 赵杰：《汉语语言学》，朝华出版社，2001 年，第 383 页。

② 史存直：《汉语词汇史纲要》，华东师范大学出版社，1989 年，第 106 页。

③ 顾满林：《汉文佛典中"塔"相关音译形式及其汉化》，《古汉语研究》2018 年第 3 期。

④ 王力：《汉语词汇史》，商务印书馆，1993 年，第 18 页。

⑤ 姚永铭：《〈一切经音义〉与词语探源》，《中国语文》2001 年第 2 期。

言：复置是三千天下七宝塔。”①按：“塔”字虽于东汉时已出现，但小学类书籍从未收录，直至东晋葛洪《要用字苑》才将该字收录其中。《要用字苑》是已知最早收录“塔”字的字书。另有“箜篌”“氍毹”等西域外来词，可以说，葛洪较早地关注到外来词并将其收入字书。

（四）《要用字苑》在辞书编纂中的价值

《要用字苑》的释义内容为现代大型辞书所采用，无论是《汉语大字典》（下称《大字典》）还是《汉语大词典》（下称《大词典》），都直接、间接采用了《要用字苑》的佚文来释词。如：

《大字典》释“弗”之“烤肉用的铁签”义：唐玄应《一切经音义》卷十二引《字苑》：“弗，谓以签贯肉炙之者也。”

《大字典》释“腝”之“肉柔软脆嫩”义：唐慧琳《一切经音义》卷五十六引《字苑》：“腝，柔脆也。”

《大词典》释“梵”之“清净”“寂静”义：晋葛洪《要用字苑》：“梵，洁也。”

另外，《要用字苑》的一些训释为编纂辞书提供了参考依据，可据其提前书证、补苴词条。

1. 提前书证。

《大字典》在某些条目下始见书证稍晚，可据《要用字苑》所存佚文提前书证。

“皱”，《大字典》始见书证为宋本《玉篇·皮部》：“皱，面皱也。”实际晋代已见，如《慧琳音义》卷四十一《大乘理趣六波罗蜜多经》卷一“面皱”条引《字苑》：“皱，面皱也。”

“凹”，《大字典》始见书证为《广韵·洽韵》：“凹，下也。”实际晋代已见，如《玄应音义》卷十《大乘庄严经论》卷六“凹凸”条引《字苑》：“凹，陷也。”

2. 补苴词条

编纂辞书应当尽量广泛、全面地收词立目，以求满足读者查阅、解疑等需要。《要用字苑》中有部分《大词典》还未收释的词语，可为《大词典》的修订与完善提供资料借鉴。如：“膖胀，烂，坏也。”《慧琳音义》卷十八《大乘大集地藏十轮经》卷五“膖胀”条引《字苑》云：“烂，坏也。”“膖”又作“胮”。蒋礼鸿认为“胮”有肿胀和肿大两义②，《广雅·释诂二》：“胮肛，肿也。胮，披江切，胮肛，肿也。或作膖、痒、胖。”《慧琳音义》卷五十一《止观门论颂》卷一“胮胀”：“上朴龙反。《埤苍》：‘胮肛，肠胀也。’《考声》：‘肛，满大皃也。’肛音呼江反。《古今正字》：‘从月，夆声。’论作膖，俗字也。”《广韵》平声江韵古双切：“胮，胮肛，胀大。”“膖”之“肿胀”义可引申为“腐烂、烂坏”，尸体膨胀会引起溃烂。王云路、方一新《中古汉语语词例释》：“膖胀（胖胀）：肿胀。多指尸体肿胀腐烂。”③吴支谦译《佛说七女经》卷一：“复有持死人从四面来者，飞鸟、走兽共争来食之。死人膖胀，脓血流出，数万亿虫从腹中出，臭处难可当。”东晋《中阿含经》卷五：“死蛇、死狗及以死人，青瘀膖胀，极臭烂坏。”梁宝唱《经律异相》卷五引《法句经》：“于是沙门，住立其前，戴眼抒气，便现立死，身躯膖胀鼻口虫出，腹溃肠烂不净流溢。”又卷三十四引《佛说七女经》：“七女左右远望，见死者甚多，诸飞鸟走狩争食其肉，或就土中挖掣尸出，膖胀生虫其臭难近。”可见，“膖胀”确有《要用字苑》所云“烂、坏”义，可据此书将该条收入《大词典》当中。

《要用字苑》作为东晋时期的一部重要的俗字书，虽原书已佚，但对《要用字苑》佚文条目的辑录有利于古籍整理研究，对其释义内容的挖掘与考探亦能揭示词义演变脉络，在语言学史和汉语辞书发展史上亦有不可忽视的学术价值。

---

① 徐时仪：《玄应〈众经音义〉所释西域名物词考》，《汉语史研究集刊》第七辑，巴蜀书社，2004年，第285页。

② 蒋礼鸿：《敦煌变文字义通释》，浙江大学出版社，2016年，第71页。

③ 王云路、方一新：《中古汉语语词例释》，吉林教育出版社，1992年，第296页。

The Collects and Discusses on the Lexicon of *Yao Yong Zi Yuan*

Wang Hu　Jiang Xintong

(School of Chinese Language and Literature, Liaoning Normal University, Dalian 116029)

Abstract: *Yao Yong Zi Yuan* is an important book of popular characters written by Ge Hong in the Eastern Jin Dynasty, which has academic value in the history of the development of Chinese dictionaries. Today, it has been lost, and Chinese and Japanese scholars have compiled it, but due to the limitations of the times, there are some mistakes in each edition, and there are many repetitions. On the basis of each collection of materials, this paper recollects 52 lost articles, catalogues them according to the 540-part first of *Origin of Chinese Characters*, and revises the lost articles collected by predecessors, in order to restore the original appearance of *Yao Yong Zi Yuan* to the greatest extent, and sorts out its value from aspects of phonology, philology, lexicology and lexicography.

Key words: *Yao Yong Zi Yuan*; the literary composition that be lost; the lexicon; value

二　调整失当方言义项设置

《大字典》作为古今兼收、源流并重的大型字典，在字义方面，力求义项的完备。但所谓“义项的完备”也只是相对于中、小型字典和普通字典而言，“如果对专门性的字、词典来说，《汉语大字典》的义项又远远不是完备的，也不应该这样来要求完备”①。方言义项就属于不应“要求完备”的一类。因此，《大字典》对方言义项的设立规定如下：

> 一、已正式出版的语文字词典中收录了的，如《现代汉语词典》中收录的“谝、损”，《新华字典》中收录的“囥、忐”等字的方言义；二、已正式出版的方言字词典中收列而且是在较大的方言区内比较通行的；三、比较有影响的著作中出现而且又比较通行的。……当然，这三条都是指的现代方言义项。至于古代方言义项，如扬雄《方言》一书中所收辑的各地方言义，《汉语大字典》基本上是全收的。②

上述方言义项的设立标准相对粗糙，在实际操作时会遇到很多困难。就拿数量众多的方志方言文献来说，难道《大字典》要对其所载方言字义全部收录吗？显然不必。但对于要收纳进《大字典》的方志方言字义，又该持何标准？这是个必须回答的问题。《大字典》原先对方志方言文献的关注有限，而今在全面掌握这类文献材料的前提下，可重新审视原有的方言义项设置是否合理，也可由此对《大字典》古代方言义项的收录标准略作探讨。

【秋】qiū⑫方言。劣货。《崇明县志·方言》：“货劣曰秋。”(5/2779)

按：方志方言文献记录了“秋”的四个字义。除《大字典》所列“劣货”义，还有“形容不善趋炎附势而穷困潦倒”义，嘉庆《直隶太仓州志·风土下·方言》：“拙于逢时曰秋。”光绪《月浦志·风俗志·方音》、光绪《太仓直隶州志·风土志·方言》、宣统《太仓州志·风土·方言》同。有“假借各种名义索取钱财”义，康熙《江宁县志·杂志·方音》：“抽取人之财物曰秋。”嘉庆《东台县志·风俗考·方言》同。有“胡须”义，雍正《广东通志·风俗·方言俗字》：“须曰秋。”道光《广东通志·舆地略十·风俗》同。

在方志方言文献中，像“秋”这样一字多义的情况十分常见，《大字典》没有必要全作收录。但对于要收录的部分，则需制定相应的标准。我们初步的想法是，对于《大字典》已收录的方言义，方志方言文献可作提前或补充书证等用；对于《大字典》未收录的方言字或方言义，若仅方志方言文献有记载，且数量非常有限，则应结合其他类型文献的载录情况进行考虑。方志方言文献用于记录方言音义的汉字，有些是古已有之的本字，有些是借用音同或音近的通用字或俗字，有些是自造的方言字。一般来说，方言本字应予以全部收录。至于方言借用字和方言自造字，有些长期被较多文献载录，具有稳定性，有些则纯属是编纂者的临时性用字或造字，具有偶发性。对于后一类字，《大字典》不必收录。

本条“秋”字的四个字义，方志方言文献的记录数量都不多，像“劣货”义甚至只有1条。再，似乎也只有“假借各种名义索取钱财”义可见于其他类型的文献，如明汤显祖《牡丹亭·诀谒》：“你说打秋风不好，茂陵刘郎秋风客，到后来做了皇帝。”清吴敬梓《儒林外史》第四回：“张世兄屡次来打秋风，甚是可厌。”因此，除“假借各种名义索取钱财”义外，其他三义皆不适合被《大字典》收录。

【趉】(一) jué❶突然起行。《说文·走部》：“趉，走也。”段玉裁注：“《玉篇》曰：‘卒起走也。’按：今俗语有之。”清胡文英《吴下方言考·黠韵》：“趉，怒而走出也。吴中谓人含怒不别而行曰趉。”又突然行走貌。《龙龛手鉴·走部》：“趉，卒走皃。”❷方言。逃匿。民国修《福建新通志·方言》：“逃匿曰趉。”(6/3706)

① 李运益：《〈汉语大字典〉的释义》，《词典研究丛刊8》，四川辞书出版社，1987年，第23页。

② 张在德：《〈汉语大字典〉的释义》，《辞书研究》1983年第2期。

按：《大字典》义项❶分列“突然起行”“突然行走貌”两义，不必。“突然行走貌”属文意训释，释义作“突然起行”即可。《大字典》所引段注、《吴下方言考》中的“俗语”“吴中”等词已标记了“�”的方言属性，江苏方志方言文献亦可见该义，如民国《续修盐城县志·民俗志·方言》：“今谓人猝起走，止之不得曰趟，读若猵。”民国《泰县志稿·社会志·方言》：“趟，卒然起行曰趟。”因此，《大字典》义项❶应设为方言义项。

《大字典》义项❷的文献用例仅有方志方言文献一例，且未见其他文献用例，故不宜设立该方言义项。

【跁】bǎn 方言。用力挣扎。李劼人《大波》第三部第四章：“这下，你该明白了？该不再同我们横跁顺跳了。”沙汀《淘金记》十：“是你，你也要跁一下命呀！”(7/3935)

按：《大字典》释“跁”作“用力挣扎”，此仅可用来解释沙汀《淘金记》之句，于李劼人《大波》之句则不通。《现代汉语方言大词典》：“【横跁顺跳】成都。❶ 不讲道理，横蛮地大跳大闹：他将才在这儿横跁顺跳地骂圆了。❷ 蹦跳：这些鱼才逮起来，还在横跁顺跳的。”[1]“横跁顺跳”之“跁”与“跳”同义，义为“跳动”。“横跁顺跳”即跳来跳去，比喻大吵大闹，不讲道理。方志方言文献可见“跁”之“跳动”义，民国十七年[2]《长寿县志》：“物跃动曰跁(音板)。”因此，《大字典》的义项设置应修订如下：方言。❶ 跳动。❷ 用力挣扎。

三　完善未确释义

释义是辞典的灵魂。要使释义臻于完善，一在全面地掌握材料，一在透彻地理解材料。方志方言文献对于方言词的释义大多属文意训释，需概括成词典义后方可使用。

【赶】jué❶方言。翘尾奔跑。《篇海类编·人事类·走部》：“赶，举尾走也。”明李实《蜀语》：“赶，举尾走曰赶。赶，音掘。”民国修《云阳县志·礼俗下》：“赶，不驯也。”又举尾。民国修《邛县志·杂志·方言》：“赶，举尾也。音掘。”(6/3708)

按：“赶”常讹作“赶”，如函海本、丛书集成初编本《蜀语》，民国《云阳县志》皆作“赶”，《大字典》引用应加按语说明。《大字典》分释“翘尾奔跑”“举尾”两义，此皆属文意训释，不确。《汉语方言大词典》“赶”条释义作“(动物)翘起尾巴走；喻不驯顺”[3]，此义完备，《大字典》可参订。

【達】dà 方言。称呼父亲为達達。民国二十五年《重修镇原县志·正名》：“達，习惯如称父为爸爸或称達達。”(7/4148)

按：该条原作：“惟名称因沿习惯，如称父为爸爸，或称達達。”《大字典》引文截取不当，并断句有误，今正。该义常见于西北地区的方志方言文献，最早见于同治《德阳县志·风俗·称谓》：“楚人谓父曰爹，秦人曰達。”该条虽出现在四川方志中，但所述之“秦人”，所指仍是西北地区。《大字典》据此可提前书证。之后如光绪《打拉池县丞志·方言》：“父曰達。”宣统《甘肃新通志·舆地志·风俗·方言》：“若称父则曰爹，曰達。”民国《徽县新志·食货志·礼俗·方言》：“呼父曰爸，或曰達。”民国《贵德县志稿·地理志·风俗·方言》：“達達，称父。”由上可知，方言称父亲可单呼“達”，也可叠称“達達”。《大字典》释义作“称呼父亲为達達”，不确，应释作“父亲”。

【覃】(二) dān 续修《盐城县志》音丹。方言。海雾。民国续修《盐城县志·方言》：“吴涑《抑抑堂集》：‘覃，海雾也。’”又飞沙如雾。民国续修《盐城县志·方言》：“飞沙如雾谓之霾，或谓之

① 李荣主编：《现代汉语方言大词典》，江苏教育出版社，2002年，第5404页。
② 本文所引方志方言文献的时代只标注至年号，但若遇同一地区在同一年号内修纂有多种方志，则具体至年份，下同。
③ 许宝华、〔日〕宫田一郎主编：《汉语方言大词典(修订本)》，中华书局，2020年，第4075页。

霔。”(7/4343)

按：该条原作：“飞沙如雾谓之霾，或谓之霔。《尔雅》：‘风而雨土为霾。’今上冈以东有此语，他处谓之霔。吴涑《抑抑堂集》：‘霔，海雾也。此为孙休特造字。’今俗音作丹，不足据，然别无以代之。”在江苏盐城方言中，“霔”同“霾”，义指雾霾，《大字典》释“飞沙如雾”，未善。《大字典》另设“海雾”一义，依据的是民国《续修盐城县志》所引清吴涑《抑抑堂集》之语。此非方志原文，其方言属性亦难确认，故不应另设一义。

【岗】(三) gàng〔岗尖〕方言。1. 极满。如：他手里端着岗尖一碗米饭。2. 极好。如：运来一车岗尖的西瓜。(2/806)

按：《大字典》列“〔岗尖〕”一词，是将“岗”字的方言义作为词素义处理。其实不必如此。“岗尖”表“极好”义或已成词，但表“极满”义则未必。“岗”作副词，表示程度，相当于“很”“非常”。不仅可用“岗尖”表示极满，还可用“岗好”表示极好，“岗香”表示极香，如民国《昌乐县续志》：“甚曰岗。如岗好、岗香之类。”《现代汉语方言大词典》还收有“岗稠”“岗甜”，表示非常稠、极甜。[①] 因此，《大字典》“岗”的方言义项宜合二为一，释义作“副词，表示程度，相当于‘很’‘非常’”，并引方志方言文献为书证。

四　填补缺失书证

《大字典》凡例规定其引证包括书证和例证。书证主要引自古代字韵书、注疏及其他可信的考证，例证则是古今文籍里的用例。引证时先引书证，后引例证。《大字典》已引的33条方志方言文献，有29条作为书证使用。集中出现在“方言”专栏的方志方言文献，从编纂体例上看，几乎都是以“某曰某”“某谓某”“某为某”等形式呈现，确与字书、韵书相类。《大字典》将其作为书证使用，有其理据。《大字典》方言字条目在书证方面主要出现无书证和孤证的问题。

【丟】dū❷方言。丢。如：丟开；丟脱。(1/61)

按：《大字典》仅列自造词，无文献用例。方志方言文献常见该字，可补。如康熙《昆山县志稿・风俗・方言》：“掷物曰豁，又曰彭，又曰丟(当入声)。”光绪《青浦县志・疆域・风俗附方言》：“弃曰丟。”民国《鄞县通志・文献志庚编・方言》：“甬亦称弃掷曰丟。如掷去曰丟掉，失落曰丟落。”

【厝】(一) cuò㊁❸方言。房屋。清黄叔璥《台海使槎录・赋饷》：“瓦厝，草厝共征银一千二百四两零。”《红旗飘飘・海陆丰农民运动的领导者彭湃》：“田公(地主)着厝(在家里)吃白米，田仔(佃户)耕田耕到死。”(1/84)

按：《大字典》仅列例证，未见书证。该字常见于福建、广东地区的方志方言文献，最早见于崇祯《惠州府志・都里》：“海丰谓粥为糜，屋为厝，近潮，多潮音，与闽漳、泉语相通。”之后如乾隆《潮州府志・风俗・方言》：“谓房屋曰厝。”嘉庆《福鼎县志・风俗・方言》：“屋曰厝。”民国《福建通志・方言志》：“屋谓之厝。”《大字典》可据此提前或补充书证。

【俺】(二) ǎn 方言。代词。表示第一人称，我；我们(不包括听话的人)。《字汇・人部》：“俺，我也。”《正字通・人部》：“凡称我，通曰俺。俗音也。”(1/210)

按：《大字典》所引《字汇》《正字通》两例书证皆属明代，且《字汇》所载并无方言标记。该字在清代民国北方方志方言文献中常见，可补。如乾隆《新安县志・风土志・方言》：“对人言曰咱，曰俺，曰你，指别人曰他。”光绪《宜阳县志・风俗・方言》：“我曰俺。”民国二十二年《高邑县志・风土・方言》：“俺，我也。《广韵》于验切。对人称自己曰我，对人述我之一切则多用俺，与们连用。例如俺们即我们之义也。”民国《顺义县志・风土志・方言》：“俺，读ㄢ(上声)音，即我们也。”民国《静海县志・人民部

① 李荣主编：《现代汉语方言大词典》，第3763页。

申集·风俗志·方言》："人自称曰我，曰俺。"民国《新修丰顺县志·风俗·方言》："人我兼称曰俺。北人称我曰俺。"

【大】（一）dà⑩方言。父亲。明沈榜《宛署杂记·民风二·方言》："父曰爹，又曰别，又曰大。"⑪方言。指伯父或叔父。如：俺三大是个劳模。（1/563）

按：《大字典》义项⑩仅列明沈榜《宛署杂记》一例书证。该字方志方言文献常见，可补。如雍正《平乐府志·外志·方言》："恭城民家子女……呼父曰大，又曰大大。"乾隆《华阴县志·封域·风俗》："父曰大。"乾隆《廉州府志·风俗》："廉与闽语殊不类，如称父曰大。"道光《灌阳县志·风俗·本俗》："惟呼父则有呼大大者，盖取其大而又大之义。"光绪《定远厅志·地理志·风俗·方言》："称父曰爹，曰大大。"民国《和政县志·地理门·风俗·方言》："呼父曰阿大。"

《大字典》义项⑪仅列自造句，无文献用例。该字方志方言文献多见，可补。如道光《象山县志·风俗·方言》："有称叔为大者，所谓阿大是也。"咸丰《鄞县志·方言》："称叔曰大，所谓阿大是也。"光绪《定远厅志·地理志·风俗·方言》："称伯叔曰某伯、某叔，亦曰某大。"光绪《滦州志·封域·方言》："伯父曰大爹，又大大、大伯，皆伯之称也。"光绪《东台采访见闻录·方言》："呼伯父曰大大（大，打去声）。"民国《定海县志·方俗志·方言》："俗称叔父曰阿大，亦曰大大（大读ㄉㄚ）。"民国《顺宁县志初稿·语言》："伯父，阿大、大爹。"民国《曹甸镇志·民俗志·方言》："伯曰大大（打去声）。"民国《西乡县志·民俗志·方言》："某大，称伯父、叔父之词，亦称某伯、某叔。"

【嚩】（二）bo方言。语气词。表示提醒，有时带有劝意味。如：外面落雨嚩；你唔好唔记得嚩（你别忘记了）。（2/739）

按：《大字典》仅例自造句，无文献用例，方志方言文献可补。宣统《番禺县续志·舆地·风俗·方言》："元曲科白中常用'波'字为助词。广州语之'嚩'，即元曲之'波'也。俗读嚩若播。"

【爹】diē③方言。祖父。茅盾《春蚕》："'阿爹！妈等你吃中饭呢！''哦——'老通宝知道是孙子小宝，随口应着。"（4/2187）

按：《大字典》仅列一例现代例证，不见书证。该字方志方言文献多见，如乾隆《长沙府志·风俗》："呼祖为爹。"乾隆《湘潭县志·风俗志·方言》："祖曰爹爹。"乾隆《濮院琐志·称谓》："祖曰公公，曰爹爹。"嘉庆《如皋县志·方俗·方言》："爹爹，称祖也。"光绪《化州志·舆地志·方言》："祖曰阿爹、阿公。"民国《杨行乡志·风俗志·方音》："祖父称公公也，又曰大爹。"《大字典》可据此增补书证。

五　提前滞后书证

《大字典》因对明清民国时期的方志方言文献关注不足，有些仅列现代书证或自造例，导致书证滞后。而已利用到方志方言文献的部分条目，因编纂者不熟悉方志方言文献常有前后志，通志、府志、县志之间互相因袭的编纂特点，未对方志方言文献作全面的考察，其所引用者常非最早的方志方言文献，同样出现书证滞后的问题。

【吉】gā〔吉古〕同"旮旯"。方言。缝。《中国方志所录方言汇编》引《畿辅通志》《榆林府志》《同州志》《安定志》音"略喇"或"圪拉"，注云："亦缝也。"（1/448）

按：《大字典》所引四种方志记录"吉古"的情况如下：

光绪《畿辅通志·舆地略·方言》："吉古[①]，上音格，下音喇，缝也。……吉[②]，同缝，土开口也。（《宣化县志》）"道光《榆林府志·风俗志·方言》："吉，缝同，土开口也。……吉古，音格喇，亦缝也。……

① 吉古，原误作"吉吉"，今正。

② 吉，原误作"吉"，今正。

以上并见《镇志》。”道光《安定县志·舆地志·方言》：“⿱土冂（缝同），土开口也。……⿱土冂⿱土凵（音格喇），土缝也。……以上十字本《榆林府志》。”检历代《同州志》或《同州府志》，皆不见有“⿱土冂⿱土凵”的记录。《中国方志所录方言汇编》亦未收有《同州志》，《大字典》引用有误。

“⿱土冂⿱土凵”一词，陕西方志方言文献多见，记录最早的是康熙《延绥镇志·艺文志·方言字义》：“⿱土冂①，缝同，土开口也。……⿱土冂⿱土凵，上音格，下音喇，亦缝也。”道光《榆林府志》所引“《镇志》”，即此。而道光《安定县志》所载又本自道光《榆林府志》。光绪《畿辅通志》所载引自康熙《宣化县志·风俗志·土音字义》：“⿱土冂⿱土凵（上音格，下音喇），缝也。……⿱土冂②（缝同），土开口也。”此同因袭自康熙《延绥镇志》。其余方志方言文献关于“⿱土冂⿱土凵”的记载应同出一源，最早皆可追溯至康熙《延绥镇志》，如雍正《陕西通志·风俗·方言》：“⿱土冂，缝同，土开口也。……⿱土冂⿱土凵，音格喇，亦缝也。……（《延绥镇志·方言字义》）”故《大字典》首例书证应列康熙《延绥镇志》。

《大字典》称“⿱土冂⿱土凵”音“咯喇”或“圪拉”，方志方言文献未见音“咯喇”者，只见音“格喇”，如上举数例；或音“格拉”，如民国《府谷县志·民社志·方言》：“衣有破缝子曰⿱土冂⿱土凵③（音格拉）。”或音“圪拉”，如民国《安塞县志·风俗志·方言》：“⿱土冂（同缝），土开口也。……⿱土冂⿱土凵（音圪拉），亦缝之转词也。”《大字典》所引四种方志原并无音“圪拉”者，故有理由怀疑其所引之《安定志》，实际指的是民国《安塞县志》。

《大字典》该条直引自《中国方志所录方言汇编》，既无朝代标注，又不直引原文，此种著录和引用方式皆殊为不当。《大字典》首证应列康熙《延绥镇志》，余下可择一例民国方志方言文献。

【⿰目隶】lì《广东通志》音利。方言。怒目视人。《广东通志·方言》：“⿰目隶，怒目视人曰⿰目隶。”(5/2699)

按：该条原作：“怒目视人曰⿰目隶（音利）。”《大字典》增一“⿰目隶”字，省“音利”二字，不妥。“⿰目隶”字，方志方言文献首见于康熙《番禺县志·气候·风俗·方言》：“怒目视人曰⿰目隶。音利。”《大字典》可据此提前书证。

【辗】（二）niǎn㊀❷方言。追赶。清嘉庆年修《东台县志·方言》：“逐人而驱之曰辗。”(6/3787)

按：康熙《江宁县志·杂志·方音》所载同嘉庆《东台县志》，《大字典》应将书证提前。再，据方志方言文献所载，释义作“驱赶”更为恰当。

【踡】（二）juǎn方言。踢。民国二十五年修《牟平县志·方言》：“踡，足踢曰踡。”(7/3964)

按：该条原作：“足踢曰踡（音卷）。”《大字典》增一“踡”字，省“音卷”二字，不妥。该字山东方志方言文献常见，道光《重修胶州志·风俗·方言》出现最早，内容同民国《牟平县志》。其他还有民国《增修胶志·疆域志·风俗·方言》：“驴马蹄人曰踡。”民国《寿光县志·民社志·方言》：“牲畜踢人曰踡。”《大字典》可据此提前书证。

【达】（一）dá⑯方言。指父亲。民国修《安塞县志·方言》：“称父曰达。”(7/4111)

按：该字方志方言文献常见，最早见于乾隆《新安县志·风土志·方言》：“父曰爹，曰爷，曰达，曰达达。”乾隆《同官县志·风土·方言》：“父谓之爹爹，亦曰达达。”道光《颍上县志·杂记·方言》：“父曰达。”民国《重修西和县志·民族志·方言》：“称父曰达。”民国《东平县志·风土志·方言》：“或呼父为达达者，亦所在多有。”《大字典》可提前书证至清乾隆时期。

【閄】（二）shǎn《广东通志》音闪。方言。隐身忽出。清同治年修《广东通志·舆地略》：“隐身忽出为閄。”(7/4357)

---

① ⿱土冂，原误作“吉”，今正。
② ⿱土冂，康熙刻本误作“吉”，今正。
③ ⿱土冂⿱土凵，原误作“吉吉”，今正。

按：该条后有“音闪”二字，不当省。明代方志方言文献已见“閄”字，嘉靖《广西通志·风俗·方言》：“閄，和饁反，言隐身忽出以惊人也。……自范成大帅静江时已有之。（见《桂海虞衡志》）”嘉靖《广东通志初稿·风俗·方言》：“范成大《虞衡志》记临桂数字，虽甚鄙野，而偏旁亦有依附。……閄，和饁反，言隐身忽出以惊人之声也。”可知方志所载亦本自南宋范成大《桂海虞衡志》。《桂海虞衡志》原三卷，明后期遭大量删省，今仅存一卷。今本《桂海虞衡志》不见“閄”字，明代方志尚存之。此后，清代方志方言文献大多沿袭，如康熙《新修广州府志·风俗》：“閄，和饁反，言隐身忽出以惊人之声也。”雍正《广东通志·风俗·方言俗字》：“隐身忽出为閄（音闪）。”《大字典》可将书证提前至明嘉靖时期。

【奟】ǎi《广东通志》音矮。方言。广东称人不高为奟。清道光《广东通志·舆地略十》：“人物之短者为奟（音矮），人物之瘦者为奀（音芒）。”(8/4895)

按：“奟”字，明代方志方言文献已见。嘉靖《广西通志·风俗·方言》：“奟，音矮，不高故矮也。奣，亦音矮，不长故矮也。”嘉靖《广东通志初稿·风俗·方言》：“奟，音矮，不高故矮也。亦作奣，不长亦矮也。”可知方志所载亦本自南宋范成大《桂海虞衡志》。今本《桂海虞衡志》于“杂志·俗字”下载：“奣（音矮），不长也。”今本仅见“奣”字，不见“奟”字，但明代方志尚存之。清代广东方志多因袭之，如康熙《新修广州府志·风俗》：“奟，音矮，不高故矮也。”雍正《广东通志·风俗·方言俗字》：“人物之短者为奟（音矮）。”乾隆《潮州府志·风俗·文义》：“短为奟（音矮）。”因此，《大字典》可将书证提前至明嘉靖时期。

《大字典》释“奟”作“广东称人不高为奟”，不确。广东、广西的方志方言文献皆载“奟”字，可见该字是明清时期流行于两广地区的方言字，只言广东，未免不全。《大字典》对于方言义项的释义，并不要求指明方言通行区域，释义作“称人不高为奟”即可。

【吺】dōu❷方言。逗；逗引。《四川曲艺音韵知识·四川方言方音字表》：“吺，诱惑；吸引。”(2/662)

按：《大字典》引1976年出版的《四川曲艺音韵知识》作书证，乃孤证，且较晚。该字民国方志方言文献已见，如民国《重修彭山县志·民俗篇·方言》：“以言逗引曰吺（音兜）。”民国《乐山县志·方舆志·方言》：“欲取其笑曰吺（音兜）。”民国《简阳县志·礼俗篇·方言》：“戏言曰吺他（吺，音兜）。”《大字典》可据此提前书证。

六　完善字际关系处理

《大字典》所收6万多个汉字，有相当数量是功能重复的字。字典编纂的任务之一，即是沟通好这些字的字际关系。全面占有方志方言文献有利于梳理同一概念用不同字形表示的现象，也更方便做好《字典》收录时的关联处理。《大字典》因掌握的方志方言文献较为有限，故某些条目未能沟通好字际关系。

【隑】（一）gài❷方言。倚靠。《象山县志·方言》：“今言倚靠亦曰隑。”章炳麟《新方言》二：“浙西谓负墙立曰隑，仰胡床而坐亦曰隑。”(7/4467)

按：该字江浙地区的方志方言文献可见，其他如光绪《宁海县志·杂志·风俗·方言》：“倚曰隑。”民国《续修盐城县志·民俗志·方言》：“身有所倚曰隑。……今谓负墙立，倚床卧曰隑，读口溉反。”民国《定海县志·方俗志·方言》：“俗谓植立不动曰隑，如言东隑西立。”

方志方言文献表“倚靠”义的，字亦可作“戤”。民国《嘉定县续志·风土志·方言》：“隑，俗谓倚曰戤。案，戤应作隑。”民国《嘉定疁东志·方音》：“隑，俗谓倚曰戤，戤应作隑，读巨代切。”民国《鄞县通志·文献志庚编·方言》：“甬亦称倚着曰戤。如倚枕而半睡曰戤起来。引申之，凡有所冯藉或倚恃曰戤。如冯藉人之声誉以图射利曰影戤，倚恃他人势力曰戤势。案：‘戤’字始见《字汇补》，谓‘以物相质'也，盖近代俗字，然仍无依椅之义。古只作隑。"上述三例皆认为"戤应作隑"，反推可知在当时当地实际是借"戤"字表"倚靠"义，只不过方志方言的编纂者认为本字应作"隑"。隑，本义指梯子。《方言》卷十三："隑，陭也。"晋郭璞注："江南人呼梯为隑，所以隑物而登者也。"人依靠隑而登高，故"隑"可引申指"倚靠"。方志方言文献的编纂有"崇古"倾向，其目的多为以古文献证今方言，对方言作形音义的考源。方志方言文献一致认为"戤应作隑"，正是受"崇古"编纂理念影响的结果。《大字典》不妨将"隑""戤"二字作双向字际沟通：在"隑"字义项❷下补"后作'戤'"；在"戤"字(3/1512)义项❸"倚；靠"前补"方言。古作'隑'"，由此将义项❸修订为方言义项，并补上述方志方言文献作书证。

【靘】(三) jìng❶同"靓"。《篇海类编·声色类·青部》："靘，与靓同。"❷方言。漂亮，好看。清同治年修《广东通志·舆地略十》："美人之貌曰靘。"按：也作"靓"，今音 liàng。(7/4314)

按："靘"字，方志方言文献最早见于雍正《广东通志·风俗·方言俗字》："美人之貌曰靘。"其后如道光《西宁县志·舆地·风俗·方言》："美人之貌曰靘(于定切)。"道光《开平县志·风俗志·方言》："美好曰靘。"民国《阳春县志·舆地·风俗·方言》："称人貌美曰靘。"《大字典》可据此提前书证。

"靘"，同"靓"。"靓"字，方志方言文献亦可见，如同治《番禺县志·舆地志·风俗》："谓美曰靓。"光绪《吴川县志·舆地·方名》："美人之貌曰威，亦曰靓。"民国《龙山乡志·舆地略·方言》："美好曰靓。"《大字典》"靓"字下：(二) liàng 方言。漂亮；好看。朱自清《中国歌谣·歌谣的结构》："妹丑郎靓都一样，齐家都系苦命人。"(7/4314)《大字典》应在"靓"字释义前补"同'靘'"，以沟通字际关系，并补充方志方言文献作书证。

【娭】āi 方言。母亲。《客家情歌选集》："手拿槟榔两片开，跟了穷爷又穷娭。"(2/1143)

按："娭"，义指"母亲"，《大字典》仅引现代例证一例。"娭"，同"哀"。广东方志方言文献常见用"哀"字指母亲，如崇祯《惠州府志·都里》："长乐、兴宁、和平谓母为哀。"道光《石窟一征·方言》："母曰囡子。囡读如哀。按：囡，奶字古文。《博雅》：'母也。楚人呼母曰奶。"音奶。哀，奶之转音也。"该例称"母曰囡子"，且指明"囡读如哀"，可知其他方志不过是借"哀"字记录方言义"母亲"的读音。后世增加了形旁"女"作"娭"，用以指示其性别特征，这符合造字的一般规律。光绪《嘉应州志·方言》："父母统称曰爷娘，亦曰爷哀。"民国《新修丰顺县志·风俗·方言》："母称阿姆。温廷敬曰：'亦有称哀者，统称曰爷哀。'邑俗亦同。"民国《赤溪县志·舆地志·方言》："父母统称曰爷娘，亦曰爷哀。"《大字典》"哀"(2/670)字下未设方言义项"母亲"。"娭""哀"二字，在"母亲"一义上，有必要作字际关联。因此，《大字典》"哀"字下应补方言义项"后作'娭'。方言。母亲"，"娭"字下释义应补"古作'哀'"。

方言字是汉字的重要组成部分，部分具有典范性的方言字理应被《大字典》收录。但"民间流行的方言字的收录是一个困难的问题"①，《大字典》所收方言字条目确存在诸多不足。我们利用方志方言文献，确立其引书著录格式，修订了《大字典》已引方志方言文献的 30 个方言字和其他 10 个方言字；同时依据方志方言的文献特点，还对《大字典》收录方志方言字及方言义的标准作了初步探讨，对引用方志方言文献注音、作例证时需注意的事项作了经验总结，以期对《大字典》的修订工作有所裨益。

【参考文献】

[1] 汉语大字典编辑委员会.汉语大字典(第二版)[Z].成都：四川辞书出版社；武汉：崇文书局，2010.

[2] 胡利琳.《汉语大字典》(第二版)方言字研究[D].南充：西华师范大学，2023.

[3] 雷汉卿.《汉语大字典》修订研究问题刍论[M]//中国语言学研究(第二辑)，北京：社会科学文献出版社，2022.

[4] 李荣主编.现代汉语方言大词典[Z].南京：江苏教育出版社，2002.

① 赵振铎：《字典杂议》，《词典研究丛刊 8》，四川辞书出版社，1987 年，第 7 页。

［5］ 李运益.《汉语大字典》的释义[M]//词典研究丛刊 8,成都：四川辞书出版社,1987.
［6］ 许宝华,[日]宫田一郎主编.汉语方言大词典(修订本)[Z].北京：中华书局,2020.
［7］ 张在德.《汉语大字典》的释义[J].辞书研究,1983(2).
［8］ 赵振铎.字典杂议[M]//词典研究丛刊 8,成都：四川辞书出版社,1987.
［9］ 中国社会科学院语言研究所词典编辑室.现代汉语词典(第 7 版)[Z].北京：商务印书馆,2016.
［10］ [日]波多野太郎.中国方志所录方言汇编[J].横滨市立大学纪要,1963—1972(人文科学专刊).

On the Revised Value of Dialect Literature in Local Gazetteers to the Entry of Dialectal Characters in *The Hanyu Da Zidian*

Lian Yanting

(School of Humanities, Southwest Jiaotong University, Chengdu 611756)

Abstract: The dialect literature in the local gazetteers of the Ming and Qing Dynasties and the Republic of China have six aspects of revision value for the entries of dialect characters in *The Hanyu Da Zidian*: first, correcting the errors in the entries of the dialect literature in the local gazetteers cited in *The Hanyu Da Zidian*; second, adjusting the inappropriate setting of the dialect terms; third, perfecting the undefined interpretation of the meaning; fourth, filling in the missing documentary evidence; fifth, advancing the lagging documentary evidence; and sixth, perfecting the treatment of the relationship between characters. The erroneous entries and inconsistent formats of dialect literature in the local gazetteers cited in *The Hanyu Da Zidian* are related to the flaws in the compilation of Hatano Taro's *Compendium of Dialects Recorded in Chinese Local Gazetteers*. According to the characteristics of dialect literature in local gazetteers, such as the content of which is often inherited and the use of multiple word forms for one meaning, the following four points should be noted when utilizing *The Hanyu Da Zidian*: the frequency of occurrence of dialect words and meanings in dialect literature in local gazetteers should be taken as a criterion; information about the dialect sounds should be presented directly in the documentary evidence and need not be attached to the sound items separately; and the interpretations of dialect words in dialect literature in local gazetteers should be mostly literal and need to be summarized before they can be used; The citation should be taken from the earliest local gazetteers, and generally not from other documents cited in the local gazetteers.

Key words: local gazetteer; dialect; *The Hanyu Da Zidian*; dialectal characters

声符“幵井并並扶兟兓”组构的语音纠缠

李华斌

【摘　要】“并”字的部件“幵”与“井”混，“并”与“並”音近通用，“竝扶兟兓”形近混用。在传抄的过程中，这七个部件组构的字出现大量的异体。因部件的替换，这些异体字出现了语音纠缠，表现在形音错位、一字多音、音随形转上。形音错位的问题是形声字和其声符的读音不匹配，分辨比较容易；从甲金、小篆到隶变、楷化的形体演变导致了一字多音的现象，它出现在上古，不易被发现；音随形转的现象在字书、韵书中层层因袭，需正本清源来减轻汉字的负荷量。不能因为“幵”与“井”混，“竝”与“扶兟”混，就认为语言中存在前后鼻音不分的方音现象；不能因为声符“扶兟”与“兓”混，就认为语言中存在“－m＞－n”的时音现象；不能因为声符“竝”与“兓”混，就认为语言中存在“冬侵不分”类似的古音现象。形近相混是文字在传抄中出现的问题，与方音、时音、古音无关。

【关键词】声符；异体；形音纠缠

【作者简介】李华斌，贵州师范大学文学院教授，博士生导师，研究方向为文字、音韵。（贵州 贵阳　550025）

引　言

“幵”，小篆作“幵”，《说文》：“象二干对构，上平也。”段注：“干即竿之省。古贤切。古音在十四部。”十四部是元部。

“井”，小篆作“井”，熹平石经易作“井”，北魏《元略墓志》作“井”[①]，段注在十一部，即耕部。

“并”，甲骨文作“并”（甲 774 合 33570），战国晚期的金文作“并”（中山王・集成 2840），秦系简牍作“并”（睡・法 12），西汉・马・养生作“并”。其下的“井”形又作“幵”。小篆作“并”，楷化作“幷”。后求简，隶、楷的上部“从”化为两点，北周《华岳颂》作“并”、隋《张波墓志》作“并”、唐《史思礼墓志》作“并”、北魏《胡明相墓志》作“并”、隋《鞏宾墓志》作“并”。[②]《说文・从部》：“并，相从也。从从，幵声。一曰：从持二为幷”。段注：“二人持二竿，是人持一竿，并合之意。”

“竝”，甲骨文作“竝”（甲 607 合 34041）、“竝”（摭续 85 合 34577），战国晚期的金文作“竝”（中山王・集成 9735），小篆作“竝”，东汉《朐忍令碑》作“竝”，北魏《元侔墓志》阳作“竝”，隋《皇甫深墓志》作“竝”，唐《杨孝恭碑》作“竝”；二“立”并行致使横画粘合，东汉《曹全碑》阳作“竝”、晋《辟雍颂》阳作“竝”[③]。隶书“竝”楷化作“並”。《干禄字书》：“並竝，上通下正。”颜元孙认为“並”是通行体，“竝”是正体。

“扶”，小篆作“扶”。《说文》：“並行也。从二夫。辇字从此。读若伴侣之伴。”

“兟”，小篆作“兟”。《说文》：“兟，进也。从二先。赞从此。”

“兓”，小篆作“兓”，“兓”中的“旡”原作“兂”。《说文》：“旡，㱃食气屰不得息曰旡。从反欠。”大徐居未切。《说文》：“兂，首笄也，从人，匕象簪形。”大徐侧岑切。“旡”“兂”形音义不同，但在“兓”字中混。《说文》：“兓兓，锐意也。从二兂。”段注：“兂主入，故两兂为锐之意。兓兓，其言所谓意内而言

① 臧克和主编：《汉魏六朝隋唐五代字形表》，南方日报出版社，2011 年，第 5 页。

② 臧克和主编：《汉魏六朝隋唐五代字形表》，第 132 页。

③ 臧克和主编：《汉魏六朝隋唐五代字形表》，第 132 页。

外也。”

这七个部件的形音义有别，字际关系清楚，见表一。但在文字的沿用阶段，七个部件之间的替用形成了大量异体，出现了语音纠缠的现象。

表一：七个部件的字形和古韵部

	幵	井	并	竝（並）	㚘	兟	兓（兓）
《说文》	从二干	象构韩形①	从从幵声	从二立	从二夫	从二先	从二兂
古韵部	元	耕	耕/元	阳/耕②	元	真/文③	侵

一　形音错位

文献中有形近部件混用的大量事例。《吴都赋》“盖象琴筑并奏，笙竽俱唱”④中的“并”通“並”。“并”“並”作声符构成异体，如“[illegible]”字《集韵》或从并作“鮩”。一级部件“竝”“兟”“㚘”混，如《说文》认为“暜”的异体是“朁”。“暜”，北魏《元悌墓志》作“朁”、隋《孔神通墓志》作“朁”、唐《石经九经》作“朁”。⑤二级部件“兓”“㚘”“兟”混，如《说文》《集韵》中的“潛”，《龙龛手镜》注俗体作“潜”，《正字通》注“潛字书作潜”。

形近部件的混用导致形音错位。“賛”字上古归元部，声符“㚘”归元部，体现了“同谐声必同部”的构形原则；但“赞”的声符“兟”归真或文部，形音错位⑥。《集韵》或作“賛”，或作“贊”。从“兓”归侵部，形音错位。“赞”《集韵》作“贊”，如“鑽劗攢攢巑讃穳欑襸穳躦灒酂巑劗讚嬻饡趲襸瓚欑囋”，《集韵校本》均校为以通行体“赞”作声符的相关字。

《集韵》祖含、徂含切下的“蹔”、昨合切下的“蹭”均表“止”义，一义三音，但字形不同，必有一误，赵振铎校“蹭”为“蹔”。⑦

《集韵》他计切下“麲，涤面也”，赵振铎校“麲”为“麸”。⑧

《桧风·匪风》：“谁能亨鱼？溉之釜鬵。谁将西归？怀之好音。”“鬵”“音”押韵。“音”归侵部，“鬵”则归侵部，声符“兓”归侵部。《龙龛手镜》的俗体作“鬵”，声符“㚘”归元部，形音错位。“簪”“僭”字上古归侵部，声符“朁”归侵部，《龙龛手镜》的俗体作“簪”“僣”，声符“替”归质部⑨，形音错位。“潛”字上古归侵部，二级声符“兓”归侵部。《干禄字书》：“潜潛：上俗下正。”“潛”，《龙龛手镜》的俗体作“潜”，声符“替”归质部。《正字通》作“潜”，二级声符“兟”归真部。“潜”和“潜”的形音均错位。

《集韵》七感切下：“憯、瘖，《说文》：痛也。一曰，憯也。或从疒。”“憯、瘖”的声符“朁”与“七感切”

① “象构韩形”义“象四周构架的木栏形”。

② “竝”字王力、郭锡良归阳部，周法高、郑张尚芳归耕部。

③ “兟”字郭锡良、郑张尚芳归真部，潘悟云归文部。

④ 萧统编，李善注：《文选》（简称胡刻本），中华书局，2008年，第85页下栏右边。

⑤ 臧克和主编：《汉魏六朝隋唐五代字形表》，第676页。

⑥ 从《汉字古音表稿》（郭锡良编著，雷瑭洵校订，中华书局，2020年，第109—112，129—133页）看，上古真部到中古分化出真谆臻山仙先六韵，上古文部字到中古分化出真文欣魂痕山仙先八韵。“赞”字中古是寒韵，不可能来自上古的真、文部。

⑦ 赵振铎：《集韵校本》，上海辞书出版社，2013年，第1594页。

⑧ 赵振铎：《集韵校本》，第1040页。

⑨ “替”字郭锡良、郑张尚芳、潘悟云归质部。

(带-m 尾)不合,形音错位。“㦧、𤻮”的正字是“憯、𤺋”。《正字通》:“㦧旧注同憯。”①声符“替”与“七感切”不合,形音错位。

《集韵》七感切下“嫸、𡡝,《说文》婪也”②。“嫸”上古归侵部,“𡡝”的声符“替”与“七感切”不合,形音错位。“𡡝”的正字是“嫸”。

表二：七组部件组构的异体字

异体字	并	幷		
出　处	隋张波墓志	北魏胡明相墓志		
异体字	兟	兓		
出　处	《说文》	《集韵》		
异体字	[illegible]	鮩		
出　处	《集韵》	《集韵》或从并		
异体字	[illegible]	[illegible]		
出　处	《广韵》	《说文》		
异体字	僭	僣		
出　处	《说文》	《龙龛》俗体		
异体字	簪	簮		
出　处	《广韵》	《龙龛》俗体		
异体字	賛	赞	贊	
出　处	《五经文字》隶省③	《说文》	《集韵》	
异体字	鬵	[illegible]	[illegible]	
出　处	《说文》	《龙龛》俗体	《龙龛》俗体	
异体字	替	普	暜	[illegible]
出　处	《广韵》	《说文》	《说文》或从日	《说文》或从兟
异体字	潛	潜	潛	
出　处	《集韵》	《龙龛》俗体	《正字通》④	
异体字	憯	[illegible]	㦧	
出　处	《说文》	《集韵》	《正字通》⑤	

① 《续修四库全书》第 234 册,上海古籍出版社,2002 年,第 410 页下栏。
② 赵振铎:《集韵校本》,第 921 页。
③ 《五经文字》:“赞,经典相承,隶省作賛。”
④ 《正字通》:“潛,字书作潜。”
⑤ 《正字通》:“㦧,旧注同憯。”

续 表

异体字	噃	嘈	喈	
出 处	《说文》	《集韵》	《龙龛》俗体	
异体字	僣	偺		
出 处	《说文》	《龙龛》俗体		

《汉书·昭帝纪》:“益州廉头、姑缯、牂柯谈指、同並二十四邑皆反。”师古曰:“並音伴。”①《集韵》:竝,县名,在牂牁,或作並,部满切。从注音看,“竝、並”与“音伴、部满切”不合,形音错位。疑“竝、並”与“扶”混。

形音错位的表征在声符与整字读音的不匹配上。除这七个声符外,还有“台”“公”等。如“船”字从“舟”“台”声,异体“舩”是声符“台”讹作“公”造成的,“公”“工”音近,因而“舩”字又有异体“舡”。因此,中古时期形音错位的现象较为普遍,需要清理。

二 一字多音

形近部件的混用如果发生在上古,中古的字书、韵书、音义就会出现一字多音的现象,这可从押韵、叠韵、注音中观察出,不是用特例或方音就能解释,今选二例来说明。

(一) 跰

“跰”字从“足”“并”声,《广韵》北孟切,“《史记》云,岁星晨出为跰踵”;《集韵》必郢切,“並足立皃”,将其释为形声兼会意。“并”高本汉、董同龢、王力等12家均归耕部,“跰”郭锡良等均归耕部。声符“并”读“-ŋ”尾的字很多,除“跰”外,《广韵》注“北孟切”的有“趙”一字;《集韵》注“必郢切”的有“饼麫鉼併并屏庰蛢箳鴘偋琕鮩”十三字,注“北诤切”的有“迸跰趬霁諞脝蛢”七字。

上古时期,并非所有的以“并”作声符的字均归耕部,其中有归元部的。《庄子·大宗师》:“跰蹮而鑑于井。”《经典释文》:“跰蹮,步田反,下悉田反。崔本作边鲜,司马云:病不能行,故跰蹮也。”②“蹮”上古归元部。“跰蹮”叠韵,可推测“跰”也归元部。郑张尚芳将“步田反”的“跰”字归为元部。③ 声符“并”读“-n”尾的字还有很多。除“跰”外,《广韵》注“部田切”有“骿軿骈胼跰”五字,《集韵》注“蒲眠切”有“胼骿鵧駢鉼軿栟苹骈併”十字。“并”字《说文》认为从“从”“幵”声。“幵”上古归元部,上古的元部中古分化出先韵等来,因此“跰骿軿骈胼跰”等字《广韵》《集韵》注“部田”或“蒲眠”切。

总之,上古时期的“并”是多音字,其元部一读被绝大多数古音学家忽略。因上古有耕、元二读,中古时期以“并”为声符的字就会出现“-n”和“-ŋ”尾的语音纠缠,这是古代的训诂学家对字形的认知不同造成的,与方言的前后鼻不分无关。④

(二) 替

《说文》(大徐本):“㬱,废,一偏下也。从竝,白声。㬱,或从曰。替,或从兟,从曰。⑤ 他计切。”《说

① 班固撰,颜师古注:《汉书》,中华书局,1964年,第219页。

② 陆德明撰,黄焯断句:《经典释文》,中华书局,1983年,第370页下栏第12—13行。

③ 郑张尚芳:《上古音系》,上海教育出版社,2003年,第281页。

④ “弁”与“并”混与前后鼻不分有关,如《古本小说集成》清刊本《铁冠图》第17回“派一员武并”中的“武并”即“武弁”,清刊本《粉粧楼》第37回“弁无香烟”中的“弁”即“并”(曾良:《佛典史传部异文考》,广陵书社,2020年,第203—204页);《方言》“簾,盛餅筥也”中的“餅”应为“餴”(华学诚汇证:《扬雄方言校释汇证》,中华书局,2006年,第976—977页)。

⑤ 徐锴《系传》曰:“曰音越。”这表明是“曰”字,不是“日”字。

文》：白，“此亦自字”。徐锴《系传》：“白音自。”“自”《广韵》疾二切，从脂去，高本汉等12家均归质部。段注：“从竝白声。他计切。古音铁。十二部。”段玉裁的入声韵部不独立，其十二部包括质部。“替”字郭锡良等归质部。徐灏《段注笺》：“两人並立而替去其一，故曰一偏下也。”

从押韵可知，战国时期“替”字有入声读。《九章・怀沙》：“抚情効志兮，冤屈而自抑。刓方以为圜兮，常度未替。”王逸注：“替，废也。”“替、抑”押韵，“抑”是质部[①]字，则“替”也是质部字。

《诗・大雅・召旻》：“彼疏斯粺，胡不自替？职兄斯引。”替、引合韵[②]，引归真部。《楚辞・离骚》：“长太息以掩涕兮，哀民生之多艰！余虽好修姱以鞿羁兮，謇朝谇而夕替。”艰、替合韵，艰归文部。“替”与真部、文部字押韵，孙玉文认为“替换的‘替’，原来可能是阳声韵”。[③] 替的异体是“朁”，部件“兟”郭锡良等归真部。

总之，“替”字的“白（自）”表声，它就有质部的读音；如果异体字“朁”中的“兟”表声，它就有真部的读音。这比用真质对转的解释要好。

三　音随形转

一个字与另一些字易混同，从而有了新的读音，称之为“音随形转”[④]，如《集韵》“駃，马行疾，苦夬切”、《慧琳音义》卷66引《仓颉篇》“驶，师吏反，马行疾也”，刘钊认为“駃和驶读音的不同也是讹混分化后的音随形转”。李新魁称“音因形变”，张涌泉称“音随形变”，叶玉英称“音随字转”等。这七个部件中，以“扶”“兟”“兓”的音随形转最为突出。

《集韵》他计切下注“鄑，亭名”，赵振铎校为“[illegible]”。[⑤]《集韵》昨合切下注“鄫，亭名”，赵振铎校为“鄑”。[⑥] 注“他计切”表明声符是“白（替、朁的下部）”；注“昨合切”表明声符是“兓（朁的上部）”。“朁”上古侵部，合韵的字上古归缉部，侵缉对转。“鄫”“鄑”均表“亭名”，应是同一个字的不同写法，后因声符认知的不同，读音不同。

“僭”《广韵》子念切，唐石经・五经作“[illegible]”，北魏《高广墓志》作“[illegible]”，唐《于贲墓志》作“[illegible]”。[⑦]《龙龛手镜》：“僭正僣俗。”[⑧]从碑刻字形看，部件的形变路径是“兂＞旡＞夫＞天”，整体的形变路径是“[illegible]＞僭＞僣＞[illegible]”。《广韵》：“僣俔，狡猾。僣，他结切。”“僣”字受声符“替”（《集韵》他结切）的影响，《广韵》注他结切。因此，“僭”和“僣”是讹混分化后的音随形转。

鄐《集韵》慈夜切，义“亭名，在页丘”，赵振铎校为“鄑”[⑨]；鄫《集韵》昨合切，义“亭名，在贝[⑩]”，赵振铎校为“鄑”[⑪]；鄑《集韵》祖含、徂含切，义均是“亭名，在贝丘”。“页丘”就是“贝丘”，其中之一必有误。“鄐”字的声符“昔”上古在铎部，上古的铎部中古可分化出祃韵来。“鄑”字的声符“朁”上古在侵部，上古的侵部中古可分化出覃韵来。三字一义，音随形转。《正字通》认为：“鄫，讹字。旧注引《篇海》疑鄫为鄐字之讹。不知鄑鄫并讹宜删。”[⑫]

---

① “抑”字王力体系、白一平、沙加尔等归质部，高本汉、郭锡良、郑张尚芳、潘悟云等归职部。

② 王力：《诗经韵读》，中国人民大学出版社，2004年，第356页。

③ 孙玉文：《研究上古音的材料与方法》，《语言学论丛》2021年第2期。

④ 刘钊：《古文字构形学》，福建人民出版社，2006年，第146—147页。

⑤ 赵振铎：《集韵校本》，第1039页。

⑥ 赵振铎：《集韵校本》，第1594页。

⑦ 臧克和主编：《汉魏六朝隋唐五代字形表》，第115页。

⑧ 释行均：《龙龛手镜》，中华书局，1985年，第34页。

⑨ 赵振铎：《集韵校本》，第1222页。

⑩ 《集韵校本》（第1594页）在“贝”字下补“丘”字。

⑪ 赵振铎：《集韵校本》，第1594页。

⑫ 《续修四库全书》第235册，第605页上栏。

音随形转的现象在《集韵》《类篇》里较多，被后世的字书、韵书因袭。音随形转增加了汉字的数量，字形、字音均变多了，但它们原本是一个字，需正本清源来减轻汉字的负荷量。究竟哪个是正字？如"鄀""鄁""鄐"，《集韵校本》选"鄁"字为正；《正字通》认为"鄁、鄐并讹宜删"，基本赞同《篇海》，选"鄀"字为正。二者的选择不同，但《正字通》在"鄁"字下认为"从昔则音藉，从替则音替，从朁（朁）则音蠶，三者必居其一"的观点是正确的。

结论

"幵"与"井"形近，"并"与"竝"通，"竝兟兓兓"形近。在传抄的过程中，这七个部件组构的字出现大量的异体。因形近部件的替换，这些异体字出现了语音纠缠的现象，表现在形音错位、一字多音、音随形转上。形音错位的问题是形声字和其声符的读音不匹配上，分辨较容易；从甲金、小篆到隶变、楷化的形体演变导致了一字多音的现象，它出现在上古，渗入到中古的辞书中，不易被发现；音随形转的现象在字书、韵书中层层因袭，需正本清源来减轻汉字的负荷量。不能因为部件"幵"与"井"混，部件"竝"与"兟兓"混，就认为语言中存在前后鼻音不分的方音现象；不能因为声符"兟兓"与"兓"混，就认为语言中存在"－m＞－n"的时音现象；不能因为声符"竝"与"兓"混，就认为语言中存在"冬侵不分"类似的古音现象。形近相混是文字在传抄中出现的问题，与方音、时音、古音无关。对这七个部件组构的异体，仅用通行体来校勘，未必均是的论；究竟删去哪些音随形转的现象，目前未达成统一的看法。

【参考文献】

［1］ 班固撰，颜师古注.汉书[M].北京：中华书局，1964.
［2］ 郭锡良编著，雷瑭洵校订.汉字古音表稿[M].北京：中华书局，2020.
［3］ 华学诚汇证.扬雄方言校释汇证[M].北京：中华书局，2006.
［4］ 刘钊.古文字构形学[M].福州：福建人民出版社，2006.
［5］ 陆德明撰，黄焯断句.经典释文[M].北京：中华书局，1983.
［6］ 上古音查询（12家）//古音小镜[EB/OL].http：//kaom.net.
［7］ 释行均.龙龛手镜[Z].北京：中华书局，1985.
［8］ 孙玉文.研究上古音的材料与方法[J].语言学论丛，2021(2).
［9］ 王力.诗经韵读.楚辞韵读[M].北京：中国人民大学出版社，2004.
［10］ 萧统编，李善注.文选（简称胡刻本）[Z].北京：中华书局，2008.
［11］ 臧克和主编.汉魏六朝隋唐五代字形表[M].广州：南方日报出版社，2011.
［12］ 曾良.佛典史传部异文考[M].扬州：广陵书社，2020.
［13］ 张自烈撰，廖文英续.正字通[A].续修四库全书（第234—235册）[C].上海：上海古籍出版社，2002.
［14］ 赵振铎.集韵校本[M].上海：上海辞书出版社，2013.
［15］ 郑张尚芳.上古音系[M].上海：上海教育出版社，2003.

Entanglement Between Form and Pronunciation in the Characters Composed of "Jian (幵)", "Jing (井)", "Bing (并)", "Bing (並)", "Ban (扶)", "Shen (兟)" and "Jin (兓)"

Li Huabin

(College of Literature, Guizhou Normal University, Guiyang 550025)

Abstract: "Jian (幵)" is mixed with "Jing (井)" in the character "Bing (并)". The pronunciation of "Bing (并)" and "Bing (並)" is similar and can be used interchangeably. The forms of "Bing (竝)", "Ban (扶)", "Shen (兟)", "Jin (兓)" are so similar that they are mixed with each other. There are a large number of variants in the characters composed of these seven phonetic symbols. These variant characters exhibit a phenomenon of entanglement between form and pronunciation, including misplacement of form and pronunciation, multiple pronunciations of a character, and phonetic changes with forms. The misplacement of form and pronunciation is manifested in the mismatch between the pronunciation of this character and its phonetic symbols, making it easier to distinguish. The phenomenon of one character with multiple pronunciations in ancient times is related to the evolution of the Chinese characters from Jia Jin (甲金) to Xiao Zhuan (小篆), Li Kai (隶楷), and is not easily discovered. The phenomenon of pronunciation changing with form has been inherited layer by layer in dictionaries, and it is necessary to clarify the source to reduce the load of Chinese characters. Just because "Jian (幵)" is mixed with "Jing (井)" and "Bing (竝)" is mixed with "Ban (扶)" and "Shen (兟)", it cannot be considered that there is a dialect phonetic phenomenon in which the front and back nasal pronunciations are not distinguished in the language. Just because "Ban (扶)", "Shen (兟)" and "Jin (兓)" are mixed together, it cannot be considered that there is a contemporary phonetic phenomenon of -m>-n in the language. Just because "Bing (竝)" and "Jin (兓)" are mixed together, it cannot be considered that there is an ancient phonetic phenomenon of -m>-ŋ in the language. The confusion of form is a problem that occurs in the transmission of text, and has nothing to do with local, contemporary, or ancient pronunciations.

Key words: phonetic symbols; variant characters; entanglement between form and pronunciation

“硇”字形来源及其异体字际关系研究*

赵家栋　邓雄文

【摘　要】硇砂，是南北朝时期传入中原的一种卤盐类矿物，被广泛应用于医学与手工业加工中。对于硇砂一词中“硇”字的来源历来众说纷纭，但传统研究成果大多集中于对该词外来语性质的语源分析层面，鲜有人对“硇”的汉字字形来源展开讨论。本文通过考察南北朝以来的写本与碑刻文献，运用字形分析对“硇”字进行溯源，并结合音韵学证据认为“硇”字形源于“内”，同时结合传世文献厘清了“硇”字常见诸异体俗写之间的字际关系，还原了“硇”字产生以后的字形演化历程，为这一矿物流传中国的历史提供了文字学角度的解读。

【关键词】硇；硇砂；内；字形溯源；字际关系

【作者简介】赵家栋，南京师范大学文学院教授、博士生导师，研究方向为佛典及敦煌西域写本文献语言研究；邓雄文，南京师范大学文学院硕士研究生，研究方向为汉语言文字学。（江苏 南京　210097）

引言

硇砂，又称䃰沙、卤砂，是一种主含氯化铵的白色石盐类矿石，多产于新疆、甘肃、青海等地。李昀认为硇砂于公元7世纪左右由高昌传入中原，并作为一种外来的矿物药材新附于唐代医书中①，《本草纲目》卷十一引《唐本草》：“味咸、苦、辛，温，有毒……出西戎，形如朴硝，光净者良……不宜多服。柔金银，可为焊药……亦入驴马药用。”②其入药主治症瘕积聚、噎膈反胃及痈肿瘰疬等症，有消积软坚，破瘀散结，化腐生肌，祛痰利尿之功效。③ 此物同时还被广泛运用于当时的手工业制作中。前人关于硇砂的论述已多，但多集中于药物本草考证、矿产产地考察、硇砂的输入史或贸易史研究及外来语源辨析，美国汉学家劳费尔曾在其专著《中国伊朗编》中对“硇砂”的词源进行过详细的考证，认为汉语中的该词来源于粟特语或波斯语的转写④，李鸿宾在《大谷文书所见镔铁鍮石诸物辨析》中认同该观点，并进一步联系了“硇砂”的诸多同义词及异形词⑤，其他如李昀也曾对硇砂词源及诸家观点有所梳理，但以上研究都较少关注到“硇砂”一词中的用字现象。“硇”字《说文》不载，南北朝以前的文献中也从未出现，而“硇砂”一词甫一出现，“硇”字便只作为该矿物名称的专用正字，宋代以后方有广东硇洲岛这一地名，除此以外“硇”作为正字再未出现在其他词组中，这说明该字确是南北朝时期专为“硇砂”一词所造的新字。本文通过对不同时期写本文献及相关古籍资料的考察，试图从汉字构形学及音韵学角度论证“硇”字的字形来源，厘清其异体字、异形词用字的字际关系，从而为硇砂这一西域特产输入并流行于中国的历史提供文字学视角的解读，探究中古时期西域与中原在汉字运用传播及文字演变中的紧密联系。

---

* 基金项目：本文为国家社科基金重大项目“敦煌吐鲁番文献通假资料整理研究及数据库建设”（23&ZD312）及国家社科基金重大项目“东汉至唐朝出土文献汉语用字研究”（21&ZD295）阶段性成果。

① 李昀：《公元7—11世纪胡药硇砂输入中原考》，《敦煌吐鲁番研究》2019年第1期。

② 李时珍：《本草纲目（金陵版排印本）》，人民卫生出版社，2005年，第552页。

③ 国家中医药管理局《中华本草》编委会：《中华本草》（9），上海科学技术出版社，1999年，第282页。

④ 〔美〕劳费尔：《中国伊朗编》，商务印书馆，2017年，第360页。

⑤ 李鸿宾：《大谷文书所见镔铁鍮石诸物辨析》，《文史》第三十四辑，中华书局，1992年，第154页。

一　"硇"字形来源考辨

"硇"造字来源颇耐人思索，其字音同"铙"，《玉篇》"硇"字音"女交切"，《集韵》"硇"字音"尼交切"，但其字形又从石从囟。"硇砂"为矿物名，"硇"字早期仅见于该词形，故石当为其义符，而囟为心母字，若囟为声符，则"硇"字亦当从囟为心母字或音近字，如《说文·水部》："洇，水。出汝南新郪，入颍。从水囟声。"《集韵·霁韵》："椡，椡阳，山名。"二字皆从囟得声，且均为心母字。而"硇"字为娘母字，与心母相去甚远，是以"硇"字从囟得声似不足信。若将该字视作后起的会意字，则囟当为义符，然而《说文·囟部》云："囟，头会，脑盖也。象形。凡囟之属皆从囟。"其义难合于"硇砂"之矿物义，亦与其性状毫不相关，故以会意解释其造字本源亦牵强。《本草纲目》卷十一云："硇砂性毒，服之使人硇乱，故曰硇砂。"[1]周志锋引张涌泉先生在《敦煌文献语言大词典》中的释义认为据此可知"硇"字从"恼"得声，然而此说存疑。[2] 自硇砂传入中原后，各类药书本草对于硇砂药性与毒性的辨析逐渐清晰，如《本草纲目》在本条目就曾引唐代医家甄权所云："……有大毒，能消五金八石，腐坏人肠胃，生食之，化人心为血……"[3]可见古人认为硇砂未炮制前有极强腐蚀性，能毁坏人的脏腑，故云"有大毒"，而现代医学实验亦证明，硇砂过量服用会带来严重副作用，危及胃肠道、肺部与中枢神经系统，导致器官水肿、中毒昏迷乃至死亡。[4] 但无论古今，对硇砂的药理认识都少有服用后使人烦恼混乱、精神失常的内容，即便将中毒后的挣扎反应视作"硇乱"，药物中具有类似毒理性质的种类比比皆是，何以只有"硇砂"因此从"恼"得声呢？《本草纲目》所言恐有望文生义之嫌。《本草乘雅半偈》以硇字"从囟石声"则更是无从谈起。[5] 是以要细究"硇"字本源，还需查考"硇砂"一词的词源。

劳费尔曾在《中国伊朗编》一书中运用比较语言学的方法详细考证了汉语中"硇砂"一词的来源。硇砂最早见于汉文官修典籍是在《魏书·西域传》所载的龟兹国与康国物产中，前者将硇砂写作"铙沙"，后者写作"硇沙"。[6] 其后的《隋书·西域传》则在龟兹国与康国物产中将硇砂均写作"铙沙"[7]，稍后的《北史·西域传》在记录两国物产时，对硇砂一词的写法又与《魏书》完全相同[8]。"硇"与"铙"音同，可见其时"硇砂"的词形虽尚未固定，但其语音形式却已经基本确定，劳费尔据此结合其产地以及唐以后的相关本草记载，并通过多种语言的相互比较，认为"硇砂"一词当为外来音译词，其词源或为康国粟特语 navša 或 nafša 的转写，又或者来自波斯语 nušādir 或 naušādir[9]，这一观点如今为学界普遍接受。既然"硇砂"一词为外来语音译，则从字义上溯源其字形当无从谈起，但因其语音形式业已确定，"硇"字又是为"硇砂"一词新造的专用字，其字在造字之初就应当以记音功能为主，是以要探查"硇"字的原始字形可从其早期流传字形的声符入手。

"硇"字在宋以后基本定型，虽然仍有大量的各类俗体产生，但都是在其正字基础上发生演变，已经无法窥测其原始字形，因此要考察"硇"字的原始字形，只能通过宋以前各类文献资料中的流传字形。目前最早出现"硇砂"一词的传世文献材料，是北齐武平二年(571)《道兴造像记并治疾方》中的"疗恶刺方"："又方，消胶和洇沙，涂。"其中的"洇"字拓本作"[illegible]"，梁春胜认为即"硇"

① 李时珍：《本草纲目(金陵版排印本)》，第 552 页。

② 周志锋：《敦煌学研究的一个新的里程碑——读〈敦煌文献语言大词典〉》，《敦煌学辑刊》2023 年第 1 期。

③ 李时珍：《本草纲目(金陵版排印本)》，第 552 页。

④ 余玖霞等：《中药硇砂不同品种抗炎作用及急性毒性实验研究》，《南京中医药大学学报》2012 年第 1 期。

⑤ 卢之颐：《本草乘雅半偈》，中国中医药出版社，2016 年，第 390 页。

⑥ 魏收：《魏书》，中华书局，1974 年，第 2266、2281 页。

⑦ 魏征等：《隋书》，中华书局，1973 年，第 1848、1852 页。

⑧ 李延寿：《北史》，中华书局，1974 年，第 3217、3234 页。

⑨ 〔美〕劳费尔：《中国伊朗编》，第 362 页。

字俗写。[①] 被马继兴认定为唐以前写本的法国国家图书馆藏 P.3093《杂方术》有“……绿矾、白矾、消石、白塩、硇砂、石惱油……”一句[②]，该文献较北齐稍晚，其中的“硇”字原本作“㴔”[③]，《集韵》《类篇》都收有作为“硇”异体的“㴔”字，其字与《道兴造像记并治疾方》中的“洶”字形相差无几，而前述中的恶刺为古时一种溃烂皮肤病的称呼，其症状与硇砂化腐生肌之功效相对应，硇砂本身为结晶盐，外用时需磨碎调和后敷涂，“洶沙”无论用法用途都与硇砂相符，字形又与“㴔”高度相似，两相结合可以再次确定“洶沙”与“㴔砂”均为硇砂俗写。同时期的还有出土于阿斯塔那 514 号墓的麹氏高昌时期的《高昌内藏奏得称价钱帐》，其中三次出现“囟沙”一词，现根据《吐鲁番出土文书》中所收图版将相关内容录文如下：

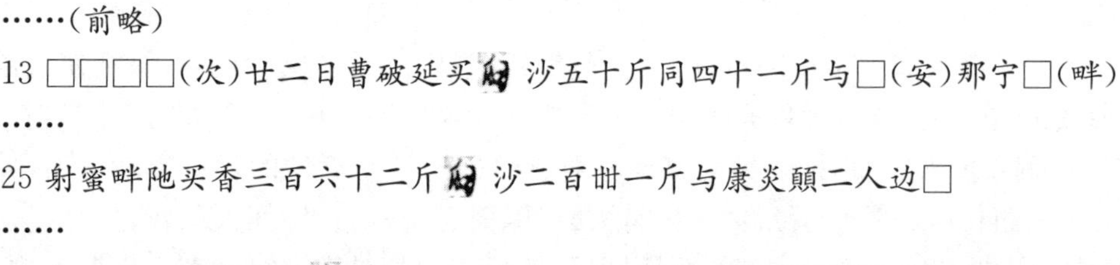

……(前略)

13 □□□□(次)廿二日曹破延买囟沙五十斤同四十一斤与□(安)那宁□(畔)

……

25 射蜜畔阤买香三百六十二斤囟沙二百卌一斤与康炎顛二人边□

……

41 起六月五日康妹买囟沙二百五十一斤与石莫□□□□□□□(得)钱六文次十

唐长孺认为“囟”字即“囱”[④]，我们认为这一字形应为“硇”的早期字形，仍为“硇”字俗写。其后被断定为唐代初期的 P.2755《张仲景五藏论》：“痈瘇囟砂食却，腸痈必须消石。”“硇”字作“囟”[⑤]。此外包含“硇砂”一词的唐代写本还有《唐天宝二年交河郡市估案断片》：“匂沙壹两上直钱玖文次捌文□(下)……”[⑥]唐代中期的 P.3930《医方书》：“又方囟沙二分末，和酒服之，立出。”[⑦]唐代中期的 P.2882《医方书》：“又方囟砂一大两。”[⑧]唐代晚期的 P.3391《字书》：“……砂糖、毕拨、□(白)矾、黄矾、囟砂、朱砂……”[⑨]等。

通过对以上八种唐及唐以前材料的梳理，可以发现从北朝开始，直到唐代晚期“硇”字的字形基本都显示为“囟”或其讹变、类化字形。《道兴造像记并治疾方》中的“洶”从氵，应当认为是受到后字“沙”字形影响而发生了偏旁类化，故而二字皆从氵。P.3093《杂方术》同样包含上述类化，并且“㴔”字右侧构形与 P.2882《医方书》中“囟”字皆改“人”为“又”，可视作“人”“又”形体相混造成的讹变现象，如《说文·囗部》：“㘝，下取物缩藏之。从囗从又，读若聂。”其后“又”讹变为“入”和“女”，遂有“囚”与“囡”二俗体，《正字通·囗部》：“《说文》有㘝无囚。《元包经》：囚，取也。与㘝义近。‘入’者‘又’之讹。”《类篇·囗部》：“㘝，㘝㘝，私取物。㘝或作囡。”P.3093《杂方术》和 P.2882《医方书》字形讹变当类此。《高昌内藏奏得称价钱帐》中“囟”字内部或为“夕”形，“夕”为“又”之讹，其字形仍然符合上述“人”“入”与“又”“女”相混讹变之规律。《唐天宝二年交河郡市估案断片》中的“匂”字则明显是讹变字形，去原始字形已远，只能作为其后起俗体进行讨论。由是可知要探求“硇”的字形本源，便须研究其

① 梁春胜：《六朝石刻丛考》，中华书局，2021 年，第 628 页。

② 马继兴等辑校：《敦煌医药文献辑校》，江苏古籍出版社，1998 年，第 741 页。

③ 上海古籍出版社、法国国家图书馆编：《法藏敦煌西域文献》(21)，上海古籍出版社，1995 年，第 290 页。

④ 唐长孺主编：《吐鲁番出土文书》(1)，文物出版社，1992 年，第 450—453 页。

⑤ 上海古籍出版社、法国国家图书馆编：《法藏敦煌西域文献》(18)，第 107 页。

⑥〔日〕池田温：《中国古代物价初探——关于天宝二年交河郡市估案断片》，《唐研究论文选集》，中国社会科学出版社，1999 年，第 138 页。

⑦ 上海古籍出版社、法国国家图书馆编：《法藏敦煌西域文献》(30)，第 214 页。

⑧ 上海古籍出版社、法国国家图书馆编：《法藏敦煌西域文献》(19)，第 266 页。注：本条在《敦煌医药文献辑校》中录作“又方白沙一大两”，但经详细辨认可发现，其字形下方并未封口，且中心为“又”，故该字应为“囟”，即“硇砂”之“硇”，张小艳在其《〈敦煌医药文献真迹释录〉校读记》一文中亦认同此说。张小艳：《〈敦煌医药文献真迹释录〉校读记》，《敦煌吐鲁番研究》2017 年第 1 期。

⑨ 上海古籍出版社、法国国家图书馆编：《法藏敦煌西域文献》(24)，第 59 页。

早期字形"内"之由来。

"内"实为"禸"字讹变。《说文·禸部》："禸，兽足蹂地也。……蹂，篆文从足，柔声。""禸"本象兽类足爪落地之形，篆文作"禸"，其后逐渐变为"厹""𠘧"等形，而因其竖笔出头，是以进一步演变作"内"形。该讹变有例可循，如与之字形相近的"内"字，篆文作"内"，复有古体"肉"。"禸"后来逐渐为同音同义的形声字"蹂"所取代。"蹂"字《广韵》音耳由切，为日母尤韵字，拟音为[ȵju]，上古属幽部。与"内沙"同时代的硇砂另一音译词形"铙沙"之"铙"，《广韵》音女交切，为娘母肴韵字，可构拟为[nau]，上古属宵部，根据章太炎的"阴阳对转说"，幽、宵二部为次旁转关系，二字韵母可互通。① "禸""铙"声母若从章太炎、李方桂等先生的"娘日归泥说"，同为上古泥母分化，则南北朝时期处于上古音向中古音演化阶段的娘母日母字相混亦不难理解，若从王力先生日泥二母读音只相近不相同的看法，则在"古无娘母"的定论下，"禸""铙"作为音近字在中古初期共译同一外来语词也是合理的。② 根据劳费尔的考察，转写为汉字"硇砂"的康国粟特语词汇为"navša"或"nafša"，[ȵju]、[nau]正好与"naf"或"nav"音节对应，后缀之"ša"则根据其发音及物理性质译作具有石质含义的"沙"，正得"禸沙"与"铙沙"二词，以上于字音上可证"禸"当为"内"之初形。至于硇砂之"硇"今从尼交切，则当是受到音近同义词字音竞争的影响，表音更贴切的娘母肴韵读音最终胜出，被保留了下来，而字形则选择了更加简洁的"内"，从而诱发了语音上的换读。

那么"内沙"又是如何演变为今天通用的"硇砂"呢？"内"字被用于"硇砂"后，其字形演变实际上应该有两条路径：其一是随词汇后字发生偏旁类化，其二为其自体发生讹变，这两条路径并非各自孤立发展，而是随着历史的推进时时交融在一起，造成了"硇"字变体繁多的现状。"内"字的自体讹变，始于其内部的"人"，由于字形相近，"人"逐渐演变为"又"形，形成"㕯"，《类篇》卷十一："㶍、㕯，尼交切，㶍沙，药石，本作㕯。""㕯"为讹变字，本无其形，遂又逐渐讹变为人们更加熟悉、本有其字的"囟"字。而几乎与此同时，"内"字开始发生类化，"内沙"后字原本作沙，因此早期文献中"内"字异体多类化从"氵"，如《道兴造像记并治疾方》的"汭"，P.3093《杂方术》的"㶍"，五代时期的刻本 P.2014《大唐刊谬补阙切韵》残片中收有"㶍"字："㶍沙，药。正𥖧。"③以上诸异体均从"沙"类化，同时也可以看出"内"作为构件的自体讹变过程。"砂"本为"沙"俗体，《类篇·石部》："砂，师加切，水散石也。"《集韵·麻韵》："沙……亦从石。"后来"砂"逐渐演化出细碎如沙的矿物、结晶体物质的意义，如"砂糖""矿砂""锡砂""硃砂"等，与"沙"区别开来。硇砂作为石盐类矿物，受此影响也换写为"砂"，前字亦由此类化出新体"石＋X"，这一类化的发生目前认为不晚于五代，写本证据主要包括归义军时期的文献《权知归义军节度兵马留后守沙洲长史曹仁贵献物状》："玉壹团，重壹斤壹两，羚羊角伍对，硇砂五斤。"④《天福十四年(949)五月归义军节度观察留后曹元忠献硇砂状》："硇砂壹拾斤。"⑤以及日本永观二年(984)由丹波康赖亲自抄写的《医心方》半井家抄本卷一："硇沙，唐。""硇"字旁还有小注"乃交切"⑥，其他如《集韵·爻韵》："㕯沙，药石，或作㶍、碙、𥖧。"宋代后"硇"字成为正体，《格物粗谈·药饵》："卤咸同硇砂罨铁，一时即软。"《本草纲目·金石部·硇砂》："硇砂性毒，服之使人硇乱，故曰硇砂。"《天工开物·佳兵·火药料》："毒火以砒、硇砂为君，金汁、银锈、人粪和制。"⑦可见上述两条路径交汇发展，最终发

① 章太炎：《国故论衡》，上海古籍出版社，2006 年，第 5 页。

② 张儒：《日母归泥再证》，《山西大学学报(哲学社会科学版)》1989 年第 2 期。

③ 上海古籍出版社、法国国家图书馆编：《法藏敦煌西域文献》(1)，第 253 页。

④ 上海古籍出版社、法国国家图书馆编：《法藏敦煌西域文献》(32)，第 235 页。

⑤ 中国社会科学院历史研究所等编：《英藏敦煌文献》(6)，四川人民出版社，1992 年，第 55 页。

⑥ 该写本图版见于 e 国宝-国立文化财机构所藏-国宝·重要文化财网站(http://www.emuseum.jp/)，原件为东京国立博物馆所藏，其后文中出现此写本材料不再进行说明。

⑦ 汉语大字典编辑委员会：《汉语大字典》，四川辞书出版社，2010 年，第 2600 页。

展出今天"硇砂"一词中的"硇"字形。

以上从词形语源、文献梳理、字形分析、语音分析及演化路径等五个方面论证了"硇砂"一词中"硇"字的字形来源及其讹变过程。其中对相关文献的材料整理基本框定了"硇砂"一词出现的历史上限,武平二年的《道兴造像记并治疾方》中"洅沙"一词的出现,证明了李昀关于硇砂7世纪左右传入中原的结论值得商榷,硇砂真正传入中原并被应用的时代或需被提前。而对"⿹勹内"实为"内"形变的语音学考察,侧面体现了上古韵部通转与鼻音声母分化的音理规律。同时汉字书写中的形近讹混、偏旁类化等现象在这一字形演化过程中也得到了充分展现。"⿹勹内沙"与原外来语音节的对应方式体现了南北朝及隋唐初期汉语与外来语对译时的音节转换特点,一方面,"navša"或"nafša"被转译为"⿹勹内沙"两个音节的方式符合施向东提出的"一个音节如果有韵尾,一定是唯一的,不允许同时出现元音韵尾和辅音韵尾,也不允许同时出现两个元音韵尾或两个辅音韵尾"的汉语音节划分原则,另一方面,将原外来语中的相邻辅音分离,一作韵尾,一作起首的方式在形式上也符合其提出的将复辅音中的第一个辅音移作前一音节韵尾的梵汉对音规则,可以视为这一规则在中古梵汉以外对译领域的应用实例。①

二 "硇"类字字际关系研究

硇砂由于其外来音译词的性质,"硇"字形基本只提示其矿物性质,字形讹变自由度大,故而异写俗体繁多,可大致总结为以下三类:第一类为类化或部件讹混造成的讹变字,包括上节中出现的"洅""硗"等体;第二类为受音译性质影响更换声符的异构字;第三类为进一步讹变后与其他字形相混而造成的俗体。以下将通过对相关文献资料的梳理与归纳着重探讨三类俗体与"硇"字的字际关系,初步总结"硇"字在中古以后的字形演变体系,而对上节中已经论证过的字形不再多加赘述。

(一) 讹变字

碙

按:清林则徐《两广总督任内折片》:"署碙洲营都司马冯圣宗禀报,第一号罾船一只,于道光十九年四月二十日在那娘港口被风将各碇缆顿断。"②碙洲今多作硇洲,在广东湛江海中,为一火山岛,宋代时为翔龙县所在,硇洲地名来源今已难考,但根据《宋史·本纪第四十七》可知二字可写作"硇洲"③,而"磠"本为"硇"字异体之一,"碙"字当为"硇"书写变易后形成的异体字。在"碙"之外还有"硇"字,可视为其变体,清英和《卜魁城赋·西藏赋》:"铜铁铅锡,硫磺硇砂。"④《吴川县志》:"硇洲渡,城南一百二十里,南通硇洲,北通地聚。"⑤该字形再向前可追溯至前述《唐天宝二年交河郡市估案断片》:"匈沙壹两上直钱玖文次捌文□(下)……"其中"硇"字作"匈",是讹变字形"囱"书写变异后的后起俗字。平安时代晚期补抄的半井家本《医心方》卷四治疬疡方第十八也有"⿹勹囟沙一两"的药方记载,根据功用及相关药物配伍可以断定该药即为硇砂,但"⿹勹囟"字不属于"硇"的已知任何俗体,查考该卷其他文字,可发现其中"胸"字作"[字形图]",上半部字形与"⿹勹囟"高度接近,是以可知"⿹勹囟"当为"硇"字俗体"匈"与"囱"结合后产生的讹误字形。"勹""宀"讹混并非孤例,汉代隶变后,初文"囱"即衍生出"匆""囱"二体,后来又把凡从"匆"的字形定为俗体,从"囱"的字形定为正字⑥,"囱""匈"相混当与此例相似,"囱"字形先因抄写

① 施向东:《梵汉对音资料:从上古音到中古音》,《辞书研究》2020年第4期。

② 汉语大字典编辑委员会:《汉语大字典》,第2600页。

③ 脱脱等:《宋史》,中华书局,1977年,第938页。

④ 汉语大字典编辑委员会:《汉语大字典》,第2595页。

⑤ 毛昌善修,陈兰彬等纂:《吴川县志》,成文出版社,1967年,第44页。

⑥ 赵曜曜:《公元618至755年法藏敦煌汉文纪年写卷楷书俗字研究》,硕士学位论文,广西大学,2012年,第78页。

流传逐渐脱形为“硇”字右部，又被古人据其俗体回改为“匈”，其后再类化从石，成为“硇”字的一个异体。又“挠”字有俗写作“𢫫”，《集韵·爻韵》：“𢫫，抓也。或从闵。”“闵”为硇字俗写，音同“挠”，《类篇·水部》：“闵，尼交切。”故知“𢫫”为“挠”之换声旁俗写。《类篇·手部》亦收“𢫫”为“挠”异写，薛峥考《明本大字应用碎金》中疑难俗字有“𢫫”一形，当为“𢫫”字变体①，“𢫫”又有讹体“掏”，《康熙字典·手部》：“掏，𢫫字之讹。”其字来源当与“硇”之讹变过程相近，可做上述一旁证。

（二）更换声符的异构字

1. 磠

按：《正字通·石部》：“磠，同硇。《本草》硇作磠。”《改并四声篇海·石部》引《余文》：“磠，硇沙，药名。”②上述文献中的“磠”字皆被明确为“硇”字异体，而中唐以前写本中却不见“磠”字，是以可认为该字晚出，为“硇”字产生后改换声符的异构字。“磠”字从“农”得声，而“农”字上古属冬部，“硇”字后来换读为同“铙”的娘母肴韵，肴韵上古属宵部，二字通转在语音上符合宵冬二部旁对转的音变规律，在后世文献中也多有佐证，如《集韵·爻韵》收有“獶”“繷”二字，《集韵·豪韵》收有“磠”“獶”“巎”“農”“憹”等字③，其中“獶”“農”“憹”字重见于《集韵·冬韵》，清代孔广森在《诗声类》中讨论“冬为幽之阳声”时亦曾有注解：“獶字与六豪重见。”④“憹”属豪韵时作“懊憹”，《聊斋志异·汤公》：“如一善，则心中清净宁帖；一恶，则懊憹烦躁。”⑤有烦恼悔恨义，今则多作“懊恼”，可知“憹”“恼”当互为替换声符的异构字，与本例相近。“硇”字流行后，由于“石”为形符、“囟”作为部件本身不具备确切的记音能力，遂被同韵部中“巎”“憹”等字的声符“農”所替代，以使表音更加贴切，其字遂从石从農，与“硇”互为异构字。

2. 磠

按：《北梦琐言》卷七：“自是磠砂发，非干礉石伤。”⑥《典故纪闻》卷八：“臣又窃见西域所产不过马及磠砂、梧桐、鹻之类……”⑦《清稗类钞·矿物类》：“吾国所产磠砂，出库车，其山无名……”⑧以上“硇砂”皆作“磠砂”，“硇”字讹变作“磠”，可能受两种重要因素影响：一种是字形上的相混讹误，另一种是认知心理上的改变。字形讹混方面，杨宝忠教授认为存在俗书囟旁、卤旁相乱的现象，并据此详细论证了《篇海》中“齛”作“龇”的讹变，其说当是。⑨ 认知心理方面，硇砂一词流传后，后人逐渐失去对其音译词性质的认识，造成了“硇”在语音传递方面存在极大障碍，又因为“硇”字结构极接近于形声字，因此在人们心中需求一个音义更加贴合的部件来替代“囟”。而随着时代的演变，唐以后的中国人普遍难以直接进入西域探寻名物本源，到了明代，硇砂作为一种西域火山地区的常见升华盐类矿物，其来源在《本草纲目》中就已经变成了“时珍曰：硇砂亦硝石之类，乃卤液所结，出于青海，与月华相射而生，附盐而成质，虏人采取淋炼而成”⑩。这样充满奇幻色彩的描述，更重要的是，此时人们对于这种矿物的认识已经和其他成盐类矿物相差无几，均认为来自液体的盐卤，因此，选择用“卤”来改换“硇”字的“囟”符，在义理层面上更加符合大众此时的心理认知。至于字音方面，“磠”从“卤”得声为来母模韵，在许多方言泥来不分、元音高化的背景下，其语音形式仍然在人们能够接受的范围内，“磠”由此成为“硇”的常见俗写之一。

① 薛峥：《〈明本大字应用碎金〉俗字研究》，硕士学位论文，湖北民族大学，2023年，第24页。

② 汉语大字典编辑委员会：《汉语大字典》，第2632页。

③ 为方便论述，部分汉字采用繁体字形行文，之后不再重复说明。

④ 李永赋：《释“阴阳对转”》，《山西大学学报（哲学社会科学版）》1986年第2期。

⑤ 汉语大字典编辑委员会：《汉语大字典》，第2528页。

⑥ 孙光宪：《北梦琐言》，中华书局，2002年，第163页。

⑦ 余继登：《典故纪闻》，中华书局，1981年，第144页。

⑧ 徐珂：《清稗类钞》，中华书局，2010年，第5960页。

⑨ 杨宝忠、杨清臣：《疑难字续考》，《古汉语研究》2010年第2期。

⑩ 李时珍：《本草纲目（金陵版排印本）》，第552页。

（三）讹变后与其他字形相混的俗体

碙

按："碙"字从"岡"得声，释义为山岗或石岩，本与"硇"字无关，然而在古书中多有将"硇砂"写作"碙砂"的现象，如《石药尔雅》："硇砂，亦作碙砂。"①《全唐诗补编·白云仙人灵草歌》："偏伏碙砂白，兼柜大雌雄。"②《资治通鉴·唐纪七十一》："屎矾一两、胆矾半两、碙砂一分、信土一两……"③《元史·本纪第三十》："戊申，诸王孛罗遣使贡碙砂，赐钞二千锭。"④早期字形"𠕇"讹变作"匈"形后，相继发展出"硇""硇"等变体，如《集韵·爻韵》："匈，匈沙，药石，或作㴭、硇、䃤。"《广韵·肴韵》："㴭，㴭沙，药名。"周祖谟校勘记："㴭，段氏改作硇。楝亭本作硇，注同。"⑤上述变体又进一步简化作"碙""碙"，《云笈七签》卷六十四："常闻换头紫粉，七返丹砂，更无矾碙所杂，可以服否？"⑥《类篇·石部》："碙沙，药石。"而"冈"本是"岡"和"罔"的简化俗体，白艳章通过考察汉魏六朝的多种石刻文献资料，认为"罔"作"冈"在汉代已有用例，"岡"作"冈"则至晚出现于南北朝⑦，这一看法与"硇"字的起源及演变历史上限是基本符合的，"碙"受上述影响，被不明其字形来源的古人进行错误地回改，"冈"部件因为其字义符从石而被选择讹改为"岡"，最终形成"碙"这一"硇"字的特殊异构字，成为山岗之"碙"的同形字。

（四）字际关系归纳

"硇"字的字形体系纷繁复杂，甚至今天的正字"硇"本身也是从其原始字形的讹变形体转化而来，因此有必要结合上文中的字形分析结论来进一步汇总"硇"字从古至今的字际关系演变，具体可归纳如下图，图中箭头代表前后字形之间存在时间上的继承演化关系：

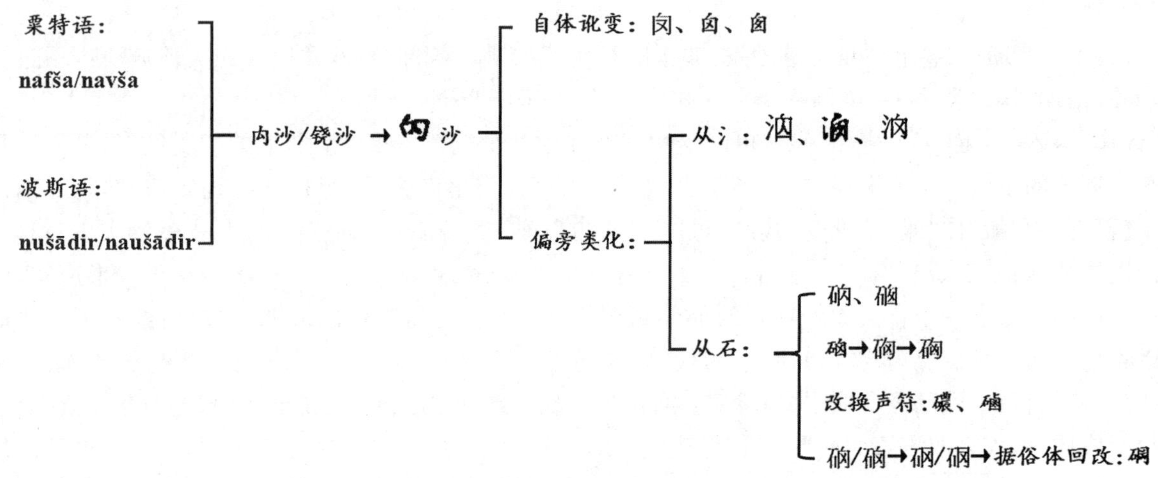

"硇"字演化关系图

可以发现，"硇砂"作为一种外来矿物的名称，最早获得了两种音近的音译形式"内沙"与"铙沙"，而"内沙"由于抄写流传变易等原因发展出两条字形演化路径，即自体讹变与偏旁类化，其中偏旁类化路径由于人们对矿物晶体性质的进一步认知，逐渐由从氵转向从石，最终通过两条路径的相互结合与同义换读过程，"硇"字脱颖而出成为正字字形，而早期的"铙沙"则基本成为了硇砂的一个别名为史料

① 汉语大字典编辑委员会：《汉语大字典》，第 2609 页。
② 陈尚君辑校：《全唐诗补编》，中华书局，1992 年，第 1601 页。
③ 司马光等：《资治通鉴》，中华书局，1956 年，第 8282 页。
④ 宋濂等：《元史》，中华书局，1976 年，第 683 页。
⑤ 汉语大字典编辑委员会：《汉语大字典》，第 2594 页。
⑥ 张君房：《云笈七签》，中华书局，2003 年，第 1420 页。
⑦ 白艳章：《〈西安碑林博物馆新藏墓志续编〉整理与研究》，硕士学位论文，西南大学，2017 年，第 65 页。

所记载。"硇"字流传后，也发展出自己的讹变字形，从"硇"发展出"硇"，改换声符发展出"䃩"和"磠"，同时期的俗体"硇"和"硇"则被不明其音译词性质的古人回改为"碙"这一本来就存在的字形，上述三个俗体对后世判断"硇砂"一词的读音产生了重要影响。

结语

综上所述，通过系统梳理从南北朝至今的大量现存文字材料，"硇砂"这一西域外来音译词的词形发展历史基本得到了还原，其由早期完全记音的音译词"铙沙"和"肉沙"逐渐演化为了今天带有一定形声性质、字形与词义接近的"硇砂"。对专为该词所创造的后起字"硇"的字源及字形演变分析，其结果充分体现了汉语语音的音韵学规律及讹变俗字的发展规律，体现了中古时期西域地方与中原地区密切的语言联系，同时提示着广阔的研究空间——留存于各类文献资料上的大量西域名物词形仍然期待着文字学研究者的深入挖掘。对"硇"字际关系的相关考察，是一次文字学研究中构形分析方法的科学运用，最终形成的完整的字形演变关系图，使其与其他汉字俗体演变系统的对比研究成为可能。

Studies on the Source of "Nao (硇)" Font and the Relationship among Its Variant Characters

Zhao Jiadong　Deng Xiongwen

(School of Chinese Language and Literature, Nanjing Normal University, Nanjing 210097)

Abstract: Sal-ammoniac is a kind of halogen mineral introduced into the Central Plains during the Northern and Southern Dynasties, which is widely used in medical and handicraft processing. There have always been different opinions on the source of the word "Nao (硇)" in the word "Nao Sha (硇砂)". However, most of the traditional research results focus on the etymological analysis of the nature of the loanwords, and few people discuss the source of the Chinese character "Nao (硇)". By investigating the manuscripts and inscriptions since the Northern and Southern Dynasties, this paper uses font analysis to trace the origin of the word "Nao (硇)", and believes that the font of "Nao (硇)" originates from "Rou (肉)" in combination with phonological evidence. At the same time, combined with the handed down literature, it clarifies the relationship among the common variants of "Nao (硇)", restores the font evolution process after the generation of "Nao (硇)", and provides a philological perspective for the history of this mineral spreading in China.

Key words: "Nao (硇)"; Sal-ammoniac; "Rou (肉)"; the source of font; the relationship among Chinese characters

大型字书《王(玉)部》疑难字新考*

杨宝忠

【摘　要】 利用"形用义音序五者互相求"考字方法，以《汉语大字典》《中华字海》为线索，对唐宋以来大型字书《王(玉)部》收录的12个疑难字进行了考释。考释内容主要包括俗讹字未与正字沟通者、音义未详者、注音错误者、异体字认同失误者、同形字未加别异者、已有考释尚可补正者。

【关键词】 大型字书；《王(玉)部》；疑难字；考释

【作者简介】 杨宝忠，河北大学教授、博士生导师，研究方向为文字学、训诂学、辞书学。(河北 保定 071000)

一　玘

yì《改并四声篇海》引《奚韵》王乞切。同"屹"。高。《改并四声篇海·玉部》引《奚韵》："玘，高也。"《正字通·玉部》："玘，高也。按：'高'当作'屹'。"(《大字典》1102A/1179A①，《字海》717C略同)

按：成化本《篇海》②卷三《玉部》引《奚韵》③："玘，玉乞切。高也。"泰和刊元修本、正德本、万历本、崇祯本同；《新修玉篇》卷一《玉部》引《川篇》："玘，玉乞切。高。"④反切上字亦作"玉"。《大字典》引《篇海》"玉乞切"作"王乞切"，"王"当是"玉"字之误。《字汇·玉部》："玘，玉乞切，音乙。高也。"⑤《正字通·玉部》："玘，旧注：音乙，高也。按：高当作'屹'，从王非。"⑥"高当作'屹'"谓训高之"玘"当作"屹"，《大字典》标点"'高'当作'屹'"，则有注释字"高"当作"屹"之嫌。山、王二旁形义远隔，"屹"字无由变作"玘"。以形音义求之，"玘"当是"圪"字俗讹。《说文》十三篇下《土部》："圪，墙高皃。《诗》曰：崇墉圪圪。从土，气声。"大徐等鱼迄切。《万象名义·土部》："圪，语乞反。"⑦《玉篇·土部》："圪，语讫切。《说文》云：墙高皃。《诗》曰：崇墉圪圪。本亦作仡。""圪""圪""圪"一字异写。俗书土、王(玉)形近相乱，如S.78V《失名书仪》："拓土画壃，功盖于秦朝白起。"其中"土"作"玉"。魏穆纂墓志："寒墜无春。""墜"作"璲"。东魏李显族等造像记："众宝厕填。""填"作"瑱"。P.2044V《释门文范》："蟾月朗而云埋玉质。""埋"作"理"。隋杨居墓志："升堂入室。""堂"作"堂"。⑧ 又《可洪音义》："瑑，

---

* 基金项目：本文为国家社科基金冷门"绝学"和国别史研究专项"大型字书疑难字汇考"(2018VJX082)、国家社科基金冷门绝学研究专项学术团队项目"历代大型字书疑难字考释与字典编纂"(21VJXT008)阶段性成果。

① 本文所用《汉语大字典》共有两版：《汉语大字典》(简称《大字典》)，湖北辞书出版社、四川辞书出版社，1986—1990年；《汉语大字典》(第二版)(简称《大字典》第二版)，四川出版集团等，2010年。"/"前为《大字典》原版页数与栏目，"/"后为《大字典》第二版页数与栏目，下同。

② 韩道昭：《改并五音类聚四声篇》(简称《篇海》)，《四库存目丛书》影印明成化七年(1471)募刻本，齐鲁书社，1997年，第621页上。又金崇庆本、金刻元修本、明正德本、万历本、崇祯本。

③《篇海·玉部》四画前引书"●(代替《奚韵》)"重出，"玘"字在前引《奚韵》下；《新修玉篇·玉部》前引"●"作"◐(代替《川篇》)"，是也。

④ 邢准：《新修絫音引证群籍玉篇》(简称《新修玉篇》)，《续修四库全书》影印金刻本，上海古籍出版社，2002年。

⑤ 梅膺祚：《字汇》，《续修四库全书》影印明万历四十三年(1615)刻本，上海古籍出版社，2002年，第89页下。

⑥ 张自烈、廖文英：《正字通》，《续修四库全书》影印清康熙二十四年(1685)清畏堂刻本，上海古籍出版社，2002年，第99页下。

⑦〔日〕释空海：《篆隶万象名义》(简称《万象名义》)，中华书局缩印日本崇文丛书本，1995年，第7页上。

⑧ 参见梁春胜《楷书异体俗体部件例字表》，未刊稿。

初锦反。正作墋。"(B251a7)"玠，古八反。正作圿。误。"(A1005c4)[①]又明州本《集韵》上声《厚韵》举后切："垢、坸，《说文》：浊也。或作坸。"述古堂本与《类篇》同，金州军本、湖南本、楝亭本《集韵》及《说文》"垢"作"垢"。并其例。故"圪"字俗书变作"玫"。笺注本《切韵》(斯2071)入声《迄韵》："圪，高皃。于乞反，又鱼迄反。"[②]故宫本《裴韵》入声《讫韵》："圪，于气反，又鱼气反。高也。"[③]唐写本《唐韵·迄韵》："圪，高皃。于乞反，又鱼乙(乞)反。"[④]"玫"字玉乞切、训高，与"圪"字鱼迄反、训高音训相同。

二　琊

wài《龙龛手鉴·玉部》："琊，音外。"《字汇补·玉部》："琊，翁卖切。义阙。"(《大字典》1108B/1186A)

wài 音外。义未详。见《龙龛》。(《字海》720A)

按：此字疑即"琡"字俗讹。《万象名义·玉部》："琡(琡)，齿育反。"[⑤]"琊""琡"二字形近。《篇海》卷十四《又部》引《搜真玉镜》："叔，音外。"[⑥]"叔"当是"叔"字俗讹，犹"鮛"俗讹作"鮛(字见《龙龛》)"也；"叔"当音叔，而《篇海》引《搜真玉镜》"音外"者，"外"亦是"叔"字之误。"琡"字齿育反，"琊"字音外者，当是望形生音。《宋史·宗室世系》另有"琊"字，为人名用字，与《龙龛》"琊"字恐非同一来源。

三　珨

xiá《广韵》侯夹切，入洽匣。① 玉珨。《玉篇·玉部》："珨，玉珨。"② 蜃饰器。《玉篇·玉部》："珨，蜃器。"《集韵·洽韵》："珨，蜃饰器。"《篇海类编·珍宝类·玉部》："珨，蜃器。蜃，音慎。大蛤蜃甲所以饰物。"(《大字典》1112A/1189B，《字海》721A—B略同)

按：五代刻本《切韵》残叶入声《洽韵》侯夹反："珨，蜃器。"[⑦]《广韵·洽韵》侯夹切："珨，蜃器。"《玉篇·玉部》："珨，胡甲切。玉珨，一云蜃器。"胡吉宣云："玉珨一云蜃器者，玉珨亦名玉珧，以蛤甲之絜白如玉者饰器，即《周礼》之蜃。《切韵》：珨，蜃器。《集韵》《类篇》并云：蜃饰。字即由蛤变易偏旁。"[⑧]胡氏谓"珨"为"蛤"字所变，其说近是。《说文》十三篇上《虫部》："蜃，雉入海化为蜃。从虫，辰声。蛤(蛤)，蜃属。有三，皆生于海：蛤厉，千岁雀所化，秦人谓之牡厉；海蛤者，百岁燕所化也；魁蛤，一名复絫，老服异所化(《尔雅·释鱼》释文引)。从虫，合声。"蛤蚌出珠，古书"珠蛤"或连言，受"珠"字影响，"蛤"或变从玉作。《众经撰杂譬喻》卷下："珠蛤闻血香唼食之，乃得出蚌。剖蚌出珠，采之三年方得一佩。"《子史精华·释道部二·释下》注引"珠蛤"作"珠珨"。"蛤"训蜃属，变作"珨"，其训玉珨、训蜃器、训蜃饰器者，殆皆望形生训。

四　琂

yán 音言。义未详。见《龙龛》。(《字海》721A)

---

① 韩小荆：《可洪音义研究·异体字表》，巴蜀书社，2009年，第382、502页。

② 周祖谟：《唐五代韵书集存》，中华书局，1983年，第142页。

③ 周祖谟：《唐五代韵书集存》，第610页。

④ 周祖谟：《唐五代韵书集存》，第697页。

⑤ 〔日〕释空海：《万象名义》，第4页。

⑥ 韩道昭：《篇海》，第820页上。

⑦ 周祖谟：《唐五代韵书集存》，第771页。

⑧ 胡吉宣：《玉篇校释》，上海古籍出版社，1989年，第160页。

按：佛经文献“綩綖”或作“琬琔”，说见《字典考正》“琔”字条[1]，又为“琁”“涎”俗讹，说见《新集藏经音义随函录研究》“琔”字条[2]。此外，“琔”字又或为“旋”字俗讹。《可洪音义》卷九《金刚顶经曼殊室利菩萨五字心陁罗尼品》音义：“电琔，似全反。正作旋。”[3]对应佛经大正藏本作“电旋”，宋本作“琔”。《金刚顶瑜伽青颈大悲王观自在念诵仪轨》《金刚顶经瑜伽观自在王如来修行法》又作“电埏”，“琔”“埏”亦有可能为“烻”字俗讹，“电烻”犹言电闪。又为“璡”字俗讹。大正藏本《集神州三宝感通录》卷中：“遣白马寺僧璡主书。”“璡”字宋、元本作“琔”。《可洪音义》卷二十六《东夏三宝感通录》卷中音义：“僧璡，津、进二音。”[4]又为“延”之加旁字，《古今译经图纪》卷三：“宾头卢突罗阇为优陀琔王说法经(一卷)。”宋、元、明本“琔”作“延”，《玄应音义》《可洪音义》及《大唐内典录》《开元释教录》《众经目录》等俱作“延”。

五　琝

同“珉”。《龙龛手鉴·玉部》：“琝”，“珉”的俗字。(《大字典》1122A/1201A，《字海》724C略同)

按：《龙龛》卷四《玉部》：“琝、琨，二俗；瑉，或俗；珉，正。武巾反，美石次玉也。”[5]此《大字典》《字海》所本。《篇海》卷三《玉部》引《搜真玉镜》又云：“琝，音旻。”[6]缺义训。佛经文献有“琝”字用例。高丽藏《四分律》卷四十二：“时跋提城有大居士，字旻荼，是不兰迦叶弟子。大富，多诸珍宝。”宋、元、明、宫、圣本“旻荼”作“琝荼”。《经律异相》卷第四十二：“跋提城有大居士，字曰琝荼(原注：《弥沙塞律》作文荼[7])，饶富珍宝，有大威力。”《法苑珠林》卷八十、《诸经要集》卷十同。《慧琳音义》卷七十九《经律异相》卷四十二音义：“琝荼，上密彬反。梵语人名也，或名文荼。大富人也。”《可洪音义》卷二十三同经同卷音义：“琝荼，上美巾反。居士名也。正作旼也。《弥沙塞律》作文荼。”[8]“琝荼”“文荼(茶)”“旻荼”为梵语同一人名异译，“琝”与“旻”“旼”“文”记音功能相同。《龙龛》“琝”字当亦来源于佛经文献之“琝荼”，行均以为“珉”之俗字，恐不足信。

六　瑢

dá 译音地名用字。明陶宗仪《辍耕录·黄河源》：“其山最高，译言腾乞里瑢，即昆仑也。”(《大字典》补遗19A/1204B，《字海》726A略同)

按：《四部丛刊》三编景元本《南村辍耕录》卷二十二作“腾乞里塔”，明·陈九德《皇明名臣经济录》卷十八《刑部工部各衙门》载宋濂《治河议》(明嘉靖二十八年刻本)、陈全之《蓬窗日录》卷二《黄河源》(明嘉靖四十四年刻本)等同。《管城硕记》卷十四引《元史·河源志》亦云：“腾乞里塔，即昆仑也。”《大字典》所引《辍耕录》作“瑢”者，“瑢”即“塔”字俗讹。明·陈邦瞻《元史纪事本末》卷十三(明末刻本)又作“墖”，“墖”亦“塔”字俗书。昆仑山蒙语称“腾乞里塔”或“腾格哩哈达”。清·赵翼《廿二史札记·补

① 邓福禄、韩小荆：《字典考正》，湖北人民出版社，2007年，第181—182页。

② 郑贤章：《新集藏经音义随函录研究》，湖南师范大学出版社，2007年，第175—176页。

③ 可洪：《新集藏经音义随函录》(下简称《可洪音义》)，高丽大藏经本，东国大学译经院，1976年，第34册，第968页上。

④ 可洪：《可洪音义》，高丽大藏经本，第35册，第543页下。

⑤ 释行均：《龙龛手镜》(简称《龙龛》)，中华书局影印高丽本，1985年，第434页。

⑥ 韩道昭：《篇海》，第622页上。

⑦ 大正藏本《弥沙塞部和醯五分律》卷二十二作“文荼”，宋、元、明、宫、圣本作“文茶”，“荼”“茶”古今字。

⑧ 可洪：《可洪音义》，高丽大藏经本，第35册，第401页上。

遗》(清嘉庆五年湛贻堂刻本)："腾乞里塔：蒙古谓天为腾格哩，谓山峰为哈达。今改腾吉哩哈达。"《元史语解》卷五："腾格哩哈达：腾格哩，天也；哈达，山峰也。卷六十三作腾乞里塔，卷一百二十二作天哥里于荅哈，并改。山名。"《大字典》《字海》不知"瑢"即"塔"字俗讹而拼读作 dá，当是望形生音。

七　瑿

yì《龙龛手鉴》乌计反。人名用字。《新唐书·宰相世系表五下》："(令狐)馨孙亚，字就胤，前凉西海太守、安人亭侯。二子：瑿、绥。"(《大字典》1125B/1204B，《字海》726A 略同)

《字典考正》云：《龙龛·玉部》："瑿，俗，乌计反。"未释义。《龙龛》中的"瑿"字是佛经咒语译音用字，无实义。《可洪音义》"瑿"字乌兮反，与《龙龛》乌计反读音相近。至于此字作为人名用字是否与作为译音用字同音，俟再考。①

按：《字典考正》谓《龙龛》"瑿"字是佛经咒语译音用字，是也，"瑿"字用作译音字，《字典考正》所举例证之外，佛经文献尚有用例。《玄应音义》卷五《不空羂索经》音义："瑿䵹，呼奚反。依字黄病也。"②《可洪音义》卷二十五《一切经音义》卷五音义："瑿䵹，上伊兮反，下乎兮反。瑿字应和尚不切。"③《玄应音义》卷二十《陀罗尼杂集经》卷五音义："瑿醯。"④《可洪音义》卷二十五《一切经音义》卷二十音义："瑿醯，上乌兮反，下呼兮反。《大悲心》真言云伊醯移醯是也。应和尚未详。"⑤又卷二十三《陀罗尼杂集》卷五音义："湮曦，上乌兮反，下许宜反。上又音因，非此呼也。如《大悲心》真言云伊醯是也。又《川音》云本音轻呼，谓作义字呼也，谬甚矣。应和尚作堙(瑿)醯。又《江西经音》作㙪曦，无切脚。郭氏音作曦曦，上鱼寄反，非也；下许寄反，通呼也，俗。"⑥对应佛经作"瑿醯"。《可洪音义》卷九《牟梨曼陀罗呪经》音义："瑿索，上乌兮反。"⑦对应佛经同。《慧琳音义》卷四十《千眼千臂观世音神秘呪印经》卷上音义："瑿醯，上伊计反。"《可洪音义》卷七《千眼千臂观世音菩萨陀罗尼神咒经》卷上音义："瑿醯，上乌兮反，下火兮反。"⑧对应佛经大正藏本同，同经卷下大正藏本作"堙醯"，宋、元本作"瑿醯"；北敦 00357 号敦煌写本同经卷上"瑿"作"理"(《敦煌遗书》5 册 468)、卷下作"瑮"(5 册 474)，并误；《千手千眼观世音菩萨姥陀罗尼身经》作"堙醯"。作为佛经真言译音用字，"瑿"字或作"堙""湮"，音形相近。辽宋以前字书不收"瑿"字，其字盖本借用"堙"字，俗书土旁、玉旁形近相乱，故"堙"变作"瑿"字。《龙龛》"瑿"字乌计反，与《慧琳音义》"瑿"字伊计反读音相同，当亦是佛经文献音译用字，与《新唐书》用作人名之"瑿"同形，非一字也。

八　瑨

jìn《广韵》即刃切，去震精。次于玉的美石。《广韵·震韵》："瑨，美石次玉。"(《大字典》1130B/1210A)

《汉语俗字丛考》云："瑨""瑨"为新旧字形之别，乃"琎"的后起形声字。⑨

① 邓福禄、韩小荆：《字典考正》，第 188 页。

② 玄应：《一切经音义》(简称《玄应音义》)，中华大藏经本(第 56、57 册)，中华书局，1993 年，第 56 册，第 900 页上。

③ 可洪：《可洪音义》，高丽大藏经本，第 35 册，第 478 页上。

④ 玄应：《玄应音义》，中华大藏经本，第 57 册，第 52 页下。

⑤ 可洪：《可洪音义》，高丽大藏经本，第 35 册，第 508 页上。

⑥ 可洪：《可洪音义》，高丽大藏经本，第 35 册，第 409 页上。

⑦ 可洪：《可洪音义》，高丽大藏经本，第 34 册，第 957 页上。

⑧ 可洪：《可洪音义》，高丽大藏经本，第 34 册，第 871 页下。

⑨ 张涌泉：《汉语俗字丛考》，中华书局，2000 年，第 538 页；又《汉语俗字丛考(修订版)》，2020 年，第 353 页右栏至第 354 页左栏。

按：此字《大字典》原版作“瑨”，第二版改作“瑨”。《晋书音义》卷中：“璡，音进。与瑨同。”《晋书》原文“璡”作“⿺辶⿰王隹”，为人名用字。佛经文献有“璡”“瑨”二字，皆用作人名。以“瑨”为名者，有苏瑨、王瑨；以“璡”为名者，有慧璡、僧璡等。《后汉书·襄楷传》：“太原太守刘瓆、南阳太守成瑨志除奸邪，其所诛剪，皆合人望。”注：“《谢承书》曰：刘瓆，字文理，平原人也。成瑨，字幼平，弘农人。瓆，音質。瑨，音晋。”刘瓆名瓆而字文理，“瓆”即“質”之加旁字，含文质彬彬之意。成瑨名瑨而字幼平，“瑨”亦“晋”之加旁字；“晋”训进、训升，与“进”通用，幼平故需长进。汉代有人名用字缀加玉旁之例，参看下文“瓆”字条。“璡”“瑨”作为人名用字，皆取上进之义；作为美石次玉之名，未见“璡”有写作“瑨”者。

九　⿰王婁

lǚ《龙龛手鉴·玉部》：“⿰王婁，力主反。”（《大字典》1135A）

lǚ《龙龛手鉴》力主反。玉。《五侯鲭字海·玉部》：“⿰王婁，玉也。”（《大字典》第二版 1214B）

lǚ 音吕。义未详。见《龙龛》。（《字海》729B）

《龙龛手镜研究》云：“⿰王婁”字力主反，疑即“氀”字之俗。①

按：郑氏谓《龙龛》“⿰王婁”即“氀”字之俗，是也。俗书在左之毛旁或与在左之王旁形近相乱，故“⿰毛婁（氀）”变作“⿰王婁”。《可洪音义》卷十一《大庄严论经》卷十一音义：“毬多，上求掬反。球多，同上。球多，亦同上。”（34 册 1041b）对应佛经并作“毱多”。“⿰毛婁”之变作“⿰王婁”，亦犹“毱”之变作“球”。

十　⿰王賁

［滕⿰王賁］古氏族名。《山海经·大荒西经》“颛顼生老童”晋郭璞注：“《世本》云：‘颛顼娶于滕⿰王賁氏，谓之女禄，产老童也。’”（《大字典》1139B/1216B）

音未详。［滕～］古氏族名。见《山海经·大荒西经》。（《字海》730B）

按：《字汇补·玉部》：“⿰王賁，音未详。郭璞《山海经》注引《世本》云：颛顼娶于腾⿰王賁氏，谓之女禄，产老童。《路史·国名记》作勝濆。”②“⿰王賁”字清以前字书不收，乃“墳”字俗讹者也。宋刻本、《四部丛刊》景明成化本《山海经·大荒西经》郭璞注引《世本》“⿰王賁”并作“墳”。“墳”字从土，毛笔书写“土”之中竖落笔稍顿，因与短横相混，此从土之字所以多变从王（玉）者也（参看上文“玘”字条）。《太平御览》卷七十九引《帝王世纪》曰：“［颛顼］纳勝墳氏女娽，生老童。有才子八人，号八恺。”又卷一百三十五引《世本》曰：“颛顼娶于勝墳氏之子，谓女禄，是生老童。”旧注：“《帝系》云勝奔氏。馀同。”《路史·后记八》“勝奔氏曰娽”注：“奔即勝濆也。《埤苍》云：娽，颛帝之妻名。《世本》《人表》皆作女禄。《大戴礼》：勝奔氏之子谓之女禄，生老童。”《名疑》卷一：“颛顼妃勝濆氏名娽。勝濆一作勝奔，一作滕奔，一作腾隍，一作勝湟。”“腾隍”见《楚辞补注》引《帝系》，《路史·后记八》注：“勝濆，一作滕湟。”“墳”“濆”“奔”音相近，其作“隍”“湟”者，殆传写之误。

十一　瓆

zhì《集韵》职日切，入质章。人名用字。《集韵·质韵》：“瓆，阙。人名，后汉有刘瓆。”（《大字典》1145A/1226A，《字海》733C 略同）

① 郑贤章：《龙龛手镜研究》，湖南师范大学出版社，2004 年，第 323 页。

② 吴任臣：《字汇补》，《续修四库全书》影印清康熙五年（1666）汇贤斋刻本，上海古籍出版社，2002 年，第 588 页上。

按：《集韵》入声《质韵》职日切(与"質"字同一小韵)："瓆，阙。人名，后汉有刘瓆。"此《大字典》《字海》所本。《后汉书·襄楷传》："太原太守刘瓆、南阳太守成瑨志除奸邪，其所诛剪，皆合人望。"李贤注："《谢承书》曰：刘瓆，字文理，平原人也。成瑨，字幼平，弘农人。瓆，音質。瑨，音晋。"刘瓆名瓆而字文理，"瓆"即"質"之加旁字，含文质彬彬之意。成瑨名瑨而字幼平，"瑨"亦"晋"之加旁字；"晋"训进、训升，幼平故需长进。汉代有人名用字缀加玉旁之例，反映当时"尚玉"习俗。《隶辨》卷五《疑字》："⿰王崇，韩敕两侧题名：丁～叔举。疑是琮字。按无极山碑'岱崇之松'，以岱宗为岱崇，宗与崇或通用，碑亦变宗从崇也。"顾氏疑"⿰王崇"为"琮"字，所疑非是。丁⿰王崇字叔举，"⿰王崇"即"崇"之加旁字，举、崇义相因。《隶辨·疑字》又收"⿰王度"字，云："曹全碑阴：故市掾王～季晦。"王⿰王度字季晦，"⿰王度"即"度"之加旁字，"度"谓揣度。晦暗不明，故需揣度。《隶辨》卷一《支韵》："琦(琦)，孔宙碑阴：张～字子异。按亦以琦为奇(奇)。"张琦字子异，奇、异义同，"琦"即"奇"之加旁字。

十二　⿰王曷、⿰王曷

⿰王曷，jì《龙龛手鉴·玉部》："⿰王曷，居偈反。"《字汇补·玉部》："⿰王曷，音冀。见《篇韵》。"(《大字典》1146B)

⿰王曷，jì《龙龛手鉴》居偈反。玉。《文殊师利宝藏陀罗尼经》："又法以取珠珍或玏⿰王曷诸杂宝等……于前而行，彼贼遥见，自然降伏。"《可洪音义》卷九："⿰王曷，宝名也，此之玉类也，绿色。"(《大字典》第二版1227B)

⿰王曷，jì 音计。义未详。见《字汇补》。(《字海》734C)

《字典考正》云："靺羯"是梵语宝名，正作"靺羯"，讹作"勒鞨"，俗书又增玉旁作"玏⿰王曷"。因"玏⿰王曷"二字互相影响，进一步同化，讹作"⿰王曷⿰王曷"。《可洪音义》《龙龛》注音稍有不同，盖与此字是译音字有关。[①]

《新集藏经音义随函录研究》云："⿰王曷"即"羯"字。[②]

按：高丽本《龙龛》卷四《玉部》："⿰王曷，居渴反。"[③]续古逸丛书本字作"⿰王曷"，亦居渴反。《新修玉篇》卷一《玉部》引《龙龛》："⿰王曷，居渴切。"崇庆刊元修本《篇海》卷三《玉部》引《龙龛》："⿰王曷，居渴切。""渴"字成化、正德、万历、崇祯本并误作"偈"。《字汇补·玉部》："⿰王曷，居偈切，音冀。见《篇韵》。"[④]"⿰王曷""⿰王曷""⿰王曷""⿰王曷""⿰王曷"乃传刻之异。《大字典》引《龙龛》作"⿰王曷"者，盖出续古逸丛书本；所引反切下字作"偈"，"偈"当是"渴"字之误。"⿰王曷"字《龙龛》居渴反，"渴"为"竭"之本字(郑贤章《新集藏经音义随函录研究》疑"渴"为"谒"字形误)，"竭"字《广韵》其谒切。《龙龛》"⿰王曷"字居渴反，与《可洪音义》"⿰王曷(⿰王曷)"字居谒反读音相同。《龙龛》"⿰王曷"字收在《玉部》入声字内，明刻诸本《篇海》引《龙龛》"⿰王曷"字居偈切，《字汇补》据之音冀，"冀"为去声字，《大字典》《字海》又据之拼读作 jì，不确。《字典考正》谓"《可洪音义》《龙龛》注音稍有不同，盖与此字是译音字有关"，乃为《龙龛》误音所惑。《可洪音义》为《文殊师利宝藏陀罗尼经》所作音义有两种，其字作"⿰王曷⿰王曷"者，属后一种，《字典考正》转引作"⿰王曷⿰王曷"，未契原形。房山石经辽天会十年(1132)所刻《文殊师利宝藏陀罗尼经》其字作"⿰王曷⿰王曷"，与可洪所见后一本同。《可洪音义》前一种《文殊师利宝藏陀罗尼经》音义："靺羯，上莫钵反，下居谒反。"[⑤]金藏广胜寺本亦作"靺羯"。此可证"⿰王曷⿰王曷(⿰王曷⿰王曷)"即"靺羯"之变。《大字典》第二版参考《字典考正》对"⿰王曷"字

① 邓福禄、韩小荆：《字典考正》，第191页。

② 郑贤章：《新集藏经音义随函录研究》，第180—181页。

③ 释行均：《龙龛》，第438页。

④ 吴任臣：《字汇补》，第588页上。

⑤ 可洪：《可洪音义》，高丽大藏经本，第34册，第961页下。

说解做了修改，修改工作多有不妥：参考《字典考正》而未做说明，又未覆按《字典考正》所引原书，不知“⿰王羯”字《可洪音义》本作“⿰王曷”，此一不妥。“⿰王羯⿰王羯（⿰王曷⿰王曷）”为“靺羯”之变，《大字典》不沟通其同词异形关系，此二不妥。“靺羯”梵文又称“末罗羯多”“磨（摩）罗伽多”，汉译则是绿宝石，《大字典》割裂《可洪音义》原文，以“⿰王羯”字训玉，是不知“⿰王羯”字但有记音功能，无实义，此三不妥。《可洪音义》“⿰王曷⿰王曷”二字同形而读音各异，上字读莫钵反，为“靺”字俗讹，当拼读作 mò。下字音割，正作“鞨”（此音不可取）；又音居谒反，为“羯”字俗讹，当拼读作 jié。《大字典》第二版不知“⿰王曷”字一形二音，仍从《龙龛》误音而仅拼读作 jì，此四不妥。

A Survey of Some Knotty Chinese Characters in Contemporary Large-sized Dictionaries in Radical “Yu［王（玉）］”

Yang Baozhong

(College of Literature, Hebei University, Baoding 071000)

Abstract: Using the textual research methods of “mutual seeking of five aspects of form, meaning, sound, order and application” and Taking the *Hanyu Da Zidian* and *Zhonghua Zihai* as the clue, we try to make a sequent investigation on twelve knotty characters in radical “Yu (玉)” in the Large-sized Dictionaries since Tang and Song Dynasties. The main content of the interpretation includes: failure to communicate between vulgar and erroneous characters, unclear or incorrect meanings of characters, errors in identifying variant characters, indistinguishable homographs, and the possibility of supplementing and correcting existing interpretations.

Key words: the great Chinese dictionary; radical “Yu (玉)”; knotty Chinese characters; investigation

《元诗选》《全元诗》未编码疑难字考辨五则*

柳建钰

【摘　要】论文对《元诗选》和《全元诗》中的“⿰骨呈⿰骨呈”“⿰⻊禹”“⿰羊予”“⿰石齊”“⿰犭考”等五则疑难字从文献使用、字形演变及异文佐证三个方面进行了考辨，沟通了字际关系，认为它们分别是“胫”“泻（瀉）”“牂”“蛴”“犰”的异体字或后出字，从而扫除了这些疑难字在准确理解诗句意义方面造成的障碍。

【关键词】《元诗选》；《全元诗》；疑难字；考辨

【作者简介】柳建钰，辽宁大学文学院教授，博士生导师，北京师范大学文学院博士，研究方向为汉字学、中文信息处理。（辽宁 沈阳　110136）

引言

《元诗选》和《全元诗》是分别由清代学者顾嗣立和现代学者杨镰主编完成的两部具有前后继承关系的元代诗歌文献总集。

《元诗选》分初集、二集、三集，每集又以天干分为十集（实际都只有九集，无癸集）。乾隆末年，席世臣与顾果庭共同整理订补完成《元诗选癸集》，专门收录零篇断章和不成卷帙之作。《元诗选》三编合附见者共选录元代诗人三百四十家，癸集另收两千三百多家，总计收元代诗人两千六百多人，其录存元诗之功诚不可没。《全元诗》在《元诗选》基础上继续增补完善，广为搜罗，全书凡六十八册，共收入五千多位元代诗人流传至今的十三万两千多首诗，是目前可见的我国元代诗歌文献集大成之作，具有重要的学术价值。

当然，受各种条件的限制，不仅是《元诗选》，即使是后出转精如《全元诗》者，也不可能尽善尽美，仍有进一步修补以便提升整体质量的空间。在使用中华书局《元诗选》和《全元诗》整理排印本的过程中，我们发现了不少 Unicode 字符集尚未编码的疑难字，这些字对诗句意义的准确理解造成了一定的障碍，亟待我们进行考辨整理。本文从中择取五则从形、音、义三方面进行考证，或可供今后《元诗选》和《全元诗》修订再版时参考。

疑难字考释

1. ⿰骨呈⿰骨呈

《元诗选二集・煮石山农王冕・猛虎行》：“天明起火无粒粟，那更打门苛政酷。折⿰骨呈败肘无全民，我欲具陈难具陈。”①

按，《全元诗》所引前四字作“折胫败肘”②，今查天津图书馆藏清嘉庆四年王佩兰刻本《竹斋诗集》

* 基金项目：本文为国家社科基金重点项目“字料库字料属性标注规范研究”（项目编号：20AYY018）、国家社科基金重大项目“中古近代汉字字源及其数据库建设”（项目编号：21&ZD296）、国家社科基金重大项目“现代汉语源流考”（项目编号：22&ZD294）、国家社科基金重大项目“中华人民共和国国家标准 GB18030—2022《信息技术中文编码字符集》汉字整理研究与资源库建设”（项目编号：23&ZD307）阶段性成果。

① 顾嗣立编：《元诗选二集》，中华书局，1987 年，第 940 页。

② 杨镰主编：《全元诗》，中华书局，2013 年，第 49 册，第 338 页。

卷二亦作"折胫败肘"，四库本明王冕《竹斋集》卷下七言古体《猛虎行》字作"折䩞断肘"，《列朝诗集》甲集前编第五所引作"折䩞贩肘"①，四库本《宋元诗会》卷九十三所引作"折髀败肘"，四库本《元诗选》二集卷十八所引作"折䯳败肘"，异文较多。②

今考"䩞""䯖"均为"胫"之异体字。王冕诗描写的是猛虎横行江南致使社会凋敝、民不聊生的悲惨情景。诗中尚有"残膏剩骨""髑髅啸雨""老乌衔肠"等词语与"折䩞败肘无全民"相映衬。"无全民"谓人的四肢受伤或不完好，败肘即手肘(上肢)伤残，"折䩞"与"败肘"相对，亦当指肢体毁坏。《说文·肉部》："胫，胻也。"段玉裁注："厀(膝)下踝上曰胫。"本义是指人的小腿。月(肉)、骨、足三旁义近，俗书常通用，故"胫"可换形作"踁"。《正字通·骨部》："胫，别作踁。""胫"又可换形作"踁""䟚"。《集韵·径韵》："胫踁䟚，形定切。《说文》：'胻也。'"《宋书》卷九十四《恩幸列传》："时建康县考囚，或用方材压额及踝胫。"四库本明陈耀文《天中记》卷二十八《酷虐》引作"踝䟚"。"䟚"换形从骨则字作"䯖"。而字作"䩞"者，"胫""星"二字均为耕韵，故"胫"可换声作"䩞"。③ 至于异文作"䯳"者，当为"䯖"之讹误，行草书"昷""呈"形体相近。"温"，明陈淳作"温"，明程南云作"温"。"呈"，清何绍基作"呈"，清王文治作"呈"。故"䯳""䯖"形近易发生讹变。而异文作"髀"者，《说文·骨部》："髀，股也。"本义为大腿，又可指大腿骨。《篇海类编·身体类·骨部》："髀，股骨也。"佛经中二字替换例较多。如唐金刚智译《佛说七俱胝佛母准提大明陀罗尼经》："莎嚩字两胫，其状作赤黄，常能想是字，速得转法轮。"宋本、元本、明本"胫"作"髀"。因"髀"与"䩞""䯖"等形体差异很大，恐后人据义臆改。

2. 䠿

《元诗选癸集·癸之壬上·羽士·梁道士大柱·凝神庵》："庵庐占胜倚岩扃，中有高人谢俗名。书卷独存标月指，松风疑听䠿潮声。"④

按，"䠿"字从𧾷从罵。《全元诗》据元刘大彬《茅山志》卷十五录梁柱《凝神庵》字作"松风疑听喝潮声"⑤，四库本《御选元诗》卷五十九七言律诗十七所引作"松风听儗泻潮声"。该诗为平起平收式七言律诗，第四句平仄格式为"——｜｜｜——"。其中第三字平仄不拘，第四、五字必为仄声。若作"松风疑听喝潮声"，则第四字为平声，不合平仄规律。而"松风听儗泻潮声"正合诗律，故当以"松风听儗泻潮声"为是。儗，《广韵·止韵》音鱼纪切，《字汇·人部》："儗，比也。"义为比拟。该句意为阵阵松林之风听上去好像潮水倾注的声音。而《元诗选癸集》中的"䠿"，实为"泻(瀉)"的行草书错误楷化字。一方面，"写"(寫)俗多省作"冩"，《干禄字书·上声》："冩寫：上俗，下正。"故"泻"亦异写作"瀉"。《可洪音义》卷第六十三《根本说一切有部毗奈耶尼陁那摄颂》"泻药"作"瀉"，其右下与"马"(馬)形颇近。从冖之字俗又可从罒，如"幂"异体作"冪"(《集韵·锡韵》)。故"冩"又可作"罵"。另一方面，"足"位于字左旁时行草书或与氵形近。如"踪"(踪，东晋王羲之)、"踯"(踯，明陈淳)等。写者不审，容易将从足之字转写为从氵。唐义净《大唐西域求法高僧传》："到庵摩罗割跛城为国王所敬。"宋本、元本、明本、宫本"跛"作"波"。可为其明证。综上，《凝神庵》字本作"泻"，行草书形体发生异写后被错误楷定作"䠿"，致使诗句意义扞格难通。

3. 羿

《全元诗·杨维桢·杭州龙翔宫重建碑》："上清净扫赤尾羿，六龙在天天下昌。"⑥

按，本诗据《东维子文集》(《四部丛刊初编》本)卷二十三《杭州龙翔宫重建碑》录。国图藏明刻本

① 钱谦益撰集，许逸民、林淑敏点校：《列朝诗集》，中华书局，2007年，第326页。

② 《列朝诗集》作"贩"者，俗书"反"与"攵"形近易混，故"贩"亦为"败"讹字。四库本《竹斋集》作"断"者，当为据义臆改。

③ "星""呈"二字形体相近，亦有可能是"䯖"讹变作"䩞"。

④ 顾嗣立、席世臣编，吴申扬点校：《元诗选癸集》，中华书局，2001年，第1358—1359页。

⑤ 杨镰主编：《全元诗》，第15册，第311页。

⑥ 杨镰主编：《全元诗》，第39册，第160页。

字作"⿰羊孚",四库本同。明田汝成《西湖游览志》(嘉靖刻本)卷十七《南山分脉城内胜迹》"龙翔宫"引杨维桢诗字作"⿰羊争"(⿰羊争)。李修生主编《全元文》所引字作"⿰羊孚",邹志方点校本字亦作"⿰羊孚"。① "⿰羊争"义为羊子或羚羊名。《玉篇·羊部》:"⿰羊争,音争。羊子也。"《类篇·羊部》:"⿰羊争,甾茎切。羚羊名。"于诗义皆未安。今查全诗句句押韵,韵脚字分别为龙(通"龙")、张、皇、仰、芒、傍、翔、扬、央、望、长、裳、琅、(⿰羊孚)、昌、王、光,在《广韵》中均为阳韵字,在《中原音韵》中均入二江阳韵,字若作"⿰羊争",与韵不协,故作"⿰羊争"者不可从。今按,"⿰羊孚"实为"牂"异体字。牂,《尔雅·释畜》:"羊牡羒,牝牂。"《说文·羊部》:"牂,牝羊也。从羊,爿声。"本义是母羊。文献中有"牂云"(字亦作"牂"),指一种形状如狗的赤色云彩,古人附会为妖气,主丧乱。《晋书·天文志中·云气》:"妖气:一曰虹蜺……二曰牂云,如狗,赤色,长尾;为乱君,为兵丧。"杨维桢诗中的"赤尾",即是牂云。杨维桢诗义谓扫除牂云妖气,天下方可清净昌明。"牂"之所以可以作"⿰羊孚",是因为"牂"有异体作"⿰母羊"。"牂"本义既为母羊,故后另造会意异体作"⿰母羊"(亦可理解为从母从羊,羊亦声)。《字汇补·羊部》:"⿰母羊,与牂音义同。"杨维桢恐受形声字左形右声思维的影响,换"⿰母羊"之"母"为"孚"而制"⿰羊孚"字。从音理上来讲,孚、母上古滂、明唇音旁纽,幽、之阴声旁转,近代音声母非母、明母音近,其韵同为鱼模韵②,读音非常接近,因此完全可以替换。综上所述,"⿰羊孚"为"牂"之异体字,其今音为 zāng。

4. ⿰舌齊

《全元诗·虞堪·海上丹房联句》:"蒸炉萤暖暖,茗釜⿰舌齊嘤嘤(阮孝思)。"③

按,本诗据孙毓修辑《涵芬楼秘籍》本元虞堪《鼓枻稿》卷六录。国图藏清吴氏四古堂钞本字作"蒸炉萤暖暖,茗釜蠐嘤嘤"。国图藏清钞本明虞堪《虞山人诗》卷一作"蒸炉萤焌焌,茗釜蛴嘤嘤"。《全元诗·阮孝思·海上丹房联句》作"蒸炉萤熠熠,茗釜蛴嘤嘤"。④ 异文较多,大致分为两组:"暖、焌、熠"与"⿰舌齊、蛴"。

先来看第一组。焌,《说文·火部》:"然火也。"本义是烧火。文献中"焌"一般不叠用,而"暖暖"多见,表示和暖貌。如晋孙绰《三月三日》:"嘉卉萋萋,温风暖暖。"因此,"焌"为"暖(异体作煖)"形近讹字。行草书"夋""爰"形至近。如"缓",唐月仪帖作"缓",元康里巎巎作"缓"。"峻",元康里巎巎作"峻",清邓石如作"峻"。唐圆照集《代宗朝赠司空大辨正广智三藏和上表制集》:"雇人画峻基隔窠,并买彩色手功粮食等用。""峻",丙本作"峻"。由此可见,"焌"为"暖"讹字应属无疑。中华书局整理本字作"蒸炉萤熠熠,茗谷蛴嘤嘤"。"谷"为"釜"异写字,同"釜"。熠,《说文·火部》:"盛光也。"本义是光彩闪耀。"熠"与"焌""暖"形体差异很大,恐为后人据义臆改。

再来看第二组。虞诗上下句都用了比喻手法。大意是指蒸炉下燃烧着像萤火一样微弱而温暖的火光,茶锅里发出了像……一样嘤嘤的响声。文献中嘤嘤多用来摹写鸟禽鸣声等。茶锅声仅见于虞诗。煮茶时,茶锅发出的声音会随底火之文武而发生变化。以常理来推断,既然茶锅下面的火像萤火一样微弱,则茶锅里的茶水不会剧烈沸腾,因此才会发出嘤嘤的细微的声音。蛴本作齑,《说文·虫部》:"齑,齑螬(蛴螬)也。"蛴螬是金龟子的幼虫,另有蝤蛴,是天牛的幼虫。二种幼虫均不会发声,与诗句意义不谐。今查宋罗大经《鹤林玉露》卷三:"余同年李南金云:'《茶经》以鱼目、涌泉、连珠为煮水之节,然近世瀹茶,鲜以鼎镬,用瓶煮水,难以候视,则当以声辨一沸、二沸、三沸之节……'乃为声辨之诗云:'砌虫唧唧万蝉催,忽有千车捆载来。听得松风并涧水,急呼缥色绿瓷杯。'"李南金在诗中以砌虫、万蝉、千车、松风、涧水声等来描摹茶水在不同火候下所发出的声音,而砌虫声是其中最轻微的一

① 杨维桢著,邹志方点校:《杨维桢诗集》,浙江古籍出版社,1994 年,第 452 页。

② 李珍华、周长楫:《汉字古今音表》,中华书局,1999 年,第 403、416 页。

③ 杨镰主编:《全元诗》,第 60 册,第 384 页。

④ 杨镰主编:《全元诗》,第 53 册,第 116 页。

种。此处“砌虫”当指台阶下的会鸣叫的虫子，例如蟋蟀等。唐杜荀鹤《题唐兴寺小松》：“枝拂行苔鹤，声分叫砌虫。”①蛴、砌二字近代音全同，均为清母齐微韵(tshi)。为了避免理解上的偏误，并且使字形尽可能与虫义相贴切，虞堪在化用李南金的诗句时，巧妙借用同音的“蛴”字来代替“砌”，从而写出了“茗釜蛴嘤嘤”。而《全元诗》作“𦧲”者，俗书“虫”多作“虿”形，与“舌”形近多混，如“乿(虬)”为“乱”字之讹。② 故“蛴”可讹变作“𦧲”。

5. 狫

《全元诗·杨维桢·大明铙歌鼓吹曲十三篇之四》：“血人为浆肉为梁，交结狫狫恣跳梁。”③

按，本诗据文渊阁四库全书本元杨维桢《铁崖古乐府补》卷五《大明铙歌鼓吹曲十三篇》之四录。毛氏汲古阁本字作“狫”。邹志方点校本字作“狫”。④ 交结狫狫恣跳梁，谓勾结狫狫恣意跋扈。文献中有犵狫、㹳狫、狜狫、猫狫、猡狫、犵狫等⑤，都是南方少数民族之名。《正字通·犬部》：“犵，犵狫，蛮也。”古代中原地区的人受汉民族文化中心思想的影响，蔑视边疆少数民族，其族名多从犭或虫。例如獞、猺、狆家、猓猡、犯狫、狰獛，等等。清陈鼎《滇黔土司婚礼记》(《知不足斋丛书》本)：“惟仲家、牯羊苗、黄毛狫狫、白猓猓、黑猓猓五种苗，以跳月为婚者，皆不裩。”黄毛狫狫，该书香艳丛书二集本作“黄毛犵狫”，清徐珂《清稗类钞》(民国商务本)服饰类“云南苗女之服饰”条作“黄毛仡佬”。由两处异文可知，狫狫实即犵狫(仡佬)。清杨秉初《两浙辅轩录补遗》(清光绪十六年刻本)卷八《招勇将军宝刀歌》：“跳梁犵狫喧鼓鼙。”“跳梁犵狫”与“交结狫狫恣跳梁”文意正相类。“犵狫”之所以能作“狫狫”，是因为“犵”字受下“狫”字语音影响而发生逆同化。所谓同化，指的是语流里两个不同的音，其中一个因受另一个影响而变得跟它相同或相似。逆同化是指由后面的音影响前面的音而产生的同化。“犵”字《正字通》去逸切，音诘，近代音为溪母字。“犵”受下“狫”字影响发生同化，变为溪母萧豪韵(khau)，故另造从考之“狫”来记录。综上，“狫”为“犵”字受下“狫”字逆同化换声后出字，今音当为 lǎo。

结语

以上，我们借助中华书局经典古籍库、汉字字料库、瀚堂典藏、中华古籍资源库等工具，对《元诗选》和《全元诗》中“䶕䶕”“𨅬”“𢪃”“𦧲”“狫”等五则未编码疑难字从文献使用、字形演变及异文佐证三个方面进行了考辨，为其沟通了字际关系，确定了读音和意义，从而扫除了这些疑难字在准确理解诗句意义方面造成的障碍。古代语篇文献中存在大量疑难字，揭示它们的原始构形理据或讹变轨迹，理清这些字所涉及的主要字际关系，不仅有利于相关语篇文献本身的校订和解读，还能为汉字字形演变的研究提供典型素材，其考释结论对于大型字典辞书的修订完善和当前全汉字的计算机信息化处理也具有重要的参考价值。这是一项长期且具有挑战性的工作。本文旨在抛砖引玉，希望能有更多学者关注古代语篇文献疑难字考辨并积极投身到这项工作中来。

---

① 从文字类化的角度出发，“砌”似可换旁造专字“蛃”。但中国诸字书中均没有该字。日释昌住《新撰字镜·虫部》有“蛃”字，隶定作“蛃”，为日本国字，训为加弥支利虿。日语拼音为 kamikirimushi，即天牛(又称作“发切虫”)。

② 郑贤章：《新集藏经音义随函录研究》，湖南师范大学出版社，2007年，第342—343页。

③ 杨镰主编：《全元诗》，第39册，第125页。

④ 杨维桢著，邹志方点校：《杨维桢诗集》，第452页。

⑤ 张惠英认为：“仡佬、仫佬、木佬虽各有自己的语言，但属同一语族，犹如汉语有不同的方言而已……只是因所处地域不同，语言有异，而有不同的写法。”见张惠英：《语言与姓名文化：东亚人名地名族名探源》，中国社会科学出版社，2002年，第38页。又，杨宝忠认为㹳狫即犵狫，可从。见杨宝忠：《大型字书疑难字新考》，《汉字汉语研究》2018年第1期。

【参考文献】

［1］ 顾嗣立编.元诗选二集[M].北京：中华书局,1987.

［2］ 顾嗣立、席世臣编,吴申扬点校.元诗选癸集[M].北京：中华书局,2001.

［3］ 纪昀等.景印文渊阁四库全书[M].台北：台湾商务印书馆,1983.

［4］ 李珍华、周长楫.汉字古今音表[M].北京：中华书局,1999.

［5］ 钱谦益撰集,许逸民、林淑敏点校.列朝诗集[M].北京：中华书局,2007.

［6］ 杨宝忠.大型字书疑难字新考[J].汉字汉语研究,2018(1).

［7］ 杨镰主编.全元诗[M].北京：中华书局,2013.

［8］ 杨维桢著,邹志方点校.杨维桢诗集[M].杭州：浙江古籍出版社,1994.

［9］ 张惠英.语言与姓名文化：东亚人名地名族名探源[M].北京：中国社会科学出版社,2002.

［10］ 郑贤章.新集藏经音义随函录研究[M].长沙：湖南师范大学出版社,2007.

The Explaining of Five Difficult Characters in *Anthology of Yuan Dynasty's Poems* and *The Complete Collection of Yuan Period Poems*

Liu Jianyu

(College of Literature, Liaoning University, Shenyang 110136)

Abstract: This paper makes a textual research on the five uncoded difficult characters in *Anthology of Yuan Dynasty's Poems* and *The Complete Collection of Yuan Period Poems*, such as "⿰骨星⿰骨星" "⿰足鳥" "⿰羊孚" "⿰角齊" and "⿰犭考", form the use of literature, the evolution of forms and the proof of different texts, and communicates the relationship between words, so as to eliminate the obstacles caused by these difficult characters in the accurate understanding of the meaning of poetry sentences.

Key words: *Yuan Dynasty's Poems*; *The Complete Collection of Yuan Period Poems*; difficult characters; explaining

“咸刘”释义新证及相关问题

卢海霞　陈双新

【摘　要】《尚书·君奭》等文献中的“咸刘”训释不一，分歧在于“咸”。古注家认为“咸”训为“皆”，“咸刘”为“皆杀”；王引之认为“咸”与“𢦏”音近义通，“咸刘”为“灭绝”。本文吸收已有研究成果，结合相关语言文献材料，从形音义方面讨论了“咸刘”的释义，认为王引之的意见可从，“咸刘”有灭绝之义，“虔刘”为“咸刘”之转语。在“灭绝”的意义上“咸”与𢦏、殲、瀸、㦰、戡、虔、龕、斩、撕、芟、殱等为同源词。“咸”与“一/壹”有较密切的音义联系。

【关键词】咸；𢦏；咸刘；灭绝；出土文献与古文字

【作者简介】卢海霞，女，河北大学文学院博士生，研究方向为古文字；陈双新，河北大学文学院教授，博士生导师，研究方向为古文字、现代汉字学、先秦礼乐文化。（河北 保定　071000）

“咸刘”较早见于《尚书·君奭》，其文曰：“武王惟兹四人，尚迪有禄。后暨武王，诞将天威，咸刘厥敌。”孔安国传：“言此四人后与武王皆杀其敌谓诛纣。”①孔传将“咸刘”解释为“皆杀”，后世注家承袭此种观点。如孔颖达正义：“其后四人与武王大行天之威罚，皆与共杀其强敌，谓其诛纣也。”②《汉书·律历志》：“粤若来三月，既死霸，粤五日甲子，咸刘商王纣。”颜师古注：“今文《尚书》之辞。刘，杀也。”③《逸周书·世俘解》：“则咸刘商王纣，执天恶臣百人。”庄述祖云：“《君奭》曰：‘咸刘厥敌。’”④《韩诗外传·卷三》：“咸刘厥敌，靡使有余。”孙立尧注：“咸，皆。刘，杀。”⑤

直到清代，王引之才提出不同的见解。现将王引之的说解俱引如下：

> 引之谨案：咸者，灭绝之名。《说文》曰“㦰，绝也，读若咸”⑥，声同而义亦相近。故《君奭》曰：“诞将天威，咸刘厥敌。”咸、刘皆灭也，犹言“遏刘”“虔刘”也。（《周颂·武篇》曰：“胜殷遏刘。”成十三年《左传》：“虔刘我边垂。”杜预曰：“虔、刘皆杀也。”）《逸周书·世俘篇》及《汉书·律历志》引《武成篇》并云“咸刘商王纣”，与此同。解者训“咸”为皆，失其义也。“咸”与“减”古字通。文十七年《左传》曰：“克减侯宣多。”昭二十六年《传》曰：“则有晋郑，咸黜不端。”正义曰：“咸，诸本或作‘减’。”《史记·赵世家》曰：“帝令主君减二卿。”皆谓灭绝也。（说见后“克减侯宣多”下。）⑦

从引文可知，王氏认为训“咸”为“皆”不可从，“咸”与《说文》中释为“绝”的“㦰”声同义近。“咸刘”表灭绝之义，“咸刘”“遏刘”“虔刘”在意义上相当。此外，“咸”“减”古字通，“减”亦有灭绝之意。

王引之的意见影响甚广，为多数学者信从，也有部分学者提出质疑。

先看支持者的意见。《逸周书·世俘解》：“则咸刘商王纣。”陈逢衡云：“咸刘，灭绝之名。”⑧党怀

---

① 阮元校刊：《尚书正义》，艺文印书馆，2001年，第247页。

② 阮元校刊：《尚书正义》，第247页。

③ 班固撰，王先谦补注：《汉书补注》，上海古籍出版社，2008年，第1315页。

④ 黄怀信、张懋镕、田旭东：《逸周书汇校集注》，上海古籍出版社，2007年，第415页。

⑤ 孙立尧：《新译韩诗外传》，三民书局，2012年，第136页。

⑥ 引用时据王引之《经义述闻》作“㦰”，实际此与“𢦏”为异体字。

⑦ 王引之撰，虞思徵等校点：《经义述闻》，上海古籍出版社，2018年，第229页。

⑧ 黄怀信、张懋镕、田旭东：《逸周书汇校集注》，第416页。

兴、王辉从王氏之说，认为"咸刘厥敌"之"咸"表示灭绝之杀。① 陆宗达以表示灭绝义、杀义的"咸"为"烕"之借字。② 李艳红同意"咸"是绝杀之义，但认为绝杀为"咸"的本义，并指出"咸刘犹言遏刘、虔刘也"这一看法有待考证。③

再看质疑者的意见。何金松认为从语境上看，《尚书・君奭》中"咸刘厥敌"言武王同四位贤臣消灭了他们的敌人，"咸"义为"同"。从音理和《说文》体例上看，"咸"不通"戋"。另外，"咸刘""虔刘"也不同义。④

何文所论详细。但综合考察相关文献资料，我们发现何文有不少缺陷，王引之的意见颇为精当，"咸刘"当为灭绝之义。我们赞同王氏之说。细绎何文，可知何金松举出的训"咸"为"同"的文献例证与"咸刘厥敌"在意义、语法结构上并不一致。如《诗・鲁颂・閟宫》："敦商之旅，克咸厥功。"孔颖达正义："《释诂》云：'咸，皆也。'皆亦同之义，故以咸为同也。"⑤"咸"确有"皆""同"之义。何文指出此与"咸刘厥敌"同叙一事，但认为这两句中的"咸"应训"同"，似有不妥。又如《尚书・君奭》"我咸成文王功于！"之"咸"可理解为"同"，但句式结构与"咸刘厥敌"并非一类，不可互证。从语境角度考虑，武王与四位贤臣是主次关系，并不妨碍训"咸"为"灭绝"。"刘"有杀义，学者已经指出。⑥ "咸""刘"同义动词连用，意为杀绝。武王与四位贤臣是施事，"敌"是受事，这样理解也文从字顺。《逸周书・世俘》："若翼日丁巳，王乃步于周，征伐商王纣。越若来二月既死魄，越五日甲子朝至接于商，则咸刘商王纣，执天恶臣百人。"这里前说"征伐商王纣"，后云"咸刘商王纣"。由"征伐"为动词连用，可知"咸刘"亦为动词连用，不当理解为状中结构，训为"皆杀"。《左传・昭公二十六年》"晋、郑咸黜不端"之"咸"，何氏训为"皆(都)"。但是杨伯峻认为"咸黜"当读为"减黜"，为灭绝之意。⑦ 可见何文所论大多不能成立，"咸刘厥敌"之"咸"也不能训"同"。

关于"咸""戋"的音义关系，何文意见也有待商榷。《说文》中的"读若"往往具有提示假借的作用，陆宗达、黄天树等学者已有详论。⑧《说文・戈部》："戋，绝也……古文读若咸。读若《诗》云'攕攕女手'。"陆宗达曾指出这里的"古文读若"指的是古文《尚书・君奭》篇"咸刘厥敌"，这个"咸"是"戋"的借字。⑨ 陈剑也指出此"古文读若某"当与《说文》"古文以为某字"同例。⑩ 这说明"咸""戋"音近通用。

清华简已刊出十三册，其中很多内容与先秦文献相合。学者们在研究过程中多将其与传世古书进行对读、互勘，解决了很多字词释义问题。上文所论"咸""戋"二字通用关系，也可以根据清华简和

---

① 党怀兴、王辉从王引之说，指出"咸"字不单单是表示杀，更确实地说是表示灭绝之义。党怀兴、王辉：《汉字基础与常见使用问题辨析》，陕西师范大学出版社，2019 年，第 211 页。

② 陆宗达：《训诂简论》，北京出版社，1983 年，第 107 页。

③ 李艳红：《文献中"咸刘""虔刘"之"咸""虔"意义小考》，第十四届全国古代汉语学术研讨会论文，陕西师范大学，2018 年。

④ 何金松：《汉字形义考源》，武汉出版社，1996 年，第 404—406 页。

⑤ 十三经注疏整理委员会整理：《毛诗正义》，北京大学出版社，2000 年，第 1660 页。

⑥ 陆宗达曾论述"刘"词义为杀。如先秦文献中多有以"杀"释"刘"例，《尔雅・释诂》《方言》皆训"刘"为"杀"，"刘"的同源词多半也有杀戮之义。参陆宗达：《"劉"(刘)字的本义与避讳》，《陆宗达语言学论文集》，北京师范大学出版社，1996 年，第 472—473 页。又，马王堆帛书《称》："百姓斩木刘新而各取富焉，地亦无事焉。"句中"斩木刘新"之"刘"表示"斩伐"，亦证"刘"有"杀"之义。

⑦ 杨伯峻注："依杜意，咸，皆也。孔疏又谓'诸本咸或作减'，则'减黜'为同义词连用。王引之《述闻》谓'减黜'为灭绝之意。此说为胜。"杨伯峻：《春秋左传注》，中华书局，2009 年，第 1477 页。

⑧ 黄天树在《说文解字通论》中指出，《说文》凡是说某字"读若某"有的是标注其字的读音，有的是表明两个字可以通假，如丯读若介。参黄天树：《说文解字通论》，北京大学出版社，2014 年，第 243 页。陆宗达在《〈说文〉"读若"的训诂意义》一文中论述从《说文》"读若"的实际情况看，许慎作"读若"主要是为明音，但在选择读若字时，他尽可能考虑到经传用字的情况，想用注音来为人们阅读理解经典指明线索。这种与经传用字有关的"读若"，虽不是全部，但也不是一两条偶然的现象，许慎是有意图在先的。参《陆宗达语言学论文集》，第 349—362 页。

⑨ 陆宗达：《〈说文〉"读若"的训诂意义》，《陆宗达语言学论文集》，第 354 页。

⑩ 陈剑：《甲骨文旧释"眢"和"盤"的两个字及金文"䫌"字新释》，《甲骨金文考释论集》，线装书局，2007 年，第 224 页。

《逸周书》《楚辞》中的异文材料给予分析。清华简正有以“𢦏”记录{咸}的宝贵材料：

(1) 小民用叚能稼穑，(下以A表示)祀天神。(清华简[一]《皇门》简6)

整理者将A隶定为“戕”，读为“并”；一说释“𢦏”。① 复旦大学出土文献与古文字研究中心研究生读书会(下文简称复旦读书会)指出A中左部实为两人形，多出的一横当为饰笔，与“并”字无关，合于“𢦏”字原始形体。A读为“咸”，与今本《逸周书·皇门》“咸祀天神”一致。②

(2) 𢀜(巫)(下以B表示)赅(该)亓(其)𦞦(胁)以楚。(清华简[一]《楚居》简3)

整理者将B隶定为“戕”，读“戕赅”为“并该”，取并合包裹义。或释“戕”为“𢦏”，读为“缄”。③ 复旦读书会指出B与甲骨文、等形合，象以戈歼灭众人之形。B当释“𢦏”，“𢀜𢦏”应读为文献中常见的“巫咸”一词。“巫咸”见于楚地文献。《楚辞·离骚》“巫咸将夕降兮”，洪兴祖补注：“巫咸，古神巫也，当殷中宗之世。”④

复旦读书会所论正确可从。上引文句以“𢦏”记录{咸}这一真实的用字习惯，证实了“𢦏”“咸”音义关系密切，二字相通无碍。值得注意的是，清华简(十一)《五纪》中也有以“𢧐”记录{咸}的辞例，如：

(3) 神不求(咸)，为恭之故。(简49⑤)

(4) 凸(凡)事群神，亡(无)(咸)又(有)𥚃(祸)。(简52⑥)

(5) 猷(咸)亡(无)系(蹊)，保柲(必)不行……。(简55⑦)

简文中的、、，整理者隶定为𢧐，注云：“从土，𢦏声，所从‘𢦏’旁有所讹省，通‘咸’。”在时代略晚的秦简中也有可资参照的材料。睡虎地秦简《为吏之道》简5有“微密韱(纖)察”一语。⑧ “韱(纖)”在岳麓书院藏秦简《为吏治官及黔首》47/1549作“咸”。⑨《说文·韭部》：“韱，山韭也。从韭𢦏声。”《戈部》：“𢦏……古文读若咸。”韱之于咸，正犹𢦏之于咸。

除了上举音例，“咸”与“𢦏”在音理上也相通无碍。“咸”古音属侵部见母，“𢦏”属谈部精母。侵谈旁转，见母、精母关系密切，多有通转之例。⑩ 陈剑也曾指出古文用“𢦏”表示“翦除”“灭绝”义的“咸”⑪，其说可信。

“咸”“𢦏”音近义通。从“𢦏”声之字有灭绝之义。“𢦏”甲骨文作(《合集》1989，宾组)、(《屯南》806，历组)。陈剑指出“𢦏”本象以戈歼灭众人之形。⑫ 林义光《文源》亦指出：“从戈戮。‘’，人多之象。经传以‘歼’为之。古作。”⑬汤可敬云：“(𢦏)有灭绝众人之意，当为‘殲’古字。”⑭《说文·歺部》：“殲，微尽也。从歺韱声。《春秋传》曰：‘齐人殲于遂。’”段注：“殲之言纖也，纖细而尽之也。《左》《穀》作殲，《公》作瀸，字之同音假借也。《穀》曰：‘殲，尽也。’《公》曰：‘瀸，渍也。’何云：‘瀸之为

① 李学勤主编：《清华大学藏战国竹简(一)》，中西书局，2010年，图版第89页，释文第164—168页。

② 复旦大学出土文献与古文字研究中心研究生读书会：《清华简〈皇门〉研读札记》，复旦网2011年1月5日(http://www.fdgwz.org.cn/Web/Show/1345)。

③ 李学勤主编：《清华大学藏战国竹简(一)》，图版第118页，释文第181—184页。

④ 复旦大学出土文献与古文字研究中心研究生读书会：《清华简〈楚居〉研读札记》，复旦网2011年1月5日(http://www.fdgwz.org.cn/Web/Show/1353)。

⑤ 黄德宽主编：《清华大学藏战国竹简(十一)》，中西书局，2021年，图版第46页，释文第107—108页。

⑥ 黄德宽主编：《清华大学藏战国竹简(十一)》，图版第47页，释文第107—108页。

⑦ 黄德宽主编：《清华大学藏战国竹简(十一)》，图版第49页，释文第107—108页。

⑧ 睡虎地秦墓竹简整理小组编：《睡虎地秦墓竹简》，文物出版社，1990年，图版第81页，释文第167页。

⑨ 陈松长主编：《岳麓书院藏秦简(一～三)释文》，上海辞书出版社，2018年，第46页。

⑩ 陈剑：《甲骨文旧释“智”和“盤”的两个字及金文“䵼”字新释》，第224页；王志平：《〈诗论〉发微》，《华学》第6辑，紫禁城出版社，2003年，第64页；刘波：《出土楚文献语音通转现象整理与研究》，博士学位论文，吉林大学，2013年，第238—239页。

⑪ 陈剑：《甲骨文旧释“智”和“盤”的两个字及金文“䵼”字新释》，第224页。

⑫ 陈剑：《甲骨文旧释“智”和“盤”的两个字及金文“䵼”字新释》，第224页。

⑬ 林义光原著，林志强标点：《文源》，上海古籍出版社，2017年，第160页。

⑭ 汤可敬：《说文解字今释》，岳麓书社，2001年，第1806—1807页。以下为便于分析字形，“殲”“滅”以繁体行之。

死。积死非一之辞。故曰渍。'《释诂》：'殲，尽也。'"[①]如段玉裁所说，"殲"可理解为死尽，也即滅绝之义。又，《水部》："瀸，渍也。"段注："《公羊传·庄十七年》：'齐人瀸于遂。瀸者何？瀸，积也，众杀戍者也。'"[②]"𢦏""殲""瀸"都有滅绝之义。

"咸"也有滅绝之义，下面进行具体论证。

先看清华简记录{滅}的"泧""㷁"。清华简(一)《尹诰》简2："我戬(捷/翦?)泧(滅)䪪(夏)。"[③]清华简(三)《说命中》简3："我先王泧(滅)䪪(夏)"，整理者将"泧"读为"滅"。[④] 是威从戌作。清华简(八)《邦家之政》简11有"可(何)㷁(滅)可(何)璋(彰)"之语，简13有"无㷁(滅)无璋(彰)"之语。整理者认为"㷁"为"滅(威)"之误字[⑤]，喻威指出"㷁"其实就是"威"字。[⑥] 是威从咸作。清华简(十一)《五纪》简79："后事□(咸)成，万生行则之。"整理者注："鹹，从卤，从咸，所从'咸'旁省作'戌'形，读为'咸'。"[⑦]是咸从戌作。"泧""㷁"均记录{咸}，联系古文字加"口"与不加"口"无别的规律，可反证"戌""咸"一字分化。《说文》载"戌，滅也""威，滅也"。"威"，段玉裁等认为威从戌声[⑧]，其说可信。根据"戌"与"咸"、"威"与"㷁"诸字，不难想见"咸"与"威"的音义联系。"戌""威"有滅之义，"咸"亦有滅绝之义。

再结合同源词等材料对"咸"的"滅绝"之义略作疏证。

首先，举出与"咸"音近相通，在意义上表示"杀"的"𢦟""戡"等词。《说文·戈部》："𢦟，杀也，从戈，今声。《商书》曰：'西伯既𢦟黎。'"段注："汉魏六朝人𢦟、堪、戡、龛四字，不甚区别。《左传》'王心弗堪'，《汉·五行志》作'王心弗𢦟'，胜也。《西伯戡黎》文。今作'戡黎'，许所据作'𢦟黎'。"[⑨]清华简(一)《耆夜》简1以"武王八年，延(征)伐郘(黎)，大𢦟(戡)之"记"西伯戡黎"之事。[⑩] 清华简(五)《汤处于汤丘》简13载汤问小臣"虐(吾)𢦟(戡)虽(夏)女(如)刣(台)"。[⑪] 清华简(一)《尹至》简5载汤"自西戬(捷)西邑，今(𢦟)亓(其)又(有)(夏)"。[⑫] 此皆可证"𢦟""今"即"戡"。又，《山海经·大荒东经》中的"河念有易"，苗丰读为"河戡有易"。[⑬] 念从今声，𢦟之于戡，正犹念之于戡。其实，今声、甚声、咸声相通。《说文·戈部》："戡，刺也。"《广雅·释诂一》："鍼，刺也。"[⑭]又，《说文·艹部》："葚，桑实也。"成熟的桑葚呈黑红色。《说文·黑部》："黮，虽皙而黑也。"那么，𢦟、戡之于咸，正犹戡之于鍼，葚之于黮。在"杀"的意义上，"咸""𢦟""戡"为同源词。

其次，系联与"咸""𢦏"音近，在意义上表示"杀"的"殲""斩""撕""芟"等词。《尔雅·释诂》："殲，尽也。"《广韵·盐韵》："殲，灭也。"殲从𢦏声。𢦏声与斩声相通。学者指出表示凿子的"鑯"与"鏨"为

---

① 段玉裁：《说文解字注》，凤凰出版社，2015年，第291页。

② 段玉裁：《说文解字注》，第958页。

③ 李学勤主编：《清华大学藏战国竹简(一)》，图版第41页，释文第133—134页。

④ 李学勤主编：《清华大学藏战国竹简(三)》，中西书局，2012年，图版第34页，释文第125页。

⑤ 李学勤主编：《清华大学藏战国竹简(八)》，中西书局，2018年，简11图版第55页，释文第122页；简13图版第56页，释文第122页。

⑥ 喻威指出，威(月部)从火戌声(物部)，咸(侵部)从口戌声(物部)，古文字加口与不加口往往无别，"㷁"可以直接读为"滅"。参喻威：《"柔远能迩"释义新证——"能"与"一/壹"古音补证》，待刊稿。

⑦ 黄德宽主编：《清华大学藏战国竹简(十一)》，图版第61页，释文第116页。

⑧ 《说文·火部》："威，滅也。从火、戌。"段注："会意。《诗释文》引有'声'字。火死于戌，阳气至戌而尽。此二句说会意之指。"《字源·火部》："'威'字《说文》认为是会意，从《广韵》许劣切看，应为从火，戌声的形声字。"段玉裁：《说文解字注》，第849页；李学勤主编：《字源》，天津古籍出版社，2012年，第899页。

⑨ 段玉裁：《说文解字注》，第1096页。

⑩ 李学勤主编：《清华大学藏战国竹简(一)》，图版第63页，释文第150页。

⑪ 李学勤主编：《清华大学藏战国竹简(五)》，中西书局，2015年，图版第67页，释文第135页。

⑫ 李学勤主编：《清华大学藏战国竹简(一)》，图版第37页，释文第128页。

⑬ 苗丰：《〈保训〉与〈山海经〉对读三则》，复旦网2019年11月28日(http://www.fdgwz.org.cn/Web/Show/4492)。

⑭ 王念孙撰，张靖伟等校点：《广雅疏证》，上海古籍出版社，2016年，第99页。

同源词，表示浸渍的“瀸”与“渐”为同源词。[①] “斩”声字亦有杀绝之义。《尔雅·释诂》：“斩，杀也。”[②]《礼记·礼器》：“有撕而播也。”郑玄注：“撕之言芟也。”[③]《汉书·贾谊传》：“故蕲去不义诸侯而虚其国。”颜师古注：“蕲读与芟同，谓芟刈之。”[④]与“斩”相通的“芟”亦有杀伐之义。《说文·草部》：“芟，刈艹也。从艹从殳。”段注：“殳取杀意也。”[⑤]裘锡圭认为从字形上来看“椒(散)”[⑥]跟“芟”同义，本义应该是芟除草木。古代“散”可训“杀”，用来指杀死动物或植物。[⑦] “散”甲骨文字形作𣎳(《合集》29092，何组)，正象芟除草木之形。李聪指出其本义为“芟除草木”，由此引申出“杀伐”之义。[⑧] “散”有“杀”义是可以肯定下来的。《方言》卷三载“散，杀也”，刘洪涛对此有详细疏证。他认为“散”表杀义，是全部地彻底地击杀。[⑨] 可证“芟”“散”确有杀伐、灭绝之义。而《说文·雨部》：“霰，微雨也。从雨𢦏声。又读若芟。”《戈部》：“𢦏，绝也……古文读若咸。”是𢦏声、咸声、芟声相通。在“杀”与“灭绝”的意义上，“𢦏”“咸”“殲”“斩”“芟”当为同源词。

现在完全可以确信“咸”“𢦏”音近义通。可见何文所论缺憾较为明显，既没关注出土文献的异文材料，对《说文》体例未有精准把握，音理上也缺乏深度挖掘。

至于“咸刘”表示滅绝之义，可证之于“虔刘”一语。《左传·成公十三年》：“君亦不惠称盟，利吾有狄难，入我河县，焚我箕、郜，芟夷我农功，虔刘我边陲，我是以有辅氏之聚。”此段行文对偶，“虔刘”与“芟夷”对文，二词意义相近。“芟夷”本表翦除草木，引申表示“杀伐”。葛洪《抱朴子·论仙》：“人君有赫斯之怒，芟夷之诛，黄钺一挥，齐斧暂授，则伏尸千里，流血滂沱。”“虔刘”亦有杀伐之义。《方言》卷一：“虔、刘、惨、㴚，杀也。”《方言》卷三：“虔、散，杀也。”学者曾论“虔刘”与“咸刘”有语源关系[⑩]，其说可信。而《说文·虍部》载“虔”读若“矜”。矜从今声，“虔”“今”音近。《诗·商颂·殷武》：“是断是迁，方斲是虔。”郑笺：“椹谓之虔。”《尔雅·释宫》：“椹谓之榩。”邢昺疏：“椹者，斫木所用以借者之木名也，一名榩。”前面说到“或”即“戡”，“虔”读若“矜”，所以“椹”与“榩”亦为音转。又，郭店简《唐虞之道》简 8：“六帝兴于古，麐(咸)采(由)此也。”整理者注：“麐从‘今’，读为‘咸’。”[⑪]《周易》咸卦之“咸”，出土简、帛本皆作“钦”。[⑫] 钦的一级声符是今。可见由虔、咸、今、甚构成之字多相通用，表示“杀”的“虔”当与“戡”“咸”为同源词。所以“咸刘”与“虔刘”皆表灭绝。

最后附带谈谈“咸”与“一/壹”的音义联系。其一，二者都有范围副词的用法，训“皆”。《说文·口部》：“咸，皆也，悉也。”咸有皆、悉之义。党怀兴、王辉对此做过解释，“咸”有绝之义，后来词义扩大，用作副词，表示全、都。[⑬] 值得注意的是在甲骨文中“咸”就用为范围副词，有“皆”义[⑭]，党氏、王氏意见还有待更多材料验证。在甲骨文中作范围副词，义为“皆”的还有“一”。《玉篇·壹部》：“壹，皆也。”孟蓬生

---

① 黄侃：《蕲春语》，《新辑黄侃学术文集》，南京大学出版社，2008 年，第 312 页；孟蓬生：《〈说文〉“耆”读若“耿”疏证——谈支通转例说之一》；〔韩〕朴慧莉、程少轩编：《古文字与汉语历史比较音韵学》，复旦大学出版社，2017 年，第 218 页。

② 十三经注疏整理委员会整理：《尔雅注疏》，北京大学出版社，2000 年，第 25 页。

③ 阮元校刊：《礼记注疏》，艺文印书馆，2001 年，第 459 页。

④ 班固撰，王先谦补注：《汉书补注》，第 3696 页。

⑤ 段玉裁：《说文解字注》，第 72 页。

⑥ 李聪指出，从古文字字形来看，“椒”与“散”当为一字异体，“散”系由“椒”字加注声符“月”而分化产生之字，《说文》误释“散”为从“肉”。李聪：《战国简帛资料与甲骨文字考释》，博士学位论文，清华大学，2021 年，第 205 页。

⑦ 裘锡圭：《甲骨文中所见的商代农业》，《裘锡圭学术文集·甲骨文卷》，复旦大学出版社，2012 年，第 252 页。

⑧ 李聪：《战国简帛资料与甲骨文字考释》，第 204—212 页。

⑨ 刘洪涛：《〈方言〉“散，杀也”疏证》，《语言科学》2017 年第 1 期。

⑩ 王引之撰，虞思徵等校点：《经义述闻》，第 229 页；王志平等：《出土文献与先秦两汉方言地理》，中国社会科学出版社，2014 年，第 215 页。

⑪ 武汉大学简帛研究中心、荆门市博物馆编著：《楚地出土战国简册合集(一)》，文物出版社，2011 年，第 61 页。

⑫ 禤健聪：《〈周易〉咸卦卦名及爻辞新诠》，《简帛研究》二〇一八年春夏卷，广西师范大学出版社，2018 年。

⑬ 党怀兴、王辉：《汉字基础与常见使用问题辨析》，第 211 页。

⑭ 黄天树：《甲骨文中的范围副词》，《黄天树甲骨金文论集》，学苑出版社，2014 年，第 300—302 页。

认为"咸""壹"为同源词。① 其二，二者在楚文字中皆记录数词{一}{壹}。一表示{一}之例不赘举。上博简(七)《凡物流形》简 24—25："水復(复)于天咸，百勿(物)不死女(如)月。"②学者指出"天咸"可读为"大(太)一"。③ 其三，由二者构成之字有杀伐之义。楚系文字"翟"多用为{一}。清华简(十)《四告》简 4—5："帝₌(上帝)弗若，廼命朕文考周王翟(一)戎又(有)殷，达又(有)四方。"此句可与《尚书·康诰》"天乃大命文王殪戎殷"、《礼记·中庸》"壹戎衣而有天下"二句对读④，"翟"与"殪"对应。《左传·宣公六年》："使疾其民，以盈其贯，将可殪也。"杨伯峻注："殪乃一举而绝灭之义。"⑤《正字通·歹部》："殪，殄绝。"上文已论"咸刘"之"咸"有灭绝之义。可见"咸"与"一/壹"分别在"皆"(范围副词)、"一"(数词)、"杀"(动词)意义上形成对应关系，而"一/壹"在上古有缉部读音⑥，那么"咸"与"一/壹"的音义联系是很显然的。

综上所述，本文受出土文献材料的启发，广泛建立起文字的形、音、义之间的联系，对"咸刘"的释义问题提出了一点新看法。"咸""戋"音近义通，有灭绝之义，王引之对"咸刘"的解释正确可从。在论证过程中，我们再次体会到：古文字字形与可跟传世古书对读的出土文献资料，对确定古书中有关字词的训释具有特殊的意义。在从事古汉语研究时，应充分利用这些材料，在比勘、互证的基础上精准把握词义，并对一些疑难字词的释义问题做些探讨。

New Evidence and Related Issues on the Interpretation of "Xian Liu (咸刘)"

Lu Haixia　Chen Shuangxin

(School of Chinese Language and Literature, Hebei University, Baoding 071000)

Abstract: The interpretation of "Xian Liu (咸刘)" in "Jun Shi (君奭)" of *Shang Shu* and other texts varies, with the disagreement focusing on the word "Xian (咸)". Ancient annotators believed that "Xian (咸)" means "all", and "Xian Liu (咸刘)" is interpreted "all are slain". Wang Yinzhi believed that "Xian (咸)" is phonetically and semantically similar to "Jian (戋)" and "Xian Liu (咸刘)" means "exterminate". This paper integrates previous scholarly findings and, by examining related linguistic and literary sources, discusses the meaning of "Xian Liu (咸刘)" from the perspective of form, sound and meaning. It argues that Wang Yinzhi's opinion is acceptable and "Xian Liu (咸刘)" has the meaning of extinction. "Qian Liu (虔刘)" is a transliteration of "Xian Liu (咸刘)". In the sense of "extinction", "Xian (咸)" is etymologically related to "Jian (戋)", "Jian (殲)", "Jian (瀸)", "Kan (戡)", "Kan (戡)", "Qian (虔)", "Kan (龕)", "Zhan (斩)", "Can (摲)", "Shan (芟)", "Yi (殪)", among others. "Xian (咸)" also has a close phonetic and semantic relationship with "Yi (一)" / "Yi (壹)".

Key words: "Xian (咸)"; "Jian (戋)"; "Xian Liu (咸刘)"; exterminate; unearthed documents and ancient Chinese characters

① 孟蓬生：《"咸"字音释——侵脂通转例说之二》，《出土文献与古文字研究》第六辑，上海古籍出版社，2015 年，第 752 页。

② 马承源主编：《上海博物馆藏战国楚竹书(七)》，上海古籍出版社，2008 年，《凡物流形(甲)》图版 101—102 页，《凡物流形(乙)》图版第 127—128 页；释文第 264—265 页。

③ 马承源主编：《上海博物馆藏战国楚竹书(七)》，第 265—266 页；凡国栋：《上博七〈凡物流形〉简 25"天弌"试解》，简帛网 2009 年 1 月 5 日(http://www.bsm.org.cn/show_article.php? id=953)；孟蓬生：《"咸"字音释——侵脂通转例说之二》，第 733—734 页。

④ 黄德宽主编：《清华大学藏战国竹简(十)》，中西书局，2020 年，图版第 28—29 页，释文第 110—113 页。

⑤ 杨伯峻：《春秋左传注》，第 688 页。

⑥ 喻威：《"柔远能迩"释义新证——"能"与"一/壹"古音补证》。

《今注本二十四史·后汉书》校读札记*

鲁普平

【摘　要】《今注本二十四史·后汉书》广罗多种版本及相关研究成果，对《后汉书》进行了全面校注，是研究《后汉书》的集大成者，价值巨大。我们在研读时，发现其原文和注文有六处或可商补。我们通过版本异文及出土文献，对这六处原文和注文进行了校补。

【关键词】今注本《后汉书》；校读；札记

【作者简介】鲁普平，江苏第二师范学院文学院讲师，文学博士，研究方向为简帛语言文献学。（江苏 南京 210013）

卜宪群、周天游两位先生主持校注的《今注本二十四史·后汉书》，2021年在中国社会科学出版社出版。今注本《后汉书》以北宋景佑刻递修本为底本，参校江南东路转运司递修本、元宁国路大德本、清乾隆武英殿刊本，同时参考《八家后汉书辑注》《后汉书集解》等，对《后汉书》中的人名、地名、职官、疑难字词、名物制度等均给予了不同程度的校注。① 其校注在广泛搜集已有相关研究成果的基础上，又结合了出土文献和文物对《后汉书》的相关史文进行了说明。今注本《后汉书》是研究《后汉书》的集大成者，其"今注"内容在推动学术传承的同时，更能有效地推动文化传承，价值巨大。我们在研读时，有一些浅见，今略陈管见如下，敬请方家指正。

一

今注本《后汉书·孝顺帝纪》：

> 三年春二月己丑，诏以久旱，京市诸狱无轻重皆旦勿考音，须得澍雨。

旦，查看底本，其字形作旦，今注本《后汉书》无误。然诸家版本此字多作"且"，如王先谦《后汉书集解》②作"且"。③ 武英殿刊本《后汉书》作"且"。④ 中华书局点校本《后汉书》⑤作"且"。⑥ "旦勿"于义未顺，"旦"应为"且"之讹字。"且勿"一语在古籍中经常连用，如：

> (1)《后汉书·孝质帝纪》："其勑有司，罪非殊死，且勿案验，以崇在宽。"
>
> (2)《后汉书·孝章帝纪》："其令有司，罪非殊死，且勿案验，及吏人条书相告，不得听受。"
>
> (3)《后汉书·马武传》："帝笑曰：'且勿为盗贼，自致亭长，斯可矣。'"

且和旦由于字形相近，时而相混。如《读书杂志·墨子第四·经说上》："'今久古今且莫'，引之曰：'上"今"字因下"今"字而衍，"且"当为"旦"。言古今异时，旦莫异时，而偏历古今旦莫则久

* 基金项目：本文为江苏省社会科学基金项目"江苏出土简牍整理与研究"（项目编号：21YYC003）、教育部人文社会科学重点研究基地重大项目"古文字编码字符集研究（出土秦汉文字、民族古文字部分）"（项目编号：22JJD740024）阶段性成果。

① 卜宪群、周天游主持校注：《今注本二十四史·后汉书》，中国社会科学出版社，2021年，前言第17—18页。

② 《后汉书集解》是以明毛氏汲古本为主，详见王先谦：《后汉书集解》，民国王氏虚受堂刻本，第7页。

③ 王先谦：《后汉书集解》，民国王氏虚受堂刻本，第227页。

④ 范晔：《后汉书》，武英殿刊刻本，第157页。

⑤ 中华书局点校本《后汉书》以宋绍兴江南东路转运司刻宋元递修本为底本，详见《后汉书》（中华书局，2012年）点校说明第4页。

⑥ 范晔：《后汉书》，中华书局，2012年，第263页。

矣。'"[①]《读书杂志·墨子第四·经说下》："'宇徙而有处宇，宇南北，在且有在莫，宇徙久。'引之曰：'"且"当为"旦"。'"[②]《诗经·陈风·东门之枌》："谷旦于差，南方之原。"陆德明《经典释文》："旦，本亦作且。"[③]"旦勿考音"之"音"，今注本《后汉书》已经指出诸家作"竟"，"音"为"竟"之讹，甚是。"且勿考竟"即暂且不要刑讯追究。

二

今注本《后汉书·李通传》：

> 今关门禁严，君状皃非凡，将以此安之？不知诣阙自归。事既未然，脱可免祸。

知，诸家版本多作"如"，王先谦《后汉书集解》作"如"。[④] 武英殿刊本《后汉书》作"如"。[⑤] 中华书局点校本《后汉书》作"如"。[⑥] 今按，"知"于义未顺，查看底本，其字形作如，今注本《后汉书》原文有误。今注本《后汉书》还有1例原文有误，如《后汉书·孝章帝纪》："六月，烧当羌叛，金城太守郝崇讨之，败绩，羌遂寇汉阳。秋八月，遗行车骑将军马防讨平之。"遗，诸家版本多作"遣"，如王先谦《后汉书集解》作"遣"。[⑦] 武英殿刊本《后汉书》作"遣"。[⑧] 中华书局点校本《后汉书》作"遣"。[⑨] "遗"于义未顺，查看底本，其字形作遣，为"遣"字。

三

今注本《后汉书·孝安帝纪》：

> 遂共推宣为丞相，崇御史大夫，逄安左大司马，谢禄右大司马，自杨音以下皆为列卿。

逄，今注本《后汉书》云："逄，大德本、殿本误作'逢'。本卷'逄'字他本误作'逢'者不再出注。"[⑩]今按：《后汉书·刘盆子传》："崇同郡人逄安，东海人徐宣、谢禄、杨音，各起兵，合数万人，复引从崇。"今注本《后汉书》引李贤注云："《东观记》曰'逄'，音庞。安字少子，东莞人也。"[⑪]这两处注文，一处认为"逄"是"逢"的讹误字，一处认为"逄"音"庞"。其实关于"逄"与"逢"的异文关系，颜师古认为"逄""逢"古本一字；郭忠恕、李文仲、钱剑夫认为"逄""逢"古本二字。张涌泉先生在总结这两种主要说法的同时，指出颜师古的观点是正确的，引文如下：

> 《说文》有"逢"无"逄"，汉碑有"逢盛""逢信""逢祈""逢诉"等人名……碑刻文字有原碑和拓本流传，不易为后人窜改，字形往往比较可靠。而传世古籍屡经后人传抄翻刻，文字不断被"当代"化，而不能反映作者当初用字的实况，因此未必可靠……考唐代前后俗书"夆"旁或写作"夅"，如……故"逢"字俗书可写作"逄"。如……凡此"逄"皆为"逢"的俗字。《干禄字书》云："逄逢：上俗下正。诸同声者准此。唯降字等从夅。"……旧本《切韵》系韵书亦无"逢""逄"的区别。如伯

① 王念孙撰，徐炜君、樊波成、虞思徵、张靖伟校点：《读书杂志》，上海古籍出版社，2014年，第1537—1538页。

② 王念孙撰，徐炜君、樊波成、虞思徵、张靖伟校点：《读书杂志》，第1539页。

③ 陆德明著，黄焯汇校：《经典释文汇校》，中华书局，2011年，第161页。关于"且"和"旦"的异文，参考了宗福邦、陈世铙、萧海波编：《古训汇纂》，商务印书馆，2003年，第22、1007页。

④ 王先谦：《后汉书集解》，民国王氏虚受堂刻本，第426页。

⑤ 范晔：《后汉书》，武英殿刊刻本，第648页。

⑥ 范晔：《后汉书》，中华书局，2012年，第574页。

⑦ 王先谦：《后汉书集解》，民国王氏虚受堂刻本，第154页。

⑧ 范晔：《后汉书》，武英殿刊刻本，第96页。

⑨ 范晔：《后汉书》，中华书局，2012年，第135页。

⑩ 卜宪群、周天游主持校注：《今注本二十四史·后汉书》，第1188页。

⑪ 卜宪群、周天游主持校注：《今注本二十四史·后汉书》，第1181页。

3696号《切韵》残叶钟韵："逄，符容反。"即"逢"字。又故宫博物院旧藏宋濂跋本王仁昫《刊谬补缺切韵》同韵："逢，符容反，遇。俗作逄，音□（辥?），误。"这里明确指出"俗作逄，音□"为非，可证"逄""逢"确实本非二字二音。所谓逄姓之"逄"，本即"逢"的俗字。①

张涌泉先生结合汉碑、敦煌写卷以及传世字书和韵书，认为"逢""逄"古本一字，逄姓之"逄"为"逢"的后起俗字，其论证充分，值得信从。我们检索秦汉简帛语料，"逢"字多次出现，但是没有发现"逄"字。其实在汉简中，"夆"和"夅"有时候就相混。《肩水金关汉简》73EJT25：5："河南谷成长阳里大夫师逢，年卅，长七尺二寸，黑色，牛车一两，鐱、楯各一卩。"逢，其字形作（见下图一）。《肩水金关汉简》73EJT7：55："☐宜马给受降隧☐"降，其字形作（见下图二）。所从之"夆"和所从之"夅"相混。

图1

图2

四

今注本《后汉书·孝安帝纪》：

乙巳，诏郡国中都官死辠系囚减罪一等，诣敦煌、陇西及度辽营；其右趾以下及亡命者赎，各有差。

今注本《后汉书》云："案，诣，绍兴本、大德本、殿本作'诏'，底本或误。"②今按，底本不误，绍兴本、大德本、殿本作"诏"乃是"诣"之讹，这一点王先谦在《后汉书集解》中已有说明，其引刘攽云："正文诏敦煌，案文诏当作诣。"③王氏引刘攽所说甚是。"诣"为前往、到义，此义古文献习见，如《史记·孝文帝纪》："乃命宋昌参乘，张武等六人乘传诣长安。"两汉时期常有给犯罪者减刑，然后让其去戍守边境或去军营服役的例子，试举例如下：

（1）《后汉书·孝明帝纪》："九年春三月辛丑，诏郡国死罪囚减罪，与妻子诣五原、朔方占着，所在死者皆赐妻父若男同产一人复终身；其妻无父兄独有母者，赐其母钱六万，又复其口算。"

（2）《后汉书·孝明帝纪》："九月丁卯，诏令郡国中都官死罪系囚减死罪一等，勿笞，诣军营，屯朔方、敦煌；妻子自随，父母同产欲求从者，恣听之；女子嫁为人妻，勿与俱。"

五

今注本《后汉书·邓禹传》：

禹曾孙香子女为桓帝后，帝又绍封度辽将军遵子万世为南乡侯，拜河南尹。

今注本《后汉书》云："子女：子当为'之'字之讹。王先谦《后汉书集解》引张熷曰：''子'字衍。案《前书莽传》请博采二王后及周公、孔子世列侯在长安者适子女，则泛言女亦可云'子女'。此传指香女言，不应著'子'字。《后纪》'邓香之女也'，明此'子'字亦'之'字之讹。'"④今按："子"和"之"在隶书中

① 张涌泉：《俗字里的学问》，语文出版社，2009年，第50—52页。

② 卜宪群、周天游主持校注：《今注本二十四史·后汉书》，第563页。

③ 王先谦：《后汉书集解》，民国王氏虚受堂刻本，第212页。

④ 卜宪群、周天游主持校注：《今注本二十四史·后汉书》，第1490页。

字形相差较大,讹写的可能性似乎不大。"香子女"或不误,这种用法,在西北汉简习见,试举例如下:

(1)《肩水金关汉简》73EJF3:138:

博望隧长孙道得子女居延平里孙女年十二岁

广地

长五尺黑色

(2)《悬泉汉简》I90DXT0114①:29:

汲妻给君年廿一粟二石一斗　汲子女君富年七一石三斗

卒李汲粟三石

汲弟尊年廿五粟三石

(3)《悬泉汉简》II90DXT0111①:268:

赦乘妻定子年卌四

赦乘子女婢年十二

赦乘子女侯年六

赦乘子女请卿年三

(4)《悬泉汉简》II90DXT0113②:96:

安子女莫君年十安子男□

安子女何年九

安子男并年五

(5)《肩水金关汉简》73EJF3:138:

小母居延延年里解宪

广土隧长孙党

子女及年十三

例(1)中的孙道得是博望隧长,孙女是人名,为孙道得之女,称作为"子女"。例(2)中的君富是人名,君富是李汲的女儿,称作为"子女"。例(3)中的赦乘、婢、侯、请卿均是人名,婢、侯、请卿均是赦乘的女儿,称作为"子女"。例(4)中的安、莫君、何、并均是人名,莫君、何是安的女儿,称作为"子女"。并是安的儿子,称作为"子男"。其实这类称法,在西北汉简中甚多。例(5)中的"及"是人名,是孙党的女儿。

The Notes About *History of the Latter Han of Twenty-Four Histories* (*Modern Annotated Edition*)

Lu Puping

(College of Liberal Art, Jiangsu Second Normal University, Nanjing 210013)

Abstract: *History of the Latter Han of Twenty-Four Histories* (*Modern Annotated Edition*) provides a comprehensive proofreading of the *History of the Latter Han* and is of great value. In our study, we found that there are six places in the original text and the annotations that may be corrected and supplemented. We have proofread and supplemented these six original texts and notes by means of dissimilar texts and excavated documents.

Key words: *History of the Latter Han of Twenty-Four Histories* (*Modern Annotated Edition*); proofread; reading notes

［汉字规范与应用研究］

论异形词语的学科属性*

刘中富　巴　蕾

【摘　要】 异形词语是多学科共同关心的问题，具有跨学科性质。文字学研究异形词语的中心应该放在考察是哪些文字因素促成了异形词语的形成，异形词语在书写系统中的实际表现怎样。词汇学研究异形词语的基本问题是判定书面上形式不同的一组书写词语是不是记写口语上的同一个词语问题，严格区分异形词语和同音词语、完全同义词语。语音学研究异形词语重在审音问题，研究和整理异形词语要坚持异形词语必须同音的原则，既不能因语音的变化而使异形词语得不到沟通，也不能将因语音的变化而丧失异形词语条件的词语误判为异形词语。异形词语的认定也涉及语用或字用问题，需要用语用学的相关理论和知识加以解决。异形词语的认定离不开语法分析，异形词语同样具有语法学属性。

【关键词】 异形词语；学科属性；异体字

【作者简介】 刘中富，青岛黄海学院语言文化学院院长，教授，主要从事汉语文字学、词汇学和辞书学的教学和研究工作；巴蕾，女，青岛黄海学院语言文化学院教师，主要从事应用语言学教学和研究工作。（山东　青岛　266427）

引言

异形词语包括异形词和异形语（主要是异形成语），指的是读音和意义完全相同、书写形式部分或完全不同的书面词语。学界多用"异形词"统称异形词和异形语。本文使用"异形词语"，意在从概念名称上标明其范围，也借此呼吁增强未被学界充分重视的异形语的研究。从概念的使用看，20世纪90年代之前多用"异体词"，90年代之后多用"异形词"。异形词语作为一种语言文字事实古已有之，常被提及的古汉语联绵词"书写无定字"，说的就是异形词现象。

有人认为汉语异形词语是纯粹的书写问题，应该由文字学来研究，汉语异形词语研究隶属于文字学或汉字学。有人认为汉语异形词语是汉语的一种词汇类别，应该是词汇学研究的对象，汉语异形词语研究隶属于汉语词汇学。其实，汉语异形词语研究既有文字问题，也有词汇语义问题，还有语音问题、语法问题、语源问题、语用问题、文献问题等，甚至跟语言规划、词典编纂等有密切关系，是多学科共同关心的语言文字现象，具有跨学科性质。异形词语研究的跨学科性质进一步证明异形词语是一个复杂的存在，具有不同的属性特征。

一　文字学属性

在异形词语研究的早期，学者们是从书写规范的视角说明异形词语研究的学科归属问题的，将异形词语视为规范对象，规范的原则方法比照处理异体字的原则方法。

殷焕先最早指出词语的书面形式规范类同于异体字整理，尽管他并没有明确提出异形词或异体词的概念，但讨论的词语书面形式上的歧异现象多属于后来被称作异体词或异形词的范畴。他说："词语的书面形式规范，其性质大同于异体字的整理，……实在是汉字进一步简化的项目之一，是文字

* 基金项目：本文系山东省社科规划项目"汉语异形词语属性研究"（项目编号：19BYSJ49）成果。

改革范围以内的工作。”[①]持相同意见的还有蒋荫楠和高更生等。“词语书面形式的规范问题，其性质与汉字整理简化是基本相同的。”[②]“异形词的性质有点像异体字。异体字是汉语书面语中并存并用同音、同义而书写形式不同的字，例如‘峰[峯]、略[畧]’等。异形词跟异体字的区别是：异形词是词语，而异体字是字。如果异形词是单音节的，例如语气词的‘吗—么’，叹词的‘啊—呵’，那么异形词跟异体字就完全相同了。”[③]“总起来看，异形词是属于同一个词语在书面上有不同的书写形式的问题，也就是说，是同一个词语运用了不同的汉字的问题；异形词整理，就是研究运用了不同汉字的同一个词语应当选用哪一个汉字、不应当运用哪一个或哪一些汉字的问题。因此异形词的性质同异体字的性质是基本相同的，应当属于汉字规范化的范围；异形词的整理同异体字的整理也是属于同一个范畴的问题，都应当属于文字学研究的范围。”[④]

以上论述单就异形词与异体字在记写语言上具有多形式，都属于用字的赘余现象，从共时应用平面上都需要规范，规范的结果都可以减少用字数量等方面而言，的确有相似之处。异体字问题向来属于文字学问题，由文字学来研究。由此推论，异形词语也应该属于文字问题，亦应由文字学来研究，是有一定道理的。

但是，如果将异形词语与异体字的性质等同视之，就有问题了。异体字如果记写的只是语素或音节，它只是异体字；如果异体字记写单音节词，从词的书写形式角度应看成异形词，从字的角度仍应看作异体字，二者视角不同。异体字是就单一汉字的形体多样性而言的，异形词语是就词语的书写形式具有多样性而言的。从形成机制看，异体字是通过不同构形形成的，关涉造字法问题、汉字构形理据问题；异形词是因汉字系统存在异体字、古今字、繁简字、同源字、通用字、同音字等不同字聚，记写词语时作出了不同选择形成的。因此，异形词语虽与异体字有相似之处，也存在一定的关系，但作为文字学研究的对象，研究内容和研究方法都是不同的。

作为文字学研究对象的异形词语，研究的中心应该放在考察是哪些文字因素促成了异形词语的形成，异形词语在书写系统中的实际表现怎样，反向来看，也可以说我们从异形词语的形成和表现中得到什么启发，对文字的实质和汉字的特点应该持有怎样的观念。

一般认为世界文字类型有两种，一是表音文字，一是表意文字。表音文字直接记写语音，或记写音素，或记写音位，或记写音节，通过记写语音单位及其组合完成记写语言的任务，实现记写语言的功能。表意文字用特定的文字符号记写语言单位，或是词，或是语素，文字符号的构形一般跟记写的语言单位的意义直接相关。表意文字虽不直接记录语音，但通过记录语言单位间接记录语音。所以，无论表音文字还是表意文字，记音都是其基本功能。表意文字特别是其发展的早期阶段常常是不自足的，表现为语言中的词或语素没有专职的记写符号，这时就要借用同音的已有文字符号来书写，这就是假借。假借使用的是表意的字符，但实现的功能却是记音。如果后来造出了专职文字符号，原有的假借仍继续使用，就会形成异形词。汉字属于表意文字，早期汉字书写系统普遍存在假借现象。即使表意文字系统中有专职记写某一词或语素的字，书写过程中也常常用同音的字替代，这就是通假。如果在书写系统中本字书写形式与通假书写形式同时存在，也会形成异形词，这在汉语古代文献中大量存在。汉语书面语中假借或通假的用字现象，都是文字本质上是通过记写语音从而记写语言单位、表达意义的一般属性与汉字以形示意的特殊性矛盾造成的。只要我们考察文献用字的情况，就不难发现古代文献用字中假借和通假是普遍现象。张再兴主编的《秦汉简帛文献断代用字谱》[⑤]洋洋四大卷，400 余万

① 殷焕先：《谈词语书面形式的规范》，《中国语文》1962 年 6 月号。

② 蒋荫楠：《谈现代汉语词语书面形式的规范问题》，《南京大学学报（哲学社会科学）》1978 年第 3 期。

③ 高更生：《现行汉字规范问题》，商务印书馆，2002 年，第 363 页。

④ 高更生：《现行汉字规范问题》，第 363 页。

⑤ 张再兴：《秦汉简帛文献断代用字谱》，上海辞书出版社，2021 年。

言，就集中展示了秦汉简帛文献用字中的记写同一个词的异形现象，其普遍的程度是让人惊讶的。

我们还应该注意到，汉字由于是表意文字，在其历史发展过程中衍生了大量的异体字、古今字、同源字、繁简字、通用字、同音字等，客观上造成了用字选字的多种可能性，加上个人使用汉字的不同倾向，比如有人好古，有人好俗；有人保守，有人求变；有人重规范，有人较随便，主客观共同作用，促成了汉语书面语文献中也会出现因选用不同字形的同音同义字造成的各种异形词语。

当我们研究不同时代书面语的异形词语时，还应注意书写系统和书写方式对异形词语的影响。

就书写系统而言，比如数词系统，在引入阿拉伯数字之前，数目字都是用汉字书写，引入阿拉伯数字后，数目字就有了两套书写形式，汉字的“一、二、三、四、五、六、七、八、九、十”跟阿拉伯数字的“1、2、3、4、5、6、7、8、9、10”是不是异形词？引入希腊文数字写法后还有跟“一、二、三、四、五、六、七、八、九、十”对应的“Ⅰ、Ⅱ、Ⅲ、Ⅳ、Ⅴ、Ⅵ、Ⅶ、Ⅷ、Ⅸ、Ⅹ”，它们是不是异形词？有人会认为它们同音同义，是异形词语。我们认为不是，因为它们不是同一个书写系统，确定异形词语应在同一个书写系统内来考察。来源于阿拉伯数字“0”的变异形式“〇”被认为是汉字，它跟数字“零”是异形词吗？如果它们意义和用法完全相同就应该判定为异形词。当考察异形词语的范围时，是关注各种书面文献（如经过历代传承和规范的传世文献、出土文献、民间书写文献等）的书写系统，还是只关注具有规范性的书面文献，特别是官刻官印的官方文献书写系统，其结果会有很大不同。

手写时代、刻印时代和打印时代的不同书写系统，异形词语的形成条件、形成机制和表现也会有极大差异。异形词语研究应该考察不同时代不同书写形式下异形词语的生成原理、构成类型和演变规律。

二　词汇学属性

在异形词语的研究、整理和规范过程中，人们也注意到了异形词语跟异体字虽有相似之处，但毕竟不同，其不同主要表现为异体字是以字为单位的，异形词语是以词语为单位的，有的异形词语的异写部分是异体字，有的不是，异形词语跟语言的关系更密切，涉及一些词汇语义问题，于是认为异形词语的研究属于词汇学的范畴。细分起来，认为异形词语的整理规范具有词汇学属性的学者又有两种意见，一种意见认为异形词语的整理规范兼有文字学和词汇学两种属性，另一种意见则认为异形词语的整理规范只有词汇学属性。

最早指出异体字规范与异形词规范不同的是傅永和，他说：“在现代汉语异形词中，大多数异形词中起区别词形作用的字之间并不是异体关系，而是各有自己的意义……这类异形词的规范，从实质上看，是将两个或几个不同的汉字共有的意义改由一个汉字承担，即汉字义项的再分配。从这一点上来看，异形词的规范根本不同于异体字的整理。”①高更生在肯定异形词整理与异体字整理有相同之处，都应当属于文字学研究范围的同时，看到了异体字和异形词同样都跟词汇学有联系，“当然，说异形词的整理是属于文字学的范围，并不是说异形词的整理同词汇学没有任何的联系。异体字的整理是属于文字学的范围，这是没有任何争议的。但是它同词汇学也有密切的联系，例如《异体字表》的‘背[揹]’，实际上二者并不是等义的，‘揹’读 bēi，只有人用背驮东西的义项，并不具备‘背’读 bèi 的脊背、背面、背过、违背、偏僻、听觉不灵等含义；这些内容都是词汇学的问题。同样的道理，异形词的整理也同词汇学有密切的联系，这是因为汉字是形、音、义的结合体，每个汉字基本上是记录汉语的一个语素，所以无论是异体字还是异形词的整理自然要联系到词义问题。从异形词的产生来看，一般要联系到通假字、古今字、异体字问题，从整理的原则来说，一般要注意音义明确问题，这些都离不开词汇

① 傅永和：《关于异形词的规范问题》，《文字改革》1985 年第 1 期。

学；异形词不同于异体字的一个重要标志是，异形词都是词儿，异体字却有很多在现代汉语中并不是词，因而当前许多词汇学家把异形词整理归词汇学研究的范围，也是有道理的。”①

有的学者从异形词与异体字的区别着眼，明确提出异形词与异体字的不同学科属性。刘永耕指出：“异体词和异体字毕竟分别是词汇学和文字学两个范畴的现象。”②杨春认为“现代文字学无法包容异形词规范问题”，“异形词以词为单位，一个词在书面语中有多种形体是由于使用了不同构词手段造成的。异形词不同形体中起区别词形作用的字绝大部分不是异体字，因此异形词整理要研究的不只是字的书写问题，而是词的书写问题。它要求在对词语的语音、语义加以理据性分析的基础上进行整理，选择合适的词形，以达到使词形与词义更好地统一起来的目的”。③“形成异形词的异形成分有不同性质，根据异形成分性质的不同，可以把异形词分成两类：异字异形词和异素异形词。异字异形词指由于文字上的原因而形成的异形词，即异形成分代表的语素是相同的，只是文字不同。如【按语—案语】这一组异形词是由‘按’和‘案’的不同造成的，如‘按’和‘案’实际上代表的是同一语素，只是文字不同而已。异素异形词指由于包含的语素不同而形成的异形词，即异形成分代表的语素是不同的。如【笔画—笔划】这一组异形词，由‘画’和‘划’的不同造成，而‘画’和‘划’代表了不同的语素。……对异形词进行规范实际上与词的理据分析是分不开的。只有在汉语词汇学的指导下，运用词汇学中一些先进的理论才能将异形词的规范工作进行得彻底，使规范后的工作具有巩固性。所以异形词规范的学科性质是属于汉语词汇学的。”④

黎良军认为对异形词问题的学科性质认识不同，“会带来研究的指导思想、具体思路乃至处理原则和方法的一系列差别；准确地理解所要研究的问题的学科性质，在很大程度上影响着研究的进程”。他进一步指出异形词（按：他个人使用“异体词”概念）虽然涉及词汇书写问题，但是“汉字学发展到以字形研究为中心的时代，把异体词的整理归入汉字学，必然自觉或不自觉地看轻词义在这一工作中的地位和作用”，“词汇书写问题的研究必须从词汇出发，需要认真地研究词汇系统和词义系统，而不能单纯研究书写形式”，进而主张把异形词放在词汇学领域并以词义为核心展开研究。⑤

仅从规范的角度说明异形词问题是词汇学问题，异形词规范具有词汇学属性虽是对的，但观察问题的视野是狭隘的。异形词语研究的基本问题首先是如何判定书面上形式不同的一组书写词语是不是口语上的同一个词语问题，也可以说是如何判断口语上的一个词语存不存在书写上的不同形式问题。断定的重要标准就是根据书写上形式不同的词语是否在实际使用上完全同音和完全同义，如果是，就可断定为异形词语，若不是，那就是别的词汇类别。这就涉及跟同音词语和同义词语等词汇类别的比较研究，这些研究都是词汇学研究的范畴。正因如此，异形词语的研究多在词汇学著作中进行。

从词汇学的视角研究异形词语，还应关注异形词语在不同词汇系统中的表现。过去，人们对异形词语的研究主要是在共同语词汇系统中展开的，一般不研究方言词汇系统（包括地域方言词汇和社会方言词汇）中的异形词语，异形词语的整理规范也主要是在现代汉语共同语范围内展开的，今后的研究可拓宽研究领域，比如加大对书面文献中地域方言异形词语、行业异形词语的研究。更为重要的是，异形词语是一种历史语言现象，异形词语研究要打破以往只重现代汉语中的异形词语研究的格局，转向汉语言文字发展不同历史阶段上的异形词语的发掘沟通，考察异形词语的历时发展过程，从历史词汇系统和现实词汇系统的不同维度观照，探寻异形词语的形成机制，发现演化规律，以及描写使用状况等。

---

① 高更生：《现行汉字规范问题》，第 364 页。

② 刘永耕：《关于异体词的几个问题》，《新疆大学学报（哲学社会科学版）》1989 年第 4 期。

③ 杨春：《现代汉语中的异形词》，华夏出版社，2004 年，第 53 页。

④ 杨春：《现代汉语中的异形词》，第 52—53 页。

⑤ 黎良军：《论词义在异体词整理中的核心地位：兼谈〈现汉〉的异体词规范思想》，《辞书研究》2001 年第 4 期。

三　语音学属性

异形词语的判定涉及读音问题。多数人认为异形词语的读音必须完全相同，即构成异形词语的汉字字数或者说音节数量要相等，每个汉字的读音必须声韵调都相同，汉字的组织序列（字序）或者说音节组合形成的语流也相同。这种意见是应该坚持的，并且应该增加一个条件，那就是完全同音指的是在共时的层面上。

有人在语义中心主义的观念下，对音译外来词、拟声词、等义词等开了个口子，认为只要意义完全相同，读音相近也可构成异形词语。持这种观点的学者对"读音相近"的理解又表现出宽严不同的差别。例如："有少数读音有差异，但仍是一个词的不同书写形式，如'跟头—跟斗''投生—托生'。"[①]甚至有人认为："异体词的'体'在这儿指的是词形，在口语里，词形就是词音。同一个词，读音不是绝对不变的：有方言音变，有语流音变。兜肚变成兜兜，是语流音变造成；醋大写作措大，因为有的方言读措如醋（'醋大'的理据在'醋袋'，宜以'醋大'为主条）。口语词的语音变异，是造成异体词的重要原因之一，如归着/归置、搜刮/搜括、腻烦/腻歪、嚼裹/傲裹等。把这类词排除出异体词的范围，显然是不合理的。所以，在书面语中，只要能确定是同一个词，仅仅字形有异也好，字形和字音都有异也好，就都属于异体。"[②]

刘永耕也认为异形词的读音存在不同的现象，或者原来不同读音的字在异形词里变得读音相同了，还列出了四类不同的情况：(1) 有些本来读音不同的字，一经成为同一词的书写形式，字音也就变得一样了。例如"体己—梯己"，《康熙字典》"体"无平声读音，在"体己"里读如"梯己"。(2) 有些字则由于异体字词的沿用而保留了古音。例如"女工—女红"，"红"读古音。(3) 有些字则是由于双音词语音形式凝固化，第二音节读轻声，因而字音变得相同起来。例如"细条—细挑""转悠—转游"等，第二音节本属不同读音的字，因轻声化而变得同音了。(4) 语言形式不同的异体词是极个别的。例如"三板—舢板—舢舨"等，它们虽然以不同的文字形式出现，所用文字本来并不同音，但是最后的趋势都会变成统一的读音。[③] 这种观点表面看来是认为异形词读音可以不同，但从所讲的四种类型看，实际上是从异形词形成的过程和条件证明了异形词读音相同。对此，高更生讲得很清楚："有的字本来不同音，但是在有的词中读轻声，就变成同音了，例如'悠 yōu、游 yóu'本来声调不同，但是在'转悠—转游 zhuànyou'中就变成同音了。有的字在特殊的词中有另外的读音，也会形成异形词，例如'体'一般读 tǐ，但是在'体己—梯己 tījǐ'中读 tī，也是合法的异形词。有的字因为保留了古音，因而形成了异形词，例如'盖菜—芥菜 gàicài'的'芥'。"[④]

在判定一组意义完全相同的书面词语（严格说应该是一组有某个义位完全相同的书面词语）是不是异形词语时，"形"只能指词的书写形式，不能指词音。应遵循符号构成原理，只有读音完全相同的才可以判定为异形词语。读音是否完全相同，在共时条件下就是看每个书面词语的汉字数量（音节数）是否相同，每个汉字的读音是否声韵调完全相同，字序或音节序是否完全一致。"觱栗—觱篥""冬不拉—东不拉""噗通—扑通"是异形词，"朱古力""朱古律"和"巧克力"、"三明治"和"三文治"、"伽蓝"和"僧伽蓝"、"噗通"和"噗咚"不是异形词。

在异形词语整理和研究中，一定要关注语音的历史变化和规范，根据不同历史阶段语音系统的实

① 符准青：《现代汉语词汇（增补本）》，北京大学出版社，2004 年，第 93 页。

② 黎良军：《论词义在异体词整理中的核心地位：兼谈〈现汉〉的异体词规范思想》，《辞书研究》2001 年第 4 期。

③ 刘永耕：《关于异体词的几个问题》，《新疆大学学报（哲学社会科学版）》1989 年第 4 期。

④ 高更生：《现行汉字规范问题》，第 366—367 页。

际情况确定异形词语，既不能以古律今，也不能以今律古。

“曝”是“暴”的后起加旁字。《孟子·告子上》：“虽有天下易生之物也，一日暴之，十日寒之，未有能生者也。”成语“一暴十寒”就来源于此，后来“暴”多写作“曝”，形成异形成语“一暴十寒——一曝十寒”。“暴”本义为“晒”，读音为 pù，引申指暴露等，《说文解字》释义为：“晞也。从日，从出，从廾，从米。”字形本不从“氺”，而是从“米”，字形构意为“日出捧出米来在太阳下晒”，后来跟另一表示“迅疾而走”，引申指暴烈、残暴等意义的“𣋡”字混同了，且隶变为“暴”。“𣋡”读 bào 音，表示“晒”和“暴露”义的“暴”也随之讹读为 bào，“曝”仍保留原来的读音 pù，所以保留古音的成语后来一般写作“一曝十寒”。也就是说，后来“暴”的常读音是 bào，“曝”的常读音是 pù。“曝光”本应读 pùguāng，经常被讹读为 bàoguāng，于是“曝光”又常被写作“暴光”，二者形成异形词。《现代汉语词典》第 7 版收有动词“曝露 pùlù”和“曝晒 pùshài”，释义分别为：“〈书〉动露在外头：～于原野之中。”“动晒：经过一夏天的烈日～，他的脸变得黑红黑红的。”同时收有“暴露 bàolù”和“暴晒 bàoshài”，释义分别为：“动（隐蔽的事物、缺陷、矛盾、问题等）显露出来：～目标｜～无遗。”“动在强烈的阳光下久晒：烈日～｜洗好的丝绸衣服不宜～。”我们不妨大胆做一下预测，如果“曝露”这个词不是使用频率越来越低，以致趋于消亡，那么说不定将来“曝露”也会读成 bàolù，与“暴露”词义无别，形成新的异形词。由于“曝晒”和“暴晒”都是常用词，“曝晒”讹读成 bàoshài 的可能性更大，而且“曝晒”和“暴晒”的词义更为相近，这从《现代汉语词典》释义中“曝晒”的用例不难看出，所以，“曝晒”与“暴晒”形成异形词的可能性是存在的。

《汉语大词典》第二版（征求意见本）第 9 册木部将“槃跚”和“槃散”“槃珊”沟通，作包孕异形词处理，以“槃跚”为主条，以“槃散”“槃珊”为副条，在主条义项①用“蹒跚”释义，如果用今天的读音来审视，“散”跟“跚”“珊”是不同音的，虽在“槃散”条给“散”注了音 sān，“散 sān”跟“跚”“珊”的今音依然不同，对一般读者而言，仍然弄不清“槃散”何以能够跟“槃跚”和“槃珊”构成异形词。只有说明古音“散”跟“跚”“珊”的同音关系，才能把问题搞清楚。词典编者显然注意到了这个问题，在释文中通过司马贞索隐的古注音释材料作了说明。转录“槃跚”释文如下：

> **【槃跚】**① 亦作“槃散”“槃珊”。蹒跚。行走摇晃不稳貌。《史记·平原君虞卿列传》：“民家有躄者，槃散行汲。平原君美人居楼上，临见，大笑之。”司马贞索隐：“散音先寒反，亦作‘跚’，同音。”宋无名氏《道山清话》：“〔老仆〕管押行李在后，泥泞不能进，少游留道旁人家以俟，久之，方槃珊策杖而至。”明王錂《春芜记·巧诋》：“槃跚难挨，羞杀我职居槐宰。”② 形容树枝因风摇晃或鸟禽于水面上随波浮动。宋刘子翚《沙头》诗：“沙头鸂鶒寒相傍，老树槃跚枝拂浪。”明钟惺《秦淮灯船赋序》：“已散之，又如凫雁槃跚波间。”

不仅古代异形词语的研究和整理要借助古音分析，有审音问题，现代汉语异形词语也有审音问题，也需要对现代汉语词语的读音实际有到位的认识。上文中提到有的字本不同音，但在词语中读轻声时就同音了，这样本不同音的字就可能形成异形词语。有时同一个词形既记写非轻声词，又记写轻声词，情况可能更为复杂，比如，语言中有两个书写形式相同、读音和意义都不同的“德行”，一个读 déxíng，表示道德和品行，一个读 dé·xing，是带有方言色彩的词，用于讥讽人，表示被讥讽人的不良行为、举止、仪态、作风等；语言中还有一个书写形式为“德性”的词，开始时“性”读本调，指道德品质，后来这种音义很少使用，“性”变读轻声，“德性”读 dé·xing，意义和用法跟轻声词“德行”相同，最终轻声词“德行”和“德性”成了异形词。

还要注意对现代汉语词语读音进行审音所形成的规范成果，特别是《普通话异读词审音表》的规定。比如旧时“王八”也写作“忘八”，写作“忘八”时“忘”的读音同“王”，读 wáng，由于《普通话异读词审音表》已明确“忘”统读 wàng，不能读 wáng，所以现在就不能再把“王八”写作“忘八”，二者也不再构成异形词了。再如，“报导”的“导”旧读 dào，与“报道”同音同义，构成异形词，《汉语大词典》以“报道”为主条，注明亦作“报导”。《普通话异读词审音表》已规定“导”统读 dǎo，根据审音规定，“报导”就只能读 bàodǎo，不再能读 bàodào 了，但二者意义仍然保持完全同义，所以“报导”和“报道”也就由异形词转变为等义词。《现代汉语词典》第 7 版以“报道”释“报导”，准确地体现了二者目前的真实词际关系。

【报导】bàodǎo ① 动 报道①。② 名 报道②。

【报道】bàodào ① 动 通过报纸、杂志、广播、电视或其他形式把新闻告诉群众：～消息。② 名 用书面或广播、电视等形式发表的新闻稿：他写了一篇关于赛事的～。

当然，1985 年发布的《普通话异读词审音表》也存在审音不妥之处，对审音不妥的个别音不宜以此为标准对异形词进行整理。比如“荫”有 yīn、yìn 两读，在读 yīn 时，“树荫”与“树阴”、“林荫道”与“林阴道”、“林荫路”与“林阴路”构成异形词。1985 年发布的《普通话异读词审音表》对“荫”作了统读规定，统读 yìn，并说明“树～”“林～道”应作“树阴”“林阴道”。这样规定的依据，《现代汉语异形词规范词典》(第 2 版)①在“林阴路—林荫路”一条中有说明：“阴”“荫”同源，“荫”是“阴”的分别字。《说文》：“阴，暗也，水之南、山之北也。”可见“阴”的本义是指阳光照射不到的幽暗之地，再引申指由于光线照射不到而形成的阴影。“荫，草阴也。”就是说，“荫”的本义是专指草木等遮光而形成阴影的地方，可见“荫”所指包括在“阴”之中。后来“阴”又引申出荫庇、覆盖等动词义项，读作 yìn，不过后来作动词用时多写成“荫”，“阴”之 yìn 义趋于消失。《普通话异读词审音表》根据这一分化趋势确定“荫”统读 yìn，专表动词义，而原来读 yīn 所表示的名词、形容词诸义项均让位给“阴”，使“阴 yīn”“荫 yìn”分工明确，各司其职。所以《现代汉语异形词规范词典》以“林阴路”为推荐词形。再进一步，《现代汉语规范词典》(第 4 版)②根据“荫”统读 yìn 的规定，只收“林阴道”，在“林阴道”条注明“也说林阴路”，还收有“树阴”“树阴凉儿”。而《现代汉语词典》从第 5 版开始改“林阴道”为“林荫道”，注明“也作林阴道”，另外收有“树荫”“树荫凉儿”，分别注明“也作树阴”“树阴凉儿”，还收有“荫凉”，没有执行《普通话异读词审音表》的规定。谁是谁非，当然要以社会大众的实际读音为标准。

国家语委于 2011 年 10 月启动了新中国成立以来第三次普通话审音工作，主要内容是研制普通话审音原则，根据当前语言生活发展需要修订 1985 年发布的《普通话异读词审音表》，建立健全普通话语音规范标准体系。为此，特成立了由语言学、教育学、普通话研究以及播音主持、科技名词、地名、民族语言等领域专家组成的普通话审音委员会，设立了“普通话审音原则制定及《普通话异读词审音表》修订”课题，由中国社会科学院语言研究所承担。课题组经过 3 年多的努力，完成《普通话异读词审音表》修订初稿研制，并采取多种形式向国家语委成员单位和各地语委发函征求意见，还在北京、上海、广州分别召开座谈会听取部分省市代表意见，并通过搜狐网及手机新媒体等渠道收集网民意见，共有 5 万多人参与了网上读音调查。在广泛听取各界意见的基础上，形成《普通话异读词审音表(修订稿)》。《普通话异读词审音表(修订稿)》重新规定：“荫(一) yīn ～蔽 ～翳 林～道 绿树成～ (二) yìn 庇～ 福～ ～凉”。这样修订的原因是，北京话和各地方言“荫”的实际读音仍然存在两读，根据调查，“林荫道”中“荫”读 yìn 的正确率为 5.98%，“树荫”中“荫”读 yìn 的正确率为 3.98%。考虑到还有大量的人名、地名中使用“荫”字，读作 yīn，对于“树荫”“林荫道”人们也不愿改写作“阴”，因此，修订稿对“荫”的审音不再统读，增列异读音 yīn，与全国范围内的语音实际相符合。由此，我们不得不佩服《现代汉语词典》编者在审音工作上的精细和准确。

总之，研究和整理异形词语要审慎地对待语音问题，坚持异形词语必须同音的原则，既不能因语音的变化而使异形词语得不到沟通，建立不起联系，也不能将因语音的变化而丧失异形词语条件的词语误判为异形词语。

---

① 李行健：《现代汉语异形词规范词典》(第 2 版)，上海辞书出版社，2011 年。

② 李行健：《现代汉语规范词典》(第 4 版)，外语教学与研究出版社、语文出版社，2022 年。

四　语用学属性

一般人不会想到异形词语跟语用学有什么关系，事实上在异形词语的认定问题上也涉及语用或字用问题，需要用语用学的相关理论和知识加以解决。

上文说明异形词语的文字属性时谈到，讨论异形词语应该限定在同一语言文字系统当中。其实，就是在同一语言文字系统中也存在不同的语用领域，有的词语看似异形关系，实际上因其有不同的使用功能而具有不同的语用价值，不宜视为异形词语。比如汉字的数词存在大小写序列，单就表示数字而言，"一、二、三、四、五、六、七、八、九、十、百、千、万、亿"与"壹、贰、叁、肆、伍、陆、柒、捌、玖、拾、佰、仟、萬、億"所表示的数字完全相同，但是它们有着不同的使用范围，当需要大写时是不能用小写替代的。另外"一、二、三、四、五、六、七、八、九、十"与"壹、贰、叁、肆、伍、陆、柒、捌、玖、拾"还都可以表示序数，但用于表示序数时，它们处于不同层次的序列，大写的形式居上位，小写的形式居下位，而不能反过来使用，因此它们各居其位，功能相异，不存在异形关系。

在现代汉语通用书面语中已被淘汰或规范了的异形词语也可能在特殊的使用领域继续使用，这些在特殊领域使用的异形形式往往也具有了特殊的语用或字用价值，不宜再视为现代汉语的异形词语。在书法作品和牌匾、店铺用字中，就会经常出现一些已被淘汰或规范的异形词语，它们或带有古朴的风格或意味，或添加了某种特殊的含义。例如，"鱻"与"鲜"曾是一组单音异形词(按：从字的角度说是异体字)，后来"鱻"在通用书写领域被淘汰，但它经常出现在一些餐馆饭店的名称中，用在这样的场合，总给人感觉比用通用字"鲜"暗示了些什么。

就古代汉语和现代汉语不同的书面语系统来说，整理和研究异形词语有着不同的目的和做法。整理和沟通古代汉语异形词语，关注的文献范围宜宽不宜窄，也就是说应尽可能沟通不同性质的书面文献使用的同一词语的不同书写形式，哪怕是个人书写使用的孤例，只要跟通用书写形式完全同音同义，也不妨确定为异形词语。因为整理古代汉语异形词语的目的是帮助阅读古代文献，研究古人的书写情况，而不是规范古人的书写。当然，在一组异形词语内部情况的研究中，可以对文献性质分类分层，对其进行词频统计，考察每种词形的文献分布情况等，以便了解古人书写词语用字的真实情况。在注重语言文字规范化、标准化的今天，整理和研究现代汉语异形词语，主要应根据通用书面语和重要作家作品的使用情况，将那些通用性强、使用面广、出现在比较权威的著作中的同一词语的不同书写形式确定为异形词语，严格区分异形词语与个人书写和编校质量不高的出版物出现的书写错误。

还有一个现象应该从语用心理上加以解释。有的人在书写习惯上有好古的倾向，如章太炎的作品中就存在不少同时代学者著作或作家作品不使用的来自古代书面语的异形词语。章太炎的学生鲁迅的作品中，尤其是早期作品中也起用了一些古代书面语异形词语中的书写形式。例如："下午同徐吉轩至护国寺集买得条卓一个，泉二元。"(《鲁迅日记》1921 年 2 月 5 日)"他穿了白边的毛衣出见，神色也还是那样，冷冷的。"(《彷徨·孤独者》)"你怎么会知道？那时你们都还是小把戏呢，单知道喝奶拉矢。"(《彷徨·长明灯》)"万一给女学生发见，大概是免不了要看不起的。"(《彷徨·高老夫子》)"这是什么闷胡卢，没头没脑的？你也先得说说清，教他好用心的查去。"(《彷徨·肥皂》)"然而我又不愿意他们因为要一气，都如我的辛苦展转而生活，……"(《呐喊·故乡》)"卓、见"分别是"桌、现"的古字，"矢"是"屎"的古代通假字，"胡卢、展转"分别是连绵词"葫芦、辗转"的另一种写法。如果这种现象纯属个人的语用现象，从共时的平面上就不宜将"条桌"与"条卓"、"出现"与"出见"、"发现"与"发见"、"屎"与"矢"、"闷葫芦"与"闷胡卢"、"辗转"与"展转"视为社会通用的异形词。

个别异形词语的形成比较特殊，可能是在语用中受其他词语的感染形成语用类推心理造成的。比如，《第一批异形词整理表》《现代汉语词典》(第 7 版)及《现代汉语异形词规范词典》《现代汉语规范词典》(第4版)等都收有异形词“夜宵—夜消”,且都以“夜宵”为主条,以“夜消”为副条,释义都是“夜里吃的酒食、点心等”。《现代汉语异形词规范词典》分析成因时做了如下说明:《说文》:“消,尽也。”本义指冰雪融化,后引申出“度过(时间);消遣”义,构成了“消夏”“消夜”等词。“消夜”原为动词,指用消遣的方式度过长夜或吃夜宵,后转化为名词,借指“夜宵”。作为名词的“夜消”本可与“消夜”的用字取得一致,理据也较充分,但“夜宵”在使用中占了绝对优势。《说文》:“宵,夜也。”段注引《周礼》郑玄云:“宵,定昏也。”可见“宵”本指夜晚,与晚上吃的酒食、点心等似乎毫无瓜葛,但从“元宵”一词的词义演变可以悟出人们喜用“夜宵”的心理。“元宵”本指农历正月十五夜晚,后又转指元宵节的一种应时食品。“元宵”可这样用,“夜宵”指消夜的食品也就顺理成章了。

有的异形词语因语用不同而最终分化。在“视野”义上,“视域”和“视阈”曾为异形词。“域”和“阈”都有范围义,“视域”和“视阈”里的“域”和“阈”使用的都是范围义,但是“阈”字带有文言色彩,不常用,“域”字常用,且可跟“领域、地域、疆域、海域、水域、空域、区域、音域”等一致,由此导致“视域”越来越常用,“视阈”几乎不再使用,从当下使用的实际状况看,表示“视野”义的“视阈”已不再跟“视域”构成异形关系。但作为医学、生理学等学科的专业术语,“视阈”仍在使用。

有人从口语异形词与书面异形词的角度,指出:“在现实的口语里,一些词语常常出现语音的自由变体,而不影响词语的意义和用法,例如‘假’古通‘借’,在现实言语中人们把‘假公济私’说成‘jiègōng-jìsī’,不会造成误解,不影响交际,它们是一组‘口语异形词’。于是有人误认为书面形式的‘借公济私’是‘假公济私’的异形词!成语‘恼羞成怒’,在 n-l 不分的方言区,往往说成‘lǎoxiū-chéngnù’,不会造成误解,不影响交际,它们也是一组‘口语异形词’。但是因此把书面形式的‘老羞成怒’当作是‘恼羞成怒’的异形词则大错特错了。”① 口语异形词实际上就是异读词,只不过这里说的口语异形词不是共同语中的口语异形词,而是方言口语异形词,即方言异读词。这种因方言变读形成的异读词,导致了书面形式的变异,但是这种变异不可能造成异形词语,更不可能在共同语中造成异形词语,因为它们的读音不同。可是如果在 n-l 不分的方言里,“恼羞成怒”和“老羞成怒”都读 lǎoxiū-chéngnù,或都读 nǎoxiū-chéngnù,那就可以形成方言书写形式的异形关系,构成方言书写中的异形词语。

五　语法学属性

在各种异形词语的界定中,有的学者把构词方式相同作为界定异形词语的条件之一。“我们以为,异形词似乎可以表述为:具有同一种意义及几种书写形式、读音相同或相近、内部结构相同的一组词,是同一个词位的不同变体。其中‘具有同一种意义及几种书写形式’是将异形词同等义词之外的其他仅仅是形体不同的词相区别;‘读音相同或相近’、‘内部结构相同’、‘同一个词位的不同变体’是将实际上是同一个词的异形词与实际上为不同的几个词的同义词相区别。”②

我们赞同不同书写形式的异形词语内部结构应该相同的观点。从本源意义上看,一组异形词语不管书写形式作如何改变,其构成方式都不会变化,始终保持结构的单一性。这是因为异形词语记写的是口语当中的同一个词语,同一个词语只能有一种结构方式。任何构成方式不一致的词语,其词汇意义和语法意义也不会完全相同。各类著作中所系联的由构成方式不同的词语形成的异形词语,大多属于误判。所以当我们面对一组读音相同、意义又非常相近甚至相同的词语时,分析其结构方式是很有必要的。词的结构方式分析既是词汇问题,又是语法问题。考察其包含的语素数量、每个语素实际使用的意义、语素义之间的语义关系、语素义表现词义的方式等,是词汇学要考虑的问题。分析语

① 李行健、余志鸿:《现代汉语异形词研究》,上海辞书出版社,2005年,第17页。

② 曹炜:《现代汉语词汇研究》,北京大学出版社,2003年,第234页。

素之间的语法关系、确定词语的语法结构方式、根据语法结构判定词性及其语法功能，是语法学要做的工作。异形词语的认定离不开语法分析，异形词语研究同样具有语法学属性。

举例来说，《现代汉语词典》曾将“风采”与“丰采”、“风韵”与“丰韵”、“风姿”与“丰姿”处理为系列异形词，后来发现这种处理有问题，适时作了修正，不再作为异形词处理，这是《现代汉语词典》后出转精的表现，是编者注重语义和语法辨析的结果。这几组词中使用的语素“风”和“丰”并不是同一个语素，也不同义，它们的内部语法关系也不同，构词方式有别，形成的词义也有差异，不具备异形词形成的条件。“风”是名词性语素，表示“风度”；“丰”是形容词性语素，表示“美好”。“风采”“风韵”“风姿”都是并列结构（联合结构），“丰采”“丰韵”“丰姿”都是偏正结构中的定中结构，构词语素和结构方式的不同决定了它们的词义也不同。请看《现代汉语词典》第7版的释义：

【风采】名①风度神采：～动人｜一睹英雄～。②文采。

【丰采】名美好的风度神采。

【风韵】名①风度神韵（多用于女子）：～犹存。②文采。指诗文书画的风格、韵味：古诗～｜～天然。

【丰韵】名美好的风度神韵。

【风姿】名风度姿态：～秀逸｜～绰约。

【丰姿】名美好的风度姿态。

如果构词理据磨损，词义发生了变化，原初的构词方式已不能表现词义，甚至词的语音形式也发生了变异，这时的音义跟词的结构方式已没有什么直接关系，当不同的词语语音和意义完全相同时，是可以形成异形词语的。例如，比如“差事”和“差使”，结构本不相同，“差事”是定中结构，“差使”是并列结构（联合结构），意义也不一样，前者表示“被派遣去做的事情”，后者表示“差遣；派遣”，不构成异形词。后来，二者都发生音变，读轻声，有了相同的引申义“职务或官职”，当初的构词理据对词义的影响已不明显，于是二者具备了异形词的条件，形成了异形词。

余论

关于异形词语的学科性质问题，施春宏有比较深刻的认识，他说：“异体词不仅是文字问题，也是语言问题，有的从根本上看还是语言问题，不同写法的显隐和使用是以语言为第一推动力的。……很多异体词并不能随着异体字的整理而将异体词整理掉的情况确实不少，但也有很多异体词并不能随着异体词的整理而消失，对系列异体词更是如此。而且某些异体词的能产性也不是文字本身所能说明的。如‘梅雨—霉雨’，构词理据不同；‘工夫—功夫’，语义有所分工，它们都曾被当成异体词，现在认为它们有所分化了。‘作秀—做秀’，异体词的显现和规范也是难以通过文字整理来分析和解决的。‘师傅—师父’，现实语用关系的调整影响到语用者对字形的选择，现在多用前者。它们大多是语义和词汇在语用中的显现问题。”①

以上学科对汉语异形词语的研究，总体上属于理论研究，目的是为了科学认识汉语异形词语的本质属性，准确界定汉语异形词语的范围，进而厘清汉语异形词语与相关词语类别的关系。从应用层面讲，汉语异形词语问题还是汉语辞书学、汉语言文字整理与规范等应用领域普遍关注的问题，这些领域的研究主要是在一定的汉语异形词语观念和理论指导下，整理汉语异形词语，规范异形词语的书面使用。

具体而言，汉语辞书学领域对汉语异形词语的研究主要围绕是否收释异形词语，在什么原则下确

① 施春宏：《试论语义关系对异体词显隐和使用的制约》，《语言文字应用》2001年第2期。

定异形词语的收释范围，如何沟通和组织安排一组异形词语的呈现方式等问题来展开。不同辞书在这些问题的处理上有不同的做法，这跟辞书的性质类型直接相关。目前常用辞书如《新华字典》《现代汉语词典》《现代汉语规范词典》《汉语大词典》《汉语大字典》等都收释异形词语，但数量多少不同，范围大小各异，处理方式不一。

对汉语异形词语的整理和规范研究是汉语规范化、标准化的客观要求，也是近些年来研究的主要方面。在充分调查研究的基础上，研制出了《第一批异形词整理表》，已成为国家规范性文件，正有效地指导着人们对异形词语的使用。但是《第一批异形词整理表》仅对338组异形词语进行了规范，远远不能满足语文教学、报刊编辑、书籍出版、信息处理等实际工作的需要。中国版协校对研究委员会、中国语文报刊协会、国家语委异形词研究课题组、《咬文嚼字》编委会沿用整理《第一批异形词整理表》的方针、原则和方法，从通行辞书认定的异形词中抽选出一批群众较常使用、取舍倾向明显的，订成《264组异形词整理表》(草案)，先作为行业规范从2004年1月起在各自系统内试用，也是研制《第二批异形词整理表》的重要参考。其实，待整理异形词语还大量存在，这方面的研究工作还有很多事情要做。

异形词语具有多学科性质，这是由其自身性质的复杂性决定的。各学科研究越深入，讨论越充分，对异形词语的属性认识也就越清晰，越深刻。

【参考文献】

[1] 汉语大词典编辑委员会，汉语大词典编纂处.汉语大词典(第一版)[Z].上海：汉语大词典出版社，1986—1994.
[2] 汉语大词典编辑委员会，汉语大词典编纂处.汉语大词典(第二版)(征求意见本)[Z].上海：上海辞书出版社，2015—2024.
[3] 汉语大字典编辑委员会.汉语大字典[Z].武汉：湖北辞书出版社，成都：四川辞书出版社，1986.
[4] 中国社会科学院语言研究所词典编辑室.现代汉语词典(第5版)[Z].北京：商务印书馆，2005.
[5] 中国社会科学院语言研究所词典编辑室.现代汉语词典(第6版)[Z].北京：商务印书馆，2012.
[6] 中国社会科学院语言研究所词典编辑室.现代汉语词典(第7版)[Z].北京：商务印书馆，2016.
[7] 李行健.现代汉语异形词规范词典(第2版)[M].上海：上海辞书出版社，2011.
[8] 李行健.现代汉语规范词典(第4版)[M].北京：外语教学与研究出版社，语文出版社，2022.
[9] 张再兴.秦汉简帛文献断代用字谱[M].上海：上海辞书出版社，2021.
[10] 中国社会科学院语言研究所.新华字典(第12版)[Z].北京：商务印书馆，2020.
[11] 异形词研究课题组编.第一批异形词整理表说明[M].北京：语文出版社，2002.
[12] 高更生.现行汉字规范问题[M].北京：商务印书馆，2002.
[13] 李行健，余志鸿.现代汉语异形词研究[M].上海：上海辞书出版社，2005.
[14] 杨春.现代汉语中的异形词[M].北京：华夏出版社，2004.
[15] 符淮青.现代汉语词汇(增补本)[M].北京：北京大学出版社，2004.
[16] 曹炜.现代汉语词汇研究[M].北京：北京大学出版社，2003.
[17] 殷焕先.谈词语书面形式的规范[J].中国语文，1962(6).
[18] 高更生.谈异体词整理[J].中国语文，1966(1).
[19] 蒋荫楠.谈现代汉语词语书面形式的规范问题[J].南京大学学报(哲学社会科学)，1978(3).
[20] 刘捷.异体词也需要精简[J].文字改革，1966(2).
[21] 傅永和.关于异形词的规范问题[J].文字改革，1985(1).
[22] 黎良军.论词义在异体词整理中的核心地位——兼谈《现汉》的异体词规范思想[J].辞书研究，2001(4).
[23] 刘永耕.关于异体词的几个问题[J].新疆大学学报(哲学社会科学版)，1989(4).
[24] 刘永耕.论异体词内部形音义的复杂关系[J].新疆大学学报(哲学社会科学版)，1990(4).

[25]　周荐.异形词的性质、特点和类别[J].南开学报(哲学社会科学版),1993(5).

[26]　施春宏.试论语义关系对异体词显隐和使用的制约[J].语言文字应用,2001(1).

[27]　晁继周.论异形词整理的原则[J].中国语文,2004(1).

[28]　曹炜.异形词的界定及其与同义词的区别[J].汉语学习,2004(1).

[29]　余志鸿.异形词定义的学术思考[J].汉语学习,2004(3).

[30]　邹玉华.异形词的语用值即标示值分析[J].语言文字应用,2005 (1).

[31]　刘中富.论《现代汉语常用词表(草案)》处理异形词的得失[J].中国海洋大学学报(社会科学版),2011(4).

[32]　刘中富.汉语同义成语和异形成语的区别与释义问题[J].辞书研究,2012(6).

[33]　孟祥英,刘中富.包孕异形词探析——以"视域"和"视阈"为中心[C]//中国文字研究(第二十一辑).上海：上海书店出版社,2015.

On the Disciplinary Properties of Heteromorphic Words

Liu Zhongfu　Ba Lei

(School of Language and Culture, Qingdao Huanghai University, Qingdao 266427)

Abstract: Heteromorphic words are a multidisciplinary concern and are interdisciplinary in nature. The study of heteromorphic words in philology should be centered on the examination of what textual factors contribute to the formation of heteromorphic words and how the heteromorphic words actually behave in the writing system. The basic problem of lexicographic study of heteromorphic words is to determine whether a group of written words with different forms in writing is the same word in the spoken language, and to make a strict distinction between heteromorphic words, homophonic and completely synonymous words. Research on heteromorphic words in phonetics focuses on the problem of pronunciation, and the research and organization of heteromorphic words should adhere to the principle that heteromorphic words must be homophonic. Neither should heteromorphic words be left uncommunicated due to changes in phonology, nor should words that have lost the condition of being heteromorphic words due to changes in phonology be misclassified as heteromorphic words. The identification of heteromorphic words also involves the issues of phrase and word usage, which needs to be solved by the relevant theories and knowledge of pragmatics. The identification of heteromorphic words cannot be separated from grammatical analysis, so that heteromorphic words also have grammatical attributes.

Key words: heteromorphic words; disciplinary properties; variant Chinese character

据出土和传世文献看上古汉语“趣”“趋”的历时演变*

郭乐琳

【摘　要】“趣”和“趋”的关系为何，历来有不同看法。本文对出土和传世文献中“趣”“趋”的使用情况进行了全面考察，发现传世文献中“疾走”“趋向”二义上“趋”的用例皆多于“趣”，出土文献中则经历了从先秦时期只用“趣”到汉以后“趣”“趋”并用的阶段。“趣”“趋”当为一组音义皆近的同源词，过去看作异体字或通假字的说法不可信。

【关键词】趣；趋；出土文献；同源词

【作者简介】郭乐琳，女，复旦大学出土文献与古文字研究中心博士研究生，研究方向为出土文献与古文字。（上海　200433）

《说文·走部》：“趣，疾也。从走取声。”《说文·走部》：“趋，走也。从走刍声。”“趣”“趋”音义皆近，二者属通假还是异体，表示的是一个词还是两个词，历来都存在不同意见。兹将目前所见几种主要观点列举如下。

持通假说的有清人段玉裁、朱骏声，还有高田忠周先生。段注曰：“《大雅》‘左右趣之’，毛曰：‘趣，趋也。’此谓假借‘趣’为‘趋’也。”①朱骏声《说文通训定声》“趣”字下曰：“趣，疾也，从走，取声。《广雅·释诂一》：‘遽也’……《周礼·县正》：‘趣其稼事。’假借为‘趋’。《诗·棫朴》：‘左右趣之。’《绵》：‘来朝趣马。’”②高田忠周先生云：“《周礼·县正》‘趣其稼事’，《礼记·月令》‘趣民收敛’，假借为趋。”③

持异体说的有戴家祥、吕小雷、戴杰等几位先生。戴家祥先生认为“趣”“趋”古本一字。④ 吕小雷和戴杰两位先生亦认为上古“趣”“趋”是同一词的不同书写形式，中古时期只有“趣”的“意在，归于……目的”和“趋”的“礼节性小步快走、一般的快走、奔走”义不为对方所有。大致上可以认为它们是一个词，二者直到唐代才分化为不同的词。⑤

持同源说的以王力先生为代表。王力先生曰：“趣，趋。二者同是清母侯部，音相近，义亦相近，是同源关系。但是‘趋’是一般的疾行，‘趣’是有目的的奔往。‘趋’多作平声，‘趣’多作去声；因此‘趣’用作‘疾行’义比较罕见，‘趋’也很少用作‘意象’‘兴趣’义。”

可见，研究者对“趣”“趋”关系的看法存在较大分歧。过去由于调查手段受限，研究者很难对“趣”和“趋”在传世文献中的使用情况展开全面考察，因此各家得出的结论皆有待验证。从汉语史的角度来看，传世文献经过历代辗转传抄，存在被改动的可能性。相较而言，出土文献的时代性较为确定，更能反映历时层面的用字情况。在“趣”和“趋”的关系问题上，出土文献的价值也未得到充分挖掘。随着研究条件的逐步成熟，本文尝试利用目前已有的数据库和出土文献材料对上古汉语“趣”和“趋”的使用情况进行全面考察，以期推进对“趣”和“趋”二者关系的进一步认识。

---

* 基金项目：本文为国家社科基金重大项目“先秦至南北朝官私玺印集存”（编号：22&ZD263）阶段性成果。

① 段玉裁：《说文解字注》，中华书局，2013年，第64页。

② 朱骏声：《说文通训定声》，中华书局，2016年，第371页。

③ 参李圃主编：《古文字诂林》，上海教育出版社，1999年，第197页。

④ 戴家祥主编：《金文大字典》下册，学林出版社，1995年，第4478页。

⑤ 吕小雷、戴杰：《“趋”“趣”词义、词汇系统》，《攀枝花学院学报》2016年第4期。

一　传世先秦古书中的“趣”和“趋”

“趣”，《广韵》仓苟切，七句切；《集韵》趋玉切，逡须切，将侯切。“趋”，《广韵》七逾切，平声清母虞韵；《集韵》趋玉切，入声清母烛韵。其中读如趋玉切的“趣”和“趋”，义为“促”，用作副词表“疾”或表“督促”“促使”义。读为仓苟切的“趣”为官名用字。读为七句切的“趣”表旨趣。读为将侯切的“趣”假借为“掫”。《集韵》逡须切的“趣”和《广韵》七逾切的“趋”表“疾走”“趋向”义。为了检验过去研究者基于传世文献所得出的结论，我们借助北京大学中国语言学研究中心“CCL 语料库检索系统（网络版）”对“趣”和“趋”在先秦 25 种古书中的使用情况进行了穷尽性的考察①，除去假借和讹衍，统计结果如下：

表一

用　字	趣					趋			
义项出处	疾走	趋向	“促”	官名用字	旨趣	疾走	趋向	“促”	旨趣
诗经	1	0	0	2	0	2	0	0	0
尚书	0	0	0	1	0	1	0	0	0
论语	0	0	0	0	0	4	0	0	0
左传	0	0	0	0	0	15	0	0	0
国语	0	0	2	0	0	8	0	0	0
墨子	2	0	2	0	0	3	1	0	0
孟子	0	0	0	0	0	4	1	0	0
庄子	0	7	1	0	2	16	2	3	0
荀子	0	1	0	0	0	14	5	2	0
韩非子	1	2	6	0	0	5	11	2	0
吕氏春秋	1	1	6	0	0	15	3	0	0
战国策	1	1	2	0	0	13	20	1	0
周易	0	1	0	0	0	0	0	0	0
老子	0	0	0	0	0	0	0	0	0
管子	0	1	9	0	1	7	5	0	0
商君书	0	0	0	0	0	0	0	0	0
孙子	0	0	0	0	0	1	4	2	0

① 考察范围为目前学界公认的可以反映先秦语言的文献。参魏培泉：《论先秦汉语运符的位置》，“In Honor if Mei Tsu—Lin: Studies on Chinese Historical Syntax and Morphology”，Paris：CRLAO，Ecole des Hautes Etudes en Sciences Sociales.1999；任荷、蒋文：《清华简〈四告〉及金文中的及物状态动词“宜”》，《出土文献》2022 年第 1 期。统计数据或有出入，但应可反映总体情况。

续　表

用　字	趣					趋			
义项出处	疾走	趋向	"促"	官名用字	旨趣	疾走	趋向	"促"	旨趣
仪礼	0	0	0	0	0	4	0	0	0
周礼	0	0	1	6	0	7	0	5	0
礼记	0	0	2	0	0	24	2	3	0
大戴礼记	0	0	1	0	0	5	1	0	0
韩诗外传	0	1	4	0	0	19	7	0	0
晏子春秋	0	0	10	0	0	14	2	1	0
公羊传	0	0	1	0	0	6	0	0	0
穀梁传	0	0	0	0	0	3	0	0	0
总计	6	15	47	9	3	190	64	19	0

就我们考察的结果来看，"疾走"和"趋向"二义上先秦传世古书中"趋"的使用次数都远多于"趣"。"趋"既可以表示"疾走"，也可以表示"趋向"，相较而言，"趣"表"疾走"义极少，在"趋向"义上大部分古书中"趋"的使用次数也多于"趣"，说明上古汉语中"趣""趋"并未在"疾行"和"趋向"义上分用，因此王力先生曰"'趋'是一般的疾行，'趣'是有目的的奔往"①不能概括传世先秦古书的实际使用情况。事实上，古书中"一般的疾行"和"有目的的奔往"二义皆多用"趋"表示。

传世文献中所见官职"趣马"，又作"驺"，《说文・马部》："厩御也。从马刍声。"段注曰："按驺之叚借作趣。《周礼》《诗》《周书》之趣马。《月令》《左传》谓之驺。一用叚借、一用本字也。"②则以"驺"为本字，"趣"为假借。传世文献中的"趣马"在出土文献中皆作"走马"。"走马"最早见于卜辞，金文中亦多见。《周礼・夏官司马》："趣马：下士，皁一人；徒四人。"又曰"趣马：掌赞正良马，而齐其饮食，简其六节。掌驾说之颁。辨四时之居治，以听驭夫。"《周礼》所记载"趣马"位在下士。郭沫若先生在释读䧹盘(04255)时指出"走马"，即趣马，铭文中以官职为赐，为同职中之贱者，在释读休盘(10170)时又指出"趣马"在《诗・十月》中和卿士、司徒并列，《诗・云汉》与冢宰并列，休盘中所见"走马"所受之赐命甚隆，足知地位亦不卑贱。③ 直到秦印中仍可见"走马"官印，如"走马赣"(《古玺印图典》8516;《中国玺印集粹》6－557;《鸭雄绿斋古玺印选》5－240;);"走马交"(《盛世玺印录》150、《东方艺术・书法》2013 年第 4 期 p68－1);"走马梁"(《戎壹轩藏秦印珍品展》033、《戎壹轩藏秦印选》1－033)。值得注意的是"趣马"在传世文献中未见作"趋马"的实际用法，说明"趣""趋"的用法并非完全重合。《集韵・厚韵》："趣，促也。《周礼》有趣马官。或作趋。"《篇海类编・人事类・走部》记载："趋，趋马，掌马之官。"④但此说缺乏用例支持，可能只是后人的错误类推。准此，"趣"和"趋"不能看作一字之异体。

① 王力主编：《王力古汉语字典》，中华书局，2000 年，第 1347 页。

② 段玉裁：《说文解字注》，第 472 页。

③ 郭沫若：《两周金文辞大系图录考释(二)》，收入《郭沫若全集・考古编(第八卷)》，科学出版社，2002 年，第 318—319,322 页。

④ 宋濂撰，附录张嘉和辑：《篇海类编》二十卷附录一卷(北京大学图书馆藏明刻本)，《四库全书存目丛书》经部第 188 册，齐鲁书社，1997 年，第 752 页。

此外，在“促”义上，“趣”和“趋”二者未出现用法上的差别，使用频次上“趣”多于“趋”。“旨趣”义在先秦古书中相对较少，皆用“趣”表示。

二　出土先秦文献中的“趣”和“趋”

“趋”字在商周时期就已出现，见于商代晚期的趋方彝盖(09890)、西周早期的伯趋角(07477)和趋子傻簋(10575)，但皆用作人名。“趣”字最早见于春秋晚期的筥侯小子簋(04152)，其中“趣”通作“取”，辞例为：

(1) 拾趣(取)吉金(筥侯小子簋 04152)

从目前的材料来看，“疾走”“趋向”义皆用“趣”最早见于战国时期，未见写作“趋”的用例。整理报告多将“趣”直接括读为“趋”(释文采宽式，并按整理报告的处理方式转录“趣”的括读情况)。“趣”表“疾走”义的文例如：

(2) 有耳不闻，有口不鸣，有目不见，有足不趣(趋)(上博五《融师有成氏》5)

(3) 飞鸟、趣鹿、水鼠岁生(清华玖《治政之道》28)

(4) 客者趣进(清华拾叁《大夫食礼》8)

(5) 呼之曰：“复，疾趣(趋)出。[①] 今日不出，以牡刀皮而衣。”(睡虎地《日书甲种》25 背叁/143 反叁—26 背叁/141 反叁)

例(2)整理报告以“趣”在“快步走”和“趋”上义同，又以“趣”表“趋向”义为“趋”的通假。[②]

楚简又见不少“走”“趣”连言的辞例，包括：

(6) 武跬步走趣(趣)，两足同度曰计，拳扶咫尺寻，再手同度曰袤，是谓计袤。(清华拾壹《五纪》90)

(7) 乃秉则不违，共[illegible]不迟，走趣(趋)以幾，骨节唯谐，三末唯齐，翼翼祗祗，天之命是依。(清华拾贰《参不韦》19—20)

(8) 秉德专妄，共[illegible]不皇，走趣(趋)不行(清华拾贰《参不韦》91—92)

(9) 秉德不违，共[illegible]不迟，走趣(趋)以幾，翼翼祗祗，天之命是依。(清华拾贰《参不韦》100—101)

(10) 纵不获罪，又犹【走】趣(趋)事王，邦人其谓之何？(上博八《志书乃言》1—2)

(11) ☐贞：走趣事王、大夫，以其未有爵位，尚速得事。(《望山楚简》22)

(6)整理报告无注。(7)(9)“走趣以幾”，整理报告指出和(8)“走趣不行”意思相对。[③] 研究者或认为“幾”指“法”，“行”指“行次”。[④] (6)—(9)中的“走趣”应指古礼中小步疾行的动作。(9)整理报告指出“趣”即“趣”字，《释名·释姿容》：“疾行曰趣。”也可读“趋”，并认为“走趋”指“快步走”。[⑤] 陈伟先生认为“走趣”犹“趣走”，指“奔走、行走”。[⑥] (11)“走趣”，整理报告括读“趣”作“趋”。[⑦] 商承祚先生解释为“奔走”。[⑧]《楚地出土战国简册合集(四)》认为“走趣”犹“趋走”，奔走服役义。《列子·周穆王》：“昔

① 断句参刘钊：《秦简考释一则》，收入《康乐集：曾宪通教授七十寿庆论文集》，中山大学出版社，2006 年，第 79 页。

② 马承源主编：《上海博物馆藏战国楚竹书(五)》，上海古籍出版社，2005 年，第 323 页。

③ 黄德宽主编：《清华大学藏战国竹简(十二)》，中西书局，2021 年，第 117 页。

④ 网友“tuonan”发言，简帛网简帛论坛“清华简《参不韦》初读”，2022 年 12 月 10 日。

⑤ 马承源主编：《上海博物馆藏战国楚竹书(八)》，上海古籍出版社，2011 年，第 219 页。

⑥ 陈伟：《上博楚竹书〈王居〉新校》，《古文字研究》第二十九辑，中华书局，2012 年，第 552 页。

⑦ 湖北省文物考古研究所、北京大学中文系编：《望山楚简》，中华书局，1995 年，第 70 页。

⑧ 商承祚编著：《战国楚竹简汇编》，齐鲁书社，1995 年，第 237 页。

昔梦为人仆，趋走作役，无不为也。”《吴越春秋·勾践入臣外传》：“蒙大王鸿恩，臣相保，愿得入备扫除，出给趋走，臣之愿也。”[1]

“走趣”即传世文献中所见的“趋走”。《汉语大词典》列有三个义项，包括：① 古礼。小步疾行，以示庄敬。② 谓奔走服役。③ 指奔走执役者。《古辞辨》曰：“‘走’是‘疾趋’，相当于现代的‘跑’”；“‘趋’介于‘步’和‘走’之间，是快步走，是小跑”。[2]《礼记·玉藻》：“凡君召，以三节：二节以走，一节以趋。”可见“走”和“趋”的程度不同，“走”的速度比“趋”快。(6)中“武跬步走趣”和下文“拳扶咫尺寻”对应，都应为并列关系。(7)(8)(9)“走趣”和“共[illegible]”[3]对应，既有可能指两个并列的动作，也有可能已经凝固成为双音词表“小步疾行”。(10)(11)辞例相同，上博八《志书乃言》的整理报告解释为“快步走”[4]，不确，应以(11)商承祚先生解释为“奔走”义为是。出土文献用“走趣”表示礼节性的小步疾行和奔走义，说明“走趣”使用的时代要更早，“礼节性的小步疾行”和“奔走”义并非“趋”独有。

“趣”表“趋向”义的辞例如：

(12) 不秉德，非其所及而及之，是谓趣(趋)祸徵殃。(清华拾贰《参不韦》106—107)

“趋向”义又可假借“诹”表示，见于：

(13) 民人诹(趣)忎(清华伍《汤处于汤丘》12)

例(13)整理报告指出“诹”可读为“趣”或“趋”，意为趋向。[5]

上述材料反映除假借外，先秦时期“疾走”“趋向”义皆用“趣”，而未见作“趋”的用例。

三　出土秦汉文献中的“趣”和“趋”

秦代简未见相关材料。汉简中“趣”或假借“取”表示“疾走”，如：

(14) 庞子果弃其辎重，兼取(趣)舍而至。(银雀山《孙膑兵法》245)

例(14)整理报告注：“认为似当读为趣舍。趣，趋。舍，止。趣舍，指行军。兼趣舍，急行军，昼夜不停。”[6]

“趣”更多用为“趋向”，辞例如：

(15) □地也，吾将趣其后(银雀山《孙子兵法》126)

(16) 阖庐曰：“不谷未闻道也，不敢趣之利与……(银雀山《孙子兵法》192)

(17) 其亟日夜逾趣(趋)至白泉之置[7]，毋须后者。(北大三《赵正书》4—5)

“趣”也有作副词表“迅速”义的例子：

(18) 趣趣驾，鸡未鸣殹天未旦。(北大秦简《酒令》木牍二·一-二)

(19) 曰：“傅令趣弩舒弓，弩□□□□□……不禁，为之奈何？”(银雀山《孙膑兵法》292 正—293)

(20) ……周春大怖，趣召虞士：“速之我舍，……”(北大四《妄稽》84)

---

① 武汉大学简帛研究中心、湖北省文物考古研究所、黄冈市博物馆编，陈伟、彭浩主编：《楚地出土战国简册合集(四)》，文物出版社，2019 年，第 22 页。

② 王凤阳：《古辞辨(增订本)》，中华书局，2011 年，第 731 页。

③ “[illegible]”整理报告作未识字处理，“共[illegible]”目前所见主要有恭祠、共菆(黄德宽主编：《清华大学藏战国竹简(十二)》，中西书局，2022 年，第 117 页)；共(拱)伏(程浩：《清华简第十二辑整理报告拾遗》，《出土文献》2022 年第 4 期)；“供祠”(网友“ee”，简帛网简帛论坛“清华简《参不韦》初读”，2022 年 12 月 2 日)“拱雍/雝(擁)”(网友“tuonan”，同上，2022 年 12 月 4 日、2022 年 12 月 7 日、2022 年 12 月 8 日)“共彝”(王宁，同上，2022 年 12 月 5 日、2022 年 12 月 8 日)；“拱蒦(獲)”(网友“潘灯”，同上，2022 年 12 月 8 日)；“拱隽(符)”(蔡一峰：《清华简〈参不韦〉新见“符”字考释》，《中山大学学报(社会科学版)》2023 年第 6 期)等说法，读者可参看。

④ 马承源主编：《上海博物馆藏战国楚竹书(八)》，第 219 页。

⑤ 李学勤主编：《清华大学藏战国竹简(伍)》，中西书局，2015 年，第 138 页。

⑥ 银雀山汉墓整理小组：《银雀山汉墓竹简(壹)》，文物出版社，1985 年，第 47 页。

⑦ 断句参苏建洲：《说北大简〈赵正书〉的“揄趣至”》，《文史》2021 年第 4 辑。

例(18)整理报告注谓“趣趣”形容急忙。[1] 例(19)李均明先生指出义指“迅速”。[2]

“趣”又可表“催促”“督促”一类义，如：

(21) 趣之敌则不听人(银雀山《孙膑兵法》365)

(22) 朝劝出弃，暮趣逐去。(北大四《妄稽》86)

例(22)网友“补白”先生指出当读为“催促”之“促”。[3]

“趣”又可通作“聚”，见于：

(23) 有大徭而曹斗相趣，是谓“逵卒”。(睡虎地《法律答问》199)

例(23)“趣”，整理报告未括读，不过在注释中读为“聚”。[4]

表“疾走”“趋向”义的“趋”最早见于汉代简帛，表“疾走”义见于：

(24) 故父呼，口□食则堵(吐)之，手执【业】则投之，唯而不诺，走而不趋，是莫敢不深也。(马王堆《五行》155/324—156/325)

(25) 凡大星趋相犯也，必战。(马王堆《五星占》66 下)

(26) 入而徐趋(马王堆《战国纵横家书》188)

(27) 孔子再拜趋出，上车(张家山三三六《盗跖》41)

“趋”表“趋向”义见于：

(28) 德行亡者，神灵之趋；智谋远者，卜筮之繁。(马王堆《要》13 上)

“趋”又可假借“驺”表“疾走”：

(29) 今孔丘盛为容饰以蛊世，弦歌▨繁登降之【礼】、驺(趋)翔之▨众，博学不【□□□】。(银雀山《晏子》619＋零简 2772＋620)

陈剑先生将银雀山零简 2772 拼缀入已发表的《晏子》篇，并指出此句又见于《晏子春秋·外篇》“仲尼见景公景公欲封之晏子以为不可”章：“今孔丘盛声乐以侈世，饰弦歌鼓舞以聚徒，繁登降之礼以示仪，务趋翔之节以观众，传学不可以仪世。”[5]《礼记·曲礼》云：“行而张足曰趋，行而张拱曰翔。”此例“趋”亦即礼节性的小步快走。

“驺”又假借以表“趋向”，见于：

(30) 夫唯一不失，一以驺(趋)化，少以知多。(马王堆《十六经》45 下/122 下—46 上/123 上)

由此可见，“趋”表“疾走”“趋向”义的时间晚于“趣”，战国时期“趋向”和“疾走”义都用“趣”表示，汉以后“趣”“趋”并用。不过，就目前的材料来看，同一批材料中不见“趣”“趋”混用的情况，比如马王堆帛书中“疾走”和“趋向”义皆用“趋”而不用“趣”。出土文献中用作“趣”之处，传世文献中多转写为“趋”，比如楚简中常见的“走趣”，传世文献作“趋走”；银雀山汉简《孙子兵法》简 126“□地也，吾将趣其后”，十一家本作“趋其后”。由此可以推断，“疾走”“趋向”义上传世文献中少数“趣”“趋”混用的现象很可能由于流传过程中经过多次抄写和整理而造成。传世文献中“趣”表“趋向”义多于表“疾走”义，“趣”似有保留“趋向”义的倾向，但从总体上看“趋”表“趋向”仍占多数，“趋向”和“疾走”义在用字上的分化并未实现。“促”义在目前所见出土文献中皆用“趣”表示，传世先秦文献则“趣”使用次数多于“趋”，二者共同表示“督促”“促使”“短促”，以及作副词的“赶快”“急于”一类义项。

---

① 北京大学出土文献与古代文明研究所编：《北京大学藏秦简牍》，上海古籍出版社，2022 年，第 149 页。

② 李均明译注：《孙膑兵法译注》，河北人民出版社，1992 年，第 25 页。

③ 网友“补白”：《北大简〈妄稽〉中与简 61、62 有关的简序试调》，复旦大学出土文献与古文字研究中心网站，2016 年 6 月 25 日。

④ 睡虎地秦墓竹简整理小组编：《睡虎地秦墓竹简》，文物出版社，1990 年，第 141 页。

⑤ 陈剑：《银雀山汉简再整理新释、新编举要》，《文物》2023 年第 9 期。

四　综说“趣”和“趋”的关系

就“趣”和“趋”的关系来说，传世文献中所见“趣马”，文献中未见作“趋马”的实例，“趣”“趋”视作一字之异体不可信。《说文·走部》：“趣，疾也。”《说文·走部》：“趋，走也。”从《说文》本义上看“疾”和“走”二者互为表里，殷寄明先生即指出：“趣，字从走，谓行走，行走则有朝向，故引申为趋向义”；“趋，疾行，引申为奔赴、趋向义”。[①]“趋”“趣”符合同源词音义皆近的条件。不过，由于目前并无汉以前“趋”用作“疾走”“趋向”义的用例，因此并无证据说明“趣”“趋”是共时层面产生的同源词。虽然汉代出现用作“疾走”“趋向”义的“趋”有可能假借了商周时期和“趣”读音接近的人名用字“趋”，不过由于时代相隔久远，二者之间未必有直接联系。例(24)马王堆帛书《五行》所见“走而不趋”的“趋”犹例(6)—(9)楚简中写作“趣”的“走趣”，汉代所见“趋”也可能由“趣”替换音符派生而来，若确是如此，则{趋}乃由{趣}同源分化。无论如何，“趣”“趋”音义皆近，既是同义词，也是同源词，出土文献所见“趣”实不必括读为“趋”。“趣”“趋”所表示的“督促”“促使”“短促”，以及作副词的“赶快”“急于”一类义项，实际上也应该是“疾”义的引申。《说文假借义证》以“趋”表“旨趣”为“趣”之假借，不确，亦当为引申。[②]

从历时的角度来看，出土文献反映了“疾走”“趋向”义经历了从先秦时期只用“趣”到汉以后“趣”“趋”并用的过程，因此传世先秦文献中“趋”表示“疾走”“趋向”义明显多于“趣”的现象，可能经由后人依据后世习用的“趋”而改动，少数保留“趣”的例子则是先秦用字习惯的遗迹。一般来说，文字的分化是为了分散多义字的职务，从我们统计的情况来看，“趣”“趋”职务的交互集中发生在汉以后，且经历了较为漫长的过程。具体而言，汉代“趋”字出现后，出土文献中“趣”“趋”仍有一段时期并行。“促”义在目前所见汉代简帛用“趣”表示，传世文献中“趣”多于“趋”，未发生明显的职务分用。也就是说，汉代“趋”出现后，“趣”仍同时承担了“疾走”“趋向”“促”等义项，“趋”的使用还不足以缓解“趣”词义负担较重的局面。直到中古以后“趣”字更多用来表示引申义“意趣”“旨趣”，“促”字的出现分化了原本由“趣”“趋”承担的“促”义，“趋”字取代了“趣”表示“疾走”“趋向”义，{趋}{趣}{促}才逐步实现了用字上的分化。

总而言之，汉语字词关系的发展往往经过动态演变的过程，只有进行分时段、分材料的通盘考察才能对字间关系有更全面的把握。传世文献在流传过程中存在被后人改动的可能，光依靠传世文献容易陷入以今律古的误区，因此在语料选择的时候尤其要重视出土文献的用字情况。我们所关注的“趣”“趋”就是一组典型的利用出土文献得以揭示传世文献容易掩盖的语言事实的例子。当然，出土文献相对而言时代性比较可靠，但仍有材料不足的缺点，我们只能基于目前已出土的材料进行考察，由此作出的推论仍有待更多材料的检验。

---

① 殷寄明：《汉语同源词大典》，复旦大学出版社，2018年，第788页。

② 朱珔撰，余国庆、黄德宽点校：《说文假借义证》，黄山书社，1997年，第366页。

The Diachronic Evolution of “Qu (趣)” and “Qu (趋)” in Extant Texts of Archaic Chinese

Guo Lelin

(Center for Research on Chinese Excavated Classics and Paleography, Fudan University, Shanghai 200433)

Abstract: The relationship between “Qu (趣)” and “Qu (趋)” in archaic Chinese have been a topic of debate in the literature. This paper conducts a comprehensive examination of the usage of “Qu (趣)” and “Qu (趋)” in both excavated and handed down documents, and finds that the use of “Qu (趋)” with the meanings of “rapid walking” and “tending towards” is more frequent than that of “Qu (趣)” in handed down documents, while in the excavated documents, the usage has gone through a process from only using “Qu (趣)” in the early Warring States Period to using both “Qu (趣)” and “Qu (趋)” together after the Han Dynasty. “Qu (趣)” and “Qu (趋)” should be a group of homologous cognates with similar sounds and meanings, and previous arguments that they should be regarded as allograph or borrowed graph is not credible.

Key words: “Qu (趣)”; “Qu (趋)”; excavated text; cognate

“兹”字探源

刘昕曜

【摘　要】从“兹”字的历时演变来看，东汉之前从二“玄”形之“兹”一直是读子之切的词的主要使用字形，而隶楷字形中写作从“艸”之“兹”，则是东汉时由于构件异写而产生的异体字。从音义匹配关系来看，“兹”与“兹”本来都读子之切，陆德明以“玄”音注“兹”乃是受“字随音变”影响的误注。

【关键词】兹；兹；字词关系；音义匹配

【作者简介】刘昕曜，北京师范大学民俗典籍文字研究中心博士研究生，研究方向为文字学、训诂学。（北京 100875）

《说文·玄部》有“兹”字，云：“黑也。从二玄。《春秋传》曰：‘何故使吾水兹?’”徐铉注音为子之切。《说文·艸部》又有“兹”字，训“艸木多益”。其字上从“艸”无疑，然分析声符时，《说文》诸宋本已有异文。大徐本系统如额勒布本作“兹省声”，王昶本作“兹省声”；小徐本系统如述古堂宋钞本则作“丝省声”。徐铉注“兹”音亦子之切，是大徐以为“兹”“兹”二字同音。[①]《说文》中原本仅有“兹”字能够参与构字，见于“嗞”“鹚”“鎡”“孳”“慈”“滋”（以上谐声）、“薔（畜）”（会意）下，艸部的“兹”则未有参构者。

对“兹”字的构形分析，直接关涉对“兹”字音义的认识。段玉裁在《汲古阁说文订》中针对“兹”字云：

> （兹）从艸，兹省声。
>
> 初印本如此，宋本、叶、赵本、《五音韵谱》皆同，今则剜改兹字为丝字，从小徐《系传》。[②]

也就是不以“兹”字从“兹”声，而以“丝省声”为是。他在《说文解字注》中亦贯彻了这一想法，《说文·艸部》“兹”下段注称：

> “丝”，宋本作“兹”，非也。“兹”从二“玄”，音“玄”，字或作“滋”。“兹”从“丝”省声，《韵会》作“丝”声。“丝”者，古文“丝”字。“滋”“孳”“鹚”皆“兹”声。子之切，一部。经典“兹”，此也。唐石经皆误作“兹”。

又在《说文·玄部》“兹”下注云：

> 胡涓切，十二部。今本子之切，非也。按《左传》“何故使吾水兹”，《释文》曰：“兹音玄。”此相传古音，在十二部也。又曰：“本亦作滋，子丝反。”此俗加“水”作“滋”，因误认为“滋益”字而入之之韵也。艸部“兹”从“丝”省声。凡水部之“滋”，子部之“孳”，鸟部之“鹚”，皆以“兹”为声。而“兹”“滋”字只当音“悬”，不当音“孜”。《广韵》七之作“滋”，一先作“滋”，音义各不同为是也。且训“此”之“兹”，本假借从“艸”之“兹”，而不当用二“玄”之“兹”。蔡邕《石经》见于《隶释》《汉隶字原》者，《尚书》“兹”字五见，皆从艸，则唐石经皆作“兹”者，非矣。今本《说文》“滋”“孳”“鹚”，篆体皆误从“兹”。
>
> 见《左传》哀八年。《释文》曰：“兹音玄。本亦作滋，子丝反。浊也。《字林》云：‘黑也。’”按宋本如是。今本“兹”“滋”互易，非也。且本亦作“滋”，则仍胡涓切，不同水部“滋水”字子丝反也。陆氏误合二字为一。

---

① 小徐本朱翱反切中，“兹”作则欺反（之韵），“兹”作则私反（脂韵），朱翱反切中之脂多混用（王力：《朱翱反切考》，《龙虫并雕斋文集》，中华书局，2015年，第926—927页），其音亦近。

② 赖永海主编：《段玉裁全书（贰）·汲古阁说文订》，江苏人民出版社，2015年，第211页。

也就是认为“玆”当音先韵，与“玄”同，而“兹”当音之韵。① 因而俱改《说文》中诸原从“玆”声字的篆形作从“兹”，又改原从“玆”会意的“𤰞(畜)”字为从“兹”，释云：“今本上从玆，则与兹益之云不贯矣，故正之如此。”②前贤或从之，或非之，聚讼难解，犹有罅漏。我们认为“兹”“玆”当同音，段说非是。前辈学者虽已论及，然尚有可补商之处。今试述“兹”字的形音义关系如下。

首先，从字形来源看，李守奎指出“幺”“丝”“玄”“兹”“丝”在古文字中字用交叉，实际上反映了古文字中“一形多读”的现象，后面字形逐渐异体分工，才逐渐固定为不同的音义搭配。③ 在表示子之切这一读音时，历史上相继使用过“幺”“丝”“兹”“丝”几个形体，他进一步说：“‘玆’与‘兹’字出现很晚，《说文》别为二字，……石鼓文实际上就是这种形体的上部加上饰笔短横，……本来就是一字异体，后来才分化为二字。”陈剑也说：“石鼓文车工石‘丝’字作，上加饰笔，秦汉文字的‘兹’字多由此类形发展而来，上皆非从‘艸’。”④

客观上说，“”也可以看作二“玄”相合，后来秦文字中，读子之切之字实际上均写作从二“玄”形的“玆”字，而确实与从“艸”的字有明显区别。如睡虎地秦简中，“玆”作“”“”“”(部分可读为“慈”)，“玄”作“”“”“”，从“艸”者作“”(荅)、“”(葵)、“”(茅)、“”(苞)。⑤ 里耶秦简⑥、岳麓秦简⑦的情况是一样的。到了西汉初期，情况依旧如此。如马王堆帛书中，“玆”作“”(老甲 41.19)、“”(周 53.68)，“玄”作“”(老甲 61.18)、“”(周 45.16)，从“艸”者作“”(茅，周・残上 6.2)、“”(芳，周 62.44)、“”(若，老甲 80.28)。⑧ 张家山汉简中，“玆”作“”“”(后者读为“慈”)，“玄”作“”“”，从“艸”者作“”(荅)、“”(苦)、“”(荆)。⑨ 北大藏西汉竹书的情况亦相同。⑩ 秦汉篆文亦分别明显，如单独的“玆”作“”“”等形，“玄”作“”“”，而从“艸”者则作“”(庄)、“”(苏)。⑪ 总之，以上之“玆”字既未见读与“玄”同者，同样也未见写作从“艸”形者。

读子之切之字不从二“玄”形，而写作从“艸”的“兹”形，大概到了东汉才真正出现。汉碑中的情况可作表如下⑫：

汉碑“兹”与“玄”形

部件	单字	字样				
兹	兹	(8 例)	(3 例)	(3 例)	(1 例)	(1 例)

① 段玉裁早先于此并无疑议，其所作《说文解字读》发轫于乾隆四十一年(1776)，而现存《说文解字读》钞本约成书于乾隆五十五年(1790)左右(陈鸿森：《段玉裁说文注成书的另一面》，《中国文化》2015 年第 1 期)，其中“兹”条云：“兹，艸木多益也。从艸，玆省声。……玉裁谓：‘兹’云‘玆省声’，‘滋’云‘兹声’，于此知二‘玄’之‘玆’读与‘缁’同，不音‘玄’也。”(朱小健、张和生点校：《说文解字读》，北京师范大学出版社，1994 年，第 65 页)

② 《说文・田部》“畜”字重文“𤰞”的说解为：“《鲁郊礼》畜从田从兹。兹，益也。”

③ 李守奎：《古音研究中应当注意的几个文字问题》，《饶宗颐国学院院刊》第六期，中华书局(香港)有限公司，2019 年，第 167—186 页。王蕴智则以为以上诸字有音转关系(《“丝”“玆”“兹”“玆”“幺”“玄”同源证说》，《出土文献语言研究》第三辑，暨南大学出版社，2020 年，第 76—82 页)，或不妥。

④ 陈剑：《上博竹书〈周易〉异文选释(六则)》，《战国竹书论集》，上海古籍出版社，2013 年，第 146—167 页。

⑤ 孟良：《新编〈睡虎地秦简牍〉文字编》，硕士学位论文，安徽大学，2017 年，第 6—13，66 页。

⑥ 蒋伟男：《里耶秦简文字编》，学苑出版社，2018 年，第 13—32 页。

⑦ 陈松长等编：《岳麓书院藏秦简(壹—叁)文字编》，上海辞书出版社，2017 年，第 31—37，187 页。

⑧ 刘钊主编：《马王堆汉墓简帛文字全编》，中华书局，2020 年，第 72—108，436 页。

⑨ 邱玉婷：《张家山汉简文字编》，硕士学位论文，复旦大学，2015 年，第 33—46，285 页。

⑩ 李红薇：《北京大学藏西汉竹书集释及字表》，硕士学位论文，吉林大学，2015 年，下编第 12—16，78—79 页。

⑪ 秦凤鹤：《秦汉篆字编》，博士学位论文，吉林大学，2016 年，第 29—72，252 页。

⑫ 张翼飞：《汉碑隶书文字整理与研究》，中州古籍出版社，2016 年，第 211—212，390，441 页。

续 表

部件	单字	字样				
玆	慈	 (5 例)	 (2 例)	 (1 例)	 (1 例)	
	孳	 (1 例)				
	滋	(1 例)	 (1 例)			
玄	玄	 (9 例)	 (3 例)	 (3 例)	 (2 例)	 (2 例)
		(2 例)	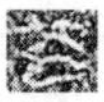 (1 例)	 (1 例)	 (1 例)	
	泫	 (2 例)				
	铉	 (1 例)				

可以发现，大多数“玆”已经与“玄”存在一定的差距，不再写作“玆”，其上部与“艸”形基本无别了，可以比对从“艸”之“蓄”或作“”，或作“”。相应地，在汉代篆文中，本来从“玆”形的字形也或被逆推回改为从“艸”。如“滋”作“”，又作“”；“慈”作“”，又作“”“”。①

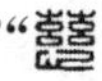

总之，从“玆”字的历时演变来看，东汉之前，从二“玄”形之“玆”一直是读子之切的词的主要使用字形，而隶楷字形中写作从“艸”之“兹”，则是东汉时由于构件异写而产生的②，二者都是记录子之切这一词语的③。因此，“玆”“兹”本应是一组异体字。张政烺早已指出“玆”“兹”二字“原出于一”，“其初殆因书写之习惯，或音义之分化欲为识别”，故“玆、兹既出一字，自可溷用”④，其说可信。

其次，从字书、韵书等音义文献来看，“玆”“兹”二字在形体上混用不别，本为一字，只是正俗不同；在读音上大多都被认为同是之韵(除了《经典释文》《广韵·一先》等，详后)，而不与“玄”同音；在词义上，也是将“滋益”“此”“黑”“浊”等义匹配到与之韵相关的读音下：

P.2071《切三·七之》：“兹，子之反，九。”

① 李鹏辉：《汉印文字资料整理与相关问题研究》，博士学位论文，安徽大学，2017 年，上编第 939、983 页。

② 张翼飞指出：“如果按《说文》的解释，两者属于不同的字种，但汉碑隶书中存在大量构件‘艸’和‘䒑’同属于‘艸’的变体的证据，并且‘玆’和‘兹’的记词功能相同，二者依然属于异写字的关系。”(《汉碑隶书文字整理与研究》，第 124 页)

③ 郭店简《缁衣》简 1 有“”字(徐在国、程燕、张振谦编著：《战国文字字形表》，上海古籍出版社，2017 年，第 66 页)，字形上可以分析为从“艸”从“丝”。陈剑已经指出：“但是从秦汉文字资料看，《说文》的‘兹’字似当与战国文字中‘从艸丝声’的‘兹’字无关。”(《上博竹书〈周易〉异文选释(六则)》)

④ 张政烺：《猎碣考释初稿》，《张政烺文史论集》，中华书局，2004 年，第 7—9 页。

S.2055《切二·七之》："玆①，子之反，九，加一。《说文》'草木多益'也。"

《篆隶万象名义·玄部》："玆，子狸反，此(也)，浊也，里〈黑〉也。"

《新撰字镜》卷十二："玆，子之反。平。滋字。""玆，子之反。平。息也。"

《广韵·七之》："兹，此也。又姓，《左传》：'鲁大夫兹无还。'子之切。"

《集韵·七之》："兹(玆②)，津之切。《说文》：'艸木多益。'"

《集韵·七之》："玆，津之切。《说文》'黑也'，引《春秋传》'何故使吾水玆(兹③)'。一曰蓐也，此也。亦姓。古作丝。文二十四。"

宋本《玉篇·艸部》："兹，子支切④，草木多益也。"

宋本《玉篇·玄部》："玆，子貍切。浊也、黑也。或作[黑玆]滋。"

在注语中反映出"玆""兹"同字而读之韵的例子又如：

《五经文字·鱼部》："鰦，音玆。"

《五经文字·子部》："孶，《礼记》音子，从玆。玆，从二玄，从兹讹。又音字，见《虞书》。"

《慧琳音义》卷第十三《大宝积经音义》："滋茂，上子思反。从二玄从水。下莫布反。"

《慧琳音义》卷第二十九《金光明最胜王经》："滋荣，子斯反。孔注《尚书》云：滋，益也。从二玄。""滋蘩，上音谘。正体从水并二玄。今作兹，时俗字也。"

甚至进一步出现了以"玆"为声旁的"䓆"字，是"兹"的异体⑤：

S.2055《切二·七之》："玆，……《说文》'草木多益'也。作此䓆⑥。"

《篆隶万象名义·艸部》："䓆，子貍反。此也，簀也，今也，席也。"

以上均可证"玆""兹"本为一字异体，同读为之韵，"滋益""此""黑"等义均系于此。当然，就"词"而言，表示"滋益"的词，表示指示代词"此"的词，以及表示"黑""浊"义的词，大概是三个语义上没有关联的同音词。这里只是说这三类语义都是与之韵的读音相匹配，并由"玆""兹"等互为异体关系的"字"记录的。《说文》正是看到了这些同音词在字词关系记录上分工并不明确的现实情况，因此从形义统一的角度规定了"玆"记录"黑"义一词，"兹"记录"滋益"义一词。但就以上字韵书的表现来看，后世在字词关系上，仍没有做出很完善的分工。

至于《经典释文》正文作"玆"而注文"音玄"的问题，《左传·哀公八年》原文作：

> 初，武城人或有因于吴竟田焉，拘鄫人之沤菅者，曰："何故使吾水滋?"及吴师至，拘者道之，以伐武城，克之。

开成石经"滋"作"滋"。⑦ 杜注："滋，浊也。"又《白孔六帖》卷二"水"第三十三"水滋"条云："《传》曰：'拘鄫人之沤菅者，曰：何故使吾水滋浊?'"是唐人所见，《左传》正文作"滋"。而宋元递修本陆德明《经典释文·春秋左氏音义》："水玆：音玄，本亦作滋，子丝反，浊也。《字林》云：黑也。"⑧是陆德明

---

① 《敦煌经部文献合集》中《切二》校记三六八以为："释'草木多益'的本当作'兹'，底卷作'玆'，当又应由'兹'错误回改而然。"(张涌泉主编：《敦煌经部文献合集》，中华书局，2008年，第2659页)我们认为是异体混用，并非讹误。

② 字头明州本、潭州本、毛钞、钱钞作"玆"，顾广圻重修本作"兹"。(赵振铎：《集韵校本》，上海辞书出版社，2012年，第1960页)

③ 赵振铎：《集韵校本》，第1959—1960页。

④ 此韵略有不同。

⑤ 汉印有"䓆"字(李鹏辉：《汉印文字资料整理与相关问题研究》，上编第73页)，既有可能是后来"䓆"字的发轫，也有可能是汉代文字中习惯性赘加"艸"形而形成的(张翼飞：《汉碑隶书文字整理与研究》，第149页)。此即《说文》"兹"字，额勒布本分析作"玆省声"而不省者。

⑥ 《敦煌经部文献合集》中《切二》校记三六八以为"注文'䓆'字当为《说文》'兹'字篆文隶变之讹"(张涌泉主编：《敦煌经部文献合集》，第2659页)。《说文》篆文"兹"为"玆省声"，无由讹作"䓆"，此说非是。

⑦ 开成石经中无论独用还是参构，均从"玆"，而无从"兹"者。

⑧ 陆德明：《经典释文》，上海古籍出版社，2013年，第1175页。

所见《左传》一本作“玆”(与《说文》“玆”下所引同),亦有一本作“滋”者。近人张政烺、沈兼士等,皆欲申陆氏“音玄”之义,然在材料利用上多有未安。如张政烺疑“玆”可训“年”,为“同声叚借,或同声为训”,又以“畜”字“或得玄声,或得玆声”为据,认为“玆”有真部之“玄”音。实际上“玆”之训“年”,并非因为“玆”有“玄”音而通假,而当如章太炎所说为词义引申。[①] 而“畜”字,或以为古文字从“幺”声(如田炜)[②],或以为从“玄”为会意(如章太炎、孙玉文)[③]。张说实不可从。至于沈兼士认为“玄玆同字,玆兹别体,玆可读缁,兹亦可读玄”,则已为田炜所驳:“‘幺’字有两读,但并不意味着‘丝’‘兹’‘玆’等字均有两读,在古文字资料中也未见‘丝’‘兹’‘玆’等字有读为‘玄’的例子,‘玆’字‘胡涓切’的读音恐怕不是先秦时所能有的。‘滋’({滋})本有‘黑’义,实不必再转读为‘玄’。”[④]其说是也。

直接驳斥陆德明注语“音玄”者,最早大概是竹添光鸿。他在《左传会笺》中云:

> 《说文·玄部》“玆”字下云:“黑也。从二玄。”引此《传》文“滋”作“玆”。依《说文》,则“滋”乃水名,而“玄”下云“幽远也,象幽而人覆之”,“幽”亦从“丝”,即古文“丝”也。“玆”与“幽”并从“丝”,“玆”训黑,由幽得义,由丝得声。《释文》云:“滋音玄,本亦作玆,子丝反,《字林》云‘黑也’。”若果音“玄”,《说文》云“从二玄”,何以不云“亦声”乎?况《说文》凡从二某者,无即从某声之字,如“䀠”从二“目”读若“拘”,“秝”从二“禾”读若“历”之类皆是。陆谓“玆”音“玄”,岂其然乎?[⑤]

其说是也。《说文》从二某之字,虽有音近者(如“丝”之于“幺”,“哥”之于“可”,“友”之于“又”),然确实未见与单字完全同音的。结合前文所述字形演变上的证据,我们认为所谓的“音玄”当是陆德明由于“音随形变”而误注之音。前人对“音随形变”或“音从字变”已经举了颇多例证[⑥],其本质是储存在词库中的某个词,其音义匹配关系由于记录该词的文字形体被重新分析而发生了转变。戴震在《论韵书中字义答秦尚书蕙田》中云:

> 有本无其字,因讹而成字。如《尔雅》之“鼁、䵹”。“鼁”,力竹反,从圥得声;讹而为鼁,遂读起据反。[⑦]

所谓“起据反”的反切,即陆德明《尔雅音义·释鱼第十》所作。陆氏因力竹切的“鼁”或写作“鼁”,而据“鼁”形从“去”者注以起据反之音,与因子之切的“滋”或写作同音的“玆”(见《说文》),而据“玆”形从“玄”者注以“玄”音,其理一也,都是“音从字变”的结果。

进一步考虑,这种注音还可能与今文字阶段已经出现了写作“玆”形的“玄”有关。1988年元月在四川省简阳县董家埂乡深洞村鬼头山崖墓出土六口东汉石棺,其中一棺上有榜书十五处,其中之一为“玆武”二字,题写在龟背上方。“玆”字作“”,从二“玄”。[⑧] 然此处自当读为“玄武”,与子之切的“玆”为同形字关系。张翼飞认为,这种流通程度较低的同形字,“都是在特定的文本中产生的

---

① 殷孟伦整理:《章太炎全集·文始》,上海人民出版社,2014年,第431—432页。

② 田炜:《西周金文字词关系研究》,上海古籍出版社,2016年,第40页。

③ 章太炎以为“玄”取“牵”意,会牵系田牲之意(《章太炎全集·文始》,第271—272页);孙玉文以为“玄”的构意指田地土壤黑而肥沃,利于庄稼生长(《从古文字角度谈“臭”“畜”“天”“东”的上古音问题》,《中国语言学研究》第一辑,社会科学文献出版社,2022年,第84—106页)。

④ 田炜:《西周金文字词关系研究》,第43页。

⑤ 〔日〕竹添光鸿著,于景祥、柳海松整理:《左传会笺》,辽海出版社,2008年,第585页。

⑥ 张永言:《郦道元语言论拾零》,《语文学论集(增订本)》,复旦大学出版社,2015年,第138页;张涌泉:《论“音随形变”》,《汉语俗字研究(增订本)》,商务印书馆,2010年,第373页;曾良:《“盼望”“疆场”俗变探讨》,《中国语文》2008年第2期;曾良:《俗字及古籍文字通例研究》,百花洲文艺出版社,2006年,第146、231页;曾良:《略论汉字对词音、词义的影响》,《敦煌文献丛札》,浙江古籍出版社,2010年,第199页。

⑦ 戴震:《戴震集》,上海古籍出版社,2009年,第57页。王引之对于戴说则有异见(虞思徵、马涛、徐炜君校点:《经义述闻》,上海古籍出版社,2018年,第1721—1723页),备参。

⑧ 徐玉立主编:《汉碑全集》,河南美术出版社,2006年,第2057页。

个体现象，是由于个人书写的随意性或刻工的疏忽而造成的，带有很强的随机性，这种同形字完全可以避免"[①]。这种用为"玄"的"玆"形虽然极少，但不排除陆德明得见此类资料，因而认为"玆"字确实可以音"玄"。

另外，《左传》"水滋"之"滋"在词义上，杜预说为"浊"，许慎说为"黑"，二者在文意上实则相通。"玆"声在词源意义上可与"黑"相联系，如杨树达云："大抵兹声音近之字，义训多为黑。"[②]张永言在讨论词源义为"黑"的一系列舌齿音的词时，也论及"玆"(《说文》)、"滋"(《左传》杜注)、"黳"(《广韵》"染黑")、"鹚"、"鰦"(《尔雅》"鲰，黑鰦")、"嵫"(王逸注《楚辞》"崦嵫，日所入山也")等字[③]。恰好"玄"亦为黑色。这应该也是陆德明这一注音在文献词义的释读上得以"成立"的另一层原因。

韵书中真正将"玆"置于先韵"玄"小韵(胡涓切)下，是到了宋代才有的事情了：

> 黑水城出土北宋浙刻本《广韵·一先》：《说文》曰："黑也。"《春秋传》曰："何故使吾水玆(兹[④])。"本亦音滋，按本经只作法(滋[⑤])。[⑥]

以往的《切韵》系韵书 P.2071《切三》、P.2011《王一》以及《王三》"玄"小韵均无"玆"字。又《集韵·一先》"玄"小韵下有"玆，黑也"，然无引文。《广韵·一先》与《集韵·七之》同引《说文》训"黑也"者，前者在先韵，后者在之韵，也展现出以"玆"音"玄"的音义匹配并不寻常。这一注音或许是据陆德明《经典释文》而增，或是《广韵》《集韵》等定音之误。周祖谟《广韵跋尾二种·宋修广韵书后》云：

> 论其声音，则有形讹而音讹者。如先韵犳，兽似豹而少文，祟玄切。案犳为犳字之误，犳已见药韵，音之若切，与《山海经·西山经·底阳之山》郭音之药反相合。(《玉篇》音同。)此字既讹为犳，遂衍出祟玄一音，不可征信。歌韵得何切䅃，姓也。汉有䅃宗。倗，上同。案䅃为倗字之误，登韵步萌切字作倗，《汉书·王尊传》本作倗，苏林音朋，晋灼音倍，均无得何一音。此盖倗字讹作蒴，由蒴讹作䅃，字从多，而音亦同多矣。[⑦]

葛信益复举《广韵》有"本无其音，因误认声旁而又异读者"数例。[⑧] 以上都是《广韵》在审音时出现了"音从字变"的疏漏。故《广韵》《集韵》将"玆"置于"玄"小韵下其实并不可靠，不能反映其原本的音义匹配情况。段玉裁据《广韵》强作分别，以"滋"形从"玆"而读先韵，"滋"形从"兹"而读之韵，殆非。

综上，我们认为从字形而言，东汉时隶楷字形中开始出现从"艸"的"兹"形，与更早的"玆"形乃一字之分化，后世"兹""玆"二字屡有异写。从音义匹配关系来看，"兹"与"玆"本来都读子之切，陆德明始以后者音"玄"，此音到了《广韵》《集韵》才被收录，遂启千载疑问。至于《说文》分"玆""兹"为二字，应该是既有字形流变的现实依托(《艸部》的"兹"从来不参与构形，可见在参构时仍然是以"玆"为正体，符合字源序列)，又有服务于古文经解读的需要(东汉时"兹"字已与二"玄"形存在差距，但《左传》或有作"玆"形者，故特立"玆"字头而为之说)，同时还可以利用一字的不同异体，分工记录两类不同的意义("滋益"与"玄黑")，是在多种因素的共同作用下完成的系统构建。

附记：本文蒙王立军老师及陈青、邱瑞峰等学友指正，谨致谢忱。

---

① 张翼飞：《汉碑隶书文字整理与研究》，第 26 页。

② 杨树达：《积微居小学金石论丛》，上海古籍出版社，2006 年，第 19 页。

③ 张永言：《论上古汉语的"五色之名"兼及汉语和台语的关系》，《语文学论集(增订本)》，第 160 页。

④ 日本内阁文库藏南宋建刻黄三八郎本《巨宋广韵》作"兹"。

⑤ 日本静嘉堂藏南宋浙刻高宗监本《大宋重修广韵》、内阁文库藏建刻黄三八郎本《巨宋广韵》均作"滋"。

⑥ 聂鸿音、孙伯君：《黑水城出土音韵学文献研究》，文物出版社，2006 年，第 17 页。

⑦ 周祖谟：《问学集》，中华书局，1966 年，第 926—927 页。

⑧ 葛信益：《〈广韵〉讹夺举正(增订稿)》，《广韵丛考》，北京师范大学出版社，1993 年，第 64—67 页。

An Exploration into the Origin of the Character "Zi (玆)"

Liu Xinyao

(Research Center for Folklore, Classics and Chinese Characters, Beijing Normal University, Beijing 100875)

Abstract: From the diachronic evolution of the character "Zi (兹)", it can be seen that before the Eastern Han Dynasty, the form "Zi (玆)", which is composed of two "Xuan (玄)" shapes, was the primary glyph used for words pronounced as "Zi Zhi Qie (子之切)". However, the clerical and regular script form written as "Zi (兹)" with "Cao (艸)" on top emerged as a variant character during the Eastern Han Dynasty due to component variations in writing. From the perspective of Phonetic-Semantic matching, both "Zi (兹)" and "Zi (玆)" were originally pronounced as "Zi Zhi Qie (子之切)". Lu Deming's annotation of the pronunciation of "Zi (玆)" as "Xuan (玄)" was a mistaken annotation influenced by the phenomenon of "characters changing with pronunciation".

Key words: "Zi (玆)"; "Zi (兹)"; word-character relationship; phonetic-semantic matching

古汉语中的“大抵皆”并用现象*

韩传瑜

【摘　要】“大抵”与“皆”并用表面看来似乎违反逻辑规则，但上古至现代文献中用例甚多。形式上，两者并用“大抵”在前，“皆”在后，不可变换位置；“大抵皆”可见于主谓小句和非主谓小句；“大抵”的句法层级要高于“皆”，可居于主语之前；语义上，两者并用可以表达约量或认识情态。此现象产生的原因与语言的主观性、模糊性及其独特的语用价值有关。

【关键词】大抵皆；约量；认识情态；副词

【作者简介】韩传瑜，辽宁师范大学文学院讲师，文学博士，研究方向为汉语语法学。（辽宁 大连　116029）

引言

在现代汉语里，“基本上”和“都”的并用曾引起热烈讨论。有人认为“基本上”和“都”语义互斥，在同一小句中并用，违反逻辑规则，有语病。例如：

(1) 考虑到一九八〇年以后，各地中学基本上都已试行全日制十年制教学大纲和使用全国统编教材。（《一九八〇年全国高等学校招生考试复习大纲·说明》）

谭志龙认为“基本上”表示事物的大部分，而“都”表示全部，逻辑上有矛盾，须去掉一个方可成句。① 但据谢晓明、王羽熙考察，在百度搜索中“基本上都”的用量惊人，达 2.26 亿次。② 我们在中国知网期刊数据库上以“基本上都”为检索词，得到 52 万余篇论文，其中不乏一些著名的汉语语法学家。例如：

(2) 汉语里的动宾结构，基本上都能变成“V 不/没 V＋宾语”疑问形式，但上面所说的所谓动宾结构不行。（陆俭明《有关被动句的几个问题》）

(3) 近年来出版的许多词典除了一些特别难以认定词类之所属的词，基本上都标出了词性。（邢福义《词典的词类标注：“各”字词性辨》）

谢晓明、王羽熙还指出“基本上都”以及与之相似的“差不多都”的并用最早见于明清小说等口语化的文献里。③ 我们进一步考察发现，此类并用现象在汉语史上出现很早，西汉文献已见用例。如“大抵皆”的并用：

(4) 卜式相齐，而杨可告缗遍天下，中家以上大抵皆遇告。（《史记·平准书》）

(5) 数年之后，诸侯之王大抵皆冠，血气方刚，汉之傅相称病而赐罢。（汉贾谊《治安策》）

可见，此现象距今已有数千年的历史。我们以古汉语中常见的“大抵皆”的并用为例，考察其句法特征和语义功能，并探究其产生的原因。

* 基金项目：辽宁省社会科学基金青年项目“胶辽官话虚词系统深度调查与比较研究”(L24CYY015)。

① 谭志龙：《书刊语病拾零》，《汉语学习》1982 年第 3 期，第 65—66 页。

② 谢晓明、王羽熙：《也谈“基本(上)”与“都”类副词的并用》，《语言研究》2014 年第 1 期，第 106 页。

③ 谢晓明、王羽熙：《也谈“基本(上)”与“都”类副词的并用》，第 105 页。

一 “大抵皆”并用的句法分析

(一) 并用语序

古汉语中的“大抵皆”的并用,严格遵循“大抵”在前,“皆”在后的语序,未见“皆大抵”的用例。这是因为话语表达须守“适量准则”。“适量准则”有两个基本要求:一是所说的话应包含交谈目的所需要的信息;二是所说的话不应包含超出需要的信息。[①] “大抵”和“皆”并用,之所以要求“大抵”在前,“皆”在后,是因为“大抵 VP”表达的信息量不能涵盖“皆 VP”,而“皆 VP”表达的信息量可以涵盖“大抵 VP”。也就是说,当言者先说“P 大抵 Q”时,不能蕴含“P 皆 Q”的意思,所以“P 大抵皆 Q”并不违反适量准则的要求。而当言者先说“P 皆 Q”时,则蕴含“P 大抵 Q”的意思,这样“P 皆大抵 Q”表达的信息量就冗余了,违反了适量准则的第二条要求。所以“大抵”与“皆”的并用严格遵循“大抵”在前,“皆”在后的语序。

(二) 句法环境

“大抵”或作“大氐/大底”,与“皆”并用可以见于主谓小句或非主谓小句。[②]

1. 主谓小句

主谓小句中的“大抵”和“皆”并用形成的基本句法格式是“主语+大抵+皆+谓语”。主语由名词性词语充当,有的较长,与谓语之间有明显的语音停顿。这些主语都是话题,在形式上分为有标和无标两种;谓语可由名词性词语充当,也可由谓词性词语充当。例如:

(6) 三晋多权变之士,夫言从横强秦者,大抵皆三晋之人也。(《史记·张仪列传》)

(7) 杨可告缗遍天下,中家以上大氐皆遇告。(《汉书·食货志》)

(8) 其诗大抵皆浮艳语。(金刘祁《归潜志》卷八)

(9) 今其所传《圭峰稿》者,大抵皆树巅死去之所得。(明焦竑《玉堂丛语》卷下)

2. 非主谓小句

非主谓小句中的“大抵皆”前头没有主语或话题,直接领起小句,作为转折、按断、因果等复句的后分句。例如:

(10) 虽通塞有命,而大抵皆然。(《周书·儒林传》)

(11) 瑀因是得由御药院关说于上,大抵皆谄谀之辞。(宋司马光《涑水记闻》卷四)

(12) 兵人拣放所以如是多者,大抵皆缩颈曲腘,诈为短小,以欺官司耳。(宋魏泰《东轩笔录·佚文》)

有些“大抵皆”所在非主谓小句承接上一句段,起按断作用。例如:

(13) 舞人无乐者,将至至尊之前不敢以乐也;出用乐者,言舞不失节,能以乐终也。大氐皆因秦旧事焉。(《汉书·礼乐志》)

(14) 捷能使人随所思想,一一有见,人故惑之。大抵皆南法,以野狐涎与人食而如此。(宋曾敏行《独醒杂志》卷七)

在对话语境中,“大抵皆 VP”还可以单说。例如:

(15) 余尝问人:“柳诗何好?”答曰:“大抵皆好。”(宋魏庆之《诗人玉屑·诗眼评子厚诗》)

(三) 组合层级

我们认为“大抵皆”虽形式上相连,但并非居于同一句法层级。其内部组合层次应为“大抵|皆

---

① 何自然:《语用学概论》,湖南教育出版社,1988 年,第 71 页。

② 本文使用的“小句”术语指单句及结构上相当于或大体相当于单句的分句。参见邢福义:《汉语语法学》,商务印书馆,2016 年,第 12 页。

VP”。一个有力的证据是“大抵”可居于句法主语之前。如：

(16) 大抵逋流皆在大家，吏正畏惮，不敢笃责。(《盐铁论·未通》)

(17) 大抵贼所下赦令皆尚为之。(《新唐书·安禄山传》)

例(16)表示说话人认为“差不多躲避赋税而流亡的人都藏在富豪人家”。例(17)表示说话人认为“基本上叛贼所下赦令都是高尚撰拟”。这里的“大抵”与现代汉语中的“差不多、基本上”等副词功能相当。它们的句法位置都比较高，都可以居于主语之前。①

二 “大抵皆”并用的语义分析

(一) 约略量化

“大抵”和“皆”都有表量的语义功能。杨树达认为“大抵”和“皆”都是表数副词，前者表数之约，后者表数之全。② 更多学者将它们归入范围副词，“大抵”是表示估量性的总括副词③，“皆”是表示全体的总括副词④。无论是数量，还是范围，都属于量范畴。⑤ “大抵”和“皆”都有量化的功能，所以也被称作“副词性量化词”。⑥

从语义方面看，“大抵”和“皆”并用后，以“大抵”的约量义为主，“皆”的全量义被压制。⑦ 通过对语料的分析，我们发现“大抵皆”既可用于对现实数量的客观叙述，也可用于对非现实数量的主观估测。我们姑且分别以“客观量化”和“主观量化”称之。它们在适用语境和所涉话题的语义特征方面都有显著的区别。

1. 客观量化

说话人可以对某事物进行考量后，使用“大抵皆”来对事物数量进行约略表达，这如实地反映客观世界的现实情况，说话人的主观性微乎其微。此时“大抵皆”的话题表示的事物必须具有[+多数]和[+有界]的语义特征。例如：

(18) 至秦有天下，悉内六国礼仪，采择其善，虽不合圣制，其尊君抑臣，朝廷济济，依古以来。至于高祖，光有四海，叔孙通颇有所增益减损，大抵皆袭秦故。(《史记·礼书》)

(19) 襄莅官所至，必务兴学校。平居存心以讲求民间利病为急。既亡，友人刘寻视其箧，得手书累数十幅，盈纸细书，大抵皆民事也。(《宋史·陈襄传》)

这些句子都是说话人叙述已发生或已掌握的现实情况，而不是自己的主观揣测。例(18)的话题是“汉代礼仪制度”，例(19)的话题是“陈襄数十幅手书”。它们都具有[+多数]的语义特征，可离析为多个个体。除此以外，这些话题表示的事物都还有[+有界]的语义特征，是具体可数可考的。所以，说话人完全有能力对这些事物进行穷尽考量。这是“大抵皆”客观量化的重要基础。这些“大抵皆”并用时，语义偏向于“大抵”，而不是“皆”，因为例(18)中有“叔孙通颇有所增益减损”说明并非“皆袭秦

① 处于非主谓小句中的“大抵皆”在形式上只能连用，不能分离，但其内部结构也应遵循“大抵|皆 VP”的组合层次。如例(10)至例(12)。

② 杨树达：《高等国文法》，湖南教育出版社，2008年，第186—205页。

③ 解惠全、崔永琳、郑天一编著：《古书虚词通解》，中华书局，2008年，第72页。

④ 杨伯峻、何乐士：《古汉语语法及其发展》，语文出版社，2001年，第307页。

⑤ 量范畴是一种语法意义，表达认知世界中各事物的数量、程度、性质、范围、状态的变化，因而量范畴是人类语言的一个普遍范畴。参见惠红军：《量范畴的类型学研究》，科学出版社，2015年，第7页。

⑥ 黄芳：《先秦汉语量范畴研究》，巴蜀书社，2016年，第76页。

⑦ 现代汉语中同类表达也偏向于非全量。例如杨永龙在调查青海民和甘沟话语序类型时指出：“甘沟话在16个参项中，除了复数词一项不适用外，其余15个参项几乎全部显示出OV语序特征，比周边的西宁话、临夏话、唐汪话等更为典型和严格。”据文中所列表格数据显示，这15个显示OV语序特征的参项里，有14项是甘沟话完全符合的，有1项为甘沟话不常见或不典型的。参见杨永龙：《青海民和甘沟话的语序类型》，《民族语文》2015年第6期，第27页。

故”。同类例子还有：

(20) 唐之官制，其名号禄秩虽因时增损，而大抵皆沿隋故。(《新唐书·百官志》)

(21)《庄子》一书，大抵皆寓言也。(明都穆《南濠诗话序》)

那么，说话人既然知道所言话题并非全然如述题所述，为何还要使用表示全量的“皆”，而不直言“大抵VP”呢？这个问题，我们留在“成因分析”一节中讨论。

2. 主观量化

说话人有时不可能对所言话题事物进行穷尽的考量，而是根据自己的有限经验，对事物作出数量上的主观估测。此时话题表示的事物有[+多数][-有界]的语义特征。例如：

(22) 今之富者，大抵皆奸富也。(宋罗大经《鹤林玉露·奸富》)

(23) 未见全文，而辄以意改，粗心人大抵皆然。(清王念孙《读书杂志·晏子春秋第二》)

这些句子并非说话人叙述已发生或已掌握的现实情况，而是根据有限的知识经验作出的主观判断。例(22)的话题是“今之富者”，例(23)的话题是“粗心人”。这些都是没有数量边界的事物，并非是说话人所叙述的现实情况，而是根据自己所接触到的事物，获取的有限经验，作出的估量约计。在这种情况下，说话人表达的约量尽管可能符合大多数人的认知，但究其根本，还是非现实性的主观估测，与客观世界的现实情况不一定一致，有较强的主观性。同类例子还有：

(24) 今为募兵者，大抵皆偷惰顽猾不能自振之人。(《宋史·乡兵三》)

(25) 今古豪杰，大抵皆然。(明李贽《焚书·杂说》)

还有一种情况是说话人对所言事物的少数个体加以考察，进而推理这类事物都具有谓语所描述的特征。这时“大抵皆”不仅是一种数量上的主观估约，同时含有对所言命题真实性的揣测意味。例如：

(26) 铜色本黄，古钟鼎彝器大抵皆黄铜耳。(宋陆游《老学庵笔记》卷四)

(27) 余尝见夏雕戈，于铜上相嵌以金，其细如发，夏器大抵皆然。(元陶宗仪《南村辍耕录》卷十七)

这类语境中的“大抵”可以被分析为表示“大都”的范围副词，也可以被分析为表示“或许”的揣测副词。

(二) 或然认识

“大抵”除了有表示约量的表数副词功能，还有表示或然认识情态的语气副词功能。后者从前者的基础上发展而来。[①] 在近代汉语文献中，“大抵皆”的并用常出现在认识情态句中，反映说话人对命题真实性的主观揣测。此时，“大抵皆”表达的是一种概率上的可能性，而非数量的多少。请看下面几例：

(28) 童贯彪形燕颔，亦略有髭……。王黼美风姿，极便辟，面如傅粉……。大抵皆人妖也。(宋蔡絛《铁围山丛谈》卷三)

(29)《禽经》曰：“鸡鸣咿咿，鸭鸣呷呷。”大抵皆象其声而名之耳。(清胡建伟《澎湖纪略》卷八)

(30) 天下岂有儿不下迫而强自催生之理乎？大抵皆揠苗之见也。(明吕坤《呻吟语》卷六)

(31) 吾尝深求其故，大抵皆世儒之多言有以乱之。(明王阳明《朱子晚年定论序》)

(32) 伊人道：“可怪那姓石的怎么晓得吾兄始终底里，毫发不差。”云生道：“这有何疑大抵皆此女教之耳！”(清刘璋《凤凰池》第十回)

例(28)的话题是“童贯和王黼美”，例(29)的话题是“鸡鸣咿咿，鸭鸣呷呷”，都不具备[+多数]的语义特征，不满足“大抵皆”的量化语义条件。因为两个事物，不能使用“大都”来量化，而且从它们的

① 从表达约量到表达或然认识情态是一条具有普遍性的语法化路径。参见董正存：《汉语中约量到可能认识情态的语义演变——以“多半”为例》，《中国语文》2017年第1期，第63页。

谓语“人妖也”和“象其声而名之耳”与其话题之间的语义关系来看，是要表达这些事物很可能具有谓语所述性质，而不是要表达它们当中大多数具备谓语表述的性质。

例(30)—(32)更为明显。其中例(30)隐含的话题是“儿不下迫而强自催生之理”，例(31)的话题是“其故”，例(32)的话题是“吾兄始终底里”。这些都是不可离散的概念，只能视为一个独立的整体，也不具备被“大抵皆”量化的语义条件。所以，这些“大抵”都是表示或然的揣测副词，使话语委婉和缓，为断言留有余地。

三 “大抵皆”的成因分析

(一) 语言的主观性

语言的主观性包括说话人的视角、感情和认识等。① “大抵皆”并用在表达主观估测量化和或然认识情态时，具有明显的主观性。首先“大抵皆”在表达或然认识情态时，“大抵”是一个揣测副词，与“皆”在语义上并不抵牾，在句法上自然可以并用。

“大抵皆”在表达主观估测量化时，所涉话题在数量上有[—有界]的语义特征，说话人不可能对其穷尽考察，只能凭借有限的知识经验，对相关数量作出约略估计，所以它们本质上也是非现实的主观情态句。其实在古汉语语料中，“皆”也可以单独用于这类语境。例如：

(33) 故言富者皆称陶朱公。(《史记·货殖列传》)

(34) 恣骄放者乐且易，而为者皆速达焉。(《抱朴子·刺骄》)

上述两例的“皆”所处小句都是非现实的，是说话人根据知识经验作出的主观判断。其中“皆”虽然语义上表示全量，但不具有现实性和精确性，只是说话人的主观认识而已。当说话人意识到这一点时，便会在“皆 VP”前使用“大抵”以调节话语所涉的数量或范围，使原本精确式的表达变得模糊，从而给自己的断言留有余地。

(二) 语言的模糊性

语言还具有模糊性，很多话语表达都是含糊的。何自然指出人们可以对客观命题作出含糊的表述。客观命题具有中心意义，围绕中心意义也有各种外围意义，或有上下左右等幅度误差。这类外围意义或幅度误差表现在语用上就是笼统或含糊。② 例如：

(35) France is hexagonal.(法国呈六边形)(转引自何自然 1990)

从现实情况看，法国显然不是标准规则的六边形。所以例(35)只是说话人对法国地理轮廓含糊的形容，不与现实情况完全一致。但我们不会认为这句话无法理解或是错的，因为该命题虽与客观事实有“幅度误差”，但在非科学语境中，这些“幅度误差”不会影响我们对句义的理解。所以说话人认为在非必要的情况下，可以忽略一些精确的细节而含糊地表述。

“大抵皆”无疑也是一种含糊的表达方式，属于一种语用含糊现象。说话人认为不需要或无法告诉听话人关于某话题的精确数量，所以选用这种含糊的表达形式。例如：

(36) 至秦有天下，悉内六国礼仪，采择其善，虽不合圣制，其尊君抑臣，朝廷济济，依古以来。至于高祖，光有四海，叔孙通颇有所增益减损，大抵皆袭秦故。(《史记·礼书》)

据上例可知，叔孙通在制定汉朝礼仪制度时，对秦朝礼仪稍有减损，并非皆袭秦故。但这其中具体有多少是沿袭秦故礼仪，有多少是叔孙通改易的，说话人没有必要说得非常精确，因为这不是他要传达的重点信息，所以使用“大抵皆袭秦故”这种忽略误差的含糊表达方式。

---

① 沈家煊：《语言的“主观性”和“主观化”》，《外语教学与研究》2001 年第 4 期，第 269 页。

② 何自然：《浅论语用含糊》，《外国语》1990 年第 3 期，第 31 页。

（三）独特的语用价值

1. 追求涵盖实量的语用心理

我们发现说话人在表达约量时，往往会使用一些表面上违背逻辑的表达形式，这已经引起一些学者的注意。除本文所揭“大抵皆”外，还有“基本(上)都”“差不多全”“近X余”等形式。例如：

(37) 在离校的两天前，所有的公事和私事基本都完结了。(路遥《平凡的世界》)

(38) 他们看见他们的叔父那一代人差不多全在堂屋里。(巴金《家》)

(39) 乃取鼎煮药，使王服之，骨肉近三百余人，同日升天。(《神仙传·淮南王》)

谢晓明、王羽熙①及宗守云②、韩传瑜③分别对上述表达形式进行了研究。谢晓明、王羽熙指出“基本(上)都”并用的一个重要的语用目的是“为了使话语表达更加稳妥、周全、得体”。④ 因为这两个副词并用后，所表量变得模糊，适应了言者“求稳求全”的表述心理。韩传瑜分析古汉语中“近X余”类约量表达结构时，也指出虽然约量是模糊的量，但却是实量，而非虚量。因此说话人在没经过科学测算的情况下，要估约出一个尽可能接近实际值的数量，这就会产生求稳求全的表述心理，从而选择模糊但却保险的表达形式。⑤

“大抵皆”的并用在形式和功能上与“基本(上)都”“差不多全”“近X余”相似，都有表面违背逻辑的语义成分，也都有表达约量的功能。我们认为这种具有模糊性、伸缩性的表达形式恰恰能够满足言者在表达约量时追求稳妥周全，涵盖实际数量的语用心理。即无论实际数量是达到“皆”的量，还是不足“皆”的量，都能保证所言之约量涵盖实际的数量。这种特殊的语用价值使其得以产生，并在汉语史上久用不衰。

另外，在对无边界的事物进行量化时，如果言者观察到的事物全部或绝大多数符合判断，往往会选择“大抵皆”以及相似的表达形式。这同样体现言者在估约事物时求稳求全，涵盖实际数量的表达心理，因为考察的对象是无数量边界的事物，无法穷尽以排除例外。因此当言者既要强调事实的普遍性，又不能保证没有例外时，就会选用此类表达。例如：

(40) 凡句之有合助者，大抵皆由咏叹而发。(马建忠《马氏文通》)

(41) 西汉“行”的使动宾语主要是以无生名词为主，有生名词大抵都是集团名词，如“行师、行军”等。(魏培泉《上古汉语动作动词中的作格动词》)

(42) 其后(《马氏文通》后)的古汉语相关著作大抵都将“必”归为副词。(巫雪如《先秦汉语情态动词研究》)

2. 谦虚谨慎的礼貌原则

当“大抵皆”表示言者的主观认识情态时，往往会受到“礼貌原则”的约束。“礼貌原则”包含“得体准则”和“谦逊准则”。⑥ 该原则具有普遍性，先秦文献中即有体现。例如：

(43) 凡生于天地之间，其必有死，所不免也。(《吕氏春秋·节葬》)

上例所言本是一个亘古不变的真理，但此句却用了一个表示委婉的语气副词“其”，且与确定副词“必”并用，看似违背逻辑，实则受礼貌原则的约束。谷峰指出：“在副词‘必’前添加‘其’无疑削弱了句子的断言程度，这就将判断的权利交给了听话者(阅读者)。”⑦这实际上正是古人在表达观点时谦虚谨

① 谢晓明、王羽熙：《也谈“基本(上)”与“都”类副词的并用》，《语言研究》2014年第1期。

② 宗守云：《试论“差不多”的概念意义、情态意义及相关问题》，《海外华文教育》2011年第1期。

③ 韩传瑜：《一种特殊的约量表达结构“近X余”》，《语言研究集刊》第二十六辑，上海辞书出版社，2020年。

④ 谢晓明、王羽熙：《也谈“基本(上)”与“都”类副词的并用》，第110页。

⑤ 韩传瑜：《一种特殊的约量表达结构“近X余”》，第76页。

⑥ 何自然：《语用学概论》，第88页。

⑦ 谷峰：《先秦汉语情态副词研究》，博士学位论文，南开大学，2010年，第124页。

慎的礼貌表现。如袁仁林所言：“文家多不著死语，虽真知灼见，亦必用此活字（按：指用于句首的‘盖’）起之，以示约略意，乃立言之体当如是也。”①所以，揣度副词与确定副词并用的现象，在汉语史语料中也极其普遍。②

“大抵皆”的并用，也有礼貌的语用功能，以显示说话人的谦虚谨慎、礼貌得体。例如：

（44）嘉甫既易于立论，而无咎又便附之，大抵皆读书少之过。（宋阮阅《诗话总龟》卷八）

（45）杜光庭《虬须客传》云，隋炀帝幸江都，命杨素留守西京，李靖以布衣往谒，窃其一妓，道遇异人，……且炀帝在江都者，杨素死已十余年矣。此一传大抵皆妄云。（宋洪迈《容斋随笔》卷十二）

例(44)体现了礼貌原则中的“得体准则”，即要减少有损于他人的观点。使用“大抵”是为了给对所言对象的“贬损”打个折扣，保留一点面子。而例(45)的“大抵”则体现言者在表达个人观点时，遵守谦虚谨慎，留有余地的“谦逊准则”。

结语

据我们调查，此类并用形式在两汉至明清文献中用例广泛，类型丰富。除“大抵皆”外，还有“大抵尽、大约皆、大率皆、大略皆、大抵全、大率尽、大率都、大概皆、大体皆、大约都、大约尽、大都皆、大概都、大多全、大概全、大抵都、大略都、大约俱、大抵俱、大率均、大率俱、大略均、大略俱、大略总、大抵悉、大抵总、大要皆、大要悉”等等。充分的语言事实说明这类并用形式看似违背逻辑，实则符合语言规律。

通过对“大抵皆”并用现象的分析，我们发现其语序固定，“大抵”只能在前，“皆”只能在后，可见于主谓小句和非主谓小句；“大抵”的句法层级要高于“皆”，可以居于主语之前。从语义功能上看，“大抵皆”并用主要表达模糊的约量，还可以表达或然性认识情态。这种并用形式的产生跟语言的主观性、模糊性及其独特的语用价值都有关系。

最后，“大抵皆”类副词的并用现象非常复杂，关于并用副词的搭配限制，以及每种形式之间的个性差异等问题，还可以做更为细致深入的研究。

A Study on the Collocation Form in Ancient Chinese as “Dadi Jie (大抵皆)”

Han Chuanyu

(School of Chinese Language and Literature, Liaoning Normal University, Dalian 116029)

Abstract: The collocation of “Dadi (大抵)” with “Jie (皆)” seems to violate logical rules, but it is widely used in ancient to modern Chinese literature. In the same clause, “Dadi (大抵)” must be at the front, “Jie (皆)” must be at the back. “Dadi Jie (大抵皆)” can appear in subject predicate clauses or non subject predicate clauses. The syntactic position of “Dadi (大抵)” should be higher than “Jie (皆)”, and it can appear before the subject. “Dadi Jie (大抵皆)” can express approximate meaning or epistemic modality. The reason for this phenomenon is related to the subjectivity, fuzziness, and pragmatic value of language.

Key words: “Dadi Jie (大抵皆)”; approximate; epistemic modality; adverb

① 袁仁林：《虚字说》，中华书局，1989年，第5页。

② 韩传瑜、潘玉坤：《汉语揣度性与确定性推测副词并用现象研究》，《语言科学》2023年第2期，第132页。

《幼学切音便读》初探*

吴建伟

【摘　要】《幼学切音便读》是清末一部专门教蒙童识字的吴语韵书，该书规模较小，全书共收889字，其中入声字258个。从该书的编纂思想、使用术语及体例等方面来看，该书作者当是清末诸暨人郦珩。作者为疑难字注音以直音为主，除直音外还有纽四声法、反切法。直音注音法直接反映了清末诸暨方言的口语音。全书共18摄41韵，根据这些韵和摄共可归纳出29个声母和41个韵母，另有平、上、去、入4个声调。因为郦珩当年生活的地方大致在今天的诸暨市直埠镇附近，所以将《幼学切音便读》的258个入声字与当今直埠镇方言的入声字进行比较，可以总结出一个多世纪以来诸暨方言入声韵发展变化的基本状况。

【关键词】《幼学切音便读》；音系；入声字；喉塞尾

【作者简介】 吴建伟，东华大学国际文化交流学院副教授，研究方向为文字学与历史音韵学。（上海 200051）

《幼学切音便读》是清末的一部吴语韵书，同时它也是一部专门教授诸暨当地儿童认字读书的启蒙教材。由于这部韵书的名气不是很大、收字较少，所以目前对该韵书的研究并不是很深入，但它的直音注音法充分反映了清末诸暨方言的口语音，这在明、清众多的吴语韵书、韵图之中别具一格，价值甚高。本文的写作目的就是尝试着初步探究该书所反映的清末诸暨方言的音系，同时，因为该书记录了当时诸暨方言中全部的258个入声字，所以我们将其与当今诸暨方言的入声字进行比较，就可以总结出一个多世纪以来诸暨方言入声韵及入声字发展变化的基本状况。

一　作者、版本及体例

（一）作者与版本

关于《幼学切音便读》的作者，学界目前有两种观点：第一种观点以李新魁先生为代表，认为《幼学切音便读》不著撰人，由“摭古堂主人”刊布①，即该书作者不详；第二种观点以李军先生为代表，认为《幼学切音便读》的作者是郦珩，李先生在《郦珩〈幼学切音便读〉所记清末诸暨方音考》一文中持此观点。

我们赞同第二种观点，主要有以下三个原因：其一，《幼学切音便读》与《切音捷诀》的编纂思想完全一致。《切音捷诀》先讨论并确定反切之法，然后附上“切字指掌图”和“四声图”，图说结合，以便于初学者能够较容易地学习并掌握反切，便捷地认识汉字。此外，《切音捷诀》在韵图之后还收了一定数量的常用字来作为反切的例字。《幼学切音便读》则在序言中明确指出：“是卷耑为幼学便读，平声内舍上去二声。平声无字及字难识者，则以上去二声旁注代之。入声音异，另编于后。前列四声图，虽

* 基金项目：本文为国家社科重大招标项目“明清民国珍稀时音韵书韵图整理集成与研究”（批准号：19ZDA308）之子课题“明清民国珍稀吴湘徽时音韵书韵图整理集成与研究”阶段性成果。另本文蒙匿名审稿专家提出了宝贵的修改意见，特致谢忱！文中若有错漏，概由作者本人负责。

① 李新魁：《汉语等韵学》，中华书局，2004年，第391页。

反切详注，犹恐幼学猝难辨悉，故更借方音旁注以便上口，但方音之随地而异切，勿拘于音字以误读本音也。盖近世学人每以反切为微眇难穷之事，今是法至浅至简，知愚咸晓。凡童子智识初开，即请塾师教此，则终身无不识之字，无讹读之音矣。”可见，二者的编纂思想一致，都是帮助人们明反切、辨字音。但《幼学切音便读》更侧重于教蒙童识字，故在所收字的数量上做了精简，主要使用平声字，平声无字或只有繁难字、不易辨识之时才用上、去声字。为了让学习者更快、更容易地读出来，一些字采用直音法在其旁加上诸暨方言读音。不难看出，《幼学切音便读》与《切音捷诀》在编纂思想上一脉相承，《幼学切音便读》可以看作是简易版的《切音捷诀》。作者把它附在《切音捷诀》之后是为了帮助蒙童更好地学习反切，所以它当也是郦珩的著作。其二，《幼学切音便读》与《切音捷诀》的编纂体例完全一致。二者都使用了“开口正音”“开口副音”“合口正音”“合口副音”等术语对所收之字进行归类①，且二者注音所使用的反切上、下字完全一致。体例上唯一的不同之处是《切音捷诀》共十四摄，而《幼学切音便读》共十八摄。作者对此的解释是“入声音异，另编于后”，也就是说，作者是因为觉得对蒙童识字来说入声与平、上、去三声差别太大了，所以才将入声字单列出来。《切音捷诀》不是专门为蒙童识字而编纂的韵书，所以没有将入声字单列出来，而是附在了平、上、去三声字之后，与大多数普通韵书平、上、去、入的排列格局相同。其三，“摭古堂主人”是郦珩的别号，我们推测，“摭古堂”很可能是郦珩的书斋名。② 众所周知，《切音捷诀》为郦珩所著，学界对此是没有异议的，而《切音捷诀》正文的每页上又都有“摭古堂正音”字样。由此看来，摭古堂与郦珩的关系极为密切，把摭古堂看作郦珩读书写字、藏书、做学问的地方合情合理。《幼学切音便读》首页有“摭古堂藏板”字样，序言最后又有“摭古堂主人谨识”之语，特别强调了该书与“摭古堂”的联系。可以说，“摭古堂”是《幼学切音便读》与《切音捷诀》密切联系的纽带。《幼学切音便读》中所谓的“摭古堂主人”刊布以及序言最后所讲的“摭古堂主人谨识”这些事情大概率都是郦珩本人所为。

《幼学切音便读》一书首页上写着“光绪庚辰年刊、摭古堂藏板”。“光绪庚辰年”是光绪六年(1880)——本书的刊刻时间。由于该书的规模甚小，且是专门为教授诸暨当地孩童识字读书而编写的启蒙教材，估计写作时间不会太长，故其成书时间大约是1880年或稍早一些。

《幼学切音便读》附在《切音捷诀》之后，二者其实是一个整体，该书目前有两个版本：上海图书馆藏本和华东师范大学图书馆藏本。两个版本的区别是华师本有郭肇所作序言而上图本没有，其他地方均无不同之处。两个版本为什么会有这样一个微小的差异，目前尚不清楚原因。本文所采用的是华东师范大学图书馆藏《切音捷诀》之后所附《幼学切音便读》。

（二）体例

《幼学切音便读》的体例比较复杂，很多地方不容易看懂。下面我们就来看一下它的体例。

第一，该韵书共有18摄41韵，第一至第十四摄为30个舒声韵，收录平、上、去声字(当然大多数为平声字，上、去声字甚少)，第十五至第十八摄为11个入声韵，收录入声字。每摄根据三十二声母与各韵的拼合情况或分为5组，或分为8组。5组排列顺序为牙、舌、唇、齿、喉五音；8组则将舌音分为舌头、舌上音，齿音分为正齿、齿头音，唇音分为重唇、轻唇音。5组和8组的不同划分是因为声、韵拼合的音节数量不同，全部都能拼合的分8组，有些声、韵不能拼合的分5组。有音无字用“○”符号代替，无音无字则用“●”符号表示。为了能够解说得更加直观清楚，下面我们采用一个表格的形式来讲解。需要进一步说明的一点是，前面我们所讲的5组和8组的情况，因为每组一般都是4个字，所以5组的我们称为20字组、8组的称为32字组，实际拼合出来的音节一共又可以分为六个大类，下表中分

① “开口正音”大致相当于我们今天所说的“开口呼”，“开口副音”大致相当于“齐齿呼”，“合口正音”大致相当于“合口呼”，“合口副音”大致相当于“撮口呼”。

② 我们走访了诸暨的郦姓人家，了解到郦氏祖上以“某某堂”作书斋名的情况很常见，尤其是在明、清两代。

别用六个英文字母 A、B、C、D、E、F 表示：合口正音 20 字组(A)、开口正音 20 字组(B)、合口副音 32 字组(C)、开口副音 32 字组(D)、合口正音 32 字组(E)、开口正音 32 字组(F)，即正音不论开口、合口都是既有 20 字组又有 32 字组，而副音则只有 32 字组。这六个大类在下表中分别选取五至八个例字作为代表。

《幼学切音便读》各摄收字简表(附例字)

摄	韵母性质及例字			备　注
一摄	A 公、東、蓬、宗、烘	C 弓、蹤、凶、風、中、終		A 与 C 的对立：C 有[-i-]介音，A 没有
二摄	A 孤、都、逋、租、呼	C 居、且、虛、夫、豬、諸		
三摄	B 姿、雌、慈、詞、思	D 雞、低、箆、躋、僖、知、支		本摄开口正音 B 组只有“姿、雌、慈、詞、思”五个字，与开口副音 D 组的“躋、妻、齊、西”形成对立
四摄	B 該、懛、哉、咍	E 瑰、堆、杯、嗺、灰、非、追、隹		
五摄	F 佳、梩、悼、唘、穌、齋	E 乖、闒、崴、磚		
六摄	A 昆、敦、奔、尊、昏	F 庚、阬、登、崩、增、亨、丁、爭	D 金、丁、兵、精、欣、分、珍、眞	曾、梗摄合口字部分混入臻摄
七摄	A 官、端、般、鑽、歡	C 涓、棬、鐫、諼、藩、豯、專		
八摄	B 干、看、丹、篸、鼾	D 堅、牽、顛、邊、煎、軒、邅、旃		
九摄	F 姦、嵌、班、鹹、詀、斩、见	E 關、頑、豩、訮、跧		本摄 F 组的“姦”与第八摄 D 组的“堅”除了有[-i-]介音的对立外，主元音也不相同
十摄	F 高、尻、刀、褒、遭、蒿、嘲、罩	D 驕、橇、貂、標、焦、枵、朝、昭		F 与 D 的对立：D 有[-i-]介音，F 没有
十一摄	B 歌、多、波、侳、訶			本摄主要是中古果摄字，合口正音戈韵字并入其中
十二摄	F 加、齁、巴、煆、爹、楂	E 瓜、誇、花、檛、髽	D 迦、呿、爹、嗟、囉、遮	
十三摄	B 岡、康、當、彭、臧、肮	E 光、骴、荒、方、椿、莊	D 姜、羌、将、香、張、章	
十四摄	B 鉤、兜、捊、陬、齁	D 鳩、丟、彪、啾、休、不、輈、周		
十五摄	A 谷、篤、卜、鏃、縠	C 菊、曲、足、旭、福、竹、粥		
十六摄	A 骨、咄、不、卒、忽	F 革、德、伯、則、黑、謫、責	D 吉、的、必、卽、肸、弗、窒、質	

续 表

摄	韵母性质及例字			备 注
十七摄	B各、沰、博、作、鑿	E郭、廓、嗅、霍、卓、捉	C 决、缺、蕝、血、髮、輟、拙	
十八摄	F 葛、渴、怛、八、匝、喝、箚、札	E 括、掇、撥、拶、豁、法、竅、頒、纂	D 脚、卻、爵、謔、著、灼	

注:为了与原文更好地对应起来,上表中所列举的《幼学切音便读》中的例字一律使用繁体字,下文引用亦同。

不难看出,上表中共有 6 个 A、7 个 B、5 个 C、9 个 D、7 个 E 和 7 个 F,这样就组成了《幼学切音便读》的 41 韵。

第二,《幼学切音便读》主要采用直音法注音,例如"捉$_{作}$""娖$_{錯}$""浞$_{昨}$""朔$_{索}$"等。有些字还采用反切法注音,例如"秃$_{他谷}$""褥$_{奴沃}$"等。此外,还有声、韵母相同而声调不同的,则另外注明声调,例如"瑹$_{土平}$""徂$_{祚平}$"等,意为"瑹""徂"与"土""祚"声、韵相同,但声调为平声。

第三,收字。《幼学切音便读》共收字 889 个,数量很少,其中入声字 258 个。《幼学切音便读》的收字原则是平、上、去三声的字不全收,如前所述,主要使用平声字,平声无字或者平声字只有繁难不易辨识之字时才使用上、去两个声调的字,所以该书大约只收了平、上、去三声常用字的三分之一左右,但它却收录了当时诸暨方言中所有的入声字,从这个意义上来讲,这些入声字更有研究意义。因此,我们有必要把所有的入声字都摘出来与当代诸暨方言的入声字进行对比研究。

《幼学切音便读》入声字共有 4 摄 11 韵,从每个韵的拼合情况来看,这 11 个入声韵显然都是收喉塞韵尾[ʔ]的,因为从该韵书中看不到[p]、[t]、[k]韵尾三分的任何痕迹,三尾归并为[ʔ]当是在《幼学切音便读》时代之前早就发生的事,这些入声韵的差别在于主元音的不同而不是韵尾不同;反过来说,如果该韵书还留有[p]、[t]、[k]韵尾三分的痕迹的话,那么这些入声字肯定不能只归并为 4 个摄,而是要多很多。我们根据原书的排列顺序制作了一个表格,将 258 个入声字抄录如下:

《幼学切音便读》入声字表

摄	韵	入 声 字	备 注
十五	公韵、弓韵	公韵:谷、哭、懼、篤、秃、獨、褥、卜、扑、僕、木、鏃、瘯、族、速、穀、屋、斛、禄。 弓韵:菊、曲、局、玉、足、促、俗、宿、旭、郁、欲、六、福、覆、服、竹、畜、逐、衄、粥、俶、贖、孰、肉、叔。	
十六	昆韵、庚韵、金韵	昆韵:骨、窟、趭、兀、咄、棁、突、訥、不、哱、勃、没、卒、猝、捽、窣、忽、嗢、或、硉。 庚韵:革、客、額、德、忒、特、鱩、伯、魄、白、陌、則、堿、賊、塞、黑、戹、核、勒、謫、塛、宅、疒、責、策、嘖、愬。 金韵:吉、泣、及、逆、的、剔、笛、溺、必、匹、弼、密、即、七、疾、夕、悉、肸、一、檄、逸、力、弗、拂、佛、物、窒、飭、直、匿、質、尺、實、石、日、失。	
十七	岡韵、光韵、涓韵	岡韵:各、恪、咢、沰、託、鐸、諾、博、粕、薄、莫、作、錯、昨、索、鑿、惡、涸、落。 光韵:郭、廓、矆、嗅、霍、臒、穫、硦、卓、逴、濁、搦、捉、娖、浞、朔。 涓韵:決、缺、掘、月、蕝、朧、绝、蕞、雪、血、抉、穴、越、劣、髮、怖、伐、韈、輟、拙、啜、爇、説。	

续　表

摄	韵	入声字	备注
十八	干姦韵、官關韵、姜韵	干姦韵：葛、渴、辥、怛、闥、達、納、八、汃、拔、薵、匜、攃、雜、薩、喝、遏、曷、臘、劄、鍘、霅、疤、札、察、牐、殺。 官關韵：括、闊、枂、掇、脱、奪、撥、潑、跋、末、拶、撮、柮、刵、豁、斡、活、捋、法、袪、乏、窢、頒、鈉、纂、刷。 姜韵：腳、卻、噱、虐、爵、鵲、嚼、削、謔、約、藥、略、著、臭、逽、灼、綽、杓、若、爍。	干、姦合为一韵，官、關合为一韵

周斯文(2018)对当代诸暨市直埠镇方言进行了调查研究，调查出直埠镇方言中共有 333 个入声字，这些入声字的实际调值有阴入 5 和阳入 24 两类。其中，阴入 5 占多数，共 208 字；阳入 24 占少数，共 125 字。基本的规律就是清声母字大都读阴入 5，浊声母字大都读阳入 24，例外的极少。①

因为诸暨市直埠镇与当年郦珩居住的地方相去不远，所以我们拿《幼学切音便读》的 258 个入声字与直埠镇方言中的 333 个入声字进行了对比。对比之后发现，后者基本上能够涵盖前者，不能涵盖的有如下 30 字：糶、鏃、瘯、瞉、衄、趫、齷、堿、戹、搻、肸、瓁、嗅、臒、硏、菸、趪、薞、闥、攃、鍘、霅、疤、牐、刵、袪、鈉、纂、臭、逽。显然，这些字大多数都是生僻字。与《幼学切音便读》相比，直埠镇方言中新增了 75 个入声字。

从《幼学切音便读》时代到今天的直埠镇方言，在过去的一百几十年的时间里入声韵发生了如下一些变化：第一，[uʔ]与[uoʔ]合流为[uoʔ]，直埠镇方言中现在已无[uʔ]这个入声韵。"谷""哭"等字的读音变化就体现了这一点。第二，[iuʔ]与[ioʔ]合流为[ioʔ]，直埠镇方言中现在没有[iuʔ]这个入声韵。"菊""曲"等字的读音变化是其证明。第三，[iAʔ]演变为[iɐʔ]。比如，"腳""削"等字的读音都是如此。第四，直埠镇方言中出现了一个新的入声韵[yoʔ]。这应当是撮口呼出现以后的结果，在郦珩生活的时代还没有撮口呼，当然也就没有这个入声韵了。另外，还有两个常用字的语音变化比较特殊：一个是"没"演变成了阳平 24，另一个是"剔"演变成了阴去 55。不过，这是从入声字变成了舒声字，是特例，没有什么规律可寻。

二　《幼学切音便读》的音系

通过对《幼学切音便读》每一组字声、韵拼合的整理，并参照李军(2014)已做过的研究，我们可以对该韵书的音系进行探讨，共可归纳出 29 个声母和 41 个韵母。现将整理归纳的声母、韵母罗列于下：

(一) 声母(29 个)

[k]公孤高驕　[kʻ]空枯尻橇　[g]葵琴伽趫　[ŋ]喁吾敖尭　[t]東都刀貂　[tʻ]通瑹叨挑　[d]同徒桃條　[n]農奴猱那　[p]逋褒標波　[pʻ]鋪橐飄坡　[b]白僕勃弼　[m]蒙模毛苗　[l]黎力六禄　[ts]增遭侳鏃　[tsʻ]操蹉藏瘯　[z]層曹醝族　[s]僧騷娑速　[tɕ]菊謫責質　[tɕʻ]曲策尺飭　[ɕ]西申失叔　[dz]欑捽濁泥　[ʑ]玉宅嘖直　[dʑ]陳局權全　[ȵ]尼膩娘匿　[h]旭瞉忽肸　[ɦ]欲斛或檄　[∅]音一郁戹　[f]分風福芳　[v]文汾服物

(二) 韵母(41 个)

[oŋ]公空東通　[ioŋ]弓穹窮凶　[u]孤枯吾奴　[y]居區渠虚　[ɿ]姿雌詞思　[i]雞谿奇疑
[e]該開皚臺　[ue]瑰魁葵嵬　[A]佳揩厓柴　[uA]乖崴淮膗　[Ẽi]庚阬登騰　[uẼi]昆坤敦豚

① 周斯文：《诸暨市直埠镇方言语音研究》，硕士学位论文，厦门大学，2018 年，第 111 页。

[ĩ]金欽琴吟　[uə]官寬刓團　[iə]涓權棬元　[ɤ]干看豻壇　[iɪ]堅牽乾嚴　[ɛ]姦嵌巖班
[uɛ]關躦頑妏　[ɔ]高尻敖猱　[iɔ]驕橇喬堯　[ɯ]歌珂翗俄　[o]加牙齣爹　[uo]瓜誇華髽
[io]迦伽呿爹　[ɒ̃]岡康昂囊　[uɒ̃]光骩狂雙　[iɒ̃]姜羌強将　[ei]鉤彄兜剅　[iei]鳩蓲求牛
[uʔ]谷哭篤禿　[iuʔ]菊曲局玉　[uəʔ]骨窟兀咄　[əʔ]革客額德　[iəʔ]吉泣及逆　[oʔ]各恪咢鐸
[uoʔ]郭廓霍卓　[ioʔ]決缺掘月　[Aʔ]䓙臘雪輟　[uAʔ]匝擦雜薩　[iAʔ]腳卻噱虐

《幼学切音便读》声母、韵母都有合并的情况。声母方面,邪母与从母合并,喻母与匣母不分,禅、日、床三母也相混。韵母方面,有些韵附在另一些韵之中,比如,第四摄下面有一行小字“瑰韵合口副音歸坿”,意思是“歸”韵字附在“瑰”韵合口副音之中。与之类似,第十三摄“亡韵江坿,光韵合口副音獷坿”和第十六摄“吉韵、君韵入聲合口副音橘坿”以及第十七摄“各、郭二韵江韵入聲覚坿,決韵、獷韵入聲矍坿”,都是如此。本文在构拟声母、韵母时,充分考虑到了声、韵各自合并的情况。

正因为有声母、韵母的合并,所以有些声、韵拼合的位置上会出现两个字,甚至三个字。例如,第一摄合口副音从母位就有“從”和“松”两个字,而床母位则有“崇”“慵”和“戎”三个字。

(三)声调

《幼学切音便读》保留平、上、去、入的 4 声调格局,不分阴阳,入声单列,而不是像大多数韵书那样入声与平、上、去声相承。在今天的直埠镇方言中,平、上、去、入各分阴阳,共 8 个声调。可见,一百多年来诸暨方言声调的变化还是比较大的。

三　《幼学切音便读》的研究价值

应当说,《幼学切音便读》是一部颇具研究价值的韵书。

首先是方音史的价值。如前所述,《幼学切音便读》反映的是一百多年前浙江诸暨方言的实际语音状况,所以它在浙江方音史的研究方面具有不可替代的作用。该韵书所展现的从邪不分、喻匣合流、禅日与床合流等现象都是典型的吴语特征,这些吴方言的特点都足以使该书在吴语语音史的研究中占据一席之地。诸暨方音与标准的官话显然是有差别的,众所周知,官话里面没有入声,而《幼学切音便读》把当时诸暨方言中整个的入声系统都展现了出来,并且将该方言全部的入声字都呈现在了我们面前,这对入声韵及入声字的研究都极有价值。

其次是文献学价值。韵书一般都被称为有字天书,对于初学音韵学的人来说难度是相当大的。而《幼学切音便读》是专门教蒙童拼音、认字的一部著作,所以它与其他韵书比起来要相对简单一些,更适合于音韵学的初学者。在明、清诸多的吴语韵书之中,专门用诸暨方言来注音并且用作蒙童教材的只此一本,这就显得该韵书弥足珍贵。

李军(2014)特别关注了该韵书各韵图三十二声母位旁注的直音与纽四声直音,详细统计出了这些直音的数量,并将它们所反映的实际语音特征与现代诸暨方音进行了比较,据此归纳出《幼学切音便读》的实际语音与现代诸暨方言的差异,总结了一个多世纪以来诸暨方言语音演变的主要特征及基本规律。《〈幼学切音便读〉所记清末诸暨方音考》是第一篇对《幼学切音便读》进行整体研究的成果,李军先生做了一项很有开创性意义的事,开了一个好头。《幼学切音便读》的很多研究工作还有待继续开展下去,比如,清末诸暨音系演变至今的轨迹及其内因、外因,三十个入声字消亡的过程及原因等等,这些都是值得进一步探讨的问题。

【参考文献】

[1]　郦珩.切音捷诀[M].光绪庚辰(1880)孟冬刊、诸暨摭古堂藏版,华东师范大图书馆藏本.

[2] 李新魁.汉语等韵学[M].北京：中华书局,2004.
[3] 李军.郦珩《幼学切音便读》所记清末诸暨方音考[J].励耘学刊(语言卷)二〇一四第二辑.北京：学苑出版社,2014.
[4] 周斯文.诸暨市直埠镇方言语音研究[D].厦门：厦门大学,2018.

A Preliminary Exploration of the Rhyme Book *You Xue Qie Yin Bian Du*

Wu Jianwei
(International Cultural Exchange School, Donghua University, Shanghai, 200051)

Abstract: *You Xue Qie Yin Bian Du*, which was a special textbook for the children in Zhuji City during Late Qing Dynasty, is a rhyme book of the Wu Dialect. The scale of this rhyme book is very small. It includes 889 Chinese characters in this rhyme book, among which 258 are Entering Tone Rhyme ones. Based on the compilation intention, the terminologies, the stylistic rules and layout used in this book, we can infer that *You Xue Qie Yin Bian Du* should be written by Li Heng, a phonology expert born in Zhuji City of Late Qing Dynasty. The author usually provided phonetic annotation for a difficult Chinese character with a common character with the same pronunciation besides of Niu Four Sounds and Fanqie, another two kinds of Phonetic notations. This kind of phonetic notation can directly reflect the pronunciation of Zhuji local dialect during Late Qing Dynasty. There are 18 groups and 41 rhymes in this book, from which 29 initial consonants and 41 vowels can be induced, as well as four tones. Comparing these 258 Entering Tone Rhyme Chinese characters with those current ones in Zhibu Town, Zhuji City, the basic development and changes of Entering Tone Rhymes in Zhuji local dialect in more than 100 years are presented.

Key words: *You Xue Qie Yin Bian Du*; phonology; entering tone Chinese characters; glottal stop

[汉字识别、汉字认知研究]

基于YOLO网络的契约文书文字智能识别*

——以西北地区契约文书为例

韩志周　黄文浩　何前宝　郝星星

【摘　要】契约文书文献数量庞大，类型丰富，极具研究价值。当前，随着数字人文的深化发展，特别是YOLO网络的发展，可为民间手书文字的智能识录提供技术支持。文章以西北地区契约文书为例，提出基于YOLO网络的民间手书文字智能识别方法，旨在解决民间手写契约文书文字识别的重要难题，例如针对不同样式契约中出现的各种俗体字、残缺字、模糊字等特殊字形的智能识别，其识别准确率达90%以上，极大提高了契约文书文字的转录效率。在此基础上，进一步为构建明代至民国西北地区契约文书数据库奠定了坚实的技术基础。

【关键词】YOLO网络；契约文书；西北地区；文字智能识别；数据库建设

【作者简介】韩志周，西北大学文学院博士研究生，研究方向为汉语史、近代汉语；黄文浩，浙江农林大学文法学院讲师；何前宝，西北大学信息科学与技术学院硕士研究生；郝星星，西北大学信息科学与技术学院讲师，硕士生导师。（陕西 西安　710127；浙江 杭州　311300）

引言

自20世纪三四十年代始，傅衣凌先生就以大量民间契约文书作为文献材料来研究明清社会经济史①，发表了许多重要论著，引起了学界关注并重视民间契约的文献价值。随后，全国各地陆续有契约文书整理出版，研究成果也十分丰富。契约文书的出版方式，类型多样，主要有三种：一是将原文书释读后转录成文字，按通行的繁体字或简体字出版；二是扫描或拍照文书原件，以保持文献原始形态方式出版；三是将前两类综合起来，以图文对照方式出版。② 它们各有优缺点，相比较而言，第三种出版方式实用性较好，但也有所不足，即投入的工作量更大，文献刊布耗时更长，影响了文书价值的及时发挥。

以西北地区契约文书为例，据笔者粗略估算，其遗存数量至少有数十万件。目前，本课题组已搜集到西北地区契约文书三万余件。数量如此庞大的新材料，要想以最优的方式快速刊出，最重要的基础工作就是对繁杂的材料进行编排整理、文字识读及转录。基于此，本文以轻量化兼容高精度的YOLOv5模型为基线模型，利用空洞卷积的设计思路，提出了多尺度特征提取模块，并结合UNet模型的全尺度特征融合思想，设计了基于YOLO网络的契约文书文字智能识别算法。这不仅能有效地解决文字快速识别和转录问题，还可为疑难俗字的释读提供有益参考。

---

* 基金项目：本文为2019年国家社科基金重大项目“明代至民国西北地区契约文书整理、语言文字研究及数据库建设”（项目编号：19ZDA309）、2021年国家社会科学基金青年项目“浙江契约文书语言研究”（项目编号：21CYY023）、2022年国家社会科学基金项目“地理语言学视野下秦晋两省地名语言文化的深度调查研究”（项目编号：22XYY035）、2023年浙江农林大学科研发展基金项目“《广东梅州文书》方俗字词研究”（项目编号：2023FR039）阶段性成果。

① 傅衣凌：《福建佃农经济史丛考》，福建协和大学中国文化研究会，1944年。

② 黑维强、王淘、黑文婷：《西汉至民国契约文书整理出版与语言文字研究综述》，《中国训诂学报》第六辑，商务印书馆，2022年，第195—217页。

一　需求分析

数字人文源于人文计算，是现代数字信息技术与人文学科交叉、渗透、融合产生的跨学科运动，为人文学科研究注入了新鲜血液。耿立波等认为："随着算法、算力的提升配合以大数据的运用，国内的众多高校、实验室和互联网公司，在计算语言学基础研究、应用研究方面都有非常好的表现。"[①]这为契约文书整理及语言文字研究提供了新思路、新方法。以西北地区契约文书为例，文书数量巨大，依靠传统手工辑录文字的方法不仅耗时费力，时效性差，还难以及时呈现。因此，运用 YOLO 网络的文字智能识别算法对契约文书文字进行识别和转录，是一种有效的方案。

（一）必要性——数字人文驱动下的契约文书智能文字识别系统研发

在数据不断迭代、媒介日趋更新的今天，数字人文已广泛应用于文学、历史学、考古学、社会学、语言学、图书情报学等人文社科研究中，在大大地提高研究效率的同时，还促进了学科的发展。诚如臧克和所言："随着成批地下出土文献的陆续发表，各种资料库的'大数据'加工，语言文字文献考古历史各个领域，都取得了前所未有的发展，形成了众多新兴学科。这些领域学科建设，在一定程度上代表了近年来中国人文历史学术的实绩，越来越成为国内外相关学科领域的共识。"[②]王宁指出："汉字研究与信息科学技术的结合是促使现代的汉字教学、汉字信息处理及汉字规范走上科学轨道的必要和唯一的方法。"[③]近年来，作为新材料的民间契约文书不断被大量发掘，随之而来的工作便是对其进行系统的整理，包括鉴定、筛选、归宗、分类、修补、缀合、扫描、立卷、拟题、编目、录文、文字校勘、字词注释等工作。这在无形中促进了契约文书整理与语言文字研究的数字化进程。可见，对契约文书进行数字化处理是十分有必要的。

1. 高效率高质量的契约文书整理出版

最理想的整理本子既能呈现文献的原始面貌，又兼具使用的便利性。然而纯靠人工作业，不仅工作量巨大，还极其繁琐，这给整理研究者带来了许多难题。[④] 而利用人工智能可以快速精准识别和转录契约文书中的文字，极大提高文书的整理质量，使这些新材料能够及时公诸于世，充分体现文献材料的时效性。

2. 契约文书俗字谱（表）的整理

契约文书俗字谱（表）是指将民间契约文书中的俗字辑录出来，然后按其形体演变汇编成字形谱系。整理方式大致有三种：一是摹写原字形，即手工摹写契约文书中的俗字，字形清楚，如"进""苏""肆"等，参见方孝坤《徽州文书俗字研究·徽州俗字表》；二是计算机造字，即根据俗字字形，利用计算机造字软件造字，笔画清晰，如"㕓""㞢""寺"等，参见李晓华《〈石仓契约〉俗字研究·俗字总汇》；三是剪切原字形，即先用专门的切字软件或截图工具剪切俗字字形图片，然后进行去噪、排列等处理，保持字形原貌，如"畞""畝""畆"等，参见韩志周《〈首都博物馆藏清代契约文书〉俗字研究·俗字谱》。

总体而言，以上三种整理方式各有优点，不足之处都是耗时费力。而契约文书智能文字识别则可对文字实行批量自动标注、切字、去噪，以及智能分类、排序，为契约文书俗字谱（表）的快速有效整理奠定坚实基础，使契约文书整理方式更迅捷、更科学。

---

① 耿立波等：《中国计算语言学研究现状与展望》，《语言科学》2021 年第 5 期。

② 参见臧克和：《出土文献作为汉语史料的使用问题》，《理论与史学》第二辑，中国社会科学出版社，2016 年，第 117—121 页。

③ 参见王宁：《汉字研究与科学信息技术的结合》，《励耘学刊（语言卷）》二〇〇五年第一辑，学苑出版社，2005 年，第 1—22 页。

④ 目前，关于民间契约文书字词释义及校勘相关研究成果丰硕，专门及相关研究专著十多部，文章 200 余篇，这说明准确识录契约文书文字是契约文书整理出版的必要工作。

3. 契约文书俗字典的编纂

张涌泉等指出："编写文字编是汉字研究的基础工作，但同古汉字研究相比，近代汉字文字编少得可怜，严重制约了研究的发展。"①数以千万计的契约文书②正好是研究近代汉字的第一手材料。编纂《契约文书俗字典》首先应做到以下两点：第一，确立选取俗字的原则和标准③；第二，穷尽式地搜罗和筛检字形字例。其中第二点的棘手问题是要处理海量的字形，这就需要借助人工智能。换言之，利用人工智能，开发自动智能文字识别系统，便可对俗字字形原图的收集、剪切、去噪、尺寸、标注、识别、筛选、系联、编排、输出等程序进行快速准确的处理。这是编纂《契约文书俗字典》及开展相关研究的奠基性工作。

（二）重要性——数字人文背景下的契约文书研究新范式

在数字人文大背景下，传统的语言文字研究方法、模式已不能满足巨量文献、数据的处理，新的研究范式必将应运而生，这体现了当今数字人文交叉学科的发展趋势。因此，契约文书智能文字识别的开发对近代汉字研究、民间文书整理有重要意义，主要体现在以下几个方面。

一、契约文书俗字研究。由于契约文书数量庞大、俗字丰富多样，穷尽式字形搜集、编排、频率统计分析、构件替换频率统计、书法手迹的判定与断代研究等相关研究仅靠传统人工作业面临巨大的困难与挑战，亟须作为新的研究手段的人工智能的助力。二、探寻简化汉字历史来源。裘锡圭指出："汉字的简化主要是民间自发进行的。"④契约文书中简化字使用现象较为突出，充分利用数据库可以对契约文书中的简化字进行穷尽式统计，为简化汉字来源提供字形、字样、字频等数据支撑，进一步为近代汉字字形谱系、现代汉字简化、汉字演变规律提供丰富例证。三、契约文书归户整理。充分利用大数据优势，开发契约文书字形库，通过深度学习书写者的书写笔迹、书写习惯来系联归户性弱的文书，为契约文书归户整理研究提供新的技术支持与可能。

二　基于 YOLOv5 的民间手书文字识别算法设计

（一）数据集概况

本研究所使用的数据集系课题组精心筛选和标注的数据集，材料来源于课题组所收集的三万余件明代至民国西北地区契约文书。这些文书具有数量巨大、时间跨度长、种类繁多、内容丰富、地域分布广等特点。因研究需要，本文以所标注的 500 件土地契约作为训练文字识别模型的数据集。然而由于契约文书样式繁多、用字奇特、书写迥异以及单字位置、字体类型等诸多因素，给设计和实现契约文书文字智能识别系统带来了巨大挑战。

1. 地契样式复杂、字体种类多样

如图 1 中(a)—(f)所示，不同的年代、地区、版式、载体、背景、字体、书写者和书写习惯都会影响文书的样式呈现。这些因素在塑造契约文书的多样性和丰富性的同时，也使数据集里的字体种类多样，从而增加系统识别的难度。因此，需要在后端数据库为地契中的每个字建立一对多的字体形式映射，即一个正字（字头）对应若干不同的俗体字，以确保能够精确识别。

---

① 张涌泉等：《近代汉字研究的回顾与展望》，《历史语言学研究》第二辑，商务印书馆，2022 年，第 208—230 页。

② 杨国桢：《明清土地契约文书研究（修订本）》，中国人民大学出版社，2009 年，序言。

③ 黑维强、尹丹：《论汉语俗字确定的一个原则与三条标准》，《中国文字研究》第三十五辑，华东师范大学出版社，2022 年，第 129—144 页。

④ 裘锡圭：《文字学概要（修订本）》，商务印书馆，2013 年，第 266 页。

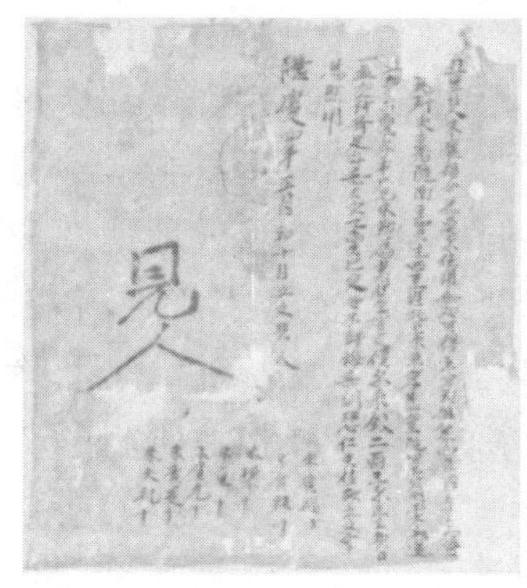

(a) 明代山西霍州白契

(b) 民国陕西佳县官契（双联）

(c) 清代深色背景官契（双联）

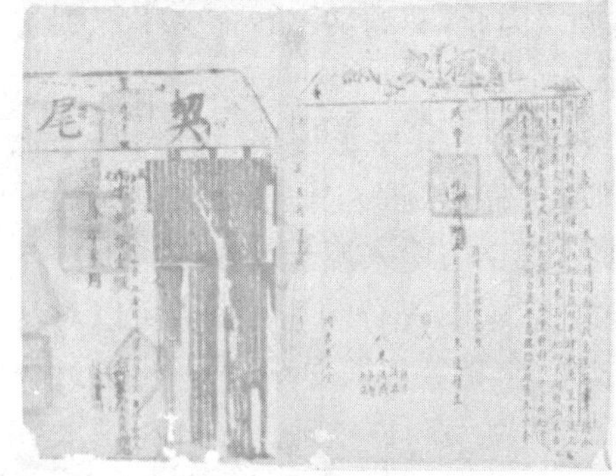

(d) 清代浅色背景官契（双联）

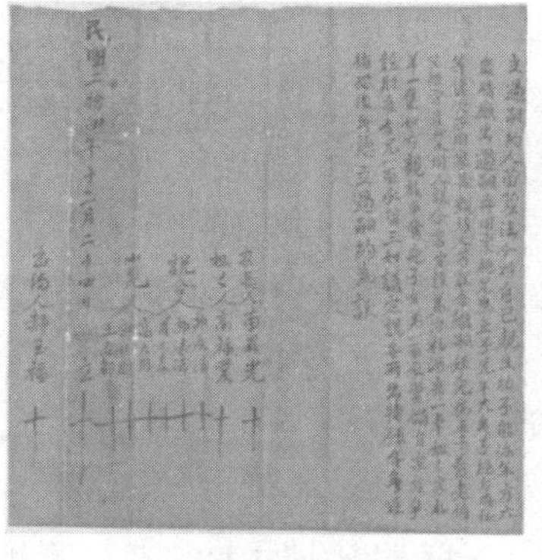

(e) 红色背景纸张

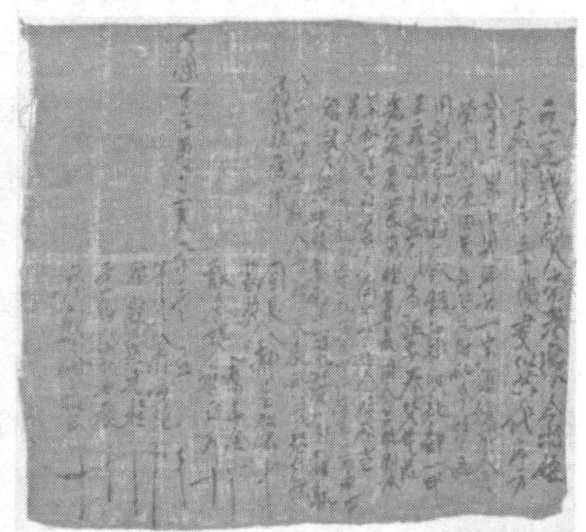

(f) 绿色背景麻布

图 1　样式及书写各异的地契

2. 契纸、字样受损

在数据集中，部分地契因自然破坏或人为损害而出现不同程度的破损，主要有契纸残缺、字样模糊或缺损等，如图 2(a)—(d)所示。以上情况会导致契约部分信息缺失，对文字标注、模型训练和预测都有较大的影响。

(a) 契纸残缺

(b) 正文字样缺损

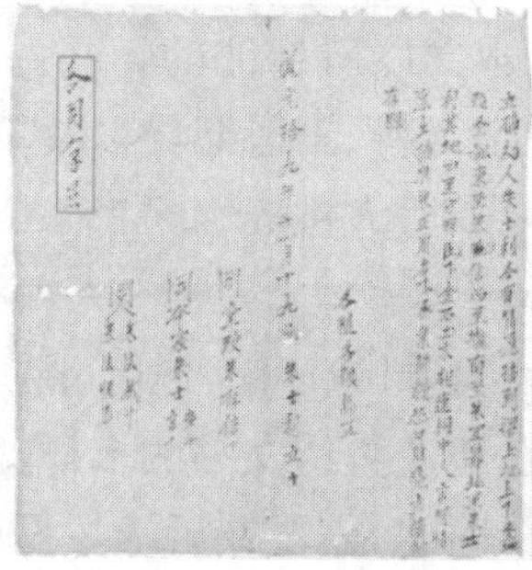

(c) 骑缝字样残缺

(d) 污渍遮盖、字迹模糊

图 2　地契缺失数据类型

3. 文字排列密集

如图 3 所示，(a)为《民国某年某月某日张学汉永卖水田等文约》，原件尺寸 32.4×31.08 cm，全文共 585 个字；(b)为《民国十六年(1927)四月十二日黄龙氏等永卖水堰等文约》，原件尺寸 37.56×36.15 cm，全文共 513 个字。与一般契约相比，这类文书上的文字排列密度相对较高，对文字标注和模型的训练、预测也有较大影响。

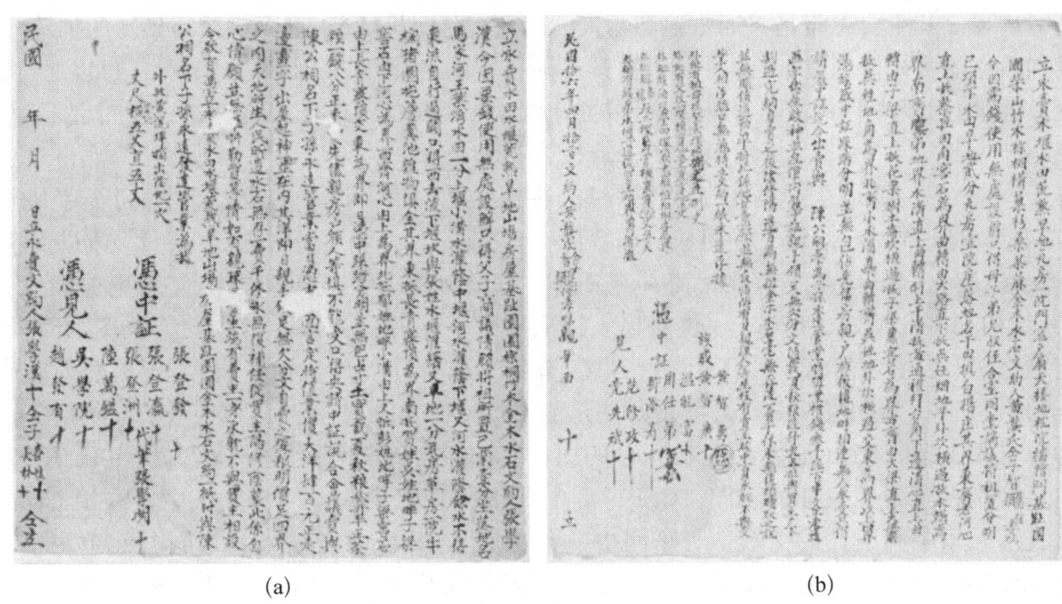

(a)　　　　(b)

图 3　文字排列密集地契

针对以上问题，本文提出基于 YOLOv5 的契约文书文字智能识别算法。首先，使用图像处理算法和 Mixup 图像增强算法，对地契数据集进行去噪和扩充；其次，使用 YOLOv5 目标检测算法对契约文书中的文字进行定位和识别。

(二) 基于 YOLOv5 的主干特征提取网络

目前，我们从已标注的数据集中析出 3 000 多个字头，每个字头所对应的俗体字形样本数量多少不一。有的字使用频率低，仅有一两个样本量，利用 YOLO 进行一阶段式(One-stage，即定位与识别一次性完成)的识别模式较为困难。因此，我们将 YOLO 拆分为两阶段式检测模式对地契文字进行检测与识别，第一阶段使用 YOLO 先对地契中的文字进行定位和提取，第二阶段再使用 YOLO 的分类网络对所提取出来的文字进行识别。下面重点介绍 YOLOv5 模型的整体网络框架。

YOLO 系列是经典的端到端目标检测算法，图 4 是 YOLOv5 的整体框架，包括输入端、骨干网络、颈部网络、检测部分与分类部分。

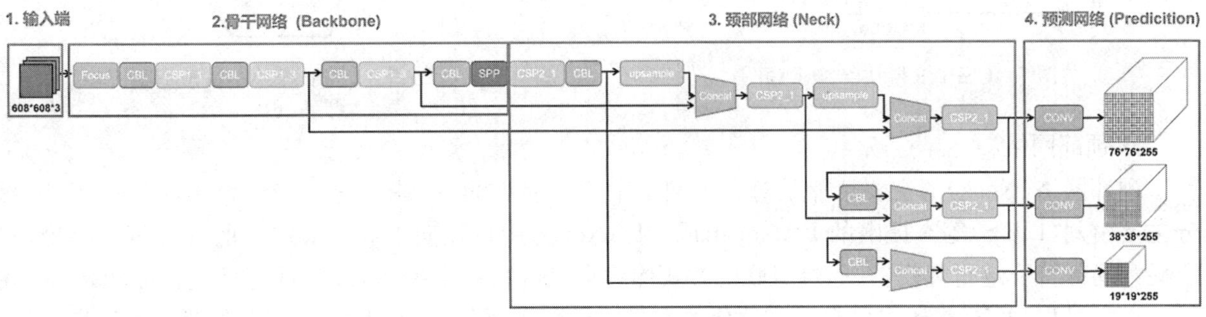

图 4　YOLOv5 整体框架

1. 输入端

模型在输入端首先采用博奇科夫斯基(Bochkovskiy)等人在 YOLOv4 中提出的 Mosaic 方法①对

① Bochkovskiy et al. Yolov4: Optimal speed and accuracy of object detection. arixv preprint arixv: 2004.10934.

数据进行增强。其主要思路是将四张地契输入的图像进行随机裁剪，进而拼接得到新的训练样本，目的为增加数据的多样性和复杂性，有助于提升检测模型的鲁棒性。① 此外，Mosaic 还可以通过随机缩放图片来增加小目标物体的数量，使模型可以更好地学习小目标特征，提升较小字号文字的检测精度。

2. 骨干网络

骨干网络（Backbone）主要用于特征提取，主要由 CSPDarkNet53 网络和空间金字塔池化层（Spatial Pyramid Pooling，SPP）②组成。前者由王（Wang C Y）等人提出的 CSPNet③ 改进而来，主要包括 Focus、CBL、CSP 等基本组件。其中，Focus 结构用于替代传统卷积操作，实现更加高效的特征提取，其结构如图 5 所示。Focus 模块将输入特征按照通道拆分为四个较小的特征图，并将它们按照一定顺序进行排序和重塑，最后再进行拼接，有助于减少计算量和内存占用，保持相对较广的感受野。CBL 模块由卷积层 Conv2d、批量归一化层 BatchNorm2d 和激活函数组成，结构如图 6 所示。激活函数采用 Leaky Relu 函数，为 Sigmoid 的加权线性组合。CSP 模块分为 CSP1_x 和 CSP2_x，二者的主要区别在于中间组件的不同。CSP1_x 主要采用残差组件，而 CSP2_x 主要采用 CBL 模块，其中 x 表示采用中间组件的个数。骨干网络中主要使用 CSP1_x，包括 CBL 结构、残差块模块（Res Unit）和卷积层 Conv2d，其结构如图 7 所示。其中残差块模块是由输入先通过两个 CBL 模块得到特征图后，再与输入特征图进行拼接得到最终的输出特征图。空间金字塔池化用于扩大模型对特征图的感受野，并有助于提取多尺度特征结构。SPP 包括 CBL 模块和最大池化层操作（Maxpool），结构如图 8 所示。

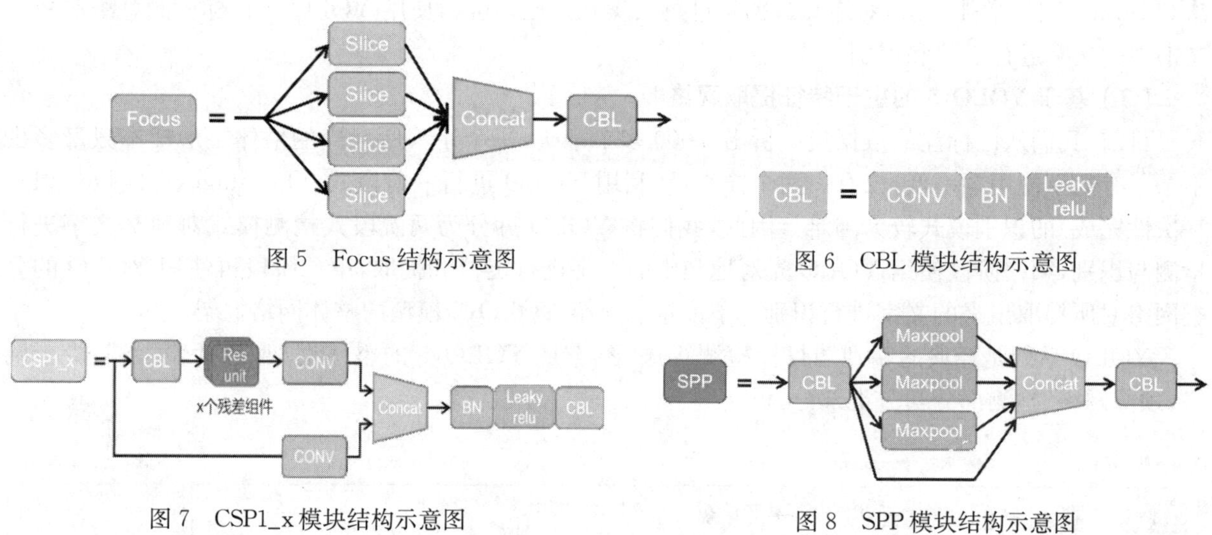

图 5　Focus 结构示意图

图 6　CBL 模块结构示意图

图 7　CSP1_x 模块结构示意图

图 8　SPP 模块结构示意图

3. 颈部网络

颈部网络（Neck）的主要功能是对骨干网络中不同层级的特征图进行融合，YOLOv5 的 Neck 部分主要由刘（Liu S）等人提出的 PANet 组成。PANet 采用自顶向下和自底向上的两种不同路径，对全局和局部特征进行建模，并通过级联的方式构建多尺度特征金字塔，以实现跨尺度特征融合。④ 在以上采样过程中，PANet 采用自适应池化的方式进行特征融合，减少计算量的同时，避免了信息丢失。

① 鲁棒性指："模型面对数据扰动、噪声或其他干扰时保持稳定和准确的能力，即模型对于异常情况的健壮性和容错性。"

② Kaiming, et al. Spatial Pyramid Pooling in Deep Convolutional Networks for Visual Recognition[J]. IEEE Transactions on Pattern Analysis & Machine Intelligence, 2015.DOI: 10.1109/tpami.2015.2389824.

③ Wang C Y, et al. CSPNet: A new backbone that can enhance learning capability of CNN[C]//Proceedings of the IEEE/CVF conference on computer vision and pattern recognition workshops. 2020: 390—391.

④ Liu S, et al. Path Aggregation Network for Instance Segmentation[J]. CoRR, 2018, abs/1803.01534.

Neck 模块的结构如图 4 所示。骨干网络和颈部网络中均采用了 CSP 模块，骨干网络使用 CSP1 模块，而 Neck 使用了 CSP2_x 模块，CSP2_x 模块的网络结构如图 9 所示。

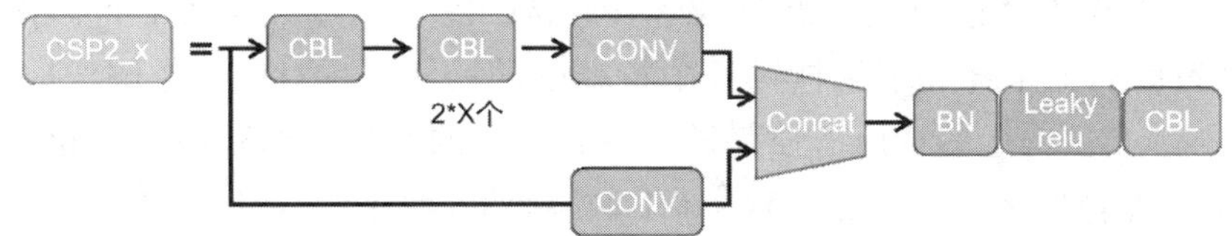

图 9　CSP2_x 模块结构示意图

4. 头部网络

根据检测和识别任务的不同，头部网络分为检测和识别网络。在 YOLOv5 中，主干网络采用 CSPDarknet53 结构，用于特征提取，还包含分类和检测网络。检测部分包含三个检测头，分别作用于 Neck 阶段最终产生的三层特征图。检测头在特征图上应用预定义的锚框得到类别概率和边界框，并使用阈值筛选类别概率低的候选框，最后利用非极大值抑制过滤可能重复的候选预测框。对于识别网络，YOLOv5 采用额外的全局平均池化层（Global Average Pooling，GAP）来进一步降低模型复杂度。在主干网络的末尾添加一个全局平均池化层，将整个特征图平均池化，使特征图降为 1×1×C 的向量，其中 C 是类别数量，表示每个类别的概率分布。这个向量可以解释为整个输入图像属于每个类别的先验概率，因此全局平均池化层只需要较少的参数就能实现图像分类任务。

（三）基于 YOLOv5 的改进策略

YOLO 原有的网络架构更加偏向于常见物体的检测任务，其网络结构和训练方式可能不太适用于识别手写汉字这种具有较多类别且数据多样性的较大任务。因此，本文对 YOLOv5 的算法做了适当改进。首先，在输入端将 mosaic 数据增强方式改为 Mixup 算法。张（Zhang H）等人提出的 Mixup 图像增强①只需要对两张不同的图片进行加权平均即可生成新的训练样本，从而减少了计算量和内存消耗。其次，在骨干网络中引入了多尺度空洞卷积的特征提取方法，同时结合 UNet3＋的思想，设计了一种全尺度跳层连接的特征融合方法。

1. 基于多尺度空洞卷积的特征提取方法

在 YOLO 系列目标检测算法中，YOLOv4 和 YOLOv5 均基于 CSP 结构进行特征提取，虽有不错的检测效果，但仅使用 3＊3 卷积无法提取不同尺度的目标特征。余（Yu F）等人提出的空洞卷积②，能够使原本小的卷积核在不改变计算量和参数量的前提下增大了感受野，同时也保证了图像的分辨率，主要思想是在标准卷积的基础上增加一个超参数“空洞率”③。基于此，本文提出多尺度空洞卷积模块 MDC，并将原 CSP 结构中的残差块部分替换为 MDC，建立 CSP_MDC 结构以便进行特征提取，具体结构如图 10 所示。

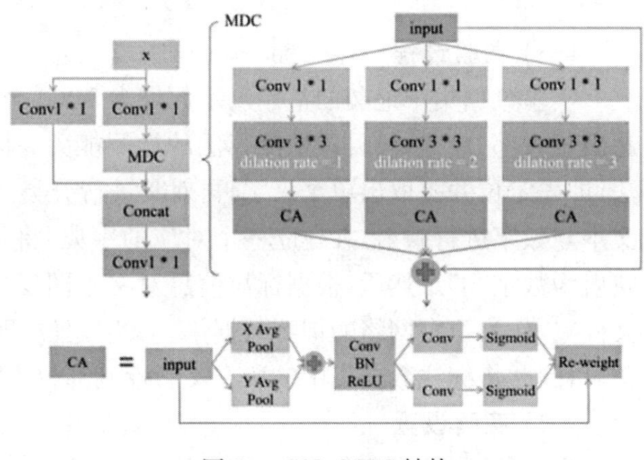

图 10　CSP_MDC 结构

① Zhang H, et al. mixup: Beyond Empirical Risk Minimization[J]. 2017.DOI: 10.48550/arXiv.1710.09412.

② Yu F, et al. LSUN: Construction of a Large — scale Image Dataset using Deep Learning with Humans in the Loop[J]. computer science, 2015.

③ 空洞率：“空洞率指的是卷积核中各个位置之间的间隔大小。例如，一个 3＊3 的卷积核，空洞率为 x 时，表示各个位置之间的距离为 x 个像素。”

2. 基于全尺度跳层连接的特征融合方法

为了更好地融合不同尺度的目标特征，我们借鉴 UNet① 的思想，提出基于全尺度跳层连接的特征融合方法，其核心是图 11 所示的全尺度跳层连接结构。图中 X^i_{down} 表示第 i 个下采样特征图，X^i_{up} 表示第 i 个上采样特征图，上采样和下采样过程中特征图的尺寸一一对应。左侧对应 UNet 中的编码器，通过改进 PANet 自底向上的特征增强路径，采用 3 * 3 的卷积操作和最大池化进行下采样，减少了参数量，使模型更加轻量化。右侧对应 UNet 中的解码器，使用 2 * 2 反卷积操作恢复特征图尺寸。在上采样过程中，同时融合左侧下采样过程中小尺度、相同尺度和右侧上采样过程中大尺度的特征映射，以捕获不同尺度中更多的特征信息，从而提高模型的特征表达能力。

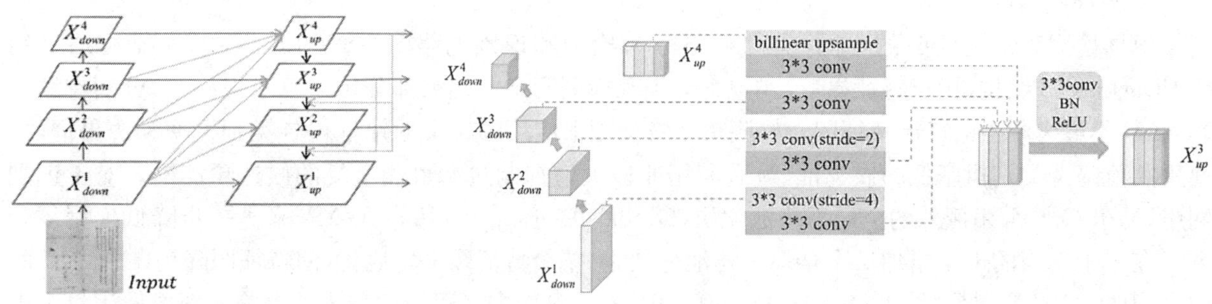

图 11　全尺度跳层连接结构

图 12　X^3_{up} 计算过程

以图 11 中上采样的第二个特征层 X^3_{up} 为例，图 12 展示了其计算过程。首先，对 X^1_{down} 和 X^2_{down} 进行降维处理，分别通过步长为 4 和步长为 2 的卷积，使它们的特征图与 X^3_{up} 相同，并使用 3 * 3 的卷积进行特征提取操作。X^3_{down} 与 X^3_{up} 的特征图大小相同，因此可以直接进行 3 * 3 的卷积操作。而 X^4_{up} 的特征图大小为 X^3_{up} 的一半，所以需先对 X^4_{up} 进行上采样，使其特征图与 X^3_{up} 相同；接着再执行 3 * 3 的卷积操作；然后将经过处理的特征图进行融合；最后经过卷积、归一化和激活函数得到 X^3_{up}。

三　实验过程与结果分析

(一) 实验过程

实验数据集中地契的常用汉字数量为 3 000 余个，即对应的目标检测任务标签数量为 3 000 多个，超出了大部分一阶段目标检测算法的检测能力。因此，本文采用先定位后识别的两阶段文字识别方法，即先定位并提取出单个汉字，再对其进行分类。为了符合 YOLO 的标签格式，首先对数据集中的文本与数字进行映射，并建立一个对应的字典，将每个字映射到一个数字标签上，例如真实标签“家”映射为数字“3”。然后，根据标注信息对文本图像进行裁剪，按照数字标签将它们归类并存储到对应文件夹，作为识别网络的训练数据集。文字定位，即文字检测任务中只需要能准确检测并定位出文字即可，因此将标注数据集中的所有文字标签都改为“1”，用来训练文字检测网络。

(二) 实验设置

实验的硬件环境为 Intel(R) Core(TM) i7 - 12700K CPU @ 3.80 GHz，显卡使用 NVIDIA GeForce RTX 4080；软件环境为 CUDA11.1，CUDNN8.2.0，在 Linux 系统下通过 Python3.6 和 torch1.10.0 进行数据处理。检测模型与分类模型训练时的参数与 YOLOv5 的参数保持一致，具体的参数设置如下：学习率(lr)为 0.001，动力参数(momentum)为 0.927，权重衰减(weight_decay)为

① Ronneberger O, et al.: Convolutional Networks for Biomedical Image Segmentation[J]. CoRR, 2015, abs/1505.04597.

0.005。其中检测模型和分类模型的训练 epochs 分别设置为 200 和 300。

（三）结果分析

1. 检测效果

图 13 展示了 YOLOv5 算法在随机挑选的一张地契上的检测效果，左边为地契原始图像，右边是对应检测效果图，可以看出所有文字都能够被检测出来，表明算法具有很好的文字检测性能。其中，检测效果图中左上角黑色框展示了算法对地契文字密集区域的检测效果，所有文字均能被准确定位，说明在这方面检测任务上也具有很好的效果。地契在保存过程中难免受到人为或自然损害，会出现部分文字结构缺失的情况，如检测效果图中“管”“耕”二字都存在不同程度的缺失，但依然能够对其准确定位并检测，说明检测模型具有较强的抗干扰能力。

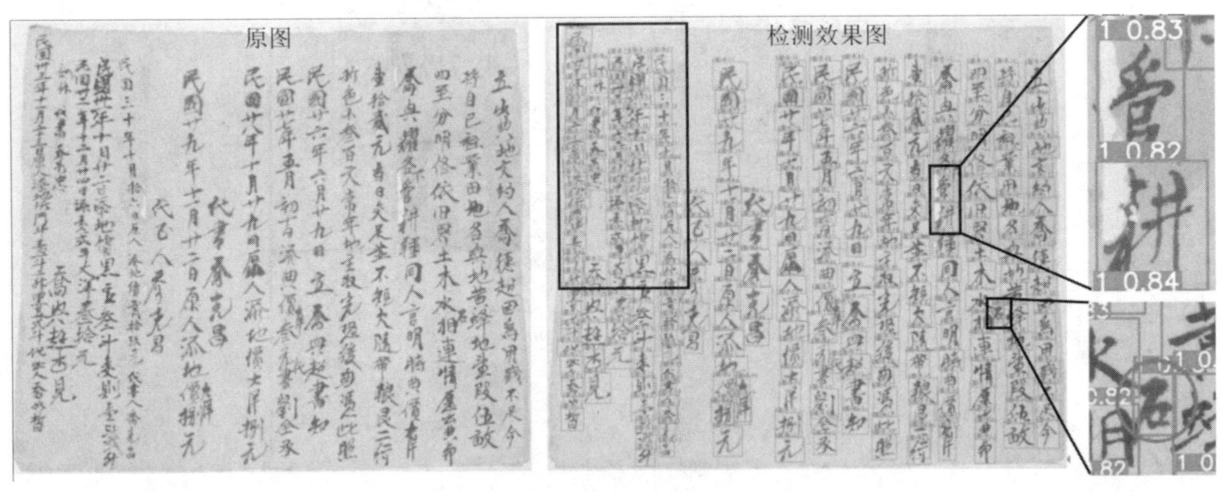

图 13　地契文字检测效果

契约文书属于手书写定的文献，在书写过程中难免会出现脱、衍、增、删、改等情况。当出现脱文时，书写者一般会在脱字位置左侧加以添补，如检测效果图右下的“石”字。针对这种情况，同样能够准确地进行检测并定位出文字所在位置。

综上所述，图 13 的检测结果说明 YOLOv5 算法在密集文字、缺失文字以及补写文字等地契常见场景下都能达到较好的检测效果。

2. 识别效果示例

图 14 展示了 YOLOv5 改进算法的部分文字识别效果。文字上方的数字，如“454—454”，分别表示人工标注类别标签和算法预测标签。从中可以看出，对于书写不规范和较为模糊的文字均能准确识别。除此之外，在其他多方面也有突出表现，例如：① 西北地区契约文书用字以“俗”为其最鲜明特点，如图中“98”对应的“”是“無（无）”的俗字，“250”之“”是“糧（粮）”的俗字，“1253”之“”是“紙（纸）”的俗字，均能够准确识别。② 对于一些字体与背景十分接近的具有“颜色干扰”的文字，如“254”对应的“磁”字，也能够正确识别。不仅如此，它还能够准确识别“字体模糊”且有“颜色干扰”的文字，例如“6”对应的

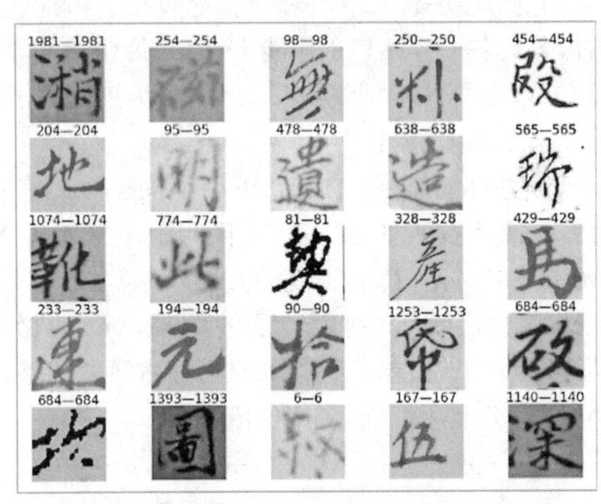

图 14　标注—识别结果对比示例

“叔”字。③ 能够识别部分结构缺失的文字，如“684”对应的“坎”字，以及图13中的“管”“耕”二字，都能够精准地进行识别。可见，我们提出的方法在识别异体字或俗字、有“颜色干扰”、字体模糊、字体结构部分缺失的文字方面效果极佳。

3. 整体效果

图15展示了一张完整的地契的整体识别结果。该地契中共有225个字，通过将数字标签映射回对应的文字，并标注在地契图片中，结果显示：全文只有4个字未能正确识别，即“古”误识为“右”，“名”误识为“从”，“器”误识为“路”，“腾”误识为“滕”，识别精度达到了98.22%。表明YOLOv5算法识别准确率较高。

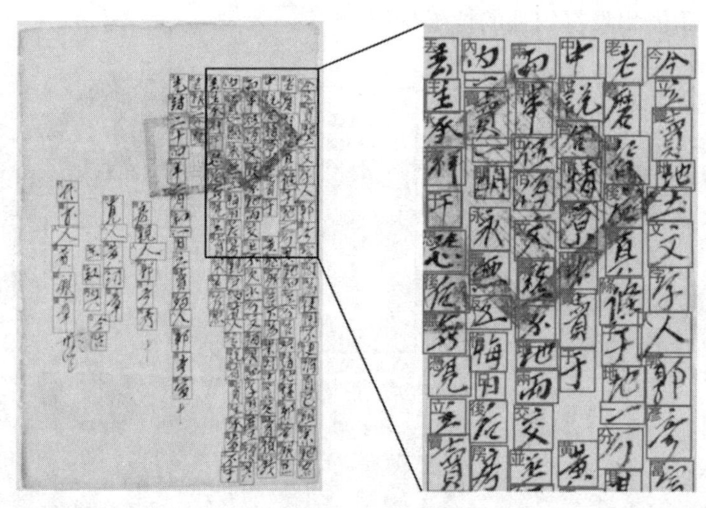

图15 整体效果

4. 检测准确率计算

为了更好地衡量YOLOv5算法的识别性能，本节以500张已标注的地契图片作为训练集训练文字检测和识别模型，另外用200张地契图片对识别算法进行测试，测试结果以准确率和召回率进行评估。准确率衡量的是算法预测的标签中正确标签所占的比例，而召回率衡量的则是算法预测的标签中包含正确标签个数与真实标签个数的比例，二者数值越大表明算法性能越好。由于算法预测的文字边框与真实标注的文字边框不会完全重合，因此使用最大值IOU保留法来选择最终的文字边框。实验结果表明，在IOU阈值取0.5和0.7两种情况下，算法的识别准确率以及召回率均能达到90%以上，充分说明YOLOv5算法在地契文字识别任务上具有非常好的效果。此外，根据人工转录实践来看，若具备一定整理工作能力，那么每张地契平均转录时间大概需要10至20分钟。相比之下，采用YOLOv5算法识别仅需5.35秒，极大地提高了文书整理效率，节省了大量的时间和人力。

5. 应用场景比对

地契文字识别完成后，下一步就是对文字进行转录。这时可根据读者阅读偏好来设置文字输出格式，或从右到左，或从上到下。图16展示了YOLOv5算法与古籍智能整理平台和微信的地契文字转录效果对比，其中(a)为YOLOv5算法在定位与识别的最终效果，(b)为古籍智能整理平台①识别结果，(c)是由(a)识别后转录的结果，(d)为微信对该地契样张检测转录的结果。通过对比可知，YOLOv5算法的转录效果极佳，而古籍智能整理平台和微信的文字识别准确率则都差强人意。可见，YOLOv5实用性强，应用价值大。

① 中华书局有限公司、古联(北京)数字传媒科技有限公司：古籍智能整理平台网2023年10月25日(https://collation.ancientbooks.cn/index)。

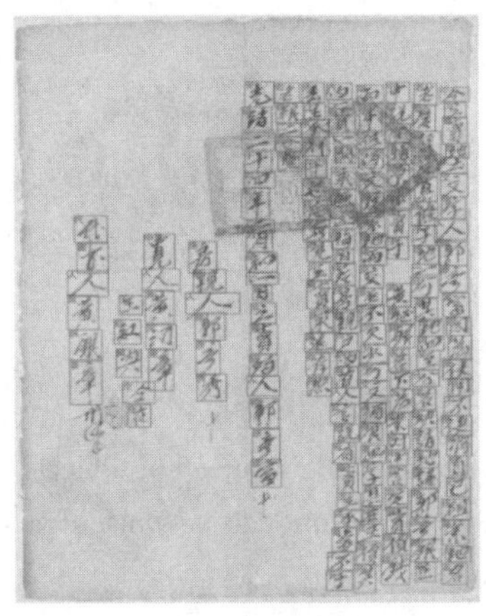

(a) 本文算法识别结果

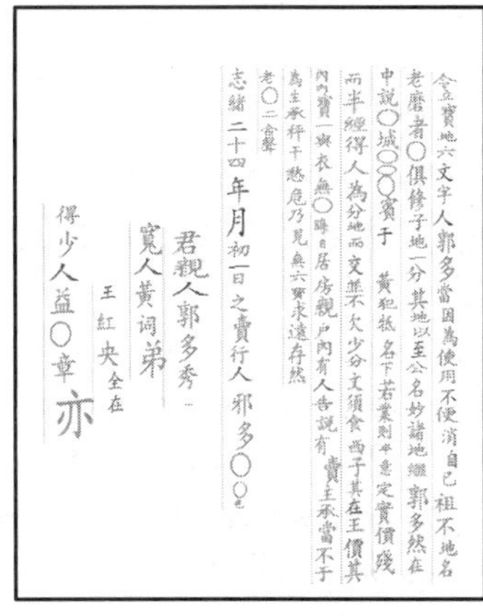

(b) 古籍智能整理平台识别结果

今立賣地土文字人郭彥富因為使用不便將自己祖業地名
老磨背後頁條子地一分其地四至分名殃請地媒郭彥銀在
中說合情原出賣于黃懷銀名下為業對中言定賣價錢
兩串伍佰文整無錢地兩交並不欠少分文酒食畫字具在正價
其
內一賣一明永無返悔日後房親戶內有人言說有賣主承當不
于
丟主承六祥干恐後無憑立賣永遠存照
老糧二合整
光緒二十四年二月初一日立賣約人郭彥富
房親人郭彥秀
中見人黃河章
王紅興仝在
代書人黃銀章

(c) 本文算法转录结果

杰结老联二仓黎今主贵地六文字人郭多富因
为使用不便消自已胆茶地名二十四年一月和
日立育的人郭有室 p 朝永领区悔日后为就中如
有人言就有贫主手海不于真像于您一万其比
四至公夜观错地缕那多联在 S 地而交至不欠从
为文酒旗母手县在王惯某代木人莲展章乐克
人英现章务税人邦多秀 p 王叙决全在黄解后下
涉紫对#度交育傻钱

(d) 微信转录结果

图 16　转录结果对比

结语

在数字人文大背景下，对契约文书文字智能识别系统的开发势在必行。本研究主要以西北地区契约文书手写文字图片集作为训练数据集，设计出基于 YOLO 网络的契约文书手书文字智能识别算法。实验结果显示，该算法能有效替代人工标注和转录，极大地促进了西北地区契约文书的数字化整理进程，并为相关数据库的构建奠定了坚实的技术基础。随着契约样本库的不断扩充，涵盖全国各地契约样本，我们将持续优化算法，探索更高效精准的文字识别网络，并设计面向民间手书文字自动检测与智能检索的应用方案，以进一步提升系统性能和应用价值。

【参考文献】

[1] 方孝坤.徽州文书俗字研究[M].北京：人民出版社，2012.

[2] 傅衣凌.福建佃农经济史丛考[M].福建协和大学中国文化研究会，1944.

[3] 耿立波，酆格斐，詹卫东，杨亦鸣.中国计算语言学研究现状与展望[J].语言科学，2021(5).

[4] 韩志周.《首都博物馆藏清代契约文书》俗字研究[D].西安：陕西师范大学，2018.

[5] 黑维强，王淘，黑文婷.西汉至民国契约文书整理出版与语言文字研究综述[C]//中国训诂学报(第六辑).北京：商务印书馆，2022.

[6] 黑维强，尹丹.论汉语俗字确定的一个原则与三条标准[C]//中国文字研究(第三十五辑).上海：华东师范大学

出版社，2022.

[7] 李晓华.《石仓契约》俗字研究[D].长沙：湘潭大学，2013.

[8] 裘锡圭.文字学概要(修订本)[M].北京：商务印书馆，2013.

[9] 王宁.汉字研究与科学信息技术的结合[C]//励耘学刊(语言卷)二〇〇五年第一辑.北京：学苑出版社，2005.

[10] 张涌泉，韩小荆，梁春胜，景盛轩.近代汉字研究的回顾与展望[C]//历史语言学研究(第二辑).北京：商务印书馆，2022.

[11] 臧克和.出土文献作为汉语史料的使用问题[C]//理论与史学(第二辑).北京：中国社会科学出版社，2016.

[12] 杨国桢.明清土地契约文书研究(修订本)[M].北京：中国人民大学出版社，2009.

[13] Bochkovskiy A，Wang C Y，Liao H Y M. YOLOv4：Optimal Speed and Accuracy of Object Detection[J]. 2020.

[14] Kaiming，He，Xiangyu，et al. Spatial Pyramid Pooling in Deep Convolutional Networks for Visual Recognition [J]. IEEE Transactions on Pattern Analysis & Machine Intelligence，2015.

[15] Liu S，Qi L，Qin H，et al. Path Aggregation Network for Instance Segmentation.[J]. CoRR，2018，abs/1803.01534.

[16] Ronneberger O，Fischer P，Brox T. U-Net：Convolutional Networks for Biomedical Image Segmentation.[J]. CoRR，2015，abs/1505.04597.

[17] Wang C Y，Liao H Y M，Wu Y H，et al. CSPNet：A new backbone that can enhance learning capability of CNN [C]//Proceedings of the IEEE/CVF conference on computer vision and pattern recognition workshops. 2020：390 - 391.

[18] Yu F，Zhang Y，Song S，et al. LSUN：Construction of a Large-scale Image Dataset using Deep Learning with Humans in the Loop[J]. computer science，2015.

[19] Zhang H，Cisse M，Dauphin Y N，et al. mixup：Beyond Empirical Risk Minimization[J].2017.

Intelligent Recognition of Contractual Text Based on YOLO Network: A Case Study of Contracts in the Northwestern Region

Han Zhizhou　Huang Wenhao　He Qianbao　Hao Xingxing

(Faculty of Liberal Arts，Northwestern University，Xi'an 710127；

College of Arts and Law，Zhejiang Agriculture and Forestry University，Hangzhou 311300；

School of Information Science and Technology，Northwestern University，Xi'an 710127；

School of Information Science and Technology，Northwestern University，Xi'an 710127)

Abstract: The number of contract documents is huge，with a variety of types and great research value. Currently，with the deepening development of digital humanities，especially the advancement of YOLO network，technical support can be provided for the intelligent recognition of handwritten texts in folk contracts. This paper，taking the contractual documents from the Northwestern region as a case study，proposes a method of intelligent recognition of folk handwritten texts based on the YOLO network. This aims to tackle the critical challenge of recognizing handwritten texts in folk contracts，such as the intelligent recognition of various colloquial characters，incomplete characters，and blurred characters appearing in contracts of different styles，achieving an accuracy rate of over 90%，significantly enhancing the transcription efficiency of contractual document texts. On this basis，it further lays a solid technical foundation for constructing a database of contractual documents from the Ming Dynasty to the Republic of China era in the Northwestern region.

Key words: YOLO network；contractual documents；Northwestern region；intelligent text recognition；database construction

基于 CiteSpace 的国内外汉字认知加工研究对比分析(2000—2022)*

康小明　李　欣　祁芃睿

【摘　要】利用 CiteSpace 软件，对比分析了 CNKI 和 WOS 核心数据库中 2000—2022 年间所刊的汉字认知加工研究文献。研究发现：1. 国内外年发文量均分为三个时期，国内为快速发展期、平稳过渡期及波动增长期；国外为波动发展期、稳步增长期及快速增长期。2. 国内研究多侧重于理论探讨，即采用反应时记录法或眼动技术，以汉语母语者和汉语二语学习者为被试，研究声符或义符对汉字认知加工的影响。国外研究主要涉及理论探讨和应用研究，前者侧重于考察汉语二语学习者的元语言意识对汉字识别的影响，或通过 fMRI 技术揭示汉语二语学习者及阅读困难症儿童汉字认知加工的神经机制；后者试图改善汉字识别技术。本文指出，未来国内汉字认知加工研究要在揭示汉字认知加工神经机制的基础上，将理论研究成果应用于汉语二语教学实践或改善汉字识别技术。

【关键词】CiteSpace；汉字认知加工；国内外对比

【作者简介】康小明，甘肃政法大学文学与新闻传播学院讲师，博士，研究方向为应用语言学、国际中文教育；李欣，女，张家口市宣化第一中学教师；祁芃睿，兰州市特殊教育学校讲师。（甘肃 兰州　730070；河北 张家口　075000）

引言

相比于拼音文字，汉字在文字形体、语音规则及语义透明度等方面均有其特性，因此汉字认知加工研究备受心理语言学的关注。① 至 20 世纪 80 年代，该主题已取得了丰硕的研究成果。② 从现有研究成果来看，汉字认知加工研究主题丰富③，方法多元④，被试类型多样⑤。但遗憾的是，整合上述研究成果的综述性文章较为少见，大多综述性文章的主题囿于某一领域，如汉字习得认知过程⑥、汉字亚词汇单元的认知加工⑦或汉字认知加工神经机制⑧；且多为描述性综述⑨。更为重要的是其选文范围仅限于国内，尚未横向对比国外同类研究，因而未能揭示汉字认知加工研究的全貌。鉴于此，本研究利用 CiteSpace 软件，对比分析了 CNKI 和 WOS 核心数据库中 2000—2022 年间所刊的汉字认知加工研究文献，从年发文量趋势、研究热点、研究前沿、演进趋势及高被引文献五个维度出发，以期厘清汉字

* 基金项目：本文为 2023 年度甘肃政法大学校级科研创新项目“汉语传承语学习者形声字识别时声符与义符的启动效应研究”（项目编号：GZF2023XZD20）阶段性成果。

① 艾伟：《汉字心理》，中央大学出版社，1949 年，第 13 页。

② 冯丽萍：《汉字认知规律研究综述》，《世界汉语教学》1998 年第 3 期。

③ 张积家等：《笔画复杂性和重复性对笔画和汉字认知的影响》，《心理学报》2002 年第 5 期。

④ 冯丽萍：《汉字认知规律研究综述》，《世界汉语教学》1998 年第 3 期。

⑤ 康小明：《从书写偏误看不同类型汉语学习者的汉字习得》，《华中学术》2023 年第 2 期。

⑥ 尉万传：《近二十年汉字习得认知过程研究》，《海外华文教育》2019 年第 1 期。

⑦ 武宁宁、舒华：《汉字亚词汇加工研究》，《心理科学》1999 年第 6 期。

⑧ 李辉、王晶颖：《汉字加工神经机制的特异性与一般性问题》，《当代语言学》2016 年第 4 期。

⑨ 万业馨：《略论汉字教学的总体设计》，《语言教学与研究》2009 年第 5 期。

认知加工研究的动态和方向，为今后相关研究提供参考。

一 研究设计

1. 研究工具与研究方法

运用 CiteSpace(V6.2R)软件，首先对 2000—2022 年间国内外汉字认知加工研究的发文量进行统计分析；其次生成关键词共现知识图谱及聚类知识图谱，分析其研究热点，接着分析关键词突变术语，确定研究前沿；再次通过时间线图谱分析其演进趋势；最后通过对高被引文献的分析，揭示其研究重点。

2. 数据来源

根据布拉德福定律，少数核心期刊汇集了某一学科的多数关键文献。[①] 研究所依据的国内文献来源于 CNKI 中的"南大核心和北大核心"，主题词为汉字认知、汉字加工或汉字认知加工；国外文献来源于 WOS(Web of Science)核心数据库，主题词为"Chinese character recognitio""Chinese character cognition""Chinese character process"。经人工清洗后共获得 2000—2022 年 433 篇文献(国内 173 篇、国外 260 篇)，检索截止时间为 2022 年 12 月 31 日。检索国内、国外文献时均以布尔逻辑检索符号 or 连接检索词，以双引号限定检索词，从而获得与检索主题词高度相关的文献。

二 国内外汉字认知加工研究对比分析

1. 年发文量趋势

图 1 为 2000—2022 年间国内外汉字认知加工研究年发文量趋势图。由图 1 可得，年发文量分布总体上分别呈现波动上升(国外)和波动下降(国内)趋势，且均分为三个阶段。国内为快速发展期(2000—2011)，年发文量较大且波动较小；平稳过渡期(2011—2016)，年发文量稍有回落，且波动较小；波动增长期(2016—2022)，发文量进一步减少，但起伏较大。国外为波动发展期(2000—2008)，年发文量呈现波动下降趋势；稳步增长期(2008—2017)，年发文量稳步增长；快速增长期(2017—2022)，发文量起伏较大，但呈快速增长态势。需要指出的是，以 2011 年为界，国内外年发文量发生了转变，这与近年来"汉语热"的现状相违背，应引起国内汉字研究者的警觉。

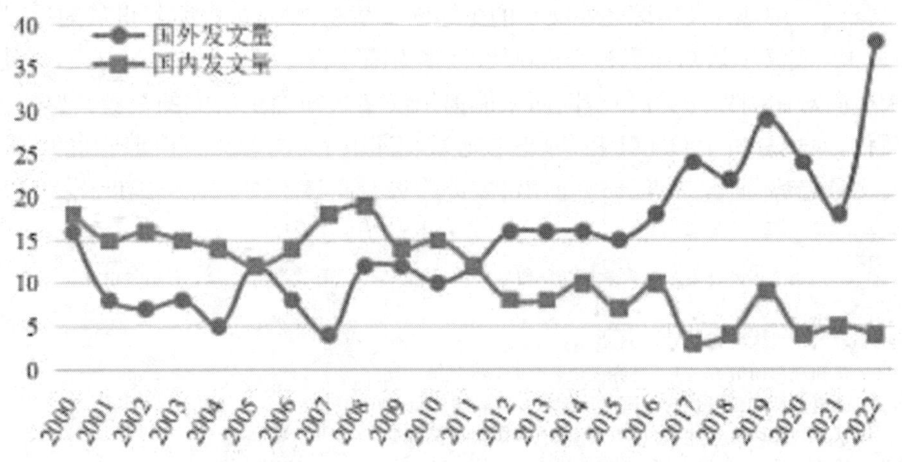

图 1 国内外汉字认知研究年发文量趋势(2000—2022)

① 金胜昔、林正军：《国内翻译认知研究的文献计量分析》，《外语教学》2016 年第 5 期。

2. 研究热点

(1) 高频关键词共现知识图谱分析

采用 CiteSpace 软件进行了关键词共现知识图谱分析。首先，将 CiteSpace 的文献出版“时间”设置为“2000—2022”，将“Years Per Slice”设置为 1 年，抽取每个时间片长度 TOP50 的关键词；其次，在“Term Source”选项中选择“Title”“Abstract”“Author Keywords”和“Keywords Plus”，在“Node Type”选项中选择“Keywords”，其他参数不变。生成图 2、图 3。两图中有多个圆形节点，一般来说，节点的大小与关键词出现的频次成正比。① 图 2 的高频关键词有“汉字认知”“汉字识别”“儿童”“声旁”“形旁”“眼动”“形声字”“留学生”等，图 3 的高频关键词有“Chinese character recognition”“neural mechanisms”“stimulation”“developmental dyslexia”“phonological regularity”“children”等。

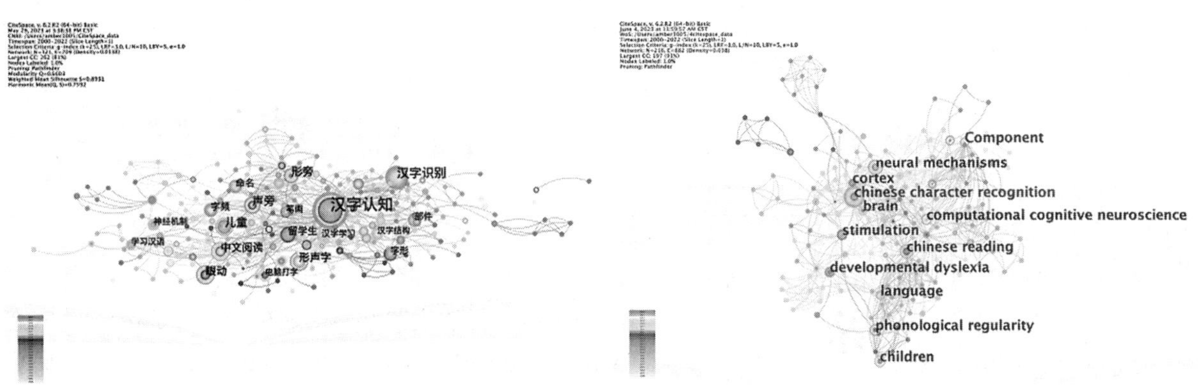

图 2　国内高频词关键共现知识图谱　　　　图 3　国外高频关键词共现知识图谱

(2) 关键词聚类知识图谱分析

通过对关键词进行共现网络聚类分析，分别得出图 4、图 5。一般认为，Q 值大于 0.3 意味着聚类结构显著，S 值大于 0.7 表明聚类是令人信服的。此外，聚类的编号越小，表明聚类的规模越大，研究主题越突出。图 4、图 5 中的 Q 值分别为 0.660 3、0.638 2，S 值分别为 0.893 1、0.889 4，故而聚类效果较为理想。国内外汉字认知加工研究主题词聚类见表 1。

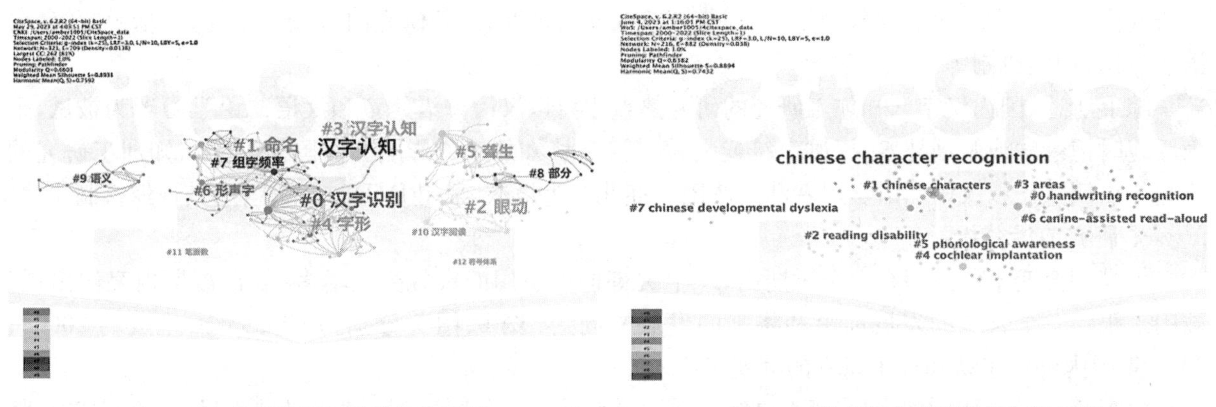

图 4　国内高频关键词聚类知识图谱　　　　图 5　国外高频关键词聚类知识图谱

① Chen C. CiteSpace II: detecting and visualizing emerging trends and transient patterns in scientific literature. Journal of the American Society for Information Science and Technology, 2006, 57(3): 359 - 377.

表 1　国内外汉字认知加工研究主题词聚类(聚类编号前 8)

聚类 ID	国内主题词聚类结果	国外主题词聚类结果
0	汉字识别	handwriting recognition
1	命名	Chinese characters
2	眼动	reading disability
3	汉字认知	areas
4	字形	cochlear implantation
5	聋生	phonological awareness
6	形声字	canine assisted read—aloud
7	组字频率	chinese developmental dyslexia

为深入探讨国内外汉字认知加工研究热点的发展变化，经由图 2 至图 5 再结合表 1，从研究对象、研究方法及研究内容三个方面展开讨论。由图 2 中的“留学生”“儿童”及图 4 中的 Cluster＃5(聋生)，图 3 中的“Children”及图 5 中的 Cluster＃7(Chinese developmental dyslexia)，可以看出，就研究对象而言，国内多为汉语母语儿童和汉语二语学习者，国外多为汉语二语学习者及阅读困难症儿童。图 2 中的“命名”“眼动”及图 4 中的 Cluster＃1(命名)、Cluster＃2(眼动)，图 3 中的“neural mechanisms”及图 5 中的 Cluster＃0(handwriting recognition)、Cluster＃2(reading disability)均属于研究方法的聚类，说明国内多采用反应时记录法和眼动技术；国外偏重于采用 fMRI(功能磁共振成像)技术。图 2 中的“形旁”“声旁”“形声字”“字频”和图 4 中的 Cluster＃4(字形)、Cluster＃6(形声字)、Cluster＃7(组字频率)，图 3 中的“Chinese reading”“computational cognitive neuroscience”“phonological regularity”及图 5 中的 Cluster＃0(handwriting recognition)、Cluster＃1(Chinese characters)、Cluster＃5(phonological awareness)、Cluster＃7(Chinese developmental dyslexia)则属于研究内容的聚类。故而，国内研究多围绕声符或义符展开；国外研究内容较为多元，包括手写汉字、语音意识、神经机制等。

综上所述，国内汉字认知加工研究的研究热点主要以汉语母语儿童和汉语二语学习者为被试，采用反应时记录法或眼动技术，探讨声符或义符对汉字认知加工的影响。而国外汉字认知加工研究的研究热点侧重于以汉语二语学习者和阅读困难症儿童为被试，采用 fMRI 技术，揭示其神经机制。

3. 研究前沿分析

关键词突变术语是指在一个时期内，一个关键词被引用的次数突然增多，或在短期内突然出现，被用来跟踪一个领域的发展前沿和将来的发展方向。① 图 6、图 7 分别为 CiteSpace 生成的 2000—2022 年国内外汉字认知加工研究的突变术语。

由图 6 可得，国内关键词突变术语突变系数排名前三的分别为：眼动、电脑打字及形旁。其中，眼动的突变系数为 2.9，突变起始时间为 2010 年，结束于 2022 年，而形旁的突变系数为 2.47，突变起始时间为 2016 年，结束于 2022 年。说明国内汉字认知加工研究多采用眼动技术探究形旁对汉字认知加

① 刘彬、何庆庆：《国内转喻认知研究发展趋势的可视化分析》，《湖南大学学报(社会科学版)》2020 年第 1 期。

Top 15 Keywords with the Strongest Citation Bursts

Keywords	Year	Strength	Begin	End	2000 - 2022
汉字识别	2000	2.2	**2000**	2003	
命名	2001	2.06	**2001**	2003	
汉字学习	2001	1.65	**2001**	2007	
对称	2002	1.66	**2002**	2003	
留学生	2001	1.65	**2007**	2014	
听写困难	2008	1.96	**2008**	2010	
眼动	2003	2.9	**2010**	2022	
汉字书写	2001	1.75	**2011**	2019	
部件位置	2012	1.82	**2012**	2019	
电脑打字	2008	2.75	**2013**	2019	
形旁	2001	2.47	**2016**	2022	
中文阅读	2000	2.34	**2016**	2020	
词切分	2016	2.19	**2016**	2022	
家族大小	2016	1.77	**2016**	2019	
汉字位置	2020	1.88	**2020**	2022	

图 6　国内突变术语示意图

Top 15 Keywords with the Strongest Citation Bursts

Keywords	Year	Strength	Begin	End	2000 - 2022
model	2005	1.09	**2005**	2009	
fmri	2008	1.56	**2008**	2010	
face processing	2008	1.46	**2008**	2010	
neural mechanisms	2000	1.42	**2008**	2010	
cortex	2008	1.42	**2008**	2011	
organization	2008	1.07	**2008**	2010	
stimulation	2000	2.22	**2009**	2014	
psychophysics	2011	1.31	**2011**	2014	
developmental dyslexia	2009	1.73	**2012**	2015	
phonological regularity	2009	1.28	**2014**	2016	
spelling sound consistency	2014	1.07	**2014**	2015	
processing model	2008	1.54	**2015**	2016	
children	2011	1.28	**2019**	2022	
fluency	2019	1.12	**2019**	2022	
computational cognitive neuroscience	2005	1.02	**2019**	2020	

图 7　国外突变术语示意图

工的影响。具体包括形旁的语义透明度①、形旁的家族效应②、形旁是否成字③、形旁的位置④及其相互间的交互作用⑤对汉字认知加工的影响。此外，电脑打字的突变系数为 2.75，突变起始时间为 2013 年，结束于 2019 年。研究主要围绕电脑打字如何影响汉字认知加工及对比手写汉字与电脑打字的神经机制差异⑥展开。

由图 7 可得，国外关键词突变术语突变系数排名前三的分别为：stimulation、developmental dyslexia 及 fMRI 技术。其中，stimulation 的突变系数为 2.22，突变起止时间为 2009—2014 年；developmental dyslexia 的突变系数为 1.73，突变起止时间为 2012—2015 年；而 fMRI 的突变系数为 1.56，突变起止时间为 2008—2010 年。由此表明，国外多通过 fMRI 技术，以期直观了解被试汉字认知加工过程中大脑的加工脑区和神经网络。⑦ 此外，相比于国内，国外关键词突变术语突变系数较小，突变起止时间较短。这说明国外较有影响力的研究热点迭代较快。

4. 演进趋势分析

时间线图谱可以呈现每个聚类囊括的研究热点的动态发展历程。运用 CiteSpace 软件绘制出了 2000—2020 年间国内外汉字认知加工研究热点话题时间线图谱(见图 8、图 9)。

由图 8、图 9 可得：国内外汉字认知加工研究热点主体呈现出四个突出的动态变化：① 2005 年之前，研究热点都较为集中。其中国内研究热点主要为通过不同的方法(纸笔测试法、反应时记录法)，论证汉语母语者⑧或汉语二语学习者⑨声符或义符对汉字认知加工的影响。而此阶段，国外研究涉及手写汉字识别、汉字识别的神经机制及对汉字识别模型的探讨。② 2005—2010 年之间国内外的研究热点均较为分散，但国内研究热点未能形成核心话题群，而国外研究热点则形成了核心话题群。具体而言，国内研究通过反应时记录法和眼动技术，揭示汉字家族效应对汉字识别的影响以及词汇通达的路径、探讨汉字识别的神经机制等；而国外研究多以阅读障碍儿童为被试，通过 fMRI 技术，揭示其汉

① 王娟、张积家：《义符的类别一致性和家族大小影响形声字的语义加工》，《心理学报》2016 年第 1 期。

② 王娟等：《汉字形声字识别中义符和声符的家族效应》，《心理学报》2019 年第 8 期。

③ 张积家、章玉祉：《义符启动范式下义符的语义和语法激活的时间进程》，《心理学报》2016 年第 9 期。

④ 刘璐等：《义符位置与语义透明度对形声字语义激活的影响》，《心理与行为研究》2021 年第 5 期。

⑤ 章玉祉、张积家：《任务性质、家族大小和词类一致性对义符语法信息激活的影响》，《心理学报》2019 年第 10 期。

⑥ 朱朝霞等：《书写对阅读的影响——来自传统书写与电脑打字的证据》，《心理科学进展》2019 年第 5 期。

⑦ Wu C Y, et al. A Meta-analysis of fMRI studies on Chinese orthographic, phonological, and semantic processing. Neuroscience, 2012(1): 381 - 391; Zhao J, et al. The visual magnocellular-dorsal dysfunction in Chinese children with developmental dyslexia impedes Chinese character recognition. Scientific reports, 2014(1): 1 - 7.

⑧ 张积家、王惠萍：《声旁与整字的音段声调关系对形声字命名的影响》，《心理学报》2001 年第 3 期。

⑨ 冯丽萍、卢华岩、徐彩华：《部件位置信息在留学生汉字加工中的作用》，《语言教学与研究》2005 年第 3 期。

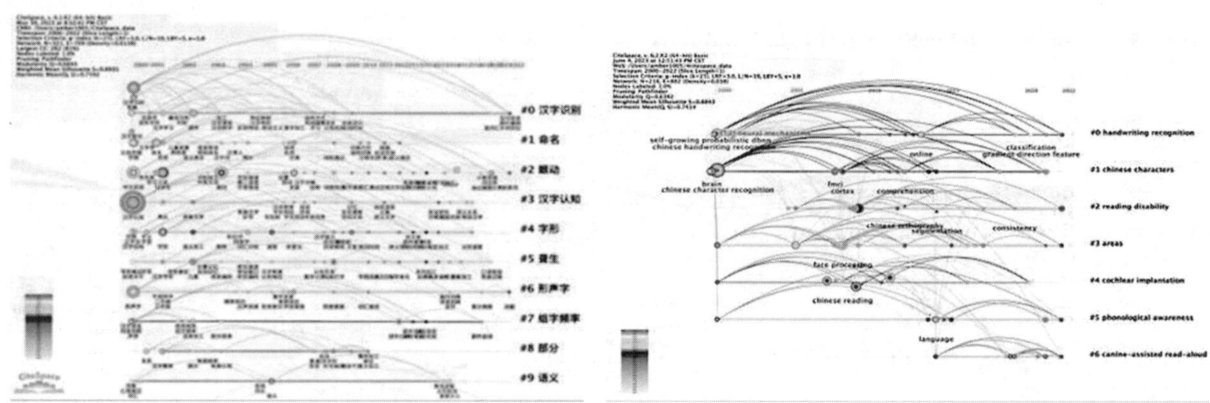

图 8　国内汉字认知加工研究时区图　　　　图 9　国外汉字认知加工研究时区图

字认知加工的神经机制等。③ 2010 年之后，国内汉字认知加工研究消退，而国外研究则出现了 canine assisted read—aloud 这一新兴热点。④ 由结点间的连线可得，国内研究热点形成的聚类偏向于横向联结；而国外研究热点形成的聚类横向、纵向联结皆有。这说明国内各个聚类下所形成的主题仅在聚类内部动态发展；而国外各个聚类则联系紧密，相互印证。

综上所述，国内外汉字认知加工研究关注的热点话题类型多样，其关注点均不拘泥于汉字认知加工本身，而是扩展至揭示背后的神经机制，并探索其应用价值。此外，相比于国内研究，国外汉字认知加工研究热点间的联系更为紧密，且聚类间的联系更为紧密。未来，国内汉字认知加工研究应更新研究方法，如通过生理学方法（眼动技术、脑成像技术等），揭示汉字认知加工的神经机制，并尝试加强研究热点之间的联系，以期发现新的研究问题。

5. 高被引文献分析

高被引文献对某一研究主题具有重要的参考价值，同时也是该领域研究的文献基础。[①] 虽然高被引文献分析可以提供某一研究主题的集体性知识结构，但由于时间跨度之久、分析的论文数量较多，很可能会忽略一些潜在且深刻的主题。[②] 故而，我们统计了国内外 2012—2022 年排名前 10 的高被引文献，并对其研究主题分类合并（见表 2、表 3）。现对其进行简要阐述。

（1）国内汉字认知加工研究高被引文献分析

表 2　2012—2022 年国内汉字认知研究高被引文献（排名前 10）

序号	作者及发表年份	论　文　题　目	引用频率	主题分类
1	张学新等(2012)	顶中区 N200：一个中文视觉词汇识别特有的脑电反应	60	词汇识别
2	张积家等(2014)	声符和义符在形声字语音、语义提取中的作用——来自部件知觉眼动研究的证据	54	声符与义符
3	钱怡等(2013)	汉语学龄前儿童正字法意识的发展	43	正字法意识
4	陈新葵、张积家(2012)	义符熟悉性对低频形声字词汇通达的影响	41	义符

① 邱均平、吕红：《近五年国际图书情报学研究热点、前沿及其知识基础——基于 17 种外文期刊知识图谱的可视化分析》，《图书情报知识》2013 年第 3 期。

② Cheng H, et al. Visualizing analysis of Chinese character processing in the past 40 years (1981 - 2020). Digital Scholarship in the Humanities, 2022(2): 336 - 353.

续　表

序号	作者及发表年份	论　文　题　目	引用频率	主题分类
5	蔡厚德等(2012)	声旁位置对形声字命名规则性效应的影响	40	声符
6	迟慧等(2014)	声旁语音信息对形声字加工的影响——来自眼动研究的证据	39	声符
7	王协顺等(2016)	形旁和声旁在形声字识别中的作用	37	声符与义符
8	苏衡等(2016)	中文阅读预视加工中的词频和预测性效应及其对词切分的启示：基于眼动的证据	34	词汇识别
9	张积家、章玉祉(2016)	义符启动范式下义符的语义和语法激活的时间进程	28	义符
10	王娟、张积家(2016)	义符的类别一致性和家族大小影响形声字的语义加工	24	义符

由表 2 可得，国内 2012—2022 年高被引文献的主题分类较为统一，主要涉及词汇识别、义符及声符。词汇识别即词汇意义的获得过程。[①] 张学新等[②]发现，当双音节汉字呈现约 200ms，诱发了顶中区 N200，该脑电反应是汉字独有的，这意味着相比于拼音文字，汉字是更为彻底的视觉文字。苏衡等[③]的研究表明，汉语母语者词汇的切分倾向于采用自上而下加工形式。

在现代汉语通用 7 000 字中，由声符和义符构成的形声字占比高达 81%。[④] 故而声符和义符对形声字识别的作用及其影响机制备受学界的关注。就声符而言，蔡厚德等[⑤]发现，声符位置影响规则性效应，若声符处于形声字右侧或下侧，则在低频字中易出现规则效应，在高频字中缺乏规则效应；相比于低频上下结构的汉字，低频左右结构汉字声符位置的改变对规则效应的影响较强。迟慧等[⑥]的研究表明，声符语音信息对形声字的加工有影响。

针对义符，陈新葵和张积家[⑦]的研究表明，义符属性(如熟悉程度、与整字的相对频率)影响整字语义的激活速度。王娟和张积家[⑧]发现，当义符与整字的类别一致时，整字易于加工；形声字的语义通达会受到义符家族大小和家族类别一致性的影响。张积家和章玉祉[⑨]发现，在义符启动范式下，义符的语法信息未被激活，但义符语义信息的激活持续存在。

针对声符与义符，张积家等[⑩]发现，无论是在汉字视觉加工中还是在词汇通达中，相比于义符，声符都具有注意优势。王协顺等[⑪]综合行为实验和脑电技术，揭示形声字识别时声符和义符的影响。行为实验发现，声符频率会影响形声字的认知加工，而义符频率则不然。脑电研究发现，高频义符和高

---

① 任桂琴、韩玉昌、刘颖：《句子语境中汉语词汇识别的即时加工过程》，《心理科学进展》2012 年第 4 期。

② 张学新等：《顶中区 N200：一个中文视觉词汇识别特有的脑电反应》，《科学通报》2012 年第 5 期。

③ 苏衡、刘志方、曹立人：《中文阅读预视加工中的词频和预测性效应及其对词切分的启示：基于眼动的证据》，《心理学报》2016 年第 6 期。

④ Li Y, Kang J S. Analysis of phonetics of the ideophonetic characters in modern Chinese. Information Analysis of Usage of Characters in Modern Chinese, 1993: 84 - 98.

⑤ 蔡厚德等：《声旁位置对形声字命名规则性效应的影响》，《心理学报》2012 年第 7 期。

⑥ 迟慧等：《声旁语音信息对形声字加工的影响——来自眼动研究的证据》，《心理学报》2014 年第 9 期。

⑦ 陈新葵、张积家：《义符熟悉性对低频形声字词汇通达的影响》，《心理学报》2012 年第 7 期。

⑧ 王娟、张积家：《义符的类别一致性和家族大小影响形声字的语义加工》，《心理学报》2016 年第 11 期。

⑨ 张积家、章玉祉：《义符启动范式下义符的语义和语法激活的时间进程》，《心理学报》2016 年第 9 期。

⑩ 张积家、王娟、印丛：《声符和义符在形声字语音、语义提取中的作用——来自部件知觉眼动研究的证据》，《心理学报》2014 年第 7 期。

⑪ 王协顺等：《形旁和声旁在形声字识别中的作用》，《心理学报》2016 年第 2 期。

频声符所引发的 N400 有差异,前者引发的 N400 波幅更小,后者引发的 N400 波幅更大。

(2) 国外汉字认知加工研究高被引文献分析

表 3　2012—2022 年国外汉字认知研究高被引文献(排名前 10)

序号	作者及发表年份	论　文　题　目	引用频率	主题分类
1	Li et al.(2012)	Chinese Children's Character Recognition: Visuo—orthographic, Phonological Processing and Morphological Skills	235	元语言意识
2	Liu et al.(2013)	Online and Offline Handwritten Chinese Character Recognition: Benchmarking on New Databases	187	手写汉字识别
3	Zhang et al.(2017)	Online and Offline Handwritten Chinese Character Recognition: A Comprehensive Study and New Benchmark	171	手写汉字识别
4	Wu et al.(2012)	A Meta-analysis of fMRI Studies on Chinese Orthographic, Phonological, and Semantic Processing	157	元语言意识的神经机制
5	Xiao et al.(2017)	Building Fast and Compact Convolutional Neural Networks for Offline Handwritten Chinese Character Recognition	94	手写汉字识别
6	Pan et al.(2016)	On the Relationship Between Phonological Awareness, Morphological Awareness and Chinese Literacy Skills: Evidence From an 8-year Longitudinal Study	84	元语言意识
7	Wang et al.(2014)	Effect of Pattern Complexity on the Visual Span for Chinese and Alphabet Characters	51	汉字视觉识别
8	Zhang et al.(2012)	Association of the DYX1C1 Dyslexia Susceptibility Gene with Orthography in the Chinese Population	50	阅读障碍
9	Tso et al.(2014)	Perceptual Expertise: Can Sensorimotor Experience Change Holistic Processing and Left-Side Bias	34	汉字视觉识别
10	Zhao et al.(2014)	The Visual Magnocellular-dorsal Dysfunction in Chinese Children with Developmental Dyslexia Impedes Chinese Character Recognition	33	阅读障碍

由表 3 可得,国外 2012—2022 年高被引文献的主题包括元语言意识、手写汉字识别、汉字视觉识别及阅读障碍。元语言意识指有意识地察觉和运用语言结构的能力。① 李(Li H)等②通过汉字识别任务,考察了儿童的元语言意识。研究发现,随着年龄的增长,视觉技能和正字法意识会有明显的发展差异;在汉字识别早期,相比于正字法意识,视觉技能发挥了重要作用;语音和词形意识在汉字习得的早期和中期对阅读似乎都有一定的影响。潘(Pan J)等③对 294 名儿童的语音意识、正字法意识及

① Nagy W E, Anderson R C. Metalinguistic awareness and literacy acquisition in different languages. Center for the Study of Reading Technical Report, 1995, 618: 1-7.

② Li H, et al. Chinese children's character recognition: visuo-orthographic, phonological processing and morphological skills. Journal of Research in Reading, 2012(3): 287-307.

③ Pan J, et al. On the relationship between phonological awareness, morphological awareness and Chinese literacy skills: evidence from an 8-year longitudinal study. Developmental Science, 2016(6): 982-991.

识字技能进行了 8 年的追踪调研。结果显示，汉语母语儿童识字前的音节意识对识字后的正字法意识有独特的预测作用。识字前的音节意识直接促进读写技能，而识字后的音位意识仅促进阅读技能。吴（Wu C Y）等①基于元分析总结了前人的研究成果，旨在梳理 fMRI 研究中一致的激活区域。研究发现，在左额中回、左顶上小叶和左梭状回中发现了正字法意识、语音加工和语义加工之间的集中激活。这表明无论任务性质如何，在汉字识别过程中都存在一个共同的子网络；但随着任务需求的增加，左顶下小叶和右颞上回专门进行语音处理，而左颞中回参与语义处理。在左额下回发现了功能分离，背后部用于语音处理，腹前部用于语义处理。

近年来，基于深度学习的手写汉字识别研究取得了重大突破②，但该技术仍然存在一些局限。为破解这些局限，学界对此展开了深入的研究。刘（Liu C L）等③基于中国科学院自动化研究所发布的在线和离线中文手写数据库，评估了自行设计的离线识别和在线识别的归一化和特征提取方法。研究发现，当使用不同的训练分类器时，其离线识别和在线识别的归一化和特征提取的准确率都极高。张（Zhang X Y）等④将传统的归一化协同方向分解特征图与深度卷积神经网络相结合，以求实现在线和离线手写汉字识别的精度。肖（Xiao X）等⑤为解决 CNN（卷积神经网络）在手写汉字识别时面临的高计算成本和存储量大的弊端，提出了 Global Supervised Low-rank Expansion（全局监督低维护扩展）方法和 Adaptive Drop-weight（自适应权重）技术用以改善运行速度并扩充存储容量。

针对汉字视觉识别，研究者发现其在中文阅读时发挥着重要作用。⑥ 王（Wang H）等⑦考察了视觉跨度如何作用于复杂汉字。研究发现，视觉跨度与汉字复杂性成反比，从字母表的 10.5 个字符到最复杂的汉字的 4.5 个字符不等。左（Tso R V Y）等⑧试图论证相比于阅读经验，写作经验可更好地解释汉字整字加工的减少。结果表明，写作经验有限汉语阅读者的整字加工能力增强，而能够流利书写汉字的汉语阅读者整字加工能力减弱。

阅读障碍是成人或儿童在阅读时出现困难的一种疾病⑨，阅读障碍患者无法将表音文字的语音解码为单个音素⑩。值得深思的是，阅读障碍患者面对表意体系的汉字时，会出现何种状况？张（Zhang Y）等⑪对 284 名 5—11 岁的汉语儿童进行了历时追踪，考察 DYX1C1 基因对汉语阅读和正字法意识的影响。研究发现，标记物 rs11629841 与儿童 7—8 岁时的正字法意识有显著关联，单核苷酸多态性

---

① Wu C Y, et al. A Meta-analysis of fMRI studies on Chinese orthographic, phonological, and semantic processing. Neuroscience, 2012(1): 381 - 391.

② Zhang X Y, et al. Online and offline handwritten Chinese character recognition: a comprehensive study and new benchmark. Pattern Recognition, 2017: 348 - 360.

③ Liu C L, et al. Online and offline handwritten Chinese character recognition: benchmarking on new databases. Pattern Recognition, 2013(1): 155 - 162.

④ Zhang X Y, et al. Online and offline handwritten Chinese character recognition: a comprehensive study and new benchmark. Pattern Recognition, 2017: 348 - 360.

⑤ Xiao X, et al. Building fast and compact convolutional neural networks for offline handwritten Chinese character recognition. Pattern Recognition, 2017: 72 - 81.

⑥ McBride-Chang C, et al. Early predictors of dyslexia in Chinese children: familial history of dyslexia, language delay, and cognitive Profiles.Journal of Child Psychology and Psychiatry, 2011(2): 204 - 211.

⑦ Wang H, et al. Effect of pattern complexity on the visual span for Chinese and alphabet characters. Journal of Vision, 2014(8): 6.

⑧ Tso R V Y, et al. Perceptual expertise: can Sensorimotor experience change holistic processing and left-side bias?.Psychological Science, 2014(9): 1757 - 1767.

⑨ Shaywitz S E. Dyslexia. New England Journal of Medicine, 1998(5): 307 - 312.

⑩ Shaywitz S E, et al. Prevalence of reading disability in boys and girls: results of the connecticut longitudinal study. Jama, 1990(8): 998 - 1002.

⑪ Zhang Y, et al. Association of the DYX1C1 dyslexia susceptibility gene with orthography in the Chinese population. Plos One, 2012(9): 1 - 7.

与9—11岁儿童的汉字听写也有显著关联。赵(Zhao J)等①鉴于视觉分析在中文阅读中的重要性,采用全局/局部决策任务,探讨视觉磁小细胞—背侧功能障碍对中国发育性阅读障碍儿童汉字识别能力的影响。结果表明,在视觉磁小细胞—背侧条件下,视觉磁小细胞—背侧正常诵读困难儿童和对照组儿童都表现出明显的全局优势,全局决策比局部决策反应更快,错误率更低。相比之下,视觉磁小细胞—背侧阅读障碍患者则不存在这种全局优势。

综上所述,国内高被引文献侧重于理论探讨,即采用行为技术或眼动技术,以汉语母语者和汉语二语学习者为被试,研究声符或义符对汉字认知加工的影响。国外研究主要涉及理论探讨和应用研究,前者侧重揭示汉语二语学习者的元语言意识对汉字识别的影响和汉语二语学习者及阅读困难症儿童汉字认知加工的神经机制;后者则试图改善汉字识别技术。未来国内汉字认知加工研究要在揭示汉字认知加工神经机制的基础上,将理论研究成果应用于汉语二语教学实践或改善汉字识别技术。

结论

本研究基于CNKI和WOS核心数据库,利用CiteSpace软件,对比分析了2000—2022年间国内外汉字认知加工研究的年发文量趋势、研究热点、研究前沿、演进趋势及高被引文献。研究发现:1. 国内外年发文量均可分为三个时期,国内为快速发展期、平稳过渡期及波动增长期;国外为波动发展期、稳步增长期及快速增长期。2. 国内研究多集中于理论探讨,即采用反应时记录法或眼动技术,以汉语母语者和汉语二语学习者为被试,研究声符或义符对汉字认知加工的影响。国外研究主要涉及理论探讨和应用研究,前者侧重于考察汉语二语学习者的元语言意识对汉字识别的影响,或通过fMRI技术揭示汉语二语学习者及阅读困难症儿童汉字认知加工的神经机制;后者则试图改善汉字识别技术。本文指出,未来国内汉字认知加工研究首先要探究汉字认知加工的神经机制,并结合计算机模拟技术解释汉字认知加工现象,其次要将理论研究成果应用于汉语二语教学实践或改善汉字识别技术。

需要指出的,因研究数据仅源于CNKI和WOS核心数据库,同时又受到研究者主观视角的影响,因此所得结论难免存在疏漏,但至少对国内外汉字认知加工研究的宏观判断仍是可信的,可为今后相关研究提供借鉴与参考。

A Comparative Analysis of Domestic and International Research on Cognitive Processing of Chinese Characters Based on CiteSpace (2000-2022)

Kang Xiaoming　Li Xin　Qi Pengrui

(School of Literature and Journalism, Gansu University of Politial Science and Law, Lanzhou 730070;
Xuanhua No.1 Middle School, Zhang Jiakou 075000; Lanzhou Special Education School, Lanzhou 730070)

Abstract: Using CiteSpace software, we compared and analyzed the research literature on the cognitive processing of Chinese characters published in CNKI and WOS core databases between 2000 and 2022. It was found that: 1. The annual publication volume at home and abroad is divided into three periods, with rapid development, smooth transition, and slow growth at home, and steady development, smooth transition, and fluctuating growth abroad. 2. Domestic studies mostly focus on theoretical

① Zhao J, et al. The visual magnocellular-dorsal dysfunction in Chinese children with developmental dyslexia impedes Chinese character recognition. Scientific reports, 2014(1): 1-7.

explorations, i.e., using the response-time recording method or the eye-movement technique, and taking native Chinese speakers and second-language Chinese learners as the subjects, to study the effects of sound or sense symbols on the cognitive processing of Chinese characters. Overseas studies have mainly involved theoretical and applied research, the former focusing on examining the influence of meta-language awareness on Chinese character recognition in L2 learners or revealing the neural mechanisms of Chinese character cognitive processing in L2 learners and dyslexic children through fMRI; the latter attempting to improve the technology of Chinese character recognition. This paper points out that future research on the cognitive processing of Chinese characters in China should reveal the neural mechanisms of cognitive processing of Chinese characters, and apply the theoretical findings to the practice of teaching Chinese as a second language or to improve the technology of Chinese character recognition.

Key words: CiteSpace; cognitive processing of Chinese characters; domestic and international comparison

继承传统　推陈出新
——评《汉字结构认知大字典》

周雅青　党怀兴

【摘　要】臧克和、刘本才集多年之功编成的《汉字结构认知大字典》，继承了我国辞书编纂的优秀传统，在收字、注音以及异体字标识等方面遵循辞书的规范原则，并在检索功能、内容编排上精心设计，为读者提供便利。该字典推陈出新，在字典编纂方向与编排范式上取得突破，拓宽了辞书编纂的新道路，具有实用、理论、文化等多重价值，为深入推进辞书强国事业做出了新贡献。

【关键词】《汉字结构认知大字典》；辞书；汉字认知；六书

【作者简介】周雅青，女，陕西师范大学文学院博士研究生，研究方向为汉语言文字学；党怀兴，陕西师范大学文学院教授，博士生导师，研究方向为汉语言文字学。（陕西　西安　710019）

改革开放以来，我国辞书编纂事业呈生机蓬勃的发展态势，据袁世旭、刘善涛(2023)统计，共出版汉语语文辞书 6 360 部①，与汉字形体相关的字体书法辞书出版数量激增，而系统描述汉字结构源流尚是辞书编纂的薄弱地带。臧克和、刘本才主编的《汉字结构认知大字典》(以下简称《字典》)正是在汉字认知理论不断发展、汉字研究的广度和深度逐渐提升的学术背景下，应时而生的新型字典。它以解锁汉字形体结构为核心内容，以深化汉字认知为目的，分析结构类型，系统展现汉字形、义、用的源流演变，揭示汉字文化内涵，兼具学术性与实用性，是广大读者深入了解汉字与中华文化的窗口。

一　继承传统

(一) 规范性

辞书的规范性是社会交际正常进行的保障，我国的辞书从产生之初就具有规范性。《字典》在收字、注音、异体字的处理等方面体现着规范性的特点。

第一，规范性体现在收字范围及标准上，字头选取重"实"。《字典》以 2013 年国务院批准发布的《通用规范汉字表》8 105 字为基本范围，并根据字形结构历代使用实际选取字头。时代跨度上至殷商，下至隋唐，长达四千多年的历史，语料来源涵盖出土文献与传世文献，如《说文解字》，如日本东京大学藏本《篆隶万象名义》《玉篇》《钜宋广韵》《集韵》《干禄字书》《五经文字》《新加九经字样》，如日本内阁文库藏楝亭扬州诗局重刊本《类篇》，又如华东师范大学中国文字研究与应用中心研制《出土文字语料库》《传世字书语料库》，还有臧克和主编《汉魏六朝隋唐五代字形表》《秦汉六朝字形谱》等。可以说《字典》是从汉字发展的角度收录规范汉字的集大成字典。

第二，注音合乎规范。《字典》按照《汉语拼音方案》标注现代汉语拼音。对于异读字，参考《普通话异读词审音表》和通用字处理。如"没"字有 méi、mò 两个读音，《字典》标注为："没 méi mò 1－0867"。②

第三，字头单位、繁简字、异体字标识合乎规范。《字典》首列楷体简化字，楷体简化字之后以"()"

① 袁世旭、刘善涛：《我国当代语文辞书事业发展状况》，《辞书研究》2023 年第 2 期。

② 臧克和、刘本才主编：《汉字结构认知大字典》，广东人民出版社，2020 年，第 2344 页。

“[]”分别列关联繁体字与异体字，之后再标识《通用规范汉字表》中的分级和编号。如“资(資)[貲]1－2039”，“資”“貲”分别表示“资”的繁体字与异体字，数字标记代表“资”属于《通用规范汉字表》一级，表中编号2039。

（二）便利性

第一，设部首、拼音、笔画三种检索目录，力求做到为读者群体提供方便。部首目录按部首笔画数目排列，并在每个部首前标数字以示顺序。圆括号内标注原型部首的变异部首，如部首“火”与其变异部首“灬”，《字典》在四画部首目录下按起笔顺序编排，并标明“[95](灬)”，“95”对应原型部首“火”的目录顺序，“(灬)”表示变异部首。简体部首与繁体部首按笔画数目分别归类，如“齊”在十四画下，标为“[141](齊)”，方括号中的数字表示对应的简体部首“齐”字的序号。三种检索互为补充，可以满足不同人群的检索需求，对于汉字学习者也非常友好，极大程度提高检索效率。

第二，外观设计与内容编排兼顾美观性与实用性，为用户提供良好的阅读体验。《字典》约560万字，采用16开本，共分为4册，每册书脊上标明册数、部首及部首次序，方便查阅。字号与行距适中，可观与实用相结合。《字典》以汉字形体为本位，阐释、分析结构是第一要务，在每个字头下设“结构源流”“结构分析”“结构使用”三部分，“结构源流”下按历史演变顺序排比字形结构。“结构分析”利用“六书”中的前四书分析汉字结构类型。“结构使用”下，排比《说文解字》《玉篇》《广韵》《集韵》《类篇》等字书中的阐释，最后从字的本义出发，结合例证，链接所有义项。这三部分内容依次排列，每个板块内容前都有标题，排版美观，给阅读者舒适的阅读感受，方便读者查阅和定位信息。

《字典》的编纂满足了读者查检的需求，在继承传统的基础上根据自身字典的内容特点进行了优化，提升了编排的效用水平。

二　推陈出新

“任何一部有创新精神的字典都是既有继承又有发展，都要与时俱进。”①《字典》充分利用历代字形数据库，全面展现字形源流演化，利用六书理论深入分析汉字的结构类型，串联汉字结构使用系统，是贮藏汉字形体与使用的宝库，这是与一般汉语字典最大的不同。

（一）编纂方向的创新

《字典》以形体为本位，利用汉字表意性质达到深化认知的目的。

第一，全景式展现汉字形体演化。排比各个时期字形结构，观察描写各个阶段的汉字结构流变，将静态的汉字结构置于动态的历史考察，清理汉字的源流，完善中断的形体信息，为深化汉字认知提供最大的可能。

相对于《中华大字典》《汉语大字典》的字形信息量，《字典》包括甲骨文、金文、战国简帛、古陶文、诅楚文、汉印、石刻、《说文》、秦简、汉代简帛、汉魏两晋南北朝隋唐碑刻等材料，可谓搜罗宏富。以“同”为例，列甲骨文、金文至唐朝墓志共71个字形，完整地展现了“同”字从甲骨文至楷书的源流变化，并且提供了一些异体字形，如唐赵庄墓志。再如“昊”，最早的形体金文作“”，之后从北魏到唐朝经历了的演变过程，其中变异形体皆是对小篆“”的楷化，正字“昊”则是金文、古玺文的楷化。梳理结构源流的同时，帮助读者建立变异结构的源流发展路径。

排比汉字形体的另一个意义就是重建失落的形义联系线索。有些汉字的变异形体被固定为另外的字形，由此这个汉字形体发展的链条不再完整，这其中的变异形体就是“过渡形体”，它们“对于保存

① 苏培成：《规范型汉字字典的编写要与时编进》，《中国辞书论集2001》，陕西人民出版社，2002年，第164页。

人类书写记忆往往具有无法替代的‘中介’意义”。[①] 如“责”，西汉张简作責，魏晋楼兰纸文书作责，“貝”因书写简化为“贝”，唐宋草书以及今天的简化字“责”的源头可以溯源至魏晋时期。因此，过渡形体对于复原当时社会用字环境、重建失落的形义环节以及丰富的认知线索具有重要意义。

第二，利用六书中的前四书分析字形，注重阐释汉字结构类型与意义之间的关系，兼顾结构的历时演变与共时描写，强化汉字结构中的意义信息，实现汉字认知价值转化。另外，分析结构的同时涉及简化字来源、字际关系的辨析，汉字使用信息也尽在掌握。如“执”：

> 会意字。甲骨文象人两手被铐住之形，会被捕之意。金文人手与手铐断开。《说文》分析小篆为会意兼形声字。从丮(jǐ)从幸(niè)，幸兼表音。“丮”由人形讹变而来，“幸”即古代的手铐。隶变楷化作“執”。简体“执”是由繁体“執”的草书演变而来。[②]

“执”的甲骨文、金文为会意字，而《说文》小篆字形发生了理据重构，从会意字转化为会意兼形声字，汉字符号特征逐渐加强。将其小篆字形界定为会意兼形声，是因“丮”“幸”两个字形结构合体会意，“幸”表音但并非主要功能，因此分析为会意兼形声是合理的。汉字结构具有复杂性，会意或形声无法涵盖全部“声＋义”结构，两者往往交叉重合，《字典》中亦有认定为形声兼会意的字，《字典》如何区别两者值得进一步思考。

形声兼会意与会意兼形声问题，其来源可追溯至许慎《说文解字》的亦声。许慎对于亦声现象并未进一步阐释。之后宋王圣美提出“右文说”，宋王观国在此基础上发展成“字母说”，提出了初文与孳乳字的观念，戴侗《六书故》提出“六书推类说”，有意探求声符字与由其得声的形声字之间的孳乳关系，戴震受“右文说”启发提出“因声求义”，段玉裁直言“凡言亦声者，会意兼形声也”[③]；“凡形声多兼会意”[④]；“夫形声之字多含会意”[⑤]。段玉裁将亦声字分为会意为主、形声为次类，如会意包形声、会意兼形声，以形声为主、会意为次的形声兼会意、形声包会意、形声中有会意、形声见会意、形声关会意。“兼”“关”侧重表示一个字兼有两种构形方式，“包”“有”“见”则强调某种构形方式更占上风。段玉裁提出“会意兼形声”“形声兼会意”，是对“六书”的有力补充。王筠在段玉裁的基础上将亦声分为三种：会意而兼声、形声而兼意、分别文。前两类与段玉裁的分类基本一致。“字有不须偏旁而义已足者，则其偏旁为后人递加也，其加偏旁而义遂异者，是为分别文，其加偏旁而义仍不异者，是为累增字。”[⑥]以“酒”字为例，“从水从酉，酉兼表音。‘酉’为象形字，象酒樽之形，当是‘酒’字初文。金文以‘酉’为酒”。[⑦]“酉”最初表示酒，之后“酉”被借去表示天干地支，之后增加意符“氵”表示本义，“酒”是“酉”的分别文。实际上《字典》所列甲骨文的“酒”已是“氵”＋“酉”结构了，并非是金文之后才加“氵”。“派”从水𠂢声，“𠂢”的本义是分支的水流，之后增加意符“氵”强化本义，其意义前后并没有什么变化，“派”是“𠂢”的累增字。王筠的分类注意到了汉字孳乳规律。王力认为“‘亦声’都是同源字”[⑧]，声符具有示源功能。

《字典》对于会意兼形声与形声兼会意字的分类，是否应平等看待声符与意符的地位，这一问题值得讨论。通过将《字典》中的相关例字与《说文解字》进行比较，可以观察到，《字典》中大多数会意兼形声字在《说文》中被视为亦声字，而少数则对应会意字，这表明会意兼形声字的判定倾向于以会意为主。值得注意的是，会意字的构成通常被视为共时性的组合，而会意兼形声字中的一部分则是通过文

---

① 柴如瑾：《建立保存人类书写记忆的文本库——访华东师范大学中国文字研究与应用中心教授臧克和》，《光明日报》2023年2月12日，第5版。

② 臧克和、刘本才主编：《汉字结构认知大字典》，第2594页。

③ 段玉裁：《说文解字注》，上海古籍出版社，1988年，第1页。

④ 段玉裁：《说文解字注》，第51页。

⑤ 段玉裁：《说文解字注》，第554页。

⑥ 王筠：《说文释例》，中华书局，1998年，第173页。

⑦ 臧克和、刘本才主编：《汉字结构认知大字典》，第2418页。

⑧ 王力：《王力论学新著》，广西人民出版社，1983年，第127页。

字的分化和衍生形成的。《字典》对于形声兼会意字，情况则相反，其中少数对应《说文》中的亦声字，而大多数则为形声字，其判定更多地依据形声原则。

以“派”字为例，它由“𠂢”分化而来，理应归为会意兼形声字，但《字典》却将其归类为形声兼会意字，这反映出在声符与意符的主导地位判定上存在一定的复杂性。此外，形声兼会意字中的声符示源在某些情况下是显而易见的，但在其他情况下，如“浓”“醲”中“农”字的深层示源，则不那么明显，其本义与字义之间的联系极为隐蔽，《字典》将其归入形声字是恰当的。

《字典》在尝试分析汉字时，考虑了结构层次和源流变化，但仍然面临着将某些字准确分类的挑战。例如，“泮”字中的“半”和“港”字中的“巷”都与字义有显性关联，前者被划分为会意兼形声，而后者为形声兼会意，但实际上，两者都可以根据其结构和功能进行不同的分类，这表明在声符和意符的双重功能下，分类并非总是直截了当。

从文字学理论角度来看，会意兼形声与形声兼会意的分类可能需要重新审视，并且应从学术史的角度进行更深入的研究。尽管存在分类上的挑战，但这种分类在教学上具有实用性，能够帮助学习者快速理解汉字结构。在深入理解了这些字的特点之后，我们可以超越单纯的归类，转而侧重于分析汉字结构及其演变，以更清晰、精确地把握其形义关系。《字典》单独标识会意兼形声或形声兼会意字，这一创新之举对于认识汉字的结构具有重要意义，值得充分认可。

表1

例字	《汉字结构认知大字典》	《说文解字》
泮	会意兼形声字。从水从半，半兼表义。古代的学宫一半有水一半无水，故从水从半会意。①	诸侯乡射之宫，西南为水，东北为墙。从水从半，半亦声。②
酒	会意兼形声字。从水从酉，酉兼表音。“酉”为象形字，象酒樽之形，当是“酒”字初文。金文以“酉”为酒。③	就也，所以就人性之善恶。从水从酉，酉亦声。④
涯	会意兼形声字。从水从厓，厓兼表音。“厓”义为山边。⑤	水边也。从水从厓，厓亦声。⑥
洄	会意兼形声字。从水从回，回兼表音，“回”为象形字，甲骨文、金文象回旋的水流之形。⑦	溯洄也。从水从回。⑧
派	形声兼会意字。从水𠂢声，𠂢兼表义。“𠂢”金文为象形字，象水流分支众多之形，当是“派”字初文。⑨	别水也。从水从𠂢，𠂢亦声。⑩
深	形声兼会意字。从水罙声。⑪	水。出桂阳南平，西入营道。从水罙声。⑫

① 臧克和、刘本才主编：《汉字结构认知大字典》，第2372页。
② 许慎撰，徐铉校定：《说文解字》，中华书局，2013年，第237页。
③ 臧克和、刘本才主编：《汉字结构认知大字典》，第2418页。
④ 许慎撰，徐铉校定：《说文解字》，第313页。
⑤ 臧克和、刘本才主编：《汉字结构认知大字典》，第2450页。
⑥ 许慎撰，徐铉校定：《说文解字》，第238页。
⑦ 臧克和、刘本才主编：《汉字结构认知大字典》，第2396页。
⑧ 许慎撰，徐铉校定：《说文解字》，第232页。
⑨ 臧克和、刘本才主编：《汉字结构认知大字典》，第2400页。
⑩ 许慎撰，徐铉校定：《说文解字》，第231页。
⑪ 臧克和、刘本才主编：《汉字结构认知大字典》，第2469页。
⑫ 许慎撰，徐铉校定：《说文解字》，第226页。

续 表

例字	《汉字结构认知大字典》	《说文解字》
港	形声兼会意字。从水巷声,巷兼表义。"巷"义为里中道。①	水派也。从水巷声。②
溢	形声兼会意字。从水益声,益兼表义。③	器满也。从水益声。④

从上表可以看出,一些《说文》中的会意字或形声字,《字典》分析为会意兼形声或形声兼会意字,这种细致的分类对于提升汉字认知有积极作用。

第三,阐释汉字使用融入文化阐释。以"朱"为例,《字典》指出本义为一种赤心树木,引申指大红色,五行观念中朱色属南方,故又可指南方,五行观念又以朱色配夏季。⑤ 在分析引申义时,引入传统文化中的五行观念,链接起大红色、南方、立夏等义,帮助读者建立引申义发展的认知线索。

第四,"结构使用"将本义、引申义、假借义按照历史发展逻辑组织成一个相对严密的词义发展系统。以"於"为例,本义为乌鸦,《字典》指出其假借作叹词、介词、连词、语助词等用法,并标明对应意义的读音。⑥ 列举字符的假借义,是将六书中的假借归入汉字的使用而非汉字的结构类型,明确了假借字用的功能,是值得肯定的。

《字典》通过"结构源流""结构分析""结构阐释"三部分,重建汉字发展的历史记忆,为读者提供了认知汉字形、义、用的完整视角,既突出汉字的一脉相承,强调汉字本身携带的中华民族的文化基因,又呈现了字际关系及不同语境下的使用等信息,为之后的字典编纂提供新范本。

(二)编排范式的创新

第一,部首选取的创新。编者用调查分析的方法,从最早的出土文字资料开始,考察了包括《说文解字》《玉篇》《篆隶万象名义》《广韵》《集韵》《类篇》等多部重要字书和韵书。聚合并分析汉字的分类和贮存形态,字量分布上,编者根据历代字汇部首的分合统计结果,按照 201 个部首进行分类排列,反映了汉字结构的系统性和规律性,精简部首的同时保证统字的科学性、准确性。

第二,科学处理简化字一形对多字的情况。如"系"是"系""係""繫"的简化字,三字的本义、结构完全不同。目录中以简化字"系"为字头,用汉语拼音检索到对应的页面,在该页面下依次分别排列三个字的结构源流、结构分析、结构阐释。《字典》尊重汉字发展事实,帮助读者深入理解简化字与繁体字的关系。

第三,注重异体字的标识与阐释相统一。用方形括号标识异体字,在"结构源流"中体现异体字形,在"结构分析"中阐释异体字形。以"拓"为例,《字典》标注为"拓[搨]tà tuò",并指出,"拓"本义为拾取,读 zhí,本义罕用,"搨"本义为摹拓,读 tà,两者是完全不同的字,因典籍常用"拓"表示摹拓、开拓义,今以"拓"为规范字,"搨"为异体字。⑦ 音义完全相同,只有形体不同的字为狭义的异体字,只有部分用法相同的为广义的异体字。显然"拓"与"搨"在表摹拓意义时构成广义的异体字关系。标明异体字是字典应有的功能,但很多字典并不做详细的阐释,这就容易让读者惑于异体字关系的界限为何,《字典》为异体字标识与阐释工作做了很好的示范。

① 臧克和、刘本才主编:《汉字结构认知大字典》,第 2475 页。
② 许慎撰,徐铉校定:《说文解字》,第 237 页。
③ 臧克和、刘本才主编:《汉字结构认知大字典》,第 2516 页。
④ 许慎撰,徐铉校定:《说文解字》,第 236 页。
⑤ 臧克和、刘本才主编:《汉字结构认知大字典》,第 128 页。
⑥ 臧克和、刘本才主编:《汉字结构认知大字典》,第 2884 页。
⑦ 臧克和、刘本才主编:《汉字结构认知大字典》,第 2620 页。

三　价值

《字典》的编纂是汉字学领域的重要成果，它在实用性、理论性与文化性方面展现了积极价值，为汉字的认知、研究和文化传承提供了宝贵的资源。

第一，实用价值，主要是"从形体视觉、语用功能和文化关联等多个层面为学习者提供认知参考"。[①] 通过排比汉字形体，为读者展示完整的形意表达线索。提供本义、引申义、假借义等详细释义，帮助读者理解字义的发展脉络。探讨汉字蕴含的文化意义，增进读者对汉字文化的深度认识。它可满足汉字研究与教学、辞典使用等多重需求，对于拓宽字典发展道路具有启示意义。

第二，理论立典，增强汉字认知、汉字史理论建构力。由于汉字独一无二的结构特性，"汉字结构分析特别是内部结构分析是汉字认知的重要途径"[②]，已成为学界的共识。然而，逐字分析汉字结构的精细化工作尚未展开，汉字认知理论研究如无水之源。《字典》颠覆了以字义为核心的编纂方式，聚焦形体结构演变，利用六书理论精细化分析每一个汉字结构，遥接《说文》。《字典》为汉字形体史研究提供了丰富的字形资料，为理论建设不完备的汉字认知研究提供源头活水。

第三，保存人类书写记忆。汉字不仅是中华民族重要的文化遗产，也是中华文化持续发展的保障。汉字极为丰富的字形资源散落在类别丰富的文献资料中，编纂者利用现代数字化信息技术，汇集了丰富的汉字字形资源，尤其是将失落的中介字形纳入汉字发展体系，完整呈现汉字字形演变的历史秩序以及深层的民族意识。汉字作为中国文化的独特载体，与世界其他民族文化共同编织人类文明丰富多彩的文化记忆。因此《字典》不仅精心保存了中华民族的书写记忆，也促进了全球文化的多样性维护。

《字典》的优点非常明显，金无足赤，仍有个别需要商榷的地方。个别多音字的读音标注不够全面或准确，如"乐"除了 lè、yuè，还有 yào、lào 两个读音。再如"朱"下提到古地名"朱提"，《字典》注为"shū tí"，《汉书・食货志》颜师古注："朱提，县名，属犍为，出善银。朱音殊。提音上之反。"[③]故古地名"朱提"当读"shū shí"。《字典》运用六书分析汉字结构，尽管对会意兼形声与形声兼会意字的分类存在争议，但这种尝试有助于深化汉字认知。相关问题则需要从学术史的角度深入探讨，以期促进汉字理论、字典编纂与汉字教学的进一步发展。

瑕不掩瑜，《字典》继承了我国字典编纂的优良传统，务实而求新，利用前所未有的文献资源以及汉字研究新理论，推陈出新，开创了数字化时代下汉字字典以字形结构为核心的新模式，为更好地推进辞书强国事业提出了新思路、做出了新贡献。

Inheriting Tradition and Innovating
— On the *Chinese Character Structure Cognition Dictionary*

Zhou Yaqing　Dang Huaixing

(School of Chinese Language and Literature, Shaanxi Normal University, Xi'an 710019)

Abstract: Zang Kehe and Liu Bencai have dedicated many years of effort to compile the *Chinese Character Structure Cognitive Dictionary*. This dictionary inherits the excellent tradition of Chinese

① 臧克和、刘本才主编：《汉字结构认知大字典・凡例》。

② 李大遂：《汉字的系统性与汉字认知》，《暨南大学华文学院学报》2006 年第 1 期。

③ 班固撰，颜师古注：《汉书》，中华书局，1962 年，第 1178 页。

dictionary compilation, adheres to the norms of dictionaries in selecting Chinese characters radials, phonetic annotations, and marking of variant forms, and is meticulously designed in terms of retrieval function and content arrangement, providing convenient access to information for readers. Moreover, this dictionary also introduces innovations and achieves breakthroughs in the direction and paradigm of dictionary compilation, paving new path for future dictionary compilations, possessing practical, theoretical, and cultural value. It makes significant contributions towards advancing China's goal as a powerhouse in lexicography.

Key words: *Chinese Character Structure Cognition Dictionary*; dictionary; Chinese character cognition; the six categories of Chinese characters

[少数民族文字研究]

东巴文契约中的“手模”画押研究*

杨林军

【摘　要】东巴文契约是指历史时期纳西族地区所使用的东巴文书写的契约文书，与汉文契约相比，在文字、书写材料、格式以及签押等方面具有显著特征。签押是契约必备条件，所发现的两件“手模”画押的东巴文契约，既与汉唐时期契约有相通之处，又与贵州发现的“手模”画押不同，是在契约中间勾画手型轮廓，并在轮廓内书写契约内容。东巴文契约的“手模”画押体现了“男左女右”的民间习惯，体现了画押的真实性、可靠性，反映了东巴文契约的时代特征。

【关键词】东巴文契约；“手模”画押；特点；研究

【作者简介】杨林军，丽江师范学院马克思主义学院教授，硕士生导师，历史地理学博士，研究方向为西南史地。（云南　丽江　674199）

一　民族文字契约及东巴契约概述

契约作为社会发展的产物，早在商周时期就应用于邦国和民间。汉唐时期不断丰富发展，宋元时期得到改进和完善，至明清出现成熟的契约文书，种类繁多，内容丰富，形式多样。少数民族地区因政治制度、社会经济发展和文化传播等方面局限，契约发展具有滞后性。张传玺在《契约史买地券研究》中提及“宋元以来少数民族契约”时说，在今新疆、甘肃、宁夏一带的回鹘人、吐蕃人、西夏人留下了一些契约原件，或是汉文书写，或是民族文字书写，其纪年或用王朝的纪年，或用民族政权年号，或用干支纪年。新中国成立前夕云南尚处于土司制度下的大小凉山、怒江、版纳等地，因封建领主制受到破坏，出现土地佃租和买卖，保留了一定量的契约文书。乜小红在《中国古代契约发展简史》专章论述“各民族文字契约”中认为：“中国自古以来就是一个以汉族为主体的多民族组合而成的国家，在长期相互依存的发展中，各个少数民族也吸收了汉族的契约文化，用本民族的语言文字来规范本民族的经济生活和人际交往关系。”①她在书中介绍了丝绸之路上出土汉晋时期的佉卢文契，唐代的吐蕃文契，唐至元代的回鹘文契，西夏至元的西夏文契，明清时期的察合台文契。她进一步提出：“一部中国契约发展史，如果缺少了对少数民族契约的研究，是不完整的，至多也只是汉文契约发展史。”可见，民族文字契约是中华民族文明史的重要文献资料，是中华契约学的重要组成部分，反映出中华民族多元一体化发展历史进程，还是铸牢中华民族共同体意识的重要表征。

民族文字契约具有契约学的共性特征，即用于公平交易，确认交易的真实性和可靠性。但也有其特殊性，正如乜小红说的一样：“在与汉文契约的比较中，既揭示出各民族契约表现出的个性特点，又从形式到内容方面考察了各民族契约与汉文契约之间的共通性，这种共通性是在先进的汉契约文化影响下，各民族对汉式契约文化仰慕、学习、引进的结果。”②民族文字契约具有两方面的特点：一是较长时期以来，由于不断受到汉文化的影响，接受汉地契约格式和精神，借用了较为成熟的汉文契约的模板；二是又结合本民族的社会制度和风俗习惯，形成一些适合本民族习惯行文的契约模式，与汉文

* 基金项目：本文为国家社科一般项目“清至民国时期滇川藏边区土地契约文书整理与研究”（编号20BZS017）阶段性成果。

① 乜小红：《中国古代契约发展简史》，中华书局，2017年，第9页。

② 乜小红：《中国古代契约发展简史》，第9页。

契约强调的要素不同。从数量上看，汉文契约多达上千万份，数量惊人；民族文字契约数量则极为有限，九牛一毛。但这些数量不多的契约，恰恰是研究民族地区社会发展的一把钥匙，揭开微观民族社会发展的客观性和真实性；也是弥补民族社会文史资料严重之不足，更能真实还原社会发展不一致性和多样性。

东巴文契约，顾名思义，就是指历史时期用东巴文书写的契约文书。东巴文，又称纳西象形文字，是纳西族先民在历史时期创造并不断借鉴吸收其他民族文明而形成的象形文字，是一套兼具图画和符号的较成熟的文字系统。其产生年代有多种写法，从殷商到唐宋等①，目前学界还在争论。由于其产生的社会背景和地理环境等多重因素共同作用下，时至今日仍然在民间广泛使用传承，被誉为"活着的象形文字"。东巴文与其他少数民族文字不同，既应用于民族宗教信仰的经文中，也应用于民间日常记事。由于掌握使用这种象形文字多为东巴，故称之为东巴文；又因图画表达文义，又称纳西象形文字。从现存东巴文契约来看，最早当属于乾隆年间的两件契约，现存清代东巴文契约不足 50 份，而更多的契约集中于民国时期。从契约内容看，多数为土地类契约，也有涉及分单、义送以及借纹银等，与同时期丽江府汉文契约相比较，局限于一地一村间的买卖和赠与。由于东巴文契约数量有限，研究东巴文契约的成果不是很充分。喻遂生认为："对东巴文地契的研究，严格地讲还没有正式展开。其原因一是材料刊布太少，二是尚未引起学术界的重视。"②通过文献梳理发现，东巴文契约鲜有进入中国古代契约研究的范畴，一方面是东巴文契约本身数量不多，不足千份；另一方面是研究团队和成果不显著③，没有引起更多学人关注。就其价值和意义而言，东巴文契约具有以下几方面突出的特色：一是东巴文契约用东巴字书写，个别出现汉字与东巴字、东巴字与藏文合璧的契约，体现出中华民族共同体意识成长的历程。二是东巴文契约与汉文契约的书写格式不同。三是东巴文契约书写材料以东巴纸为主。四是东巴文契约采用的纪年法呈现出多样性。五是东巴文契约重视担保人、见证人、书写人的报酬，多写于契约中。六是东巴文契约签字画押具有鲜明的个性特征。

本文就东巴文契约中的"手模"画押展开研究，以丰富中国古代契约文化内涵，抛砖引玉，激发更多学人对民族契约的研究兴趣。

二　两份东巴文"手模"画押契约的发现

目前所能见到的东巴文契约不多，但每一份各具特点。在梳理东巴文契约过程中，笔者发现了两份极具特色的东巴文契约，即"手模"画押契约，具体如下。

（一）道光五年八月克密得热塔卖土地文约④

此文约现藏于丽江市玉龙纳西族自治县宝山乡黄土坡村和继泉家中，书写时间为道光五年(1825)，东巴纸书写，长 55 厘米，宽 25.5 厘米，竖行，从左向右换行，单面。为节省空间，平时折叠存放。文约中间有一手印，为纳西族传统画押的一种方式，手印内书写画押者姓名和获得的报酬，如图所示。

---

① 方国瑜在《纳西象形文字谱》中提出"1054 年"一说；董作宾在《从么些文看甲骨文》提出"铁器时代晚期"；李霖灿在《么些研究论文集》中提出东巴创制"在无量河附近"；徐中舒在《论巴蜀文化》中提出东巴文与汉字有渊源关系，"它们的分支，应当远在殷商以前"。

② 喻遂生：《纳西东巴文地契研究述要》，《纳西东巴文研究丛稿(第二辑)》，巴蜀书社，2008 年，第 148 页。

③ 关于东巴文契约研究成果，主要集中在喻遂生《纳西东巴文研究丛稿(第二辑)》中《纳西东巴文地契研究述要》《丽江东巴文残砖契重考》等四篇；和继全《东巴文考论稿》(民族出版社，2017 年)中载有《契约分合标记"半字"漫说》《香格里拉波湾村现存清末、民国时期东巴文地契述要》两篇。此外，李锡《丽江宝山纳西象形文字砖初考》(2000)、和丽峰《宝山吾木村乾隆五十九年东巴文土地契约译释》(2012)两篇文章以及其他学者论著中提及东巴文契约等内容。

④ 赵丽明等：《宝山纳西东巴文应用文献调查、整理与研究》上册，广西师范大学出版社，2019 年，第 263—277 页。

据当地东巴和茂春、和学耀等意译成汉语为：

道光皇帝五年属鸡，八月二十日属狗这一天。知识伟（地名）的克密卢尤塔（家族名＋人名）将谷伽里（地名）的一块田卖给了央遮古的然究（家族名＋人名）。已经给过了田款银子三两，随田税银一钱六分已给了。介绍人达蒲（地名）的古塔嘉德诃（家族名＋人名），白银一钱已给了。（该田四至：）东到水沟为止，南到格暮诃（人名）的水沟为止，西到格暮诃（人名）、伊皂（人名）的土地为止，（北到）究诃（地名）、戈夸（地名）的哈巴伽（人名）的田地为止。见证人为央蔡（人名），代字人道塔究（人名），笔墨费给了一件麻布。

【手印内东巴字汉意】卢尤塔（人名）、坞督（人名）都给了一件麻布。

手模内有10个东巴字，具体如下：

lv^{33}石头，借音，人名；iə^{21}烟叶，借音，人名；ta^{55}塔，借音，人名。三字连读借音作人名为卢尤塔。

uə^{33}，坞，村寨之意，借音，人名；dʑy^{21}，督，山之意，借音作人名。二字连读借音作人名为坞督。

la^{33}，手之意思；me^{33}，雌性，借音，画模之痕迹。

da^{55}，砍之意思，借意为费用；dɯ^{21}一，数量词；lv^{33}石，借音作件。三字连起来意为报酬为一件（麻布）。

对此文涉及的内容作个必要的说明：“道光皇帝五年属鸡，八月二十日属狗这一天。”这是一种比较特殊的纪年方法。历史时期西南各少数民族在民间多采用干支来纪年，因“天高皇帝远”而很少采用帝王纪年。文中使用“道光皇帝五年”，说明丽江自雍正元年改土归流后已有102年，帝王纪年方法逐渐深入到边地宝山乡镇。此种纪年方法为“帝王＋生肖”纪年法。当然采用何种纪年法与否跟代字人的文化水平有关系。契约更多的是要强调属鸡这一年和属狗的这一天。

契约没有说明这次交易的缘由，直接记述了交易双方、交易对象以及交易价格。东巴文契约中常出现“家族名＋人名”连用情况，如“克密卢尤塔”，“克密”是家族名，“卢尤塔”是人名；“古塔嘉德诃”，“古塔”是家族名，“嘉德诃”是人名。为什么在契约中出现“家族名＋人名”连用情况？这是基于边地纳西族村民取名用字重复率高，以所见动物、植物或含有强大、强健之意的单字或词来取名，这样就会出现重名的情况。为避免群体活动时呼喊名字的不对应，便在名字前加上家族称呼。同样，在契约中也采用这一办法来避免人名的混乱。这在东巴文契约中普遍存在，在纳西族聚集地仍比较普遍使用“家族名＋人名”的叫法。

东巴文契约重视介绍人、见证人和代字人，一般在名字后面带上所支付的酬金或者实物。“介绍人达蒲（地名）的古塔嘉德诃（家族名＋人名），白银一钱已给了。”介绍人即中间人，对于本次顺利交易起到非常重要的作用，所以支付的酬劳是白银一钱。田价是三两白银，介绍人的报酬相当于是田价的三十分之一。这是比较合理的报酬，而比之见证人和代笔人的报酬，则比较丰厚。“见证人央蔡、代字人道塔究”则各给了一件麻布作为报酬。

文本中间的“手模”是本契约最大的特点，为左手“手模”轮廓，内有十个东巴字，含义为：“卢尤塔、坞督都给了一件(麻布)。”这是谁的手模？因为这个契约最终要交给买方“央遮古的然究”，买方是不用画押的，画押方在卖方。无外乎是卢尤塔的“手模”。依据传统“男左女右”的习俗，初步断定为卢尤塔的“手模”。这里要特别说明的是，卖方“卢尤塔”和手模内的“卢尤塔”不是一个人，正如前面所说的，名字重复的问题。“卢尤塔、坞督都给了一件(麻布)”，给见证人各一件麻布。

(二) 猴年二月岩柯久色出卖土地文约

此契约藏于丽江市东巴文化研究院。根据东巴文行文习惯和契约形制，为玉龙纳西族自治县宝山乡黄土坡村的东巴文契约。签约时间为猴年二月，很难断定具体年份。此文约长56.5厘米，宽19.5厘米，自左至右，竖排，正文12列。右侧插入一只左手形，大小与正常人手一致，记载了见证人及报酬等信息。此种花押不多见。

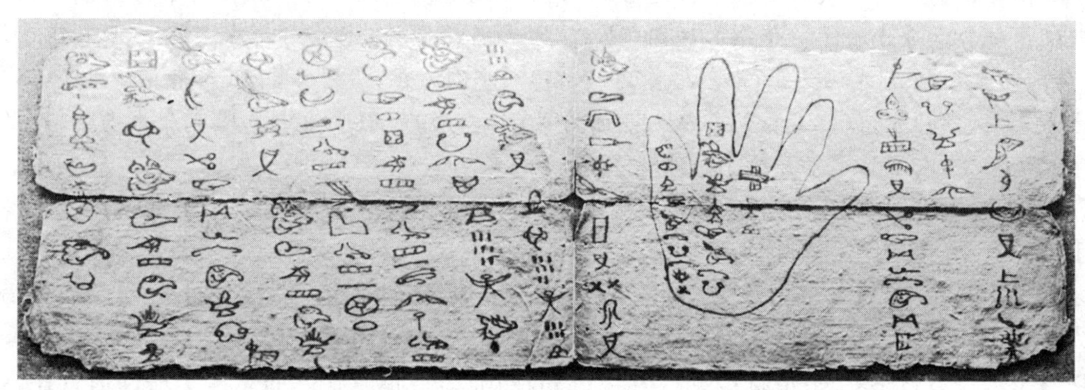

据和力民翻译，文约主要内容如下：

> 猴年二月十三日，岩柯(地名)久色把剌恨理的地卖给季时坞(地名)的纳姆章。纳姆章又把地卖给哈巴嘎。剌恨理的地(四至是)：东至渠止，南至补那坡头止，西至岩柯剌吐久田止，北至卖家宅止。剌恨理的地价为纯银八两、黑猪(油/肉)六(块)，一共是八两六块了。剌恨理上段规整地也值二十块啊。【手印内文字】更吐涛画手模费给了大麦十(升)，久色浩涛画手模费给了一件衣服。代字人是季时坞的乌桓，给了一个碗。以后不能再争论，不再提起。

手模内有21个东巴字，具体如下：

gɯ^{33}，嚼之意；thv^{55}，奶渣之意，这里作借音；ta^{55}，塔。三字连读借音作人名为更吐涛。

la^{33}，手；hua^{33}，白鹇鸟，作汉语借词画之意。两字连读作画手之意。mɯ^{33}，天，借音，作汉语借词墨，常见。phv^{33}，雄性，借音作价钱。四字连读作画手的笔墨钱。

mɯ^{33}，天；dze^{33}，麦子。两字连读作大麦。tshe^{21}，十，以下缺计量单位“升”字。连起来作大麦十(升)。

dʑy^{21}，秤锤；se^{21}，岩羊；ha^{33}，饭；ta^{55}，塔。四字连读借音作人名久色哈塔。

la^{33}，手；hua^{33}，白鹇鸟；mɯ^{33}，天；phv^{33}，雄性，同上，意为画手的笔墨钱。

dʑi^{33}，衣服，这种写法不多见；du^{21}，大，借音作一。lv^{33}，石头，借音作件。意为给了一件衣服。

“手模”内的东巴字译文是：更吐涛画手模费给了大麦十(升)。久色浩涛画手模费给了一件衣服。

此契约与上文无论从发现地、格式到行文内容，都有相同之处。现作个补充说明：契约采用干支纪年“猴年二月十三日”，“猴年”是地支属相纪年，而“二月十三日”则是阴历纪法。仅凭这个猴年就无法准确认定具体年份。文约所涉及的地名、人名以及家族名是均为玉龙县宝山乡黄土坡村内，难以断定具体年份，待考。

这次交易的对象是一个叫剌恨理的田地，经过了两次交易，先是岩柯久色卖给季时坞的纳姆章，纳姆章又把地卖给哈巴嘎。这属于活卖。从卖价八两纯银和六块猪油来看，面积不会很小。“剌恨理上段规整地也值二十块”，这里没有说明剌恨理上方这块规整土地是否参与交易，只是提了一下。文约没有提及介绍人，更吐涛、久色浩涛为见证人，乌桓为代字人。代字人不承担什么后果，所获得的润笔费远小于见证人。

此文约所画的“手模”清晰可辨，为一只左手“手模”，内有21个东巴字，记录了见证人的人名，以及所给的报酬。岩柯久色作为卖方，需要签字画押，笔者以为这个手模便是卖方的手形。而买方不需要在契约上签字画押，最后收存契约人是买方。

三　东巴文契约中的“手模”画押研究

署名画押，又称签字画押，简称签押，是立契双方以及参与见证者、担保人等以签字并作特殊记号、符号加以确认的行为，是契约的重要组成部分。任志强认为：“签押是传统社会中在契约文书上的署名或画押，表示签押者对契约文书内容的真实性、有效性以及约束力负责，具有法的效力。”[①]画押分作画指和押字，早在两汉时期[②]的契约就出现。画指，又称画指模，张传玺提出：“就是在契约上自己的名下或名旁画上指节的长短，以作为标记。这样的契约在当时叫做‘下手书’。”王旭认为：“画食指或中指，采取男左女右的原则，手模同之。”[③]两位从不同视角对“画押”作了解释，各得其所。张先生对历史时期契约中关于画指一问题进行了考证，如《汉代建始(前31)欧威卖裘契》就有“旁人杜君隽”下外侧画有三横，是画两个指节的痕迹；《北魏正始四年(507)张呀洛买田砖券》提及“画指为契”。至唐代，出现了画中指和食指的画押形式，并且在指模中填入年龄或“指节”字样。因此，唐代把画有指模的契约称为“画指券”。宋代以后，这样画指模的契约很少见，主要集中在人口买卖契和休书中。张先生通过分析认为，手模有四种不同形式：一是指模，画指节；二是指印，即拇指或食指的纹理印在契约上，即今天常用的按手印；三是手印，即将一手或两手的纹理印在契约上；四是手模脚印，在丈余契约的两端空白处按上手印或者踏上脚印。[④] 至明清时期，画押形式多样，有“＋、○、×”等符号，也有文字上画圈如“㊣忠、㊣押”等，还有四字或一句话写成一个组合体等，都是防伪的标记。从目前所公开出版或发表的契约影印件来看，明清至民国时期汉文契约中鲜有手模画押的情况。

画押中的“手模”问题，除了张传玺和王旭有所研究外，几乎查不到相关的研究，或者见不到画押中带有“手模”的契约。近来，研究清水江文书的瞿见关注到“手模”画押问题：“《清水江文书》第三辑第8册收录有一份题名为‘2－8－1－174唐连妹立悔错字(时间不详)’的残片。……该残片还因其上残存有‘手模’之痕迹而得到学界关注。”经过实物考察显示，该文书上下两部分缀合，得到一只完整的右手的印痕。他强调，“手模契约”在一般不强调签署的清水江契约中较为引人注目。“一般而言，明清

① 任志强：《宋以降契约的签押研究》，《河北法学》2009年第11期。

② 张传玺：《契约史买地券研究》，中华书局，2008年，第55页。

③ 王旭：《契约千年——中国传统契约的形式与演变》，北京大学出版社，2013年，第171页。

④ 张传玺：《契约史买地券研究》，第57页。

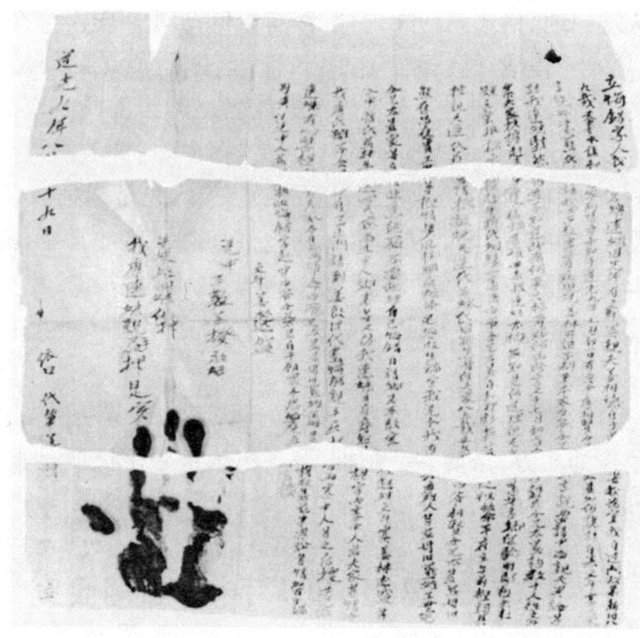

时代的手模契约多见于卖妻、休妻及买养男女行为。”结合“唐连妹立悔错字据”推知，在清代黔东南地区的手模契约还可用于“妇女向丈夫表示后悔的文书中”。① 吴才茂也提出：“清代黔东南地区的手模契约，除了用于离异文书外，还有两种情形用到了手模契约：一种是妇女向丈夫表示后悔的文书中……另一种是在清白字中。”②这类型的手摸，既不是画手指节，也不是按手印，而是将右手掌沾上墨水后，整个手掌按在空白处，形成明显的手掌印。这类型契约少之又少，研究成果也就不多见了。

东巴文契约作为契约的重要组成部分，有其契约的共性，即所应该有的基本要素和意义价值；同时，作为纳西族地区专门使用的一种特殊文字书写的契约，有着显著的个性，从书写的格式到签字画押。从现存东巴文契约考察，手模画押的契约也不多见，到目前也只发现了两件。绝大多数东巴文契约的画押或是签章，或是按手印，或只有文本中注明谁按了手印等语，没有出现更为特别的画押形式。我们将这两件放在历史时期与汉文契约作比较研究，容易发现两个问题：一是继承或沿袭汉唐时期契约画押的某些特点，即画“手模”于契约中，并且在手模轮廓内有署名者或与之相关信息的文字。汉唐手模契约内多有画指节数，表明画拇指或食指，画指者的年纪等文字。东巴文手模契约内也书写担保人名字以及他们所获得的报酬等信息。二是东巴文“手模”画押居于重要位置，是嵌套在契约内容的中间，而不是四围或空白处画押；“手模”内的文字是契约内容之一，兼具文本内容和画押的双重功能。

我们在东巴文契约中发现的“手模”画押，如之前猴年二月文约所示，与历史时期文献记载的画押不同，也与贵州清水江发现的“手模”不同，主要有三方面的突出特点：一是将实体左手按在契纸上，然后将手型轮廓勾画出来，而不是将手掌沾上墨水后按下形成手掌印；二是与汉唐时期画“指模”相似，在手掌轮廓内空白处书写相关事宜，如担保人的名字和所给予的报酬等；三是这类型画押用于土地买卖的契约中，而唐代以来汉文契约则局限于买卖人口契和休书中。

笔者通过采访东巴和考察纳西族地区民间契约中的画押习惯，有如下几点认识：

---

① 瞿见：《清水江契约缀合及辨伪三则——兼论契约文书研究的物质性进路》，《西南民族大学学报（人文社会科学版）》2022年第2期。

② 吴才茂：《清代黔东南苗族妇女婚姻的缔结与变动——以清水江文书为中心》，《中国古文书学研究初编》，上海古籍出版社，2019年，第356页。

一是“手模”体现了“男左女右”的民间习惯。这两份东巴文契约的“手模”，画的都是左手的轮廓，体现出封建制度中的男权地位。东巴文契约中很少提及妇女名字，即便提及也只是说明与卖者的关系，没有居于重要地位和作用。

二是“手模”体现了画押的真实性、可靠性。这两份契约表明，将卖者左手轮廓原原本本地画在东巴纸上，无论如何变化，这个手型的大小和轮廓不可能与其他人完全相同。再说，掌握这种东巴字的村民毕竟是少数，对于他们而言，画个“手模”不仅便于操作，更具有真实性、可靠性。今人在签订契约类文书时多采用按手印，可以采用科技方式加以确保真伪，而在清至民国时期的边地民族地区，按个手印具有不确定性，只有画个“手模”才安心交易。

三是“手模”反映了东巴文契约的时代特征。笔者发现，目前所发现的东巴文契约最早不过乾隆年间，之后沿用到20世纪50年代。元明至清初，丽江府实行土司制，管辖区域要比今天的丽江市大得多，木氏土司控制下的百姓，都为土司劳动，生产资料总体上是土司拥有，百姓间不存在土地交易。至雍正元年丽江改土归流，中央选派流官直接治理。首任流官杨馝、第五任流官管学宣等大力倡导儒学，建立和完善社会管理机构，社会风气为之一振。在边地，村民间出现了田地交易，而具备书写汉文契约者奇缺，村民间交易多用东巴文书写契约。随着清至民国时间推移，东巴文契约数量不断增多，与汉文契约呈现出正比例发展趋势。这说明，越是远离府县的村寨，东巴文契约的使用频率越高。

总之，东巴文契约真实地反映当时纳西族的社会生活，具有政治、经济、历史、民俗等方面重要史料价值。由于东巴文契约数量有限，研究东巴文契约的成果不是很充分。为此，笔者提出，加快东巴文契约的收集、整理和研究，补足中国契约学中民族文字契约的板块，进一步丰富和充实契约学内容和资料库，揭开民族地区社会生活的真实面；加强与全国民族文字契约的比较研究，查找不同民族文字契约的共性，从微观视角揭示中华民族共同体成长的历程。

Research on the “Handprint” Signature in Dongba Contract Documents

Yang Linjun

(School of Marxism, Lijiang Normal University, Lijiang 674199)

Abstract: Dongba contract documents refer to the contractual instruments written in Dongba script used in the Naxi region during historical periods. Compared with Chinese contract documents, Dongba contracts exhibit distinct characteristics in terms of writing, writing materials, formats, and signatures. Signature is an essential requirement for contracts. The two Dongba contracts with “handprint” signatures discovered not only share similarities with contracts from the Han and Tang dynasties, but also differ from the “handprint” signatures found in Guizhou. In these Dongba contracts, the outline of a hand is drawn in the middle of the contract, and the content of the contract is written within the outline. The “handprint” signature in Dongba contracts reflects the folk custom of “men signing with the left hand, women signing with the right hand”, which embodies the authenticity and reliability of the signature and reflects the characteristics of Dongba contracts in that era.

Key words: Dongba contract documents; handprint signature; characteristics; research

毛南族土俗字述略*

魏　琳

【摘　要】毛南族土俗字借用汉字或偏旁部件，并仿效"六书"创制而成。其造字方式主要有借音、形声等；用字情况错综复杂，或造字借字并存，或借同音而不同字。主要用在毛南族宗教仪式经书中记录毛南语，是汉族与少数民族语言文化接触的历史见证，体现了中华民族共同体的特征。

【关键词】毛南族土俗字；仿汉文字；用字

【作者简介】魏琳，女，广州大学人文学院讲师，国家语言服务与粤港澳大湾区语言研究中心研究员，博士，研究方向为少数民族语言文字、社会语言学。（广东 广州　510006）

毛南族是我国南方人口较少民族之一①，主要聚居在广西环江毛南族自治县及周边地带，贵州也有少量分布。毛南语属汉藏语系壮侗语族侗水语支，长期与壮语、汉语有密切接触。历史上，除本民族语言外，不少毛南族人还掌握壮语、汉语方言桂柳话等。

毛南语没有专门完整的文字系统，但在毛南族师公、道公和歌手使用的民间宗教经书、民歌、文书等抄本中，较多地出现借用汉字或仿效汉字"六书"创制土俗字来记录毛南语。过往的研究虽有披露和介绍，但尚未作过较详细具体的讨论。本文结合具体文例，对毛南族土俗字的基本情况和构字用字特点作简要分析。

一　毛南族及毛南族土俗字文献概况

广西毛南族自称 ʔai^{1} na:n^{6}或 ma:u^{4} na:n^{6}，意为"这个地方的人"。学术界普遍认为，毛南族由古代生活在岭南地区的百越民族发展而来，与同属壮侗语族的壮族、侗族、水族、仫佬族等有同源关系；隋唐时期的僚人，宋、元、明时期的伶人，与毛南族都有渊源。②

南宋周去非《岭外代答》载："自融（州）稍西南，曰宜州。宜处群蛮之腹，有南丹州、安化三州一镇，荔波、赢河、五峒、茅滩、抚水诸蛮。"③这些地方包括今广西环江毛南族自治县、毗邻的南丹县，以及贵州荔波县。宋代以来，"毛滩蛮""毛难"及其同音的"茆滩"等作为地名和行政区域名，屡见于史籍，但作为民族名称则未有记载。清乾隆年间，毛南人立有《谭家世谱》，碑文中开始出现"毛难土苗地方""毛难甲""来毛难安处"等表述，为毛南族名的正式出现。据毛南族大姓《谭姓家谱》载，其始祖谭三孝在明嘉靖年间从湖南省常德府武陵县辗转迁来毛难土苗地方，与当地人通婚，繁衍生息而形成民族共同体。

1956 年 7 月，经过民族识别，正式确定毛南族为单一民族，称为"毛难族"。1986 年 6 月根据本民族意见，国务院批准改称"毛南族"。

毛南族有著名的宗教仪式"肥套"，被列入国家首批非物质文化遗产名录。毛南语中，"肥"[vɛ^{4}]意为"做"，"套"是宗教活动名称，"肥套"意为"还愿仪式"。还愿仪式是毛南人一生中最主要，也是最

* 基金项目：本文为广州市宣传思想文化优秀创新团队"语言服务与汉语传承"成果。

① 据《中国统计年鉴 2023》，毛南族总人口为 124092 人，https://www.stats.gov.cn/sj/ndsj/2023/indexch.htm。

② 蒙国荣、谭贻生、过伟编著：《毛南族风俗志》，中央民族学院出版社，1988 年，第 1—2 页。

③ 周去非著，杨武泉校注：《岭外代答校注》，中华书局，1999 年，第 4 页。

普遍的敬神祭祀活动。一般认为，“肥套”源于中原傩，是由原始宗教仪式发展而成的一种古礼，明清时期已在毛南族民间盛行，毛南族的其他宗教仪式，多由此衍生。

“肥套”的脚本离不开祭礼敬神，其中的歌词、经文、巫语使用较为复杂，经文、巫语以广西宜州市德胜镇的方言（属汉语方言“土拐话”）为主，也杂有壮语和毛南语；歌词以壮语为主，少部分用毛南语。① “肥套”由称为师公的主持人组织典礼程式，并念唱经文和唱词。经文唱词多由师公家传相承，各有抄本。毛南族土俗字就主要出现在“肥套”等相关的经文抄本中。

关于毛南族土俗字，广西少数民族古籍保护研究中心有如下介绍：

> 汉字型文字的一种，是毛南族民间人士仿效汉文六书，根据毛南语的语音特点，将汉字及其偏旁部首重新组合而成的一种民族文字。创制时间不详。它主要由毛南族师公、道公和歌手使用，用于抄写民间宗教经书、创作民歌、记录文书等。2009 年 6 月国务院公布的第二批《国家珍贵古籍名录》列入了 3 部用毛南族土俗字抄写的古籍。②

从该中心展示的有限的古籍册页看，这些古籍的用字情况不一。题为《本劝酒用》的古籍，展示的册页内容如“初盏酒斟劝仙官，进入楼中吩花完，胡蝶天盘执在手，真枝应庆与凡生。……二盏酒斟劝仙官，天婆奉敕分总员，左手红鸾右天喜，注定男女在世间”等，基本上为汉语表达、汉字记写。题为《土话全集》的另一种古籍，部分篇章则是明显的汉字与毛南族自创字混合。如该书开首两句：“坛中鼓乐闹喧喧，三迎四召接家先。孖道㑀言提乐器，矣吹朋比办工𧊅。”首句文义较为晓畅，主要是汉语表达，“家先”指家族的祖先。第二句主要为毛南语的表达，“孖”“㑀”“𧊅”等皆属自创土俗字，“孖”读[la：k^{8}]，毛南语中意为“儿子、男孩”，“孖道”指徒弟；“㑀”读[ȵa：u^{6}]，表毛南语介词“在”，“㑀言”指在旁边。毛南语名词“徒弟”为[tu^{6}tɛ^{6}]，方位名词“旁边”为[jen^{1}pien^{1}]，分别借汉语音近字“道”“言”记写；“孖”可分析为从子、力声，“㑀”可分析为从在、爻声，以“力”“爻”汉语方言读音与[tu^{6}]、[ȵa：u^{6}]相近。

蒙国荣对“肥套”唱本的用语用字情况有较为全面的概括：

> “肥套”唱本包括“大供”“劝解”“歌本”三大类，师公在仪式中表演念唱时，视其情节顺序，三种穿插运用。“大供”全是巫语，念德胜方言，讲的是开坛前后各阶段应备哪些祭品及请哪些神。“劝解”是韵文体散文，德胜方言、壮语、毛南语兼用，专讲各神的来历、身世及职能作用。“歌本”用民歌体，一般不押韵，以壮语为主，少部分用毛南语，主要是解释天地万物（包括人类）的起源以及宇宙间各种事象产生的原因，近似创世神话。迄今为止，唱本均为手抄本，未发现有印刷本。其中有经文、巫语、歌词，均以汉文方块字为基础，有的取其音，有的取其义，也有音义结合、偏旁加义或加音，同时还有不少独创的土俗字。经文、巫语的读音更为复杂，它以德胜方言为主，也杂有壮语和毛南语，可以说“兼收并蓄”。但自古以来师公们一代接一代的传用，年长月久即“约定俗成”。有些经文虽用汉字，但大多数并不按汉语的语法来造句。如按汉语的语法去解释，很多是解释不通的。因此，有很多地方虽然能读其文，但并不理解其义。③

2020 年 8 月，笔者到广西环江毛南族自治县开展田野调查，邀请了当地两位“肥套”非遗传承人谭益庆、谭福军，对部分经书的内容进行了唱诵和讲解。④ 其中包括谭益庆家藏的经书《谟南倒纸》及收入第二批《国家珍贵古籍名录》的古籍《土话全集》的部分内容。《土话全集》一卷，抄本，题光绪三十甲辰年（1904）抄写，现藏广西少数民族古籍保护研究中心；《谟南倒纸》，抄本，抄写时间不详，为谭益庆家藏。两者内容性质大体类似，部分语句表述相近，可作比较。例如：

---

① 蒙国荣：《广西环江毛南族“肥套”（傩愿戏）》，《中华艺术论丛》第九辑，同济大学出版社，2009 年，第 305—306 页。

② 广西少数民族古籍保护研究中心展陈。

③ 蒙国荣：《广西环江毛南族“肥套”（傩愿戏）》，第 309 页。

④ 广州大学人文学院研究生管鑫、龚钰萍参与了调查。

𤯓十二矣西，戕农齐賨十。(《全集》9－2)①

养十二依西，兄弟齐寅直。(《谟南》4－4)②

“𤯓”与“养”对应，毛南语“养”读[za:ŋ⁴]，“𤯓”为从生、丈声的造字。“戕农”与“兄弟”对应，毛南语“兄弟”作[va:i⁴ nuŋ⁴]，“戕”加注了“伐”声，“农”为音借汉字。

二　毛南族土俗字基本类型例释

综前所述，本文将毛南族土俗字界定为毛南族宗教仪式经书中记录毛南语的用字，具体可包括：假借字，主要是汉语借音字，也包括个别壮语借音汉语借字；训读字；形声字，以汉语近义用字为形旁、汉语借音字为声旁组合。往往一句之中多种用字情况并见。试举一例：

【原句】	𩙲 𨖸　乙荣　汏　𫇭　辈。	(《全集》2－1)
【词义】	飞 去　翅膀　跳 上面 火	
【句意】	飞快地从火上面跳过。	

毛南语动词“去”为[pa:i¹]，方位名词“上”为[ʔju¹]，名词“火”为[vi¹]，分别记写作“𨖸”“𫇭”“辈”，按汉字结构分析，均可归入形声字，即从辵、拜声，从上、休声，从火、非声。毛南语动词“跳”为[ʔdak⁷]，借汉语音近字“汏”记录。毛南语名词“翅膀”为[va⁵]，借汉字“乙”“荣”的合音(很可能按德胜方言读音)记录。动词“飞”毛南语为[vin³]，壮语则为[bin¹]，“𩙲”可分析为从飞、品声，“品”记录的是壮语词的读音。

根据发生学关系，学界一般把民族古文字分为五类：一是阿拉美字母系文字，二是汉字系文字，三是阿拉伯系文字，四是拉丁字母系文字，五是其他自源文字。③ 毛南族土俗字属于汉字系文字，可称为方块毛南字。方块毛南字是毛南语与汉语汉字相结合的产物。与其他仿汉字的文字一样，方块毛南字是毛南族人利用汉字或汉字偏旁，并模仿汉字造字法(六书)创制而成。这种创制须具备两个前提条件：一是创制人首先要熟练掌握毛南语；二是创制人必须具备一定的汉语、汉字水平，能拆解汉字偏旁部首，并按照毛南语词的读音和意义把它们重新组装在一起或把两个汉字合为一体。④

按照我们给毛南族土俗字下的定义，毛南族土俗字对汉字的借鉴和模仿，可分为两类，一是借用，二是创制。以下分述之。

(一) 借用汉字记录毛南语

即直接借用现成汉字记录毛南语词语，不加字形改造。又可分为两类，一是音借，二是义借。

1. 音借字

音借与汉字六书中的假借现象相类，假借音同、音近的汉字来记录毛南语词语，所用汉字与对应的毛南语词语是音通的关系。覃晓航将此类现象称为“超语言的同音代替现象”。⑤ 在毛南族土俗字文献中，音借现象较为常见。

(1) [jen¹](旁边)：言、显

A. 劢道皎言提乐器。(《全集》1－2：徒弟在旁边提着乐器)

① “《全集》9－2”表示本例出自《土话全集》第9页第2行，下同。

② “《谟南》4－4”表示本例出自《谟南倒纸》第4页第4行，下同。

③ 聂鸿音：《中国文字概略》，语文出版社，1998年，第30—34页。

④ 覃晓航：《方块壮字研究》，民族出版社，2009年，第24页。

⑤ 覃晓航：《方块壮字研究》，第49页。

B. 赱更慖鬼显。（《谟南》2－7：走路不要碰到两旁）

“言”“显”汉语音近，皆借表毛南语词[jen¹](旁边)。

(2) [ca:ŋ¹](亮)：江

灯龍江项噬。（《谟南》2－5：灯笼很明亮）

(3) [mɛ²](有)：眉

坤架眉础砧。（《谟南》2－6：那条路有石头）

(4) [lju⁵](快)：留

由依儤依留。（《谟南》7－6：不管慢还是快）

(5) [coŋ¹](多)：强

三奏咕扒强。（《谟南》11－7：……叫很多人）

(6) [nuŋ⁴](弟弟)：农

房份兄农那肥园。（《谟南》23－4：各房家族兄弟吃团圆）

清道光《高州府志》：“子之少者曰侬……至奴仆亦曰侬儿，亦曰弟仔。”用“农”“侬”等记写弟弟义的词，见于多个南方少数民族语言中。汉语粤方言称小儿为“细路”，其“路”或亦与此有关。

(7) [ʔba:n⁴](村屯)：板

当头䟢弄板。（《谟南》27－5：头人在村屯）

(8) [la:u⁴](大)：老

滝老滝詣汏船通。（《全集》3－1：水大水小船通过）

(9) [tɔ²](只)：德

年值坤巄骑德唬。（《全集》1－7：年值坤巄骑只老虎）

(10) [tsheŋ³](请)：奏

楼前土地奏石珠。（《全集》1－5：……土地神请到位置上）

与汉字的假借现象相似，毛南族土俗字的音借，也存在一词借用多字和一字借表多词现象。一词借用多字如上举例(1)，又如[ʔboŋ⁶ na³](前面)借“罗”(《全集》3－7)又借“那”(《全集》4－4，《谟南》8－6)记写，[ʔboŋ⁶ lən²](后面)借“论”(《全集》3－7)又借“伦”(《全集》4－4，13－3)记写。一字借表多词如汉字“强”除借来表示例(5)的[coŋ¹](多)，又用来表示[ce: ŋ⁶](桌子)(《谟南》16－1)，两词音近。故此，有关语句的释读，须参酌上下文意才好判断。

2. 义借字

义借与汉语方言的训读现象相类，用汉字记录与此字对应的词义相近或相同的毛南语词，字虽汉字，读是毛南语词语的音读，所用汉字与对应的毛南语词语是义通的关系。

(1) [ŋ²](你)：你

请你登存乃。（《谟南》1－4：请你现在登临）

(2) [tɔ¹](门)：门

恶门之骑马。（《谟南》1－7：出门的骑马）

(3) [mi⁶](未)：未

邦土地未麻。（《谟南》1－4：部分土地神没有到）

(4) [fin¹](成)：成

非马成坤登。（《谟南》10－7：火焰很大很热闹）

根据“肥套”非遗传人(师公)的现场诵读，以上诸例均按毛南语词语本音读出，是皆借用义同义近之汉字来记写。

3. 音借义借相结合

少数例子,或可视为义借与音借相结合。

(1) [kɔŋ[5]](祖父):公

厶厶公叭请之吕。(《全集》3-3:某某祖父、祖母请下来)

毛南语[kɔŋ[5]](祖父),与汉字“公”读音相近,而汉语包括不少南方方言“公”可用来表示祖父或其他男性祖辈,与[kɔŋ[5]](祖父)亦义近。

个别例子,则是汉语与壮语的音借,及壮语与毛南语的义借相结合。

(2) [vin[3]](飞):品

四趴大品汏崾山。(《全集》1-7:四脚大飞跳过山岭)

前已述及,毛南语[vin[3]](飞),可记写作从飞、品声的“飝”,此处则直接借“品”为之。汉语“品”的读音与[vin[3]]差距较大,而与壮语[bin[1]](飞)音近。故此,此例应分析为音借汉字“品”记写音近的壮语词[bin[1]](飞),义借壮语词[bin[1]](飞)来记写毛南语词[vin[3]](飞)。

(二)创制新字记录毛南语

文献所见,仿依汉字所创制的毛南族土俗字,均为形声字。根据形旁(义符)意义与所记录的毛南语词语的意义的相关性,可分为两类:一为义类相同,如前举表示“去”[pa:i[1]]的“迣”,从辵,“辵”为类符;一为意义相同,如前举表示“火”[vi[1]]的“烸”,从火,“火”与“烸”等义。意义关系的不同,与造字来源有关。

1. 义符表所记词义类的形声字

义符仅表示所记录词语义类的形声字,部分属于音义合成式造字,但有相当一部分应是在音借字的基础上增加汉字义符而来。

(1) [ʔju[5]](叫):咓、叹

A. 厶厶家先咓之羺。(《全集》3-3:某某家先叫来)

B. 韩湘子麻叹。(《谟南》4-6:韩湘子叫来)

C. 翰相师羺右。(《全集》9-4:翰相师叫来)

此处B句的“叹”非感叹之“叹”,当分析为从口、又声,与A句的“咓”结构相同。B与C两句文字虽不同,句式与语义完全一样,直接音借“右”记写[ʔju[5]](叫)。“羺”从来、马声,是为毛南语[ma[1]](来)造的专字,而“麻”则是音借表[ma[1]](来)。A句的“咓之羺”与“麻叹”“羺右”虽语序和用字有差异,但意义相同。

(2) [la:k[8] cha:n[1]](孙子):腊䦧

A. 治圹治畂纳腊䦧。(《谟南》15-1:所有房产田地留给儿孙)

B. 麻领买腊间。(《谟南》14-1:儿孙来领钱)

“䦧”,可分析为从子、间声。B句音借“间”表词。“腊”为借字,文献又作“㔹”,如前所述,可分析为从子、力声。如[la:k[8]ʔbjek[8]](女儿)记写作“腊妑”(《谟南》4-5),又作“㔹妑”(《全集》9-3)。

(3) [pa[2]](祖母):叭

厶厶公叭请之吕。(《全集》3-3:某某祖父、祖母请下来)

“叭”,可分析为从女、八声。

(4) [fa:n[1]](甜):皈

澔国皈𢘝献家先。(《谟南》19-7:盐水甜美给家先)

“皈”,可分析为从甘、反声。毛南语[fa:n[1]njaŋ[5]]一词表示“甜中带盐味”,此句中用“皈𢘝”记写,其中“𢘝”应该是“念”“年”双声字。音借“国”记写[kwo[1]](盐)。

(5) [ʔdak[7]](跳):达

家先足便达。(《谟南》10-6:家先随便过去)

“达”，可分析为从辵、太声。[ʔdak⁷]（跳）也多见音借“汏”记写。（《全集》2－1）“大”“太”方言音近。

2. 义符与所记词等义的形声字

义符与所记录词语等义的形声字，主要是在义借字的基础上增加同音汉字作音符，属于特殊的形声，即用汉语同义字为义符，加注同音汉字为声符。在毛南族土俗字中，这类形声字较第一类要更常见。

（1）[la:k⁸ mba:n¹]（男孩）：腊勱

阳上俎腊勱（《谟南》5－4：阳上儿子的名字）

“勱”记[mba:n¹]，表男性，字从男，与之同义，“办”为加注声符。

（2）[la:k⁸ʔbjek⁸]（女人）：腊姷、孖姷

A. 迵孖姷爱笑。（《全集》9－3：逢女子想笑）

B. 朋腊姷克笑。（《谟南》4－5：逢女子想笑）

“姷”记[ʔbjek⁸]，表女性，字从女，与之同义，“白”为加注声符。此 A、B 两句为异文。

（3）[ʔja⁵]（田）：畗

治圹治畗纳腊徊。（《谟南》15－1：所有房产田地留给儿孙）

“畗”从田，田与[ʔja⁵]（田）等义，加注声旁“下”。

（4）[məm⁴]（虎）：虨

年值坤蚱骑德虨。（《全集》1－7：年值坤蚱骑只老虎）

“虨”从虎，虎与[məm⁴]（虎）等义，加注声旁“门”。

（5）[sa:m³]（走）：赸

更用赸卡汏西衙。（《全集》2－2：不用走路跨过西衙）

“赸”从走，走与[sa：m³]（走）等义，加注声旁“三”。

（6）[nam³]（水）：濉

北方眉坤濉。（《谟南》3－1：北方有水路）

“濉”从水，水与[nam³]（水）等义，加注声旁“能”。

从目前我们所见的毛南族土俗字文献来看，土俗字的结构类型大致如上所述。个别其他情况，如[njaŋ⁵]（咸）记写作“𠊎”（《谟南》19－7），属双声符字，“念”“年”皆声，不专设一类。

三　毛南族土俗字的用字错综情况

因毛南族土俗字并非完整的文字系统，土俗字文献亦主要由不同的师公家族传承，同一个词在不同文献中，甚至同一文献的前后不同章节，用字可以各有不同，形成多种结构类型用字错综的情况。但另一方面，我们也必须看到，有关用字并非完全杂乱无章，以《土话全集》和《谟南倒纸》两种来源和时代不尽相同的文献对比，存在相当的用字共性，互相参证，颇有意味。上文举例时已有涉及，本节再作列举说明。

1. [ɳ̥a:u⁶]（在）

用字	文献字形	分　析	出　处
㕚	[illegible]	从“在”，加注“爻”声	《谟南》1－3，4－7
㕚	[illegible]	同上，所从“在”为异体	《全集》1－2
𡑺	[illegible]	从“在”异体，加注“尧”声	《全集》9－5

2. [kha¹](耳)

用字	文献字形	分　　析	出　　处
⿰耳加	⿰耳加	从“耳”,加注“加”声	《全集》1-6,5-5
⿰耳卡	⿰耳卡	从“耳”,加注“卡”声	《谟南》3-6

3. [ʔni³](听)

用字	文献字形	分　　析	出　　处
⿰耳尼	⿰耳尼	从“耳”,“尼”声	《全集》1-6,《谟南》3-6
⿰听尼	⿰听尼	从“听”,加注“尼”声	《全集》5-5,8-4,9-1
呢	——	音借	《谟南》4-3

4. [ʔju¹](上)

用字	文献字形	分　　析	出　　处
⿱上休	⿱上休	从“上”,加注“休”声	《全集》2-1
⿱上有	⿱上有	从“上”,加注“有”声	《全集》14-3
⿱上友	⿱上友	从“上”,加注“友”声	《全集》18-2
有	——	音借	《谟南》1-2,2-1

5. [lu:i⁵](下来)

用字	文献字形	分　　析	出　　处
⿰吕下	⿰吕下	从“下”,加注“吕”声	《全集》9-4,《谟南》4-6
⿱下路	⿱下路	从“下”,加注“路”声	《全集》3-4,11-3
⿰下路	⿰下路	同上,易上下结构为左右结构	《全集》20-6
吕	——	音借	《全集》3-3

6. [ni⁴](母亲)

用字	文献字形	分　　析	出　　处
⿰母尼	⿰母尼	从“母”,加注“尼”声	《谟南》18-1
妮	——	可视为音借“妮”,也可能是造从“女”“尼”声的形声字	《谟南》15-4

7. [cu^{1}](笑)

用字	文献字形	分　　析	出　　处
⿰久笑		从“笑”,加注“久”声	《全集》9－3
⿰笑久		同上,“笑”“久”位置互易	《谟南》4－5
久	——	音借	《谟南》34－12

8. [ci^{1}](远)

用字	文献字形	分　　析	出　　处
⿰几遠		从“遠”,加注“几”声	《全集》9－7
⿰几远		同上,义符改用简体“远”	《全集》12－6
几	——	音借	《全集》11－1

9. [kha:u^{3}](酒)

用字	文献字形	分　　析	出　　处
洘		从“水”,“考”声	《全集》10－1,《谟南》20－6
考	——	音借	《谟南》1－2,4－7

10. [ʔda:i^{2}](好)

用字	文献字形	分　　析	出　　处
⿱台好		从“好”,加注“台”声	《全集》6－2
⿰台好		同上,由上下结构易为左右结构	《全集》9－5
⿰好台		同上,左右结构,偏旁位置互易	《谟南》1－6,4－7

11. [ʔba^{6}](宽)

用字	文献字形	分　　析	出　　处
⿱怕廣		从“廣”,“怕”声	《全集》16－6
⿰怕大		从“大”,“怕”声	《谟南》1－5

续 表

用字	文献字形	分　析	出　处
⿰大怕		同上,“大”“怕”位置互易	《谟南》3－2,11－2
巴	——	音借	《全集》7－7
怕	——	音借	《谟南》11－5

12. [mbɛ¹](年)

用字	文献字形	分　析	出　处
⿰年别	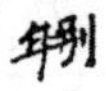	从“年”,加注“别”声	《全集》5－1
⿰年比		从“年”,加注“比”声	《谟南》20－5
比	——	音借	《谟南》25－5

13. [ʔuk⁷](出)

用字	文献字形	分　析	出　处
⿰出恶	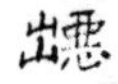	从“出”,加注“恶”声	《全集》3－5,8－2
恶	——	音借	《谟南》1－7,7－5

14. [tɔ¹](门)

用字	文献字形	分　析	出　处
⿰门多	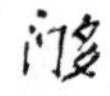	从“门”,加注“多”声	《全集》3－5,8－2
⿵门多		同上,由左右结构易作内外结构	《谟南》3－3,7－5
门	——	义借(训读字)	《谟南》1－7

15. [lɔ:n¹](到)

用字	文献字形	分　析	出　处
⿰至羅		从“至”,“羅”声	《全集》2－4
⿰至罗		同上,用简体“罗”	《全集》5－7
乱	——	音借	《谟南》5－7,8－1

16. [ʔdai⁴ ʔdu⁶](看见)

用字	文献字形	分　析	出　处
觇	 觇	从“见”,加注“六”声	《全集》2－6,《谟南》9－2
⿰六见	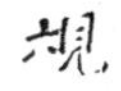 ⿰六见	同上,“见”“六”位置互换	《全集》9－6
⿰见勾	 ⿰见勾	从“见”,加注“勾”声	《全集》10－7,14－6
勾	——	音借	《谟南》6－2

综上可见,用字存在多种错综情况。有造字与借字并见,如例15“⿰足罗”与“到”“乱”,例13“⿰鬼恶”与“恶”,例14“⿵门多”“⿰门多”与“门”等。有同为音借而借字不一,如例11“巴”与“怕”等,上文在介绍音借字情况时亦已多有举例。同为造字(形声字),声旁或不同,如例1“⿰衤爻”从“爻”、“襓”从“尧”,例2“⿰耳加”从“加”、“⿰耳卡”从“卡”等;形旁(义符)或不同,如例3“⿰耳尼”从“耳”、“⿰听尼”从“听”,后者应属典型的义借加注声旁,而例11“⿱巴廣”从“廣”、“⿰忄大”从“大”,“大”“广”皆与[ʔba⁶](宽)义近。同样的部件组合,结构位置或不同,如例7“⿰饣癸”“⿰癸欠”两个部件左右互易,例5“⿱雨路”“⿰路雨”作上下或左右结构之异,例14“⿰门多”“⿵门多”作左右或内外结构之异。此外,还有同一偏旁部件,有繁简与异体之用,如例8“⿰见遠”从“遠”、“⿰见远”从“远”,例1诸形所从“在”旁或异写作“衣”。

用字异中有同。如例1“⿰衤爻”、例3“⿰耳尼”、例5“⿰足卜”、例9“洘”、例16“觇”等,《土话全集》与《谟南倒纸》俱见;其他如例14“⿰门多”与“⿵门多”、例10“⿰舟好”与“⿰女舟”、例7“⿰饣癸”与“⿰癸欠”等,在两种文献中,只是偏旁部件位置微别。

从用字记词的实践而言,创制新字显然比借用更便于识认。毛南族土俗字的造字方式主要是形声。形旁(义符)多直接采用汉语对应同义近义词的用字,表意功能明确,也说明土俗字文献的使用者必然熟习汉语汉字;加注的声旁情况则较为复杂,声旁与对应的词语的实际读音,往往有一定距离,其中原因,既包括汉语与毛南语的跨语言借用的隔阂,也包括声旁选择者的汉语口音状况。

结语

语言文字是民族文化的重要载体,我国有近百种少数民族文字,其中民族古文字有50种左右。① 汉字历史悠久,对很多少数民族文字的创制影响深远,包括方块壮文、方块苗文、方块白文等均仿造汉字创制。毛南族土俗字是借用汉字或汉字偏旁部件,并仿效汉字“六书”创制而成的汉字系文字。从发生学角度,毛南族土俗字属于借源文字,是汉字文化圈的重要组成部分。

毛南族土俗字的用字主要有借音和形声两种方式,记录和传承“肥套”等各种宗教仪式的唱词内容,是研究毛南族历史文化和民族心理的重要材料。毛南族土俗字在一定程度上保留了毛南语的语音、语义的历史信息及其与汉语、汉字、壮语、方块壮字接触的状况,对研究语言的系属、进行历史比较有重要价值。

毛南族土俗字是汉族与少数民族语言文化接触的历史见证,更是当今中国多元文化的象征,其文献内容所记录的历史文化是中华传统文化的有机组成部分,堪为建构中华各民族之间、中国与世界各民族之间的交往交流的历史提供重要参考。

① 王元鹿、朱建军、邓章应主编:《中国文字发展史·民族文字卷》,华东师范大学出版社,2015年,第6页。

【参考文献】

[1] 梁敏.毛难语简志[M].北京：民族出版社,1980.

[2] 蒙国荣,谭贻生,过伟编著.毛南族风俗志[M].北京：中央民族学院出版社,1988.

[3] 蒙国荣.广西环江毛南族"肥套"(傩愿戏)[C]//中华艺术论丛(第九辑).上海：同济大学出版社,2009.

[4] 聂鸿音.中国文字概略[M].北京：语文出版社,1998.

[5] 覃晓航.方块壮字研究[M].北京：民族出版社,2009.

[6] 王元鹿,朱建军,邓章应主编.中国文字发展史・民族文字卷[M].上海：华东师范大学出版社,2015.

An Investigation into the Creation of Maonan Characters

Wei Lin

(School of Humanities, Guangzhou University; National Research Center for Language Service and Languages of the Guangdong-Hong Kong-Macao Greater Bay Area, Guangzhou 510006)

Abstract: Borrowing Chinese radicals and/or components, Maonan characters are created by imitating the Six Categories of Chinese characters. Maonan characters are formed using two main methods —— phonemic loan and pictophonetic characters. The word-use is also complex involving both original invention and loanwords, sometimes using homophones with the same meaning but different characters. Maonan characters are used mainly in scripture or verses of religious rites to serve as written records of the ethnic language. Maonan character is a witness to the historical linguistic and cultural contact between the majority Han and ethnic minorities in China, and it showcases the characteristics of the Chinese nation as a community.

Key words: Maonan characters; imitated Chinese characters; word-use

本刊启事

一、本刊主办单位和办刊宗旨

1. 本刊由中华人民共和国教育部主管，教育部人文社会科学重点研究基地华东师范大学中国文字研究与应用中心、华东师范大学语言文字工作委员会主办。作为中心的专业学术辑刊，本刊严格遵循教育部关于重点研究机构创办学术刊物的法规，包括专业学术规范。

2. 本刊以为文字学及相关领域研究者提供良好服务、推动以汉字为核心的表意文字体系学科建设、及时发布海内外学人的重要研究成果和建立高水平学术交流平台为宗旨，以此推动中国文字本体研究和跨学科研究的繁荣发展。

二、本刊专业学术规范要求

来稿应严格遵守中华人民共和国《著作权法》《专利法》等国家有关法律、法规、社会公德及学术道德规范，要坚持科学真理、尊重科学规律、崇尚严谨求实的学风，恪守职业道德，维护科学诚信，应当遵守下述基本学术道德规范：

1. 必须尊重知识产权，充分尊重他人已经获得的研究成果；引用他人成果时如实注明出处；所引用部分不能构成引用人作品的主要部分或实质部分；从他人作品转引第三人成果时，如实注明转引出处。

2. 稿件要求原创，不得存在学术不端行为，如抄袭、侵吞、剽窃、篡改、编造或伪造歪曲研究客观事实以及其他违背学术活动公序良俗的行为。若查证存在学术不端行为，则投稿人自负法律责任，且本刊三年内不再受理嫌疑人投稿事宜。

3. 稿件切勿一稿多投。若查实故意为之，则投稿人将被列入不良信用名单。

4. 不得侵犯他人署名权；不得冒用或滥用署名，如未经被署名人同意而署其姓名等行为。

5. 不得利用科研活动牟取不正当利益。

三、本刊学术范畴

为及时充分反映文字学及相关领域的最新研究成果，本刊从 2007 年开始改为一年两辑。主要栏目包括：古文字研究、中古汉字研究、现代汉字研究、汉字数字化研究、汉字规范与应用研究、文字理论研究、古代语料文献研究、各类少数民族文字研究、海外汉字研究、对外汉字汉语教学研究。其中“汉字规范与应用研究”专栏由华东师范大学语言文字工作委员会主办。

四、稿件格式

1. 稿件用 WORD 排版，正文用五号宋体，简体横排。引述出土文献资料时，如无特殊需要，一律采用通行文字。

2. 凡文档中不能正常显示的古文字字形、少数民族文字、造字，均做成 JPG 图片格式插入。图片像素要求不低于 600 DPI，大小高低适中，能够直接排印。

3. 注释采用脚注形式，每页重新编号。号码格式为①②③……，文字小五号宋体。

4. 注释格式：

(1) 发表在学术期刊上的论文依次为作者、论文名、刊物名与年份、期号。如:
吴艳红:《明代流刑考》,《历史研究》2001 年第 6 期。

(2) 发表于学术辑刊的论文依次为作者、论文名、学术辑刊名、出版社、出版年、页码。如:
吴振武:《战国货币铭文中的“刀”》,《古文字研究》第十辑,中华书局,1983 年,第 N 页。

(3) 发表在报纸上的论文依次为作者、论文名、报纸名与年月日、第 N 版。如:
崔乐泉:《行气玉铭——两千多年前的“导引”论述》,《中国文物报》1991 年 9 月 8 日,第 2 版。

(4) 发表于个人文集或纪念文集中的论文依次为作者、论文名、论文集名、出版社、出版年、页码。如:
裘锡圭:《释“弘”“强”》,《古文字论集》,中华书局,1992 年,第 N 页。

(5) 发表在学术会议上的论文依次为作者、论文名、会议名称、会议所在城市(或主办单位)与举办年份。如:
林沄:《新版〈金文编〉正文部分释字商榷》,中国古文字研究会第八次年会论文,江苏太仓,1990 年。

(6) 学位论文依次为作者、论文名、学位类型(硕士或博士)、所在学校与发表年份、页码。如:
刘钊:《古文字构形研究》,博士学位论文,吉林大学,1991 年,第 N 页。

(7) 发表在网络上的论文依次为作者、论文名、网站名与发表年月日。同一网站多次出现时,只在第一次注出网址,其后省略网址。如:
李天虹:《〈郑子家丧〉补释》,简帛网 2009 年 1 月 12 日(http://www.bsm.org.cn/show_article.php?id=967)。

(8) 专著依次为作者、书名、出版社、出版年、页码。如:
龚鹏程:《汉代思潮》,商务印书馆,2005 年,第 N 页。
若作者为外国籍,用〔 〕标明国籍。如:
〔日〕下中邦彦:《书道全集(1)》,平凡社,1954 年,第 N 页。

(9) 后注同前注时采用简略形式,若是书籍,则只出作者名、论文名或书名、页码。如:
裘锡圭:《释“弘”“强”》,第 N 页。
龚鹏程:《汉代思潮》,第 N 页。
若是期刊,则只出作者名、论文名。如:
吴艳红:《明代流刑考》。

(10) 一条注同时引用两篇以上的文献时,中间用分号间隔。如:
吴艳红:《明代流刑考》,《历史研究》2001 年第 6 期;龚鹏程:《汉代思潮》,商务印书馆,2005 年,第 N 页。

(11) 同书编者或著者有两个或三个时用顿号隔开;超过三个时只取第一编者或著者,其后加“等”字。

(12) 页码用“第 N 页”表示;引用的内容不止一页而又不连贯时,页码之间用顿号隔开;引用的内容不止一页而内容连贯时,首页与尾页之间用“—”表示。

5. 来稿通过电子邮件发送 WORD 文本;若文中有造字,请同时附送 PDF 文本。另外,须寄送纸质文本。

6. 本刊实行匿名审稿制,请在来稿中另纸写明作者姓名(女性加“女”)、论文题目、单位、职称(在读而未获博士学位者一律标“博士生”)、研究方向、详细地址、邮政编码以及电子邮箱、手机号。

本刊评审专家库由世界范围内汉字学领域专家组成。审稿处理意见一般有如下三种:(1) 直接刊用;(2) 修改刊用;(3) 不宜刊用。

7. 来稿一律不退，请作者自留底稿。自收到纸质投稿起三个月内，编辑部会与作者联系。作者在规定时间内若未收到编辑部信函，可自行处理稿件，本刊不寄送书面退稿通知。来稿一经发表，寄送当期《中国文字研究》两册和电子版抽印文本。

8. 本刊拥有首发权，凡已在网络或纸质出版物上发表过的论文本刊一概不予采用。在学术会议上以非纲要形式公开发表的论文，原则上亦不予采用。本刊已加入知网、万方、维普等网络发布系统，若作者不同意在上述网络平台发布，应事先声明。

五、来稿请寄

中国上海市闵行区东川路500号
华东师范大学文史哲楼中文系收转《中国文字研究》编辑部
邮政编码：200241
电子邮箱：zgwzyjsh@sina.com
网站地址：http://wenzi.ecnu.edu.cn/

《中国文字研究》编辑委员会

图书在版编目(CIP)数据

中国文字研究. 第四十辑 / 臧克和主编. —上海：华东师范大学出版社，2024. — ISBN 978-7-5760-5453-8

Ⅰ. H12-53

中国国家版本馆 CIP 数据核字第 2024RL3058 号

中国文字研究(第四十辑)

教育部人文社会科学重点研究基地
华东师范大学中国文字研究与应用中心
华东师范大学语言文字工作委员会 主办

主　　编　臧克和
责任编辑　时润民
特约审读　邹　烨
责任校对　王丽平　时东明
装帧设计　刘怡霖

出版发行　华东师范大学出版社
社　　址　上海市中山北路 3663 号　邮编 200062
网　　址　www.ecnupress.com.cn
电　　话　021-60821666　行政传真 021-62572105
客服电话　021-62865537　门市(邮购)电话 021-62869887
地　　址　上海市中山北路 3663 号华东师范大学校内先锋路口
网　　店　http://hdsdcbs.tmall.com

印 刷 者　上海昌鑫龙印务有限公司
开　　本　889 毫米×1194 毫米　1/16
印　　张　16.5
字　　数　477 千字
版　　次　2024 年 12 月第 1 版
印　　次　2024 年 12 月第 1 次
书　　号　ISBN 978-7-5760-5453-8
定　　价　98.00 元

出 版 人　王　焰